本书由广西师范学院学术著作出版基金资助

抗战时期《广西日报》(桂林)
广告研究(1937—1945)

The Research of Guangxi Daily's Advertising during the Anti-Japan's War

陈洪波 ◎ 著

厦门大学出版社
国家一级出版社
全国百佳图书出版单位
XIAMEN UNIVERSITY PRESS

图书在版编目(CIP)数据

抗战时期《广西日报》(桂林)广告研究:1937—1945/陈洪波著.—厦门:厦门大学出版社,2016.4
(中国广告发展史研究丛书)
ISBN 978-7-5615-5991-8

Ⅰ.①抗… Ⅱ.①陈… Ⅲ.①报刊-广告-研究-中国-1937—1945 Ⅳ.①F713.8

中国版本图书馆 CIP 数据核字(2016)第 116686 号

出版人	蒋东明
责任编辑	王鹭鹏
装帧设计	李嘉彬
责任印制	朱 楷

出版发行 厦门大学出版社
社　　址 厦门市软件园二期望海路 39 号
邮政编码 361008
总 编 办 0592-2182177　0592-2181253(传真)
营销中心 0592-2184458　0592-2181365
网　　址 http://www.xmupress.com
邮　　箱 xmupress@126.com
印　　刷 厦门市明亮彩印有限公司

开本　720mm×1000mm　1/16
印张　20.5
插页　1
字数　379 千字
印数　1～1 500 册
版次　2016 年 4 月第 1 版
印次　2016 年 4 月第 1 次印刷
定价　45.00 元

本书如有印装质量问题请直接寄承印厂调换

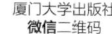
厦门大学出版社
微信二维码

厦门大学出版社
微博二维码

构建历史广告学的浩大工程

陈培爱

厦门大学出版社推出的《中国广告发展史研究》系列丛书，其主要作者是本人招收的人文学院历史系传播史研究方向与新闻传播学院广告理论研究方向的博士研究生。

本丛书是在学术积累的基础上深入发展的结果。1997年，厦门大学广告学专业出版了国内第一本较全面的广告史方面的专著，开创了改革开放后国内高校研究广告史的先河。10多年来，厦门大学广告学专业在广告史研究方面不断深入拓展，从一般年代的广告现象研究延伸至广告的断代史和区域史研究，从个别广告现象的研究拓展至全方位的广告观察。围绕广告史研究，还培养出一支广告史研究的学术梯队。

该丛书即是这一研究工作和学术梯队的展示。

一、研究意义

"中国广告发展史"的研究，可以为预测广告市场发展的趋势提供决策依据和参考。改革开放以来，我国传播学理论研究突飞猛进，成为我国新闻传播研究中的"显学"，但与传播学理论研究相关的"传播史"、"广告史"研究却相对滞后。

"中国广告发展史"的研究滥觞于清末，当时著名的白话文提倡者、白话报刊活动家、江苏无锡人裘可桴写了一篇《广告文考》，可以认为这是我国最早研究广告史的专门论文。"五四"前后，著名新闻学家徐宝璜、新闻史学家戈公振也涉猎广告学及广告史。但直到1948年，我国才出现第一本广告史研究专著——如来生的《中国广告事业史》（上海新文化社1948年）。尽管该书十分简略，但其开拓之功不可埋没。20世纪80年代以来，我国台湾及大陆相继出版有影响的中国广告史的专著，如樊志育的《中外广告史》、陈培爱的《中外广告史》，这些专著对中国广告史进行了初步探讨，为后来的研究奠定了基础。

我国广告发展史是一笔丰厚的文化遗产。研究中国广告史，穷源溯流，从中撷取宝贵的经验，汲取丰富的营养，以启迪我们的智慧和灵机，激发创造活力，促进当代广告事业的繁荣和发展，作为后人继往开来、发扬光大的借鉴。本丛书将以断代史形式第一次系统地总结和概括中国几千年来广告发展的历史。从远古到今天，中国广告业经历了漫长的发展历程。从商朝算起，我国的广告事业至今已有3500多年的历史。广告作为一种经济与文化传播，为中华文明和世界文明做出杰出的贡献，是中华文明和世界文明的重要组成部分。

本丛书将从广告发展的角度展现中国经济、政治和社会发展的渊源和脉络，填补中国广告研究的空白。为进一步丰富和发展我国广告传播学科的基础研究提供新的视角，为全面丰富广告传播史的研究提供系统详尽的史实资料，促进我国广告史学研究的科学化。

目前国内已有少量分门别类的广告史方面的著作，但以往这类成果面上情况的介绍多，深入具体的分析解剖少。本丛书力求较全面剖析广告运作的经验，进而揭示广告业发展的特点、规律及其优良传统，这是当前我国广告从业人员和广告学科建设所迫切需要的。

二、研究思路

本丛书以先秦时期的人类文明进步为起点，审视广告活动和广告的发展历程和广告与社会的互动规律。坚持广告是一种"有效信息推销、营销传播活动"的观点，并用这一观点统领丛书的内容。

首先勾勒广告如何随着社会文明进步，从孤立、分散、个别现象发展成为人类生活中的普遍现象，从相对封闭、隔绝的区域内传播信息到更宽泛、更开放的区域传播信息，最后到一个整体的范围内进行信息传递的历史轨迹；进而揭示广告自身发展演变是从附属于经济活动的衍生物变为自觉服务于政治、经济、文化活动的营销传播利器，成为人们日常生活中不可分割的重要组成部分。再次，对广告的概念、分类和特色进行梳理阐发，促使人们更深入地认识广告的本质、广告在社会生活中的地位及社会对广告的促进作用。

我们一直认为，作为科学的广告应由三大部分内容组成——理论广告学、应用广告学和历史广告学。理论广告学主要从宏观上探讨广告学的基本范畴、性质、功能、类别及广告运行的程序、规律和原则等问题。应用广告学主要探讨广告理论、手段、技术、方法在广告实践中的具体运用。历史广告学主要研究、总结人类广告发展、演变的历史。历史广告学的一项主要任务就是探讨广告活动的规律、预测广告发展的趋势和广告与社会之间的互动关系。

多年来，我国广告学者在理论广告学和实用广告学方面颇有建树。如在理论广告学方面，我国学者以传播学、心理学、营销学、新闻学的基本理论和方法为理论基础，结合广告运行原则、观念、方法及运行机制构建出广告的理论体系；在应用广告学方面，我国学者总结和借鉴了国外相关理论，结合中国广告发展、演变的现实，探讨了广告的应用性规律和相关运作机制，涉及的学科分支包括广告创意学、广告策划学、广告文案、广告摄影、广告美术、电脑广告设计。

借鉴理论广告学和应用广告学的成功,我国广告学者逐渐认识到历史广告学研究的重要性并为此积极努力,但历史广告学方面的研究仍很薄弱。

三、研究溯源

最早研究近代广告的,当推徐宝璜、戈公振、赵君豪、如来生等人。徐宝璜在1919年出版的《新闻学》中辟专章研究"新闻纸之广告"。1927年,戈公振在《中国报学史》中又专节论述近代报刊广告,这对于后来的广告史研究产生重要影响。赵君豪的《中国近代之报业》(1936)第十二章专门介绍"广告之进步"。

严格意义上讲,中国广告发展史的研究是从20世纪40年代末开始的。1948年,如来生的《中国广告事业史》问世,这是中国第一本广告史研究专著,简要介绍了广告公司的经营状况。这些著作记录和初步探讨了当时的广告业发展,为后来的研究奠定了基础。此后,学者们开始关注广告史的发展动向,从历史发展的角度探讨广告的起源和不同时期的进步。

改革开放后,学术交流不断加强,广告学者也开始新的研究。80年代以来,广告学者在整体研究的基础上加强了广告研究的深度和广度。唐忠朴、贾斌主编的《实用广告学》第二章专门论述"中国广告发展史",从黄帝时期入手,追溯各个历史时期广告活动的演变与发展。田彧的《中国古代广告概述》(海潮摄影艺术出版社1991年版)比较详细地论述了从商至清代的广告史。

本人的《中外广告史》是"中国大陆解放后第一本较系统的广告史书",以时间为经、事件为纬阐述了从原始社会末期到清代的广告发展历史,明确提出最早的广告是"社会广告",经济广告的产生在政治广告之后。这一观点为后来的研究奠定了新的基础。

进入21世纪,中国广告史研究又进入新的阶段,广告通史著作相继出现。其中,影响较大的主要有刘家林的《新编中外广告通史》(暨南大学出版社2000年版),赵琛的《中国广告史》(高等教育出版社2005年版),孙顺华等编的《中外广告史》(山东大学出版社2005年版),许俊基的《中国广告史》(中国传媒大学出版社2006年版),杨海军的《中外广告史》(武汉大学出版社2006年版),汪清、何玉杰主编的《中外广告史》(湖南大学出版社2007年版)。这几本专著都从广告发展的角度出发,引用大量史料来梳理中国广告史的发展历程。赵琛的《中国广告史》搜集了大量的图片资料来证实广告发展的进程,杨海军的《中外广告史》则分别阐述古代商业广告和社会广告的发展情况。此外,杨海军的《中国古代商业广告史》(河南大学出版社2005年版)专门研究古代商业广告的发展,陈树林的《中国广告历史文化》则侧重于研究广告中的文化因素以及广告与文化的联系。

从我国学者的研究状况看,研究成果不多、数量有限,中国古代广告史、近代广告史和国外各个时期广告史等专门史的研究基本上处于空白,因此,历史广告学研究需进一步加强。80年代以来,我国的广告学者逐渐认识到历史广告学研究的重要性,为此付出巨大努力,结出丰硕的成果。这些成果为今人研究广告史学奠定了坚实的基础,可资为宝贵的借鉴。

四、研究内容

中国广告发展史研究是开拓、创新广告学科的基础性研究工作,为广告理论研究与运用奠定基础。其研究内容包括中国古代广告的发展、中国近现代广告的发展、中国当代广告的发展、中国港台广告的发展及广告的个案史。

(一)主要内容

1. 中国古代广告的发展(公元前—1911年的中国广告)

本部分论述中国自原始社会末期至春秋末期的广告、战国至隋朝时期的广告、唐宋时期的广告、元明清时期的广告等不同历史阶段广告的发展,把我国广告思想的演进贯穿其中。

2. 中国近现代广告的发展(1912—1978年的中国广告,包括港澳台地区)

本部分论述中国自辛亥革命至新中国建立前的广告、建国后至改革开放前的我国广告的发展,其中包括本时期港澳台地区广告业的发展情况。

3. 中国当代广告的发展(1979至今,包括港澳台地区)

本部分论述中国广告业在当代发展中的几个重要阶段,如改革开放后中国大陆广告的复兴、现代广告的探索期、现代广告的发展期、广告业入世过渡保护期、广告业面向全球开放期,以及本时期港澳台地区的广告业的发展。

4. 广告个案史

如《〈北洋画报〉广告研究》、《〈申报〉广告研究》、《〈大公报〉广告研究》、《〈东方杂志〉广告研究》等。这部分研究还有增加的趋势。

形成的主要系列书目有《中国先秦两汉广告史》、《中国唐宋广告史》、《中国元明清广告史》、《中国近现代广告史》、《中国当代广告史》、《中国港台广告史》、《〈北洋画报〉广告研究》、《〈申报〉广告研究》、《〈大公报〉广告研究》、《〈东方杂志〉广告研究》。

(二)研究重点

丛书尽可能提供详尽史料,为后人留下丰富的文化遗产;考察我国广告思想理论的演进;重点总结1979—2010年的中国广告业的发展,为我国经济的全球化服务。

(三)研究难点

中国广告业与世界广告业的互动关系;中国广告业与中国经济和社会发展的相互影响。

(四)主要观点

中国广告发展史是中国文化史的一部分,也是中国经济史、商业史、都市文化史及民俗学史、大众生活史等学科领域的重要组成部分,涉及社会学、心理学、市场学、传播学及行为科学等学科。现代广告不仅是重要的营销文化,也是街头文化及城市文化学研究的重要对象。其主要观点有:

(1)把广告融入广阔的社会文化背景中进行研究,以社会发展编年史的方式理清关系。

(2)以传播学理论为主线,把广告的发展看作人类信息传播的发展。

(3)把广告看作社会信息全方位传播的手段,而不仅仅商业经济运作技巧。本丛书认为,社会广告应先于经济广告产生并可为此找到大量证据。

(4)把中国广告的发展融入世界广告发展的环境中进行全方位的考察。

(5)广告的社会效益与经济效益的融合。

五、分歧与问题

在广告史的研究中,对广告的起源与定义一直存在着两种不同观点:一种观点认为,广告是商品生产和商品交换的产物;另一种观点认为,广告是人类有目的信息交流的必然产物。前一种观点主要研究商品广告,即狭义广告;后一种观点认为,除了研究商品广告,还研究社会广告,即广义广告。

20世纪90年代中期以前的广告学著作一般持前一种观点,如唐忠朴的《实用广告学》,徐百益的《实用广告手册》,田彧的《中国古代广告概述》,孙有为的《广告学》,余明阳、陈先红的《广告学》,丁俊杰的《现代广告通论——对广告运作原理的重新审视》。新世纪以来持这一观点的著作,如黄勇的《中外广告简史》认为,广告史研究必须排除广义广告范畴的干扰,克服泛传播论的倾向,明确广告史的研究对象。孙顺华在《中国广告史》认为:"从对广告基本特征的描述中,我们认为广告主要指商业广告,与商品经济的发展密不可分。"①

后一种观点其实也由来已久,清末学者裘可桴的《广告文考》就把各种政府文告,甚至《尚书》等古代经典著作,视为最早的广告文,认为,追溯而上,商朝的汤诰、盘庚,夏朝的甘誓、胤征也都是广告文。冯鸿鑫《广告学》也认为广告的起始很难查考,有文字以后,人类有互助及群众生活以来,像三代的诰誓,战国的令,秦代的制,汉朝的策书、诏书,后魏的露布,官署的批、判及各代的碑志,都是利用文字而向大众公告。商人利用这种通知作为推销方法而增加销售,商业广告于是产生。政治广告、社会公益广告对宣传政令、传播政治信息起很大的作用,也对商业广告的产生、发展有巨大影响。如来生的《中国广告事业史》一书开篇即言:"凡是要使多数人知道,而含有宣传作用的举动,都是广告。譬如像从前酒肆门前挂了一方旗帜,衙门贴出告示……"②他认为广告的性质分为两种——营业广告、人事广告,人事广告如遗失证件、订婚、征求物品、聘请职员、出租房屋等,按现代观点即为分类广告,也即社会广告之一种。

80年代以来的研究中,广义广告长期得不到重视,只有少数学者对此进行论述。90年代初,邹徐文从文化学的角度重新定义广告,他在《广告文化论导论》一文中提出:"现在让我们回过头来,在本文的结尾冷静客观地给广告这一包孕万千的文化现象下一个也许多少带点教条色彩的描述式的定义:广告是向更广泛的公众告知的以反映经济信息和其他社会内容为目的的文化传播形式。"③他的另一篇文章《广告的文化起源》则认为广告观念起源于人类文化观念,作为目标性信息表述方式和中介方式的广告传播就其存在论本质而言是一种文化现象。④

本人则在《中外广告史》一书中明确提出:"广告是人类信息交流的必然产物。"⑤广义广告应包括社会广告和经济广告,作为信息传递基本手段的社会广告应先于经济广告出现,此后很多研究者都接受广义广告。刘家林的《新编中外广告通史》援引《中国大百科全书·经济学》中"广告"条:"广告(advertisement),源于拉丁文 Advertere,意为注意、诱导等。广告包括'不以经营为

---

① 孙顺华.中国广告史[M].济南:山东大学出版社,2007:1.
② 如来生.中国广告事业史[M].上海:上海新文化社,1948:1.
③ 邹徐文.广告文化论导论[J].徐州师范学院学报(哲学社会科学版),1991(3):141-146.
④ 邹徐文.广告的文化起源[J].徐州师范学院学报(哲学社会科学版),1992(4):6-16.
⑤ 陈培爱.中外广告史——站在当代视角的全面回顾[M].北京:中国物价出版社,1997:1.

目的的广告'和'以经营为目的的广告'两大类。前者包括政府、政党、宗教、文化、社会团体及个人等的公告、声明、启事等;后者包括生产、商业、服务行业等经营者的声明、启事、商品及劳务介绍等。商品广告只是广告的一种。"① 该书认为我国的商业广告产生于商代,非营利性广告、政治广告及公益性广告出现得比商业广告更早。该书还提到各个时代的社会广告,如汉代的寻人招贴——"零丁"(宋《太平御览》五百九十八文部有"零丁"门,清代著名学者朱彝尊所著《曝书亭集》中收有他为进士陆寅所作的寻父零丁),皇帝求贤的政治广告、露布,唐代的特殊广告——科举放榜,宋代的公益广告和政治广告,明代的公益广告——劝农勤耕的谕旨。杨海军的《中外广告史》一书和他的一些论文如《论广告的起源问题》、《论中国古代社会政治、文化、军事广告的传播特色》等则对古代社会广告进行了比较全面系统的考察。认为社会广告包括政治广告、军事广告、文化广告三种基本形态,每种形态都可分为若干类。杨海军的研究对于进一步深入认识古代的社会广告有着重要意义。

赵琛的《中国广告史》、陈树林的《中国广告历史文化》、由国庆的《与古人一起读广告》等书都注意到中国古代的社会广告,许多广告史著作与论文都特别界定所研究的广告为商品广告还是社会广告。这些都表明,虽然关于广告起源和定义的争论依然存在,但广义广告的概念得到越来越多人的认可,逐渐成为学界比较主流的观点。

研究中存在的问题:

1. 关于社会广告的研究不足

本人在《中外广告史》一书中最早明确提出广告应分为经济广告和社会广告,杨海军的《中外广告史》则把中国古代广告分为商业广告和社会广告,其中社会广告又包括文化广告、军事广告和政治广告三种。

但大多数学者主要探讨的还是古代商业广告的发展情况,重视考察经济活动中的广告形式,而忽视社会中出现的广告现象,如政治诏令等的发布、军事活动中的信息沟通及文化传播中的广告信息,这是目前广告史研究最薄弱的环节。

2. 广告的分类标准问题

在广告史研究中,划分标准也是一个问题。大部分学者多以媒介形式来划分广告,如许多书提到的"口头广告"、"酒旗广告"、"招牌广告"、"诗歌广告",但是这种划分形式未取得研究者的一致认同,也不全面。完全按照广告媒介形式来划分,划分结果也应包括政治广告、军事广告、文化广告等社会广告的内容,这样划分忽略了某些广告形式的特征。

---

① 刘家林.新编中外广告通史[M].广州:暨南大学出版社,2004:2.

3. 广告与社会发展的互动关系

广告是经济现象，是商品生产和交换日益发展的产物，研究广告发展史时，学者们大多都会先论述这一时期的经济发展状况，然后指出这个大环境下广告发展的具体进展。

然而，广告也是文化现象，广告的发展离不开同时期社会文化、思想观念、政治环境的影响，还反作用于这些因素。因此，学者们也应关注广告发展的历史与社会生活、文化观念等各方面的整体状况之间的关系。把握综合因素相互作用，才能得出更多关于广告发展自身规律和社会发展整体因素的论断，探索广告与社会之间的互动关系。

六、创新与展望

本丛书从认识论的角度入手，把人们对广告的认识和看法进行系统性的挖掘和整理，找出促进广告事业发展的主客观原因。还将对整个行业的经营和管理的理念进行系统研究和整理。

创新之处有三。

(一)研究角度创新

本丛书对几千年的广告进行断代史研究，这种体例就是一个创新。以往广告史研究多侧重于广告史实、广告活动的现象描述和整理归纳，对影响广告行业发展的观念认识等的关注较少。本丛书则将广告视为一种产业，从影响产业发展的观念变迁入手，进而对影响广告行业发展的创意表现、经营管理等进行系统的研究和阐述，这是本丛书的创新之一。

(二)研究资料创新

该丛书整理并发掘了许多新的广告史材料，这些史料是过去的广告史研究未曾挖掘使用的，将其整理发掘出来，可以为广告史研究奠定良好的基础。围绕着这些史料的整理和挖掘，总结广告创意手法，这将全面奠定广告史研究的基础。

(三)学术地位创新

高校的广告学科主要围绕三个方向——广告理论、广告史、广告实务，其中，广告史是广告学科发展最重要的基础。广告史研究不仅可以梳理广告的阶段性发展情况，还可以从广告的角度透视时代、社会和人文的相关情况。

中国广告史研究还处于探索阶段，有两个方面值得学者们关注：

（1）关注广告与社会之间的互动关联。把广告发展与同时期的政治、经济、文化、思想观念等联系起来，充分利用大历史观，扩大广告史研究的视野和思路，这是未来中国广告史研究的重要课题。

（2）从整体的视角出发，结合中国广告史的发展脉络，更加深入和理性地探讨中国广告发展的规律、特征，揭示中国广告发展的文化传统和民族特性，是广告史研究的重要使命。

陈培爱
中国广告协会学术委员会主任
厦门大学新闻传播学院教授　博导
2011 年 9 月 5 日

前　言

　　抗日战争时期，中国被割裂成沦陷区、解放区、国统区。在国民政府的战时经济政策安排下，大量沿海工厂、学校、机关内迁至重庆、昆明、贵阳、桂林等大后方城市，大后方人口激增，商贸繁荣。桂林在这个时期成为大后方重要的商业中心之一，因为进步文化名人多，而被誉为"文化城"。这个时期（1937—1945年），桂林商业的繁荣以及独特的文化环境，促成了广西广告业的蓬勃发展。战时的广西，因为新桂系与蒋介石集团的矛盾，在政治、军事、经济等事务上都有相当程度的自治，因此广西不同于普通的国统区，带有"独立王国"的一些色彩。在复杂的政治、军事、文化因素的共同作用下，广西的广告业具有不同于全国其他地区广告业的鲜明特点。

　　本书以抗战时期广西最具影响力的地方性报纸——《广西日报》(桂林)为研究对象，分四个层面展开研究。第一，以战时全国广告市场的分化背景分析国统区、沦陷区、解放区广告业的基本情况。然后，具体分析《广西日报》(桂林)所在地桂林的政治和经济社会环境，介绍《广西日报》(桂林)的基本情况。第二，以历史演进为纲，归纳和总结《广西日报》(桂林)在抗战期间的广告经营发展历程和各个时期的广告水平，梳理该报广告发展脉络和每个历史时期广告经营、广告设计和表现的总体特征。第三，以该报社会广告、文化教育广告、休闲娱乐广告、餐饮广告、百货商店广告、营养品广告、香烟广告为文本对象，通过定性与定量分析，论证广告对社会产生的各种影响。第四，分析《广西日报》(桂林)广告与社会生活变迁的互动关系，阐释广告所承载的传播信息、观念引导和文化影响等重要功能，以此考察抗战时期广西的经济社会变迁。

　　本书的主要价值在于以大后方重要城市的代表性报纸为研究对象，用"解剖麻雀"的个案研究方法分析抗战时期《广西日报》(桂林)丰富多彩的广告发展历程，生动反映战时大后方经济社会生活的状况和变迁脉络，为全方位审视抗战时期全国广告业发展情况提供新的视角和素材。当前，抗战时期广告史研究取得较为丰富的成果，但研究成果仍存在地域局限，多以重庆、延安报纸为研究对象，而对其他重要地区的广告发展情况缺乏观照，难免挂一漏万。本研究着眼于在抗战时期在全国具有重要影响的桂林，通过研究当地发行量最大的、新桂系的机关报的广告发展情况，将进一步丰富抗战时期广告史的研究，便于更全面地反映我国战时广告业跌宕多姿、特点各异的复杂面貌。

战时桂林经济和社会的发展受沿海城市工业内迁的影响比较明显。商业广告作为重要的媒介，通过新式观念、新式商品的输入，对广西的城市化、现代化进程，对社会文化水平提高和人的综合素质提高起到积极的作用。文化教育广告也丰富了抗战宣传形式，为全民抗战动员做出巨大贡献。

目 录

第一章　绪论 ……………………………………………………………… 1
　第一节　研究缘起 ……………………………………………………… 1
　第二节　文献综述 ……………………………………………………… 3
　第三节　研究思路、研究方法与研究框架 ………………………… 22
　第四节　研究目的和意义 …………………………………………… 26
　第五节　研究创新和研究难点 ……………………………………… 29
第二章　抗战时期《广西日报》发展环境及特点 …………………… 31
　第一节　抗战时期全国广告市场的形成和发展 …………………… 31
　　一、国统区广告业的基本情况 …………………………………… 32
　　二、沦陷区广告业的基本情况 …………………………………… 33
　　三、解放区广告业的基本情况 …………………………………… 34
　第二节　抗战时期《广西日报》的发展环境 ………………………… 36
　　一、桂林的地位与影响 …………………………………………… 36
　　二、桂林的政治环境和地理优势 ………………………………… 38
　　三、桂林的经济物质条件和思想文化环境 ……………………… 41
　第三节　《广西日报》的创刊历史及特点 …………………………… 52
　　一、抗战时期广西报业形势 ……………………………………… 52
　　二、《广西日报》起源 ……………………………………………… 56
　　三、《广西日报》机构设置情况 …………………………………… 57
　　四、《广西日报》主要特点 ………………………………………… 58
　　五、《广西日报》广告的在行业中的地位和影响 ………………… 63
第三章　抗战时期《广西日报》广告经营发展历程及演变 ………… 68
　第一节　经营历史分期 ……………………………………………… 68
　　一、初始发展期——韦永成时期的广告经营(1937—1938) …… 68
　　二、螺旋上升期——韦贽唐时期的广告经营(1939—1942) …… 71
　　三、成熟繁荣期——黎蒙时期的广告经营(1942—1945) ……… 75
　第二节　抗战时期《广西日报》广告的类型 ………………………… 89
　　一、《广西日报》广告的类型 ……………………………………… 89

二、《广西日报》广告类型的特点 ·· 90

第三节　抗战时期《广西日报》广告的特色 ······························· 93
    一、韦永成时期的广告特色 ·· 93
    二、韦赞唐时期的广告特色 ·· 99
    三、黎蒙时期的广告特色 ·· 108

第四节　与同时期《大公报》(桂林)广告的比较 ······················ 120
    一、与同时期《大公报》(桂林)广告经营比较 ······················ 120
    二、与同时期《大公报》(桂林)广告设计比较 ······················ 124

第四章　抗战时期《广西日报》广告内容研究 ·························· 129

第一节　社会广告 ·· 129
    一、婚姻广告 ·· 129
    二、颂扬广告 ·· 139

第二节　文化教育广告 ··· 140
    一、书籍广告 ·· 145
    二、招生广告 ·· 150

第三节　休闲娱乐广告 ··· 157
    一、戏剧广告 ·· 157
    二、电影广告 ·· 179
    三、其他休闲活动广告 ··· 188

第四节　餐饮广告 ·· 203
    一、餐饮业 ··· 204
    二、知名餐饮企业的生意经 ··· 211

第五节　百货商店广告 ··· 213

第六节　营养保健品 ··· 218

第七节　香烟广告 ·· 225
    一、烟草进入中国简况 ··· 225
    二、《广西日报》香烟广告特点 ·· 226
    三、现代生活的暗示与诱惑 ··· 234

第五章　抗战时期《广西日报》广告与社会变迁 ······················· 236

第一节　广告与社会变迁的关系 ··· 236
    一、社会变迁的概念和内涵 ··· 237
    二、广告对社会变迁的作用 ··· 238

第二节　广告中展现的社会变迁 ··· 239
    一、消费观念的变迁 ·· 239
    二、饮食文化的变迁 ·· 247

三、服饰文化的变迁 ………………………………………… 252
　　四、休闲娱乐的变迁 ………………………………………… 259
　　五、婚恋观念的变迁 ………………………………………… 264
　第三节　《广西日报》广告图景背后的多棱透视 …………… 271
　　一、广西当局戒奢从俭理念的影响 ………………………… 272
　　二、国民政府战时经济政策的影响 ………………………… 275
　　三、新生活运动的影响 ……………………………………… 280
　　四、抗战时期人口内迁的影响 ……………………………… 286

参考文献 ………………………………………………………… 290
图表索引 ………………………………………………………… 301
后　记 …………………………………………………………… 307

第一章 绪论

第一节 研究缘起

鸦片战争后,中国近代广告业随着中文报刊的兴办而逐渐走上历史舞台,在随后几十年里,广告业不断成熟,广告市场专业化分工不断完善,广告市场日益繁荣,广告主广告意识不断增强,我国近代广告业得以建立。五四运动至抗日战争期间,受五四新文化运动的影响,我国的报刊事业迅速发展,全国各地相继开办各类报纸,报纸广告逐步成为商家促销的重要手段。在这一个时期,报纸广告蓬勃发展,我国近代广告业步入快速发展的轨道。从20世纪30年代初到抗日战争全面爆发前夕,是旧中国广告业的鼎盛时期。这一时期,国人对广告这一新生事物逐渐熟悉,广告的作用也渐为工商人士所了解,得到广泛地应用,新技术、新手法不断推陈出新,广告公司日益专业化,以上海、天津、广州等大都市为代表的广告业得到迅猛的发展,这一时期被称为我国近代广告发展的黄金阶段。历史地看,中国近现代广告业随着经济社会的进步而稳步发展。

1937年,抗日战争爆发,我国的经济和社会遭受到前所未有的冲击,百业凋敝,民不聊生,社会动荡,广告业也随之遭受巨大冲击,整体上出现衰退和萧条,中国广告业进入寒冬。随着战事的蔓延,大都市上海、南京、广州、武汉纷纷被日寇占领,沦为沦陷区。在国民政府战时经济政策的统一安排下,这些地区的机关、企业、学校纷纷南迁,前往重庆、桂林、昆明、成都等"大后方"城市。在当时形势下,由于战争的影响,我国客观上已经形成国统区、日寇占领区(沦陷区)、抗日根据地三个区域,广告业表现出较强的"战时"特点,最显著的特征是:在战时三个不同的区域内,受各自特殊的政治、经济、文化、军事因素的影响,每个区域的广告业发展情况和特点都各不相同,差距甚大。战争虽然对社会、经济等造成巨大冲击,但是广告作为重要的社会信息传播工具和营销手段,在战争时期仍然保持巨大的生命力,在经济贸易、生产消费、文化交流、爱国动员等方面发挥重要的作用。国家整体经济困难重重,消费者购买力严重不足,物资相对匮乏,但是广告业仍然有所发展,为促进中国现代经济和社会发展、传播现代技术、革新思想观念、动员抗战等起到不可忽视的重要作用。

抗战期间,在众多的国统区城市中,由于特殊的地理、交通因素,重庆和桂林成为最重要的抗战大后方城市。在战火纷飞的年代,这两座城市接收了大量的移民和沿海内迁企业,英才荟萃,文人咸集,出现了与其他国统区城市所不同的战时经济和文化繁荣,形成了抗战史独特的现象。这一时期(1937年—1945年),大后方偏安一隅,其广告业形成了不同于全国其他地区的特点。其中,重庆是战时陪都,集聚了最丰富的政治、经济、文化和社会资源,成为了抗战期间我国最繁荣的城市,广告业发展也最蓬勃,在全国经济普遍低迷的状况下,大后方城市却一片繁荣,呈现出战时特有的市场特点。当时的桂林,桂系军阀出于政治需要而持相对开明的政治立场,吸引了大批进步文化人士和大量省外的转移人群、大批内迁企业,出现了类似重庆的畸形繁荣。广西省府桂林,这座原来人口不足 5 万的边疆小城,在抗战时期的头两三年内,迅速涌入外来人口近 20 万,全国知名文化人士逾千人,拥有出版社近百家,印刷厂、书店众多,各类出版物产量几占全国三分之一;拥有全国性的报刊、地方性报刊十几家,成为全国知名的"文化城"。在全国大多地区仍处于兵荒马乱、经济低迷的时候,桂林凭借上述的优势条件成为与重庆交相辉映的、全国知名的"大后方"城市,在当时国内的政治、经济、军事、文化等诸多领域具有重大的影响。

人们四处逃难,企业大量迁徙,工商业生意萧条,广告业举步维艰,伤痕累累。在大后方,重庆和桂林这两座城市相对安全和稳定,人才、内迁企业纷纷到来,极大地改变了桂林的经济和文化面貌,包括媒介生态。抗战期间,桂林的社会和经济发展相对平稳和繁荣,商品相对丰富,社会风气较为开明,消费观念相对发达。虽然老百姓生活艰苦,购买力有限,物价较高,但在广告的刺激下,在社会潮流的影响下,民众的消费行为和思想观念仍然发生了变化。《广西日报》(桂林版)是新桂系的机关报,成为当时广西发行量和社会影响力最大的地方性报纸。其在促进商品流通、刺激民众消费、引导消费观念、激发民众爱国精神等方面发挥了不可估量的重要作用。本书以抗战时期国统区《广西日报》(桂林版)为研究对象,对其在抗日战争这段时期的广告事业进行全面扫描,以小见大,为考察抗战时期,我国大后方的广告事业的发展特点以及广告与社会发展的互动规律提供个案样本以及史料,具有一定的理论价值和学术意义。

桂林抗战时期新闻事业史研究已经得到国家的高度重视和理论界的普遍认可。近年来，抗战时期桂林新闻史研究成果不断出现，成为新闻史研究热点。自2006年起，从事广西或桂林抗战文化研究的课题在国家社科基金获得七次立项，国家社科基金项目《抗战时期桂林文化城戏剧家群及其成因研究》、国家社科基金一般项目《抗战时期广西新闻出版事业研究》、国家社科基金一般项目《抗战时期国共合作背景下桂林新闻事业史研究》、国家社科基金艺术学项目《桂林抗战艺术史》、国家社科基金青年项目《抗战时期桂林进步报人群体新闻活动研究》、国家社科基金一般项目《西南抗战文化运动中的共产党员群体作用研究》、国家社科一般项目《抗战时期桂林文化城文艺期刊研究》。其中，直接以"桂林抗战时期新闻史"为研究对象的国家社科项目有4个，国家社科基金立项情况可以从一个侧面说明，桂林抗战时期新闻传播事业在新闻传播学研究中具有一定的研究地位和价值，值得深入研究。

与桂林抗战时期新闻史研究深受关注所不同的是，"桂林抗战时期广告史"却处于无人挖掘的尴尬状态。桂林抗战时期广告业作为全国抗战时期广告业发展的重要一环，具有较大的研究价值和意义，应该得到足够的重视和挖掘。《广西日报》作为新桂系的喉舌、当时广西最有影响力的地方报，其广告经营工作、广告制作和设计水平等都是桂林新闻事业史的重要组成部分，也是中国新闻事业史、中国现代广告史的重要篇章。因此，本书对于抗战时期中国广告史研究有"拾遗补缺"的作用，为多元化呈现抗战时期国内广告业发展将提供新颖的视角。

第二节 文献综述

一、国内研究现状

（一）民国时期的广告学研究

19世纪末期，随着现代新闻传播事业在全球的兴起，新闻学的研究开始发端。广告是新闻业务的重要组成部分，对广告的研究也成为新闻学研究的重要内容。在广告学未单独成为一门学问之前，大多数广告相关研究成果都出自新闻学。此外，商业学中也多有涉及广告。因此，本书也将广告研究之溯源分成新闻、商业学、广告三端，分而述之。

　　现代新闻事业发源于西方，因此最早进入我国的新闻学研究成果也来自西方。在最早的我国引进的新闻学专著中都详细介绍了广告，可见当时的新闻传播事业中广告的地位已经得到了认可和重视。1903年，日本学者松本君平的《新闻学》被翻译引进我国，成为近代我国第一部新闻学译著。① 松本君平对报纸的发行与广告进行了详细的阐述，指出广告对于报社的重要作用。1913年，美国人休曼出版了《实用新闻学》一书，该书有两章和告白有关，可见其对告白的重视程度。休曼介绍了很多告白的传播原理，比如"著作告白之文须凝练而刺人目……其文必足以动人兴趣，激人观感者，于待售之品，必不宜只说吾肆售何物。须将物品之种类与其住处一一言明，行文平易，自然人皆爱读"②；"告白亦须知人情，人者自营之兽也，与其告知某事某物可以利人不如告以可以利己"③。休曼在该书第十三章中介绍了报社登载告白的有关事务，阐明了广告之于美国报馆的普遍意义，更指出报馆广告招揽人宜"时出新意，可以动众"④。他还指出告白的效果最重要之处在于图文并茂，"有告白之文，又附之以画，自足以动商家之心而生小试之意。读报购物之人，瞥见报中之画，尤足生其注意也。"⑤休曼此书对我国的广告理论研究和行业应用具有重要的发蒙作用。

　　1918年，我国本土的新闻学研究有了重大进展。当年，北京大学成立新闻学研究会，这象征我国新闻学研究日渐成熟。1919年，徐宝璜出版《新闻学》一书，成为了我国第一本由本国人著述的新闻学专著。⑥《新闻学》一书第十章介绍"新闻纸之广告"。徐宝璜指出广告对于报社的重要意义，"广告多者，不独经济可以独立，毋须受人之津贴，因之言论亦不必受何方之束缚，且可扩充篇幅，增加材料，减轻报资，以扩广其销路。又广告如登载得当，其为多数人所注意也，必不让于新闻。广告加多，直接亦足以扩广一报之销路也。故为一报自身利益计，实有谋其广告发达之必要"⑦。徐宝璜更深刻地阐明了广告非一般商品，报社登载广告需要有一定的原则。"新闻社对于广告……当先审查其内容何如。若所说者为事实，而又无碍于风纪，则可登出之。若为春药、治梅毒、名妓到京或种种骗钱之广告，则虽人愿出重资求其一登，亦

---

① 李秀云.中国新闻学术史[M].北京：新华出版社，2004：1.
② ［美］休曼著，史青译.实用新闻学[M].上海：上海广学会，1913：127-128.
③ ［美］休曼著，史青译.实用新闻学[M].上海：上海广学会，1913：128.
④⑤ ［美］休曼著，史青译.实用新闻学[M].上海：上海广学会，1913：132.
⑥ 李秀云.中国新闻学术史[M].北京：新华出版社，2004：1.
⑦ 徐宝璜.新闻学[M].北京：北京大学新闻学研究会，1919：68.

当拒而不纳。因登有碍风纪之广告,足长社会之恶风,殊失提倡道德之职务。"①此后,有新闻史研究的学者以宏观的视角分析了我国广告事业发展的情况和主要问题。比如,1927 年,戈公振的《中国报学史》指出广告与报社的重要关系,以及广告与新闻的关系,"报纸之处,亦多仰给广告……我国商业未兴,无剧烈竞争,视广告为无足轻重。而报馆又不能表显其广告之势力,以博得商人之信托,而裕其财源。一方面又不知广告之内容,亦足引起读者之注意,与新闻同价值耳"②。戈公振最早提出了广告的分类原则,将其分成商务广告、社会广告、文化广告、交通广告和杂项五类。该书还以上海、北京、天津、汉口、广州五家代表性报纸的广告占版面的比例以及广告面积作了详细比较分析,堪称我国广告实证研究之先河。蒋国珍介绍了英、美、日等外商广告在华的投放情况,指出近期本国商品广告上以"国货"二字为标记,是我国工商业广告意识进步的象征。③

张静庐在《中国的新闻记者与新闻纸》一书中,介绍了上海《新闻报》与《申报》两报的广告业务特征和竞争情况。指出《申报》善于开发广告载体和进行广告策划,而且注意维持商业广告和文化广告的平衡。而《新闻报》则注重中下阶层读者,不是很重视书籍广告,未能赢得青年读者青睐。这是较早介绍我国最发达报纸的广告竞争状况,虽然比较简单,但是从中可以一窥当年两大报纸巨头广告竞争之一斑。④

黄天鹏针对近代我国报业发展变化指出,近代中国报业已由"津贴本位进而为营业本位","营业之致力无外乎两道,发行与广告,二者互为因果。"而由于广告作用和影响日渐盛大,"近世营业之所以由营业本位趋向于广告本位也,"。他还指出了城市经济环境与报纸广告和发行的关系,上海经济发达,广告事业宏大,因此报社收入可观,故以广告为本位;而内地经济不振,广告不畅,则只有努力在编辑上下工夫,以求发行量扩大,故以发行为本位。⑤黄天鹏的分析道出了经济环境与广告、发行之间的微妙关系,观点可谓深刻,足以让人洞察沿海发达地区与内地落后地区报纸经营方针制定的差异原因。

30 年代,有多部新闻专著中辟有专门的章节介绍广告,从报业经营管理的视角将广告的营业功能予以介绍。当时理论界普遍认为,报馆的营业是发行与广告并驾齐驱,但多数报纸主要靠广告给养,而发行为辅。这个时期在新闻理论中介绍广告组织及功能运作的代表性作者,包括吴芝晓的《新闻学

---

① 徐宝璜.新闻学[M].北京:北京大学新闻学研究会,1919:69.
② 戈公振.中国报学史[M].北京:中国新闻出版社,1985:174.
③ 蒋国珍.中国新闻发达史[M].上海:世界书局,1927:67.
④ 张静庐.中国的新闻记者与新闻纸[M].上海:现代书局,1932:57-58.
⑤ 黄天鹏.中国新闻事业[M].上海:上海联合书店,1930:58-60.

之理论与实用》①、吴定九的《新闻事业经营法》(第二版)②、曹用先的《新闻学》③、刘觉民的《报业管理概论》④、黄天鹏的《新闻学纲要》⑤、赵君豪的《中国近代之报业》⑥等。

  《申报》是当时发行量数一数二的报纸,以《申报》广告为研究对象成为民国时期广告研究一个绕不过去的重要节点。钱伯涵作为资深申报人,在申报新闻函授学校曾经编过一本讲义《报馆管理与组织》,该书在第五章第四节介绍营业部的业务时,就非常详细地介绍了申报的广告管理理念和管理办法。⑦ 徐渊若在同为申报新闻函授学校中编印讲义《新闻发行学》,该书以美国、德国、法国、日本、苏俄的新闻业为镜,阐述报社的发行与广告之重要以及如何专业地处理广告与发行。⑧

  上世纪 20 年代,正值商业研究如日中天之际。外国商品大肆进入国内市场,引起了经济学家和民族工商业者的高度关注。那个时期,多有商业科普读物、学术专著专门讨论我国商业发展良策以及具体的商业手段,广告作为商业利器,自在其讨论内容之中。这些在商业人士、经济人士眼中的广告研究,丰富了以新闻学为主要母体的广告学研究,成为了我国近现代广告研究难得可贵的有益补充。王澹如在《商业 ABC》第十一章中,专门论及报纸广告。包括广告的意义、种类、广告的应用、广告的心理以及广告画与广告色彩。王澹如认为,"欧美各国对于广告都看成一种艰深的学术,特置一科于学校中,专门研究。且有据此种为特别营业的。我国对于广告向来不注重,近十余年来才知道广告为经商必要的知识,充分利用"⑨。张家泰从售货的角度,分析了广告的作用,并给出了八种商店广告部门运用广告的原则。⑩ 孔士谔、程本同认为,货物推销大致有两种方法,一是售货员口才,二是广告。两位将广告分成商品广告与信用广告两大类,信用广告之目的在于增进公司的信誉。具体形式包括:"论说或评论式的文字、叙述一个公司之过去历史、说明公司的方针"。这是较早深入介绍公共意见广告的著作,对于商家提升广

---

① 吴芝晓.新闻学之理论与实用[M].北平:立达书局,1933.
② 吴定九.新闻事业经营法[M].上海:现代书局,1932.
③ 曹用先.新闻学[M].上海:商务印书馆,1934.
④ 刘觉民.报业管理概论[M].上海:商务印书馆,1936.
⑤ 黄天鹏.新闻学纲要[M].上海:上海联合书店,1930.
⑥ 赵君豪.中国近代之报业[M].上海:申报馆,1938.
⑦ 钱伯涵.报馆管理与组织[M].上海:申报馆,1936:66-69.
⑧ 徐渊若.新闻发行学[M].上海:申报馆,1936.
⑨ 王澹如.商业 ABC[M].上海:世界书局,1932.
⑩ 张家泰.售货术 ABC[M].上海:世界书局,1934.

告术的多样化以及从广告诉求由"商品"到"公司"的策划思路转变较有启蒙意义。① 吴东初在分析常见于商店中的广告部与销售部不合的情况时指出,进货部与广告部应密切配合,发挥广告效力,促使营业发达。②

总的说来,商业研究中,更着重从促进销售的角度分析广告对于销售的具体贡献以及如何改进广告效果,以及广告在货品销售诸多环节中的作用。就商业者而言,广告的商业属性和促销作用是其关注的焦点。

我国近现代专业的广告研究发轫于1918年,当年由甘永龙编译出版的《广告须知》由商业印书馆发行,宣告了我国第一本广告学研究专著的诞生。③该书共有二十二章,分别论述了广告文案、广告媒介、广告代理等内容,并介绍了广告运作的基本原理。④ 该书的重大意义在于,第一次以专著的形式专门介绍广告,有利于广告研究的专业化,为日后广告学科的创立起到了巨大的作用。

20世纪20年代,广告研究逐步升温。1926年,蒋裕泉的《实用广告学》出版,这是由国人撰写出版的第一部广告学专著。⑤ 当时作为高级商业学校教科书而用,说明广告已经产生了较大的社会影响,商科教育中已经充分重视了广告对商业的积极作用。该书以丰富的图例介绍了广告创作的基本原则、广告文字和图画的应用、广告商标、广告印刷等内容。该书还收录了《民律草案对于广告之规定》、《报纸批评图画广告等项时涉淫邪应设法劝诫文》、《上海市公所颁发修订征收广告税章程》、《上海广告事业之调查》等附录,为国人和专业广告从业者、理论研究者提供了较有参考意义的资料。⑥

1928年,蒯世勋的《广告学 ABC》出版了,该书介绍了广告的意义、种类、广告的文字和图画、广告媒介、商标与广告等内容。⑦ 1931年,苏上达的《广告学概论》中,介绍了广告媒介、广告文案、广告与色彩、广告与市场等内容。该书最大的特点是利用丰富翔实的数据图表,以证明其观点,较具有实证主义色彩。⑧ 1932年,刘葆儒的《广告学》面世,该书讨论了广告发挥作用的具体机理,包括引起注意、保持注意、坚定信念、激起反应。该书主要是从广告

---

① 孔士谔、程本同.货物推销法[M].上海:商务印书馆,1934:43-44.
② 吴东初.一千种进货术[M].上海:商务印书馆,1930:152.
③ 陈培爱.中外广告史——站在当代视角的全面回顾[M].北京:中国物价出版社,1997:53.
④ 甘永龙.广告须知[M].上海:商务印书馆,1918.
⑤ 陈培爱.中外广告史新编[M].北京:高等教育出版社,2009:61.
⑥ 蒋裕泉.实用广告学[M].上海:商务印书馆,1926.
⑦ 蒯世勋.广告学 ABC[M].上海:世界书局,1928.
⑧ 苏上达.广告学概论[M].上海:商务印书馆,1931.

心理学的角度分析了广告的传播机理。① 1933年,罗宗善的《最新广告学》,该书从广告概述、广告制作基本论、广告制作分析论三个大部分讨论广告的功能、广告文案制作、广告绘画、广告心理等。该书既全面介绍了广告的基本概况和制作技巧,也深入地分析了广告影响人的心理过程,这反映出当时广告学研究较为侧重心理学。② 同时期,还出版了若干专著,主要有:孙孝钧的《广告经济学》③、王贡三的《广告学》④、徐国帧的《最新广告学》⑤、叶心佛的《广告实施学》⑥等。

　　进入40年代,广告研究得到了学者更大的关注,这一时期,广告专著也佳作频出。我国早期留美硕士、上海联合广告公司经理陆梅僧出版《广告》一书,该书介绍了广告的原理、广告的制作和印刷,广告媒介、广告道德等内容。⑦ 1944年,丁馨伯的《广告学》出版,该书共分为四章,广告原理、广告制作论、广告媒介物的研究、广告计划。该书较显著的特点是,着重分析广告计划和广告市场研究,主张在实施广告前须采取科学的方法调研,这象征着科学的理念已经在广大研究者中形成共识,科学广告的理念得到了进一步推广。⑧ 1946年,吴铁声、朱胜愉编译的《广告学》由上海中华书局出版,该书以十四章的篇幅,详尽介绍了广告原理以及广告制作及印刷、广告媒介、广告部门、广告调查、广告计划等内容,附录还收集了出版法、商标法以及英文参考书目,作为大学教科书,该书以内容翔实,专业深入而让人击节称叹。尤其是专门设立"商品研究"一章,对不同商品的种类和特点进行深入分析,有利于增强以商品为导向的广告观念。⑨ 1948年,如来生的《中国广告事业史》出版,我国第一本广告史专著问世。该书将我国的广告历史时期划分为草创时期、发展时期、抗战时期和胜利以后四个历史时期,详细介绍了每个历史阶段广告业的重大事件,为全面回顾和总结我国广告事业的兴衰成败提供了可贵的资料。⑩

---

① 刘葆儒.广告学[M].上海:中华书局,1932.
② 罗宗善.最新广告学[M].上海:上海世界书局,1933.
③ 孙孝钧.广告经济学[M].南京:南京书店,1931.
④ 王贡三.广告学[M].上海:世界书局,1933.
⑤ 徐国帧.最新广告学[M].上海:世界书局,1932.
⑥ 叶心佛.广告实施学[M].上海:中国广告学社,1935.
⑦ 陆梅僧.广告[M].上海:商务印书馆,1940.
⑧ 丁馨伯.广告学[M].上海:立信会计图书用品社,1944.
⑨ 吴铁声,朱胜愉.广告学[M].上海:中华书局,1946.
⑩ 如来生.中国广告事业史[M].上海:上海新文化社,1948.

(二)新中国成立后的广告史研究

解放后,由于广告的经济属性一直未得到应有的认可和重视,虽然期间偶有生产资料、文艺广告出现在报刊上。但是,总体而言,处于计划经济时期的广告业几乎销声匿迹,广告研究长期处于停滞状态。

80年代初期,徐铸成的《报海旧闻》出版,该书回忆了作者长期在报界工作的见闻和经历,介绍了一些广告业的做法和表现,为了解民国时期广告业的情况提供了宝贵资料。① 唐忠朴、贾斌主编的《实用广告学》在1981年出版,该书介绍了广告基本原理、中国历代广告发展、广告制作、广告媒介等内容,并介绍了海外多国的广告事业发展情况。②

改革开放以后,以广告学专业在厦门大学的创办为标志,广告学研究进入正规化的发展轨道。此后,全国各地高校都纷纷创办广告学专业,广告研究者也随之增多,研究专著和论文随后纷纷出版和发表,广告史研究进入一个快速发展的时期。80年代诞生了我国第一批广告史著作。比较有代表性的著作包括:徐百益的《中国广告简史》(试用)(上、下)③、樊志育的《中外广告史》④。

20世纪90年代,广告史研究逐步进入快速发展轨道,系统化、全面性的研究成果崭露头角,翻开了广告史研究的新一页。陈培爱于1997年出版了《中外广告史——站在当代视角的全面回顾》⑤,该书被誉为"中国大陆解放后第一本较系统的广告史书"⑥。此书的出版,把我国广告史研究带进了一个新时期,该书的行文体例、结构框架和研究范式为此类后续研究提供了有价值的借鉴,起到了开山奠基的重要作用,对中国广告史研究起到了不可估量的作用。同时期出版的相关著作还有:田彧的《中国古代广告概述》⑦、樊志育的《世界广告史话》⑧余虹等的《中国当代广告史》⑨、陈超南的《老广告》⑩、梁京

---

① 徐铸成.报海旧闻[M].上海:上海人民出版社,1981.
② 唐忠朴,贾斌.实用广告学[M].北京:工商出版社,1981.
③ 徐百益.中国广告简史(试用)(上、下)[M].上海:中国广告函授学校,1980.
④ 樊志育.中外广告史[M].台北:三民出版社,1989.
⑤ 陈培爱.中外广告史——站在当代视角的全面回顾[M].北京:中国物价出版社,1997.
⑥ 曾宪明.可喜的"第一本"——评陈培爱《中外广告史》[J].新闻大学,1998(1).
⑦ 田彧.中国古代广告概述[M].福州:海潮摄影艺术出版社,1991.
⑧ 樊志育.世界广告史话[M].北京:中国友谊出版社,1998.
⑨ 余虹等.中国当代广告史[M].长沙:湖南科学技术出版社,1999.
⑩ 陈超男.老广告[M].上海:上海人民出版社,1998.

武等的《老广告》①。总的说来,改革开放后,我国广告史研究才真正起步,研究范式和框架初步建立,研究内容和视角还不够丰富,发展较为缓慢。值得注意的是,这个时期的广告史研究逐步向专门史延伸,田彧和余虹分别作了积极的尝试,把古代和当代两个历史阶段的广告史作了梳理,拓宽了广告史研究的范畴,为广告史研究补充了新的素材和视角。

  进入 21 世纪的第一个 10 年,广告史研究逐渐升温,一批广告通史类著作接连问世,先后出版的各种广告通史、专门史专著有数十种,广告史研究自此迅速进入一个井喷时期。陈培爱的《中外广告史新编》②是这个时期比较权威的广告通史类著作,该书以时间为经,事件为纬,系统阐述了中外广告事业的历史发展,并且在讲述广告事业的同时,融入社会、经济、文化背景,脉络清晰,主线突出,可读性强。该书在抗战时期广告史的史料挖掘上较之第一版本有重要补充,补充完善了中国抗战时期解放区广告史的内容,提升了该书的学术性和理论性。同时期出版的广告通史研究专著有:刘家林的《新编中外广告通史》③、赵琛的《中国广告史》④、黄升民等的《中外广告图史》⑤、文春英的《外国广告发展史》⑥、杨海军的《中外广告史》⑦、姚曦等人的《简明世界广告史》⑧、许俊基的《中国广告史》⑨、孙顺华等的《中国广告史》⑩、杨海军的《中外广告史新编》⑪、陈培爱的《中外广告史教程》(第二版)⑫、杨海军的《中外广告通史》⑬。这些专著的特点各有千秋,有以史料多和图片丰富,形式活泼见长的,如黄升民等的《中外广告图史》、赵琛的《中国广告史》;文春英的的《外国广告发展史》专辟章节介绍了日本和韩国的广告情况,丰富了外国广告研究的内容;杨海军的《中外广告史》除了介绍西方代表性国家广告概况以外,还着力分析了世界广告演变的过程,史论结合的方式提高了世界广告发展变化的分析深度;许俊基的《中国广告史》在每一个历史时期阶段的介绍

---

① 梁京武.老广告[M].北京:龙门书局,1999.
② 陈培爱.中外广告史新编[M].北京:高等教育出版社,2009.
③ 刘家林.新编中外广告通史[M].广州:暨南大学出版社,2000.
④ 赵琛.中国广告史[M].北京:高等教育出版社,2005.
⑤ 黄升民等.中外广告图史[M].广州:南方日报出版社,2006.
⑥ 文春英.外国广告发展史[M].北京:中国传媒大学出版社,2006.
⑦ 杨海军.中外广告史[M].武汉:武汉大学出版社,2006.
⑧ 姚曦等.简明世界广告史[M].北京:高等教育出版社,2006.
⑨ 许俊基.中国广告史[M].北京:中国传媒大学出版社,2006.
⑩ 孙顺华等.中国广告史[M].山东:山东大学出版社,2007.
⑪ 杨海军.中外广告史新编[M].上海:复旦大学出版社,2009.
⑫ 陈培爱.中外广告史教程[M].北京:中央广播电视大学出版社,2010.
⑬ 杨海军.中外广告通史[M].北京:高等教育出版社,2012.

中,都介绍了重大事件和背景,对广告史的表现方式有了一定程度的创新。同时,作者还在多处介绍全国各地区的广告情况,避免了过于集中研究发达城市而忽略一般城市的不足。就这个方面而言,《中国广告史》尝试把广告研究对象的集中视角逐步扩大,有利于更全面地掌握全国广告业发展的动态和各地区广告业发展特点,凸显了广告史研究的广泛性,有一定的创新意义。

有研究者对改革开放以来的当代广告史进行了系统总结,呈现了某一个时期中国广告事业发展的基本面貌,这类书籍多以接近大事记的方式回顾历史中的重大事件,因此史料色彩比较突出,为广告史研究提供了丰富的史料。代表性著作有:国家杂志广告社等出版的《中国广告猛进史》[1]、范鲁斌的《中国广告25年》[2]、丁俊杰等的《见证:广告三十年》[3]、中广协的《中国广告三十年大事典》[4]等。

这个时期内,有研究者对广告专门史展开了研究,比较有代表性的著作有:杨海军等的《世界商业广告史》[5]、苏士梅的《中国近现代商业广告史》[6]等,这些研究进一步丰富了广告史各个历史时期和不同方面的专门研究,反映出我国广告史研究的全面性、系统性得到了拓展。

把广告与社会文化结合起来进行广告文化史研究是这个时期广告史研究的新范式,有学者从广告文化学的视角进行了尝试,通过分析广告样本,呈现了极具生活情趣和社会意义的某一历史阶段的社会生活面貌,反映了广告作为人类社会生活一面镜子的特殊功能,在讲述广告的同时介绍了历史;在品味历史的同时,也让人看到了广告发展变迁的痕迹。这种新范式采用交叉学科研究的做法,进一步丰富了广告史研究的方法,由于内容的贴近性和资料丰富多彩,较有观赏价值和休闲阅读价值,为广告史的大众化起到了较为重要的作用。代表著作有:由国庆的《老广告》[7]、赵琛的《中国近代广告文化》[8]、周伟的《工商侧影:一个世纪的广告经典》[9]、由国庆的《再见老广告》[10]、黄志伟等的《为世纪代言:中国近代广告》[11]、林升栋的《中国近现代广告经典

---

[1] 国家杂志广告社.中国广告猛进史[M].北京:华夏出版社,2004.
[2] 范鲁斌.中国广告25年[M].北京:中国大百科全书出版社,2004.
[3] 丁俊杰,杨福和.见证:广告三十年[M].北京:中国传媒大学出版社,2009.
[4] 中广协.中国广告三十年大事典[M].北京:中国工商出版社,2009.
[5] 杨海军,王成文.世界商业广告史[M].武汉:武汉大学出版社,2006.
[6] 苏士梅.中国近现代商业广告史.[M].郑州:河南大学出版社,2006.
[7] 由国庆.老广告[M].天津:天津人民美术出版社,2001.
[8] 赵琛.中国近代广告文化[M].长春:吉林科学出版社,2001.
[9] 周伟.工商侧影:一个世纪的广告经典[M].北京:光明日报出版社,2003.
[10] 由国庆.再见老广告[M].天津:百花文艺出版社,2004.
[11] 黄志伟等.为世纪代言:中国近代广告[M].上海:学林出版社,2004.

创意评析:申报 77 年》①、王儒年的《欲望的想象:1920—1930 年代申报广告的文化史研究》②、孙会的《〈大公报〉广告与近代社会(1902—1936)》③、杨振宇的《〈新闻报〉广告与近代上海的休闲生活(1927—1937)》④、陈树林的《中国广告历史文化:古代卷》⑤、李婷的《广告摩登》⑥、张家荣的《新中国老广告:1949—1966》⑦。这些著作都比较重视广告文本本身蕴含的丰富的社会信息,因此专著图片颇多,内容妙趣横生,具有较高的史料价值和欣赏价值。王儒年的《欲望的想象:1920—1930 年代申报广告的文化史研究》则采取社会文化学的研究视角,以《申报》广告为样本,分析了上海近现代物质和生活的变迁,以及变迁之后蕴藏的消费主义和意识形态。孙会的《〈大公报〉广告与近代社会(1902—1936)》详细分析了《大公报》的历史分期和每个时期广告的特征以及对社会的作用和影响。杨振宇《〈新闻报〉广告与近代上海的休闲生活(1927—1937)》分析后指出,报纸广告在人的"身份、性别、空间"上具有深刻的影响,以及广告中上海社会风俗变迁引发的观念变迁。以上同类研究成果用相关学科的交叉研究丰富了广告史研究的多样性,有利于从与人息息相关的生活中还原历史片断,增加历史的鲜活感和感受力,为广告史研究开辟了一条新的研究路径。

改革开放后,随着广告史研究的深入,地方广告史研究也逐渐兴起,成为一个广告史研究的新兴领域,进一步扩大了中国近现代广告史的研究领域,丰富了广告史研究的内容。严襟亚等的《上海广告史话》⑧、益斌的《老上海广告》⑨、张文霞的《老重庆影像志之老广告》⑩、北京广告协会的《当代北京广告

---

① 林升栋.中国近现代广告经典创意评析:《申报》77 年[M].南京:东南大学出版社,2005.
② 王儒年.欲望的想象:1920—1930 年代申报广告的文化史研究[M].上海:上海人民出版社,2007.
③ 孙会.《大公报》广告与近代社会(1902—1936)[M].北京:中国传媒大学出版社,2011.
④ 杨振宇.《新闻报》广告与近代上海的休闲生活(1927—1937)[M].上海:复旦大学出版社,2011.
⑤ 陈树林.中国广告历史文化:古代卷[M].天津:天津社会科学院出版社,2007.
⑥ 李婷.广告摩登[M].上海:上海锦绣文章出版社,2012.
⑦ 张家荣.新中国老广告:1949—1966[M].上海:上海远东出版社,2013.
⑧ 严襟亚等.上海广告史话[M].上海:上海社科院出版社,1984.
⑨ 益斌.老上海广告[M].上海:上海画报出版社,1995.
⑩ 张文霞.老重庆影像志之老广告[M].重庆:重庆出版集团,2007.

史》[1]、周果的《当代北京广告史话》[2]、蒋建国的《消费意向与都市空间:广州报刊广告研究》(1827—1919)[3]等。从已有成果来看,地方广告史研究目前仍较为薄弱,各地研究水平也不尽相同,上海、天津、广州等发达城市的研究成果较多,内陆地区的研究成果较少;全国知名商业性报纸的研究成果较多,有影响力的地方党报研究成果较少。研究对象的不均衡说明了我国广告史研究仍以"标杆式"地区的代表性报刊为主,对不同历史阶段和不同地域的地方广告史重视程度不够,这在一定程度上不利于呈现不同历史条件下全国广告业发展的复杂性和多样性,在某个意义上来说,目前的这种研究状况反映出我国历史广告学研究还存在诸多空白领域,亟待学者们拾遗补缺,丰富不同地区、不同历史时期的广告史研究,推动历史广告学向纵深发展。

广告的表现形式、广告媒介是广告研究者们又一个关注热点,进入新世纪以来,不少这方面的专著问世,让人们对不同历史时期的广告表现形式、广告媒介有了更全面的了解,对广告媒介发展史的梳理,丰富了广告史研究的内容。主要代表著作包括:冯懿有的《老香烟牌子》[4]、左旭初的《老商标》[5]、曲彦斌的《中国招幌和招徕市声:传统广告艺术史略》[6]、于学斌的《上海老招幌》[7]、白云《中国老广告:招贴广告的源与流》[8]、张竞琼等《浮世衣潮之广告卷》[9]。

21世纪第一个十年过后,广告史研究仍然维持较高的热度。这个时期的作品中,广告史研究的角度和研究对象选择上出现了一些创新,推动了广告史研究向前发展。这个时期,广告通史类著作有:陈刚的《当代中国广告史:1979—1991》[10],汪洋的《中国广告通史》[11]、王淑兰的《中外广告发展史新编》[12]。陈刚的《当代中国广告史:1979—1991》在写作体例上有所创新,该书

---

[1] 北京广告协会.当代北京广告史[M].北京:中国市场出版社,2007.
[2] 周果.当代北京广告史话[M].北京:当代中国出版社,2011.
[3] 蒋建国.消费意向与都市空间:广州报刊广告研究(1827—1919)[M].广州:暨南大学出版社,2011.
[4] 冯懿有.老香烟牌子[M].上海:上海画报出版社,1998.
[5] 左旭初.老商标[M].上海:上海画报出版社,1998.
[6] 曲彦斌.中国招幌和招徕市声:传统广告艺术史略[M].沈阳:辽宁人民出版社,2000.
[7] 于学斌.上海老招幌[M].上海:上海书店出版社,2002.
[8] 白云.中国老广告:招贴广告的源与流[M].北京:台海出版社,2003.
[9] 张竞琼,孙扬晔.浮世衣潮之广告卷[M].北京:中国纺织出版社,2007.
[10] 陈刚.当代中国广告史:1979—1991[M].北京:北京大学出版社,2010.
[11] 汪洋.中国广告通史[M].上海:上海交通大学出版社,2010.
[12] 王淑兰.中外广告发展史新编[M].南京:南京师范大学出版社,2010.

打破了传统广告史以时间为轴的惯例,转为以广告研究对象为划分标准,有利于从专业的角度评价广告历史变迁对业界的影响。王淑兰《中外广告发展史新编》中,对国外广告教育以及中国公益广告都作了较大笔墨地介绍,丰富了广告史的研究内容。杜艳艳的《中国近代广告史研究》从认识论、创作观、经营观、管理观四个视角,勾勒出了近现代中国广告事业发展的脉络,全书图文并茂,形式新颖①。祝帅的《中国广告学术史》从学术发展史的角度研究广告史,为丰富广告史研究做出了开创性尝试,体现出理论界对广告史研究的沉淀和反思②。武齐的《中国广告学术史(1815—1949)》首次对近代中国广告学术史进行了分期,并用微观扫描的方式分析了不同历史时期代表性广告研究著作,对我国广告学理论的源流、产生、广告学理论在近代中国的演进做了比较全面的历时性的论述③。广告学术史的出版,象征着研究界对广告研究已经进入了一个全新的阶段,彰显了广告理论界对广告史的理性思考,也意味着广告学学科发展已进入一个成熟的新阶段。

这个时期,还有研究者以个案研究为方法,就某一历史时期的报纸或杂志展开研究,为历史广告学研究提供了鲜活的案例和史料,主要代表性著作有:林升栋的《20世纪上半叶品牌在中国:申报广告史料(1908—1949)》④。韩红星的《一报一天堂:北洋画报广告研究》⑤、罗奕的《东方杂志广告研究》⑥。这些著作都具有不同的特点,丰富了广告史研究的写作形式。林升栋的《20世纪上半叶品牌在中国:申报广告史料(1908—1949)》以丰富的史料展示了一个历史时期《申报》广告创意和表现的特点,形式生动,内容翔实。韩红星的《一报一天堂》以《北洋画报》为例,以社会文化学的视角展示了天津繁荣的广告和社会生活变迁。罗奕以中国历史悠久的《东方杂志》为研究对象,细致分析了该杂志的广告经营、广告类型、广告文案和创意等内容,指出该杂志广告与近代中国生活变迁存在内在联系。

(三)关于抗战时期的广告史研究

从目前已公开出版的抗战时期广告业的历史文献数量来看,文献总量较小。这其中主要原因是:第一,当时我国广告业的整体水平较低下,广告受重

---

① 杜艳艳.中国近代广告史研究[M].厦门:厦门大学出版社,2012.
② 祝帅.中国广告学术史[M].北京:北京大学出版社,2011.
③ 武齐.中国广告学术史(1815—1949)[M].北京:知识产权出版社,2014.
④ 林升栋.20世纪上半叶品牌在中国:申报广告史料(1908—1949)[M].厦门:厦门大学出版社,2011.
⑤ 韩红星.一报一天堂:《北洋画报》广告研究[M].厦门:厦门大学出版社,2012.
⑥ 罗奕.《东方杂志》广告研究[D].厦门:厦门大学,2012.

视程度不够,以至于流传存世的文献资料稀少,导致研究成果不多。抗战时期,我国现代广告业才在薄弱的新闻事业上诞生和壮大,根基很浅,职业化程度低,社会影响有限。与报社的采访、写作、发行等新闻工作相比,广告的职业化水平和社会认可度比较有限。再者,长期以来我国报人受"重义轻商"的思想观念影响,重视新闻采编工作甚于经营管理、广告与发行这类"经营性工作"。因此,在可查的各种老报人回忆录、报馆资料中鲜见经营管理、广告与发行内容的相关资料,客观上造成了研究的困难。第二,由于战争年代资料被毁严重以及年代久远、档案收集困难等各种客观条件限制,广告相关文献和资料已经少之又少,因此缺乏抗战时期新闻机构开展广告业务的第一手资料,开展研究困难较大。第三,由于后人挖掘历史不及时,一些当事人已经作古,相关资料已经遗失、毁坏,致使存世的抗战时期的广告文献资料稀少。第四,由于抗战时期经济水平低下,消费市场羸弱,因此理论界对该时期的广告史研究缺乏应有的重视,以至于对这一历史阶段的广告史研究少人耕耘。

目前,从公开出版物来看,虽然一些著作的研究对象时间和范畴涵盖了抗战时期,但是着眼于"抗日战争"这一特定历史时期,以"抗战时期广告史"为题或核心内容的广告专著尚不可见。目前,对抗日战争时期我国广告业的各类研究散见于抗战时期的新闻事业史以及广告通史、地方史志这三类文献中。形式主要包括研究性专著和学术论文、史志文献。在新闻事业史类的某些文献中,偶有文献会简略介绍某些抗战时期主要报纸的经营情况,或涉及一些广告情况,但是都不够详细、全面和系统。在一些广告通史专著中,有研究者对这一时期的广告业进行了爬梳,描述了抗战时期代表性城市、主要报纸的广告情况,为这一时期广告史的后续研究奠定了重要基础。

1. 专著方面

陈培爱的《中外广告史——站在当代视角的全面回顾》[①]专门开辟"抗日战争至建国前的广告"一节,对抗战期间《解放日报》《新华日报》的广告经营情况进行了介绍。在其《中外广告史新编》中,他进一步补充了对抗日战争时期广告史的内容比重,以《解放日报》为对象,对抗日民主根据地的广告事业进行了深入而全面的阐述,并将之与国统区广告进行了比较,这大大丰富和拓展了抗战时期广告史研究的范畴和理论空间。[②] 苏士梅在《中国近现代商业广告史》中开辟一章,专门论述抗战时期的中国广告事业。在"中国近代广告的艰难时期"一章中,她阐述了抗战时期国统区、日寇占领区、抗日根据地

---

① 陈培爱.中外广告史——站在当代视角的全面回顾[M].北京:中国物价出版社,1997.

② 陈培爱.中外广告史新编[M].北京:高等教育出版社,2009.

的广告业整体情况。她认为,抗日战争时期,中国现代化进程因受到日本侵略而断裂,沦陷区、国统区和抗日根据地三大广告市场的区域化逐步形成。日占区的殖民地经济、国统区的国家垄断资本主义和农村封建主义经济、抗日根据地的新民主主义经济,三种经济并存和相互较量。区域分化促使广告业呈现不同的发展态势和广告传播特色。苏士梅还以《广西日报》为例指出,在国民党统治的广西,报刊事业此时正处于鼎盛时期,广告业有很大发展。① 许俊基介绍了抗战时期国统区、抗日根据地、伪满洲和沦陷区的广告业情况,但是多是单个事实的表述,缺乏内容和历史的深度融合。② 黄升民等的《中国广告图史》也对抗战时期上海广告业、抗日根据地《解放日报》等进行了介绍,总结了当时广告媒介与表现形式的特点。

黄玉涛的《民国时期商业广告研究》在"民国时期的广告业发展概况"一节中,专门介绍了"战争中的中国广告"(1937—1945)的整体情况。她认为,抗日战争爆发后,由于官僚腐败,通货膨胀,物价飞涨,工商业受冲击很大,直接导致工商广告业凋敝。③ 该书对民国时期广告整体发展全貌进行了较为全面的介绍,抗战时期的广告业也单独予以介绍,不足之处在于过于简略,深入不够,未能对一些历史进行深度研究和阐述。研究地域也以主要代表性城市为主,未能在全面反映当时全国各地区的具体情况上更进一步。曹立新的《在统制与自由之间:战时重庆新闻史研究》(1937—1945)一书介绍了抗日战争时期重庆新闻事业的经营与管理,着重介绍了重庆《新华日报》的广告经营情况,以及《中央日报》《扫荡报》《新蜀报》等报纸的生产和经营情况,④为了解抗战时期重庆广告业的发展环境提供资料。

2. 期刊论文及学位论文方面

据笔者在中国知网期刊数据库输入"抗战"并含"广告"搜索得到期刊文献44篇,剔除与主题无相关的论文12篇,实际得有效文献32篇;搜得相关硕、博士学位论文40篇,剔除与主题无关的论文7篇,实际得有效文献33篇。总的说来,和抗战时期的新闻史相比,抗战时期的广告史研究相当薄弱,研究的广度和深度亟待拓展。

(1)战时重庆广告业。抗战期间,重庆作为陪都,是全国最重要的经济和文化中心,也是全国新闻事业的中心。关于抗战重庆新闻业、广告业的研究一直较为热门。由于直接以抗战时期广告为研究对象的成果较少,多数介绍

---

① 苏士梅.中国近现代商业广告史.[M].郑州:河南大学出版社,2006.
② 许俊基.中国广告史[M].北京:中国传媒大学出版社,2006.
③ 黄玉涛.民国时期商业广告研究[M].厦门:厦门大学出版社,2009.
④ 曹立新.在统制与自由之间:战时重庆新闻史研究(1937—1945)[M].桂林:广西师范大学出版社,2012.

抗战时期广告情况的论文都以抗战时期报纸研究密切相关,在具体介绍该报纸经营情况时偶有介绍。因此,抗战时期广告研究显得有些杂乱和不专业。关于重庆广告业的研究主要有:张玉芳的《抗战期间重庆的〈大公报〉》①,该论文分析了抗战时期《大公报》的整体情况,介绍了该报的广告经营工作,为了解当时重庆的广告生态和报纸广告经营提供了素材。

电影宣传、戏剧广告是抗战时期重要的广告形式之一,关于这方面的代表性论文有:崔丽的《时代的反映与失真的镜子:四十年代大后方重庆报纸电影广告的抗战诉求分析》②、熊向莉的《陪都时期的电影宣传研究》③、王晓倩的《好莱坞电影的陪都市场研究》④、刘畅的《陪都重庆抗战中期放映业研究》⑤、傅学敏的《从戏剧广告看大后方戏剧的市场策略》⑥。这些成果在介绍抗战时期电影业的发展时,对影院宣传和电影宣传进行了一些介绍,其中介绍了一些广告在电影宣传中的应用,丰富了抗战时期广告研究的素材。

(2)战时大后方广告业。抗战时期,在国民政府的战时经济调度下,大后方城市汇聚了全国各行各业的优势资源,出现了经济、社会、生活蓬勃发展的繁荣局面,形成了一个和全国其他地区不一样的经济社会现象。因此,对这一时期的大后方广告业研究也引起了理论界的重视。

抗战时期大后方广告史研究成果较多出现在期刊论文和学位论文上。抗战时期重庆《新华日报》研究是一个热点,这方面的代表性论文有:王玉蓉的《延安〈解放日报〉广告作用初探》⑦、吴果中的《重庆〈新华日报〉的广告经营初探》⑧、刘洪的《试析抗战时期〈新华日报〉的经营管理》⑨、黄月琴的《试论抗战时期〈新华日报〉广告的政治社会功能》⑩。熊英的《〈大公报〉(汉口版)广告经营特色》⑪、赵娜的《胡政之经营管理思想研究》⑫从报业经营者的角度,分

---

① 张玉芳.抗战期间重庆的《大公报》[J].文史精华,1998(1).
② 崔丽.时代的反映与失真的镜子:四十年代大后方重庆报纸电影广告的抗战诉求分析[J]涪陵师范学院学报,2005(5).
③ 熊向莉.陪都时期的电影宣传研究[D].重庆:西南大学,2006.
④ 王晓倩.好莱坞电影的陪都市场研究[D].重庆:西南大学,2007.
⑤ 刘畅.陪都重庆抗战中放映业研究[D].重庆:西南大学,2008.
⑥ 傅学敏.从戏剧广告看大后方戏剧的市场策略[J].文艺争鸣,2010(10).
⑦ 王玉蓉.延安《解放日报》广告作用初探[J].新闻与传播研究,2003(12).
⑧ 吴果中.重庆《新华日报》的广告经营初探[J].国际新闻界,2006(8).
⑨ 刘洪.试析抗战时期《新华日报》的经营管理[J].广西大学学报,2009(2).
⑩ 黄月琴.试论抗战时期《新华日报》广告的政治社会功能[J].淮海工学院学报,2010(7).
⑪ 熊英.《大公报》(汉口)广告经营特色[J].湖北社会科学,2011(3).
⑫ 赵娜:胡政之经营管理思想研究[D].郑州:河北大学,2008.

析了《大公报》的经营管理得失,丰富了《大公报》的研究。桂林作为抗战时期的重要大后方之一,也成为了研究者关注的热点。刘晓慧的《抗战时期桂林文化城〈救亡日报〉及其报人研究》①、张雷的《〈大公报〉(桂林版)的广告经营特色》②、梁宏霞的《抗战时期桂林新闻事业初探》③都以当时社会影响较大的报纸为研究对象,对桂林的报刊进行了研究,介绍了报纸的新闻、广告情况。屈雅丽从《解放日报》的广告刊例出发,分析了延安《解放日报》的广告经营工作发展沿革,对深入了解该报的广告经营状况提供了新的素材。④ 武泽新则将延安《解放日报》的广告进行分类研究,总结了报上广告类别的特点和特色。⑤ 目前,国内理论界对抗战时期大后方广告业的研究,主要以重庆、武汉、桂林三个地方作为研究对象。其中《解放日报》、《大公报》、《救亡日报》是主要研究样本,这方面的研究目前已经积累了一定数量的研究成果,比较丰富地呈现了当时大后方广告业的整体情况。当前的不足之处在于,对研究对象的选择还比较集中和单一,未能针对其他地区的代表性报刊、杂志等媒体展开广告研究。比如,桂林、昆明、成都等大后方城市的代表性报纸还未见有研究成果问世,这无疑影响了大后方广告研究的广度和深度。

(3)战时沦陷区广告业。沦陷区报业研究也引起了研究者的关注,周立华的《"孤岛"时期的〈文汇报〉研究》⑥、李东标的《爱国与商业的二重奏:孤岛时期〈申报〉广告研究》⑦分别以代表性报刊为研究对象,剖析了抗战时期上海广告业的发展情况,畸形的租界经济繁荣和当时昂扬的爱国主义在广告领域表现出了复杂的互动关系。还有研究者深入分析某些专类广告,比如滋补品广告。范雅君《滋补与健康:〈申报〉补药广告的社会文化史研究(1873—1945)》一文即以《申报》为例,全面回顾了该报补药广告的发展历程,使抗战时期广告专门史研究有了新的补充。⑧

(4)其他研究热点。关于广告对抗战救国的贡献也是一个新兴的研究热

---

① 刘晓慧.抗战时期桂林文化城《救亡日报》及其报人研究[D].南宁:广西大学,2006.
② 张雷.《大公报》(桂林)的广告经营特色[J].新闻与写作,2011(1).
③ 梁宏霞.抗战时期桂林新闻事业初探[J].新闻与写作,2012(3).
④ 屈雅丽.略论延安《解放日报》的广告经营——以"广告刊例"的年度变化为例[J].新闻知识,2008(9).
⑤ 武泽新.延安《解放日报》的广告类别和特色[J].新闻世界,2015(3).
⑥ 周立华."孤岛"时期的《文汇报》研究[D].厦门:厦门大学,2007.
⑦ 李东标.爱国与商业的二重奏:孤岛时期《申报》广告研究[D].合肥:安徽大学,2013.
⑧ 范雅君.滋补与健康:《申报》补药广告的社会文化史研究(1873—1945)[D].南京:南京大学,2012.

点,有研究者以抗战时期的爱国主义广告为对象,探讨这一特殊时期的广告形式。李晓娟的《从报刊广告宣传看抗战的全民性》①、梁新堂的《抗战时期广告业的特征与作用:以具有抗日性质的广告为视角》②陈洪波的《抗战时期〈广西日报〉(桂林)爱国戏剧广告的特点和作用》③都从不同的视角分析了广告在抗战宣传中的表现形式和作用。研究者们认为,抗战时期不仅商业广告具有研究价值,社会广告和带有爱国主义的商业广告也应该重点研究。爱国主义广告在抗战时期是一种特殊的广告形式,对抗战动员和民族经济振兴具有重要意义。这类研究成果丰富了抗战时期广告史研究的内容。

总的说来,广告理论界目前对于抗战时期大后方的广告研究还处于面上挖掘的阶段,研究成果已经有了一定的积累,为这一时期的广告史研究作出了重要的梳理和总结,较好地反映了战火纷飞的时期,抗战大后方的经济发展和广告变迁的整体情况,归纳了大后方代表性城市的广告媒介、广告特色、广告创意和表现水平,这类研究和上海等地的抗战时期广告研究形成很好的互补关系,比较全面地反映了全国广告业的发展情况。但是研究成果也反映出了某些不足,比如关注的研究对象较为单一,研究切入的视角也不够多样。目前对大后方广告的研究主要集中在重庆和抗日根据地。研究对象则多以根据地的《解放日报》和陪都重庆《大公报》《新华日报》为例,对大后方其他重要城市如桂林、昆明、成都等地的代表性报刊广告研究尚欠缺应有的关注,在反映大后方广告业的典型性和代表性上存在一定缺憾。对重点报刊、杂志的广告经营研究还比较薄弱,这些都有待研究者日后不断深入拓展。

(四)关于抗战时期广西新闻事业的研究

1. 专著方面

20世纪80年代,《广西日报》下辖的广西新闻史志编辑室出版了《广西新闻史料》系列内部刊物,这本刊物收集了《广西日报》老报人的回忆文章和文献资料,是广西报刊史重要的文献来源。该刊物收录了不少老报人关于抗战时期《广西日报》(桂林)的回忆文章,介绍了该报办报方针、编辑、新闻采访、副刊等内容,对广告经营略有介绍。该刊物对了解《广西日报》的起源和发展具有重要作用。

广西本地的新闻史研究真正结出硕果是在20世纪90年代,在那个时期,

---

① 李晓娟.从报刊广告宣传看抗战的全民性[D].北京:首都师范大学,2008.
② 梁新堂.抗战时期广告业的特征与作用:以具有抗日性质的广告为视角[J].边疆经济与文化,2010(10).
③ 陈洪波.抗战时期《广西日报》(桂林)爱国戏剧广告的特点和作用[J].新闻与写作,2015(8).

在众多研究者的不懈努力下,出版了一系列较高质量的研究专著,弥补了广西新闻史的空白。关于抗战时期广西新闻事业的主要文献有:张鸿慰的《八桂报史文存》比较集中地介绍了新桂系办报的整体情况,并对抗战时期广西境内《新华日报》《扫荡报》《大公报》等报的情况进行了介绍。① 广西政协文史资料委员会等合编的《桂系报业史》较为集中和全面地介绍了新桂系的办报事业,刊登了多名抗战时期《广西日报》(桂林版)老报人回忆文章和报人轶事,是研究新桂系新闻史、广告史的重要文献。② 彭继良的《广西新闻事业史》(1897—1949)对近现代广西境内各报的生产经营、编辑印务等情况进行了较为全面的介绍。其中,专门开辟章节对抗日战争时期的广西新闻事业进行全面扫描,数据和内容较为翔实,是广西新闻史、广告史研究的权威文献。③ 靖鸣等的《桂林抗战新闻史》围绕抗日战争时期桂林新闻事业作了较为系统和深入的研究,论述了抗战时期《广西日报》(桂林版)《大公报》(桂林版)《救亡日报》(桂林版)扫荡报(桂林版)以及若干小报的社论、副刊、经营管理等情况,这本书较为全面深入地对抗战时期桂林的新闻事业进行研究,对了解抗战时期桂林的政治、军事、文化和社会生态,以及桂林各报的新闻业务情况,具有较大的参考价值。④

2. 期刊论文及学位论文

期刊论文方面,早在20世纪30年代,桂林成为闻名全国的文化城时,即有很多文化学者、新闻工作者介绍了广西抗战时期的新闻工作概况,以及代表性报纸的基本情况。范长江1939年在桂林办国际新闻社时,曾就广西的新闻工作向广西当局建议,提出了一系列的新闻改革设想,力争在广西建立一个完善的新闻通讯网络。⑤ 黄堃繁在1941年走访了柳州、桂林、衡阳三地,介绍了广西和湖南代表性报刊的基本情况,其中对《广西日报》基本情况介绍得比较详细。⑥ 仕学介绍了桂林新闻事业的大致情况,以及《广西日报》、《扫荡报》、《救亡日报》、《自由报》、《力报》和中央社、国际新闻社、战时新闻社、西南通讯社的基本情况。⑦ 梁超史在《桂林新闻事业》一文中介绍了全国各地迁到桂林办报的基本情况,并着重介绍了《扫荡报》《力报》《广西日报》和《大公报》,该文提出当时桂林的报业发展情况还存在不够专业化的问题,各报的个

---

① 张鸿慰.八桂报史文存[M].南宁:广西民族出版社,1994.
② 张鸿慰.桂系报业史[M].南宁:广西新闻史志办公室,1997.
③ 彭继良.广西新闻事业史(1897—1949)[M].南宁:广西人民出版社,1998.
④ 靖鸣,徐建,曹正文等.桂林抗战新闻史[M].台南:台湾花木兰出版社,2013.
⑤ 范长江.怎样推进广西地方新闻工作[J].建设研究,1939,1(2).
⑥ 黄堃繁.柳州桂林衡阳新闻事业的剪影[J].抗战周刊,1941(58).
⑦ 仕学.桂林的新闻事业[J].战时记者,1941,3(6).

性不足,同时提出政府应协助新闻界,提高新闻工作人员的待遇,确保编辑记者得到良好的休息。① 梁超史从现代报业发展的角度发现了报社的不足,建议也比较有针对性和现实意义。总的说来,抗战时期关于广西新闻事业的研究成果较少,多是新闻采访类的文章介绍报社基本情况,缺乏深入的研究。但是,这些成果为我们掌握《广西日报》(桂林)的发展情况以及当时广西乃至全国的报业情况提供了难得的原始素材。

彭继良的《抗日战争时期桂林的新闻事业》一文对抗日战争时期桂林的新闻机构进行了全面地介绍,同时总结了当时新闻事业繁荣进步的原因。② 靖鸣等的《抗战时期桂林新闻史扫描与前瞻》一文比较系统地盘点了抗战时期桂林新闻史研究的现状和特点,并阐释了未来研究要点,推动了广西抗战新闻史的进一步研究。③ 覃静的《抗战时期桂林的报刊与广西的社会总动员》论述了抗战期间,桂林报刊在广西社会总动员中的积极作用。④ 刘志杰的《抗战时期外地外籍文化人士在桂林的新闻活动》对抗战时期外地外籍著名文化人士在桂林从事新闻活动的历史进行了较为细致的梳理,补充了新闻史的资料。⑤ 徐健的《20世纪30年代新桂系报业发展述评》比较系统地介绍了20世纪30年代新桂系报业发展的外部环境和内部环境,对新桂系办的报纸、刊物进行了介绍。该文丰富了新桂系新闻事业史的研究。⑥

(五)关于抗战时期《广西日报》(桂林版)的广告研究

从已有的研究成果来看,目前,针对抗战时期《广西日报》(桂林版)的广告进行细致、系统的研究成果相当少。彭继良《广西新闻事业史》(1897—1949)是广西新闻事业史的权威著作,该书史料丰富,论述细腻,详细介绍了本地新闻事业的种种情况。其中,也简单介绍了抗战前后《广西日报》(桂林版)的广告竞争和发行情况,和抗日战争时期各报社的内部机构的特点。但是由于第一手材料荒芜,针对广告业发展的论述较为简略。⑦《桂系报业史》着眼于桂系报业的办报历程和报纸的整体运作,主要侧重点在《广西日报》的历史沿革考证和内部采写编评等业务领域的介绍。该书简单介绍了《广西日

---

① 梁超史.桂林新闻事业[J].新闻战线,1943,3(5).
② 彭继良.抗日战争时期桂林的新闻事业[J].广西大学学报,1986(2).
③ 靖鸣.抗战时期桂林新闻史扫描与前瞻[J].新闻知识,2008(3).
④ 覃静.抗战时期桂林的报刊与广西的社会动员[J].河池学院学报,2010(8).
⑤ 刘志杰.抗战时期外地外籍文化人士在桂林的新闻活动[D].长沙:湖南师范大学,2009.
⑥ 徐健.20世纪30年代新桂系报业发展述评[J].广西社会科学,2013(7).
⑦ 彭继良.广西新闻事业史(1897—1949)[M].南宁:广西人民出版社,1998.

报》(桂林版)创办初期的经理部的部门概况和广告业务开展概况、发行量情况,未能进一步详细介绍该报的广告经营工作和广告设计制作等事务。① 魏华龄等的《桂林抗战文化研究文集》卷帙浩繁,收集了多位不同背景的研究者的文章,内容相当丰富。其中,也间接介绍了抗战时期广西新闻事业的整体情况和当时报社生存的大环境。但是对于《广西日报》的广告经营工作则没有涉及。②

苏士梅的《中国近现代商业广告史》在论述抗战时期国统区的广告事业时,谈到《广西日报》(桂林版)在抗战时期处于事业巅峰,广告业有很大的发展。碍于研究的深度不够,该书也仅仅对《广西日报》(桂林版)的广告介绍一笔带过。③

期刊论文中对于《广西日报》(桂林版)也成果寥寥,赵健《三四十年代广西日报广告宣传特点》是可查到的最早对此进行研究的学术论文。他在文中指出,抗日战争时期是《广西日报》(桂林版)最鼎盛的时期,经历了抗日战争,在大后方经济取得发展的同时,该报完成了由近代向现代的过渡。④

此后,再未见直接论述抗日战争时期《广西日报》(桂林版)广告经营情况的期刊论文、硕士、博士学位论文。

二、港台、国外研究现状

目前,根据可搜查到的文献情况来看,港台、国外尚无针对抗战时期大后方的广告研究著作和论文。

第三节 研究思路、研究方法与研究框架

一、研究思路

任何历史研究只能是反映历史的一个片段而非全部。作为学术研究,要

---

① 张鸿慰.桂系报业史[M].南宁:广西新闻史志办公室,1997.
② 魏华龄.桂林抗战文化研究文集[M].桂林:漓江出版社,1992.
③ 苏士梅.中国近现代商业广告史[M].郑州:河南大学出版社,2006.
④ 赵健.三四十年代《广西日报》广告宣传特点[J].黔东南民族高等师范专科学院学报,2003(4).

全部反映桂林抗战时期方方面面的广告史难度巨大。从现实条件和学术研究的规律出发,本研究计划选取抗战时期桂林最具代表性的某个媒体,用个别代表一般的个案研究法进行研究。在当时的历史条件下,报纸的普及性最广,影响力最大,报纸广告也较其他媒体广告更为成熟,因此,选取报纸作为媒体形式是符合研究要求和实际的。笔者全面分析了桂林抗战时期的报纸后,决定选取新桂系主持的《广西日报》作为研究对象。理由如下:桂林当时的报纸有《大公报》(桂林)、《扫荡报》等全国性报刊,也有《小春秋》、《力报》等地方性小报。《大公报》(桂林)等全国性报刊广告数量多,研究内容丰富,但是缺乏《广西日报》(桂林)的代表性和接近性。作为桂系的喉舌、广西官方主办《广西日报》在反映桂林当时特殊的政治生态上,具有任何报纸都不具备的特殊性和代表性。其次,《广西日报》发行量曾长期位居本省报纸前列,在本地区影响力也最大,因此,选取《广西日报》作为研究对象是符合研究要求的。更为重要的是,《广西日报》有比较完整的微缩胶卷,第一手资料较为齐全,开展研究比较方便。

抗日战争为期八年,如何反映整个历史阶段的广告史呢?针对这个问题,本研究计划采取抽样调查的方式进行。笔者计划将每年5月和9月的5号作为抽样日期,在《广西日报》广告内容的专项研究中对这些选定日期的样本进行文本分析,从而获得样本数据。在收集、整理文本时,笔者将按照广告的用途和种类进行分类,运用内容分析法展开文本分析。通过抽样统计数据来反映当时广告业的整体情况。

为了更好地分析桂林抗战时期广告业发展的特点,反映《广西日报》广告的特点,本研究将同一时期桂林的《大公报》与之进行比较。通过一定的比较分析,能够大致了解《广西日报》广告经营和广告制作水平和特点。

在对《广西日报》进行广告内容分析时,本研究既总结商业广告的面上情况,又注意挖掘桂林抗战时期广告业中与众不同的特殊内容。比如,由于抗战初期新桂系认同中共的抗日民族统一战线政策,对中共领导的抗日救亡文化运动予以了一定的支持。因此,当时具有进步意义的书籍广告得以大量见诸于《广西日报》,为宣扬进步思想、促进抗战发挥了巨大作用,间接为我党开展工作创造有利条件,这种情形不同于其他国统区,因此针对这类能反映当时广西特殊政治环境特点的广告,本研究进行了一定程度的分析;桂林戏剧业在抗战时期很发达,在八路军桂林办事处的领导下,广西多个进步剧团创作和演出了大量爱国戏剧,努力动员群众团结抗日,这些剧团普遍都利用《广西日报》进行广告宣传。这些戏剧广告体现了浓烈的爱国主义色彩,为抗战宣传起到了巨大的作用。因此,本文对这类广告予以了一定的关注。以上这些内容都是本研究在反映《广西日报》商业广告发展之余着力挖掘的,力图多元化呈现抗战时期《广西日报》独特的广告特点。

在对《广西日报》各类商业广告进行分类研究之后，笔者力图从社会文化史的视角，把广告与社会发展变迁结合起来分析考量，从中分析广告在改变人的思想观念、消费习惯、社会意识、文化素质等方面发挥何种作用，并结合广西特有的政治、军事和文化背景，分析影响《广西日报》广告特点的诸多隐性因素。

二、研究方法

（一）历史文献法

历史文献法是将搜集和分析研究各种现存的有关历史文献资料，进行查阅、分析、归纳、整理从而发现事物本质的一种研究方法。作为一个历史色彩浓厚的研究课题，史料齐全是研究的前提，因为史料能真实而丰富地反映历史上的人和事，为我们深入研究提供素材和客观依据。笔者运用两年多的时间，在广西图书馆、桂林图书馆、广东中山图书馆查阅了抗战时期八年间《广西日报》（桂林）的所有报纸微缩胶片24卷，记录了包括新闻、广告、副刊等在内的各类图片数据数千张。这些第一手的史料为笔者研究奠定了基础。另外，笔者还电话查询了北京图书馆、广州图书馆、上海图书馆，上述图书馆的馆藏《广西日报》（桂林）都和广西图书馆馆藏《广西日报》（桂林）的年份一致，缺失的年份各馆也都一致。因此，笔者查阅的《广西日报》（桂林）基本可以认定是在大陆所能查阅的最完整的史料。此外，笔者在广西档案馆、广西图书馆查阅了抗战时期广西日报社的相关原始档案以及部分广西民国地方文献，为课题的顺利开展积累了一定的历史文献资料。

丰富的电子文献是笔者开展研究的重要源泉，利用厦门大学电子图书馆，笔者查阅和收集了来自全国报刊索引、民国期刊数据库、大成老旧报刊索引、中国知网电子期刊网、中国知网硕博士论文网的有关民国时期有关全国广告业、国家经济与社会发展、广西新闻事业、广西经济和社会发展情况等内容的新闻作品、报刊文章、学术论文、学位论文几百条。

关于广告史、新闻史、商业史、社会史等内容的专著文献主要来自电子图书和图书馆藏书；民国时期的图书文献主要来自图书馆以及本人多年收藏积累的百余本民国电子图书；部分稀缺，民国图书来自超星网上图书馆或深圳文献港电子图书；建国后的图书文献主要来自厦门大学图书馆以及超星网上图书馆电子图书、深圳文献港电子图书。

广西本土的文献主要包括广西地方志、广西通志、广西通史、广西文史资料、桂林文史资料、人物回忆录、游人笔记、新闻作品等。主要来源是广西图书馆、桂林图书馆。

(二)定性研究法

定性研究法是以研究者本人作为研究工具,在自然情境下采用多种资料收集方法对社会现象进行整体性探究,使用归纳法分析资料和形成理论,通过与研究对象互动对其行为和意义建构获得解释性理解的一种活动。① 定性研究主要采用文献梳理与归纳,在占有史料与收集的原始资料的基础上建立分析类别,通过对材料的解析得出结论,并通过材料确认使观点得到论证。其宗旨是通过对历史文献内容的分析,来揭示历史文献所反映出来的历史的性质、特征和规律。本文以抗战时期《广西日报》(桂林)为个案进行研究,同时以记载当时的人和事的历史文献作为佐证,来反映抗战时期广西经济和社会发展的面貌以及人的社会活动规律,在此基础上通过分析广告的特点来折射抗战时期广西的社会生活变迁。

(三)内容分析法

内容分析法是指,一种对明示的传播内容进行客观、系统和定量描述的调研方法。本文通过对一定时期的《广西日报》广告进行抽样,对选取文本进行内容分析,总结出不同种类广告出现的频率、大小等,为分析广告与经济社会发展之间的关系提供依据。

(四)比较研究法

比较研究法是指,根据一定的标准,对两个或两个以上的有关联的事物进行研究考察,寻找其异同,探究其普遍规律与特殊规律的方法。一种是横向比较,一种是纵向比较。事物发展的形态和规律是不能孤立地感知的,必须有一定的参照对象才能准确地感知和鉴别。②

本文通过将同一历史时期的桂林《大公报》与《广西日报》的广告进行比较,从而归纳出这两个同城报纸在广告数量、广告类型、广告制作和表现水平上的异同,从而更好地掌握《广西日报》(桂林)的特点。

---

① 陈向明.质的研究方法与社会科学研究[M].北京:教育科学出版社,2000:5.
② 欧阳康,张明仓.社会科学研究方法[M].北京:高等教育出版社,2001:212.

第四节 研究目的和意义

一、完善我国抗战时期广告史研究

改革开放后,我国广告理论界在广告通史、广告断代史、广告专史研究方面取得了较为丰硕的成果,广告史学也逐渐浮出水面,成为一个热门的研究领域。近年来,广告理论界对中国近现代广告,尤其是民国时期的广告进行了较为深入的研究,陆续产生了一批研究成果,极大丰富了中国近现代广告史的研究。随着研究的深入,少数研究者从断代史的角度对近现代广告史中最为薄弱的部分——抗战时期的广告史进行了专门研究,把我国近现代广告史的研究不断引向深入。这些研究,或对抗战时期抗日根据地、日寇占领区、国统区的报业广告作整体研究;或取某一区域的某一代表性报纸进行个案研究。这些研究,虽取材各异,立意不同,但是都不同程度地反映了抗战时期我国广告业的某些情况、某些特点,有力延伸和拓展了中国近现代广告史研究的深度和广度,对于丰富中国广告史研究版图而言,意义重大而深远。

目前的研究成果有的针对民国时期发达地区的代表性报刊(如《申报》、《大公报》等)进行研究;有的针对沦陷区、解放区的某个报纸(如对解放区《解放日报》、沦陷区《文汇报》等)进行专史研究。这类研究一定程度上丰富和完善了近现代广告史的研究体系。但是,美中不足的是,目前研究成果还缺乏站在近现代全国广告市场演变的视角,对抗日战争时期"大后方"这一独特历史背景下中国广告业的发展和变迁展开全面系统的研究。这部分研究内容的缺失是我国近现代广告史研究的一个空白和薄弱之处,不利于全面反映我国现代广告业的成长和发展历史。

"大后方"是抗战时期一个重要的兼具时间和空间的复合概念,在抗战时期,受战争的外在影响,中国的现代化进程被人为地中止了,国内政治、经济和社会都发生了深刻的变化。沿海城市、内陆城市的机关、企业、学校以及沦陷区的知名文化人士纷纷往西南地区的大后方迁徙,形成了我国近现代史上罕见的人口大流动。在战争时期,全国各地物价飞涨,物资奇缺,工商业举步维艰,各地的广告业在这种大背景下也在曲折地求生存、求发展,为促进商品流通和提高民众生活质量发挥了应有的作用。从全国广告市场而言,桂林大后方的广告市场因为政治、经济、文化环境的特殊性而具有其他城市所没有的独特个性。作为全国广告市场不可分割的一部分，桂林大后方广告市场在呈现我国抗战时期广告业的发展特点时，具有典型性，值得深入研究。从目前文献搜索情况来看，对于抗日战争时期的大后方广告业进行系统研究的成果还不多，多集中在对重庆大后方的广告业进行回顾，对于当时另外一个具有重要意义的大后方城市——桂林，则缺乏应有的关注。以桂林大后方为背景的广告史研究专著尚未见，有少量著作、学术论文介绍了桂林大后方某些报刊的广告情况（如《大公报》(桂林版)《救亡日报》等），但是数量相当少，研究系统性、针对性、全面性明显不足。因此，从补充和完善广告史研究的角度出发，本项研究具有较大的理论意义和学术价值。

另外，从历史研究的完整性来看，桂林大后方这个特定历史时期的广告史已经不是简单意义的地方广告史的范畴，而应视为全国广告业在抗战时期重要阶段的一个重要组成部分，抗战时期桂林广告业的研究将有利于多元化地反映抗战时期我国大后方广告业发展状况，增添广告史中这一特殊阶段研究的丰富性和典型性。因此，近现代广告史的研究中，这段历史不可遗忘。

从历史广告学研究的角度而言，本项研究将针对近现代中国广告史的一些薄弱领域作深入、细致的个案研究，进一步丰富中国广告史研究的个案意义。陈培爱认为，作为科学的广告应有理论广告学、应用广告学和历史广告学三部分组成。多年来，我国广告学者在理论广告学和应用广告学方面颇有建树，但是历史广告学方面的研究仍很薄弱，研究成果不多，数量有限，中国古代广告史、近代广告史和国外各个时期广告史等专门史的研究基本上处于空白，因此需要进一步加强历史广告史研究。黄升民认为，近代广告，特别是报纸广告，曾经很辉煌，但是30年代的战争中断了广告发展的进程，人们没能及时对这段历史进行总结，从而导致今天广告发展没能建立在前期的基础上，是广告发展中的一大憾事。杨海军和王成文在《历史广告学——广告学研究的一个新领域》(《广告研究》(理论版),2006年第4期)认为，相对理论广告学和实用广告学来说，我国学者对历史广告学的研究尚很薄弱。学者们虽然注意到了历史广告学在广告学科体系中的重要地位，但多是在其专著或教材中勾勒了中外广告发展、演变的脉络，并没有对这一问题进行深入、系统地研究。从国内理论界的呼声可知，我国近现代广告史、尤其是抗战时期的广告史研究仍处于少人耕耘、亟待研究的迫切境地。从目前的研究成果来看，抗战时期的广告史确实还处于"犹抱琵琶半遮面"的状态，广告学界对这一时期的广告史进行深度挖掘和个案研究的成果较之当代广告史要少得多，特别是除了上海、重庆、延安之外的其他城市和地区的广告史的研究则多有空白。从丰富和完善中国抗战时期广告史的角度而言，本项研究具有较高的理论价值和意义。

二、多元化呈现我国抗战时期广告史

本研究选取抗日战争时期广西省政府机关报《广西日报》(桂林)进行研究,具有较新颖的视角,对于国内已有的抗战时期广告史研究而言,具有重要的补白作用。目前国内广告理论界针对日寇占领区、抗日根据地的广告史都有不同程度的研究,成果日益丰富。但是,针对抗战"大后方"的广告史研究尚显薄弱,仅见少量著作和论文针对抗战时期重庆的广告相关行业进行介绍,选取的研究对象多是全国性大报如《大公报》,或者中国共产党《解放日报》。本文选取桂系军阀的喉舌——《广西日报》(桂林)作为研究对象具有较为特殊的典型性,能丰富研究视角,有利于呈现全国不同地区广告业发展的多样性。

抗战时期的桂系军阀在中国共产党抗日统一战线的作用下,表现出了一定的进步性,对当时共产党在广西的活动表达了一定的支持立场。当时的《广西日报》(桂林)社论、副刊的主要负责人都是进步文化人,他们撰写、编发了大量积极抗日的爱国言论、文学作品,为鼓舞士气、动员群众起到了非常重要的作用。从某个意义上说,当时的《广西日报》(桂林版)体现了我党与桂系军阀的某种合作。因此,《广西日报》(桂林)具有一些与众不同的特征:第一,由于桂系军阀与蒋介石存在矛盾,因此它在政治上表现出模糊暧昧的态度。对于《广西日报》(桂林)而言,桂系则表现出了与其他国统区所不同的,对统一抗战、民主自由等进步言论相对温和的政治态度。第二,由于它是桂系军阀的喉舌,是国民党广西省党部的机关报,因此也不同于一般的全国性报纸的地方版,以获取商业利润为宗旨。相反,它具有较强的政治性,同时兼顾商业性。第三,抗日战争时期,抗日救亡已经成为了一个重要的时代主题,《广西日报》(桂林)的新闻、报纸广告体现了强烈的抗战色彩,呈现与一般商业报纸大不同的报格。综上,从挖掘不同政治背景下全国抗战期间广告历史的角度而言,在桂系军阀统治地区重要报刊上考察大后方广告业发展,有助于我们从政治多元、地域多元的角度来审视桂林大后方广告市场的特殊性,挖掘抗战时期我国广告史的多样性,拓展我国抗日战争时期广告史研究的学术版图。

三、拓展我国地方广告史研究

从地方广告文化史的角度而言,本项研究立足于边疆广西,取材于对当地具有重要历史意义的"桂林抗战文化城"形成时期的报纸广告进行广告史研究,总结和归纳抗战时期广西广告业的发展水平和特点,从而为完善我国抗战时期广告史和广西广告史研究做出开拓性的工作。广西地处南疆,自古以来属于经济和文化欠发达地区。自20世纪初期报纸在广西问世后,广西的现代新闻传播事业从始有了开端。民国时期,和全国报刊业发展趋势基本相同,广西的报刊业也出现了蓬勃的发展。随着现代工业的建立、城市建设的完善、人口的增长以及商业的进步,广告业作为与商业经济相随相长的产业,也得到了长足的发展和进步。抗日战争时期,由于客观的外部因素,曾经是封闭山城的桂林,成为了一个商贾云集、人口膨胀、文化人士密集,在国内具有相当影响的"文化城",成为战时国内的一个经济和文化奇迹。抗战胜利后,桂林的外地人口大多离去、企业也纷纷迁回原地,众多文化人士也作星散,曾经辉煌一时的"文化城"逐渐消失了往日的光彩,广西的经济和社会、文化发展又回到了缓慢而低下的发展轨道。在这个历史阶段,《广西日报》(桂林)作为当地有重要影响的报纸,真实记录和反映了广西广告业在这个重要历史时期的巨大变化。报纸上的广告也间接地展现了当时广西民众的思想观念和生活情趣、消费时尚等变化。从广告社会史的角度,研究《广西日报》(桂林)广告对于挖掘近现代广西广告社会史将具有重要意义。而边疆广西,也将通过这项研究得以展现其在抗战时期独特的经济和文化情况,从而补充和丰富我国抗战文化史、抗战广告史研究。

从地方广告史的角度而言,本项研究将作为个案,开辟广西地方广告史研究的先河,丰富我国地方广告史研究。同时,作为一个地域性的素材和史料,将为宏大的国家广告史研究体系提供多元化的视角和素材,从而呈现我国丰富多彩的广告史面貌。

第五节 研究创新和研究难点

本研究的创新之处在于,一是研究内容针对我国近现代广告史中薄弱阶段——抗战时期桂林大后方广告业进行研究,填补了这一历史时期我国广告研究的一个理论空白点,丰富抗战时期广告研究的个案价值,具有较强的创新性。二是研究方法融合广告学、传播学、社会学、历史学等学科特点,把研究视角从单一的广告文本分析延伸到利用社会文化史的视角进行深度分析,深化广告与社会互动关系的思考,在分析广告变迁中展现社会生活变迁。三是针对抗战时期我党在桂林领导的进步出版机构、戏剧文化运动广告进行分析,凸显了文化广告在抗战时期特定历史阶段中的积极作用,为分析广告在不同历史条件下的特殊作用提供了新的视角和史料。

本研究的难点和缺陷在于：

其一，由于和广西日报直接相关的史料稀少和《广西日报》老报人多已作古或无法联系，笔者无法掌握更多的有关《广西日报》广告的第一手数据和事实，因此，对当时的广告运作实情进行解读还比较单薄，仅能从已有的史料和文献中推断当时的一些情况，这对研究的客观性造成一定的困难。

其二，《广西日报》（桂林）有24卷胶片，每天报纸的广告量很大，阅读文献对体力和精力是个巨大的考验。由于广西图书馆的微缩胶卷阅读器年老失修，阅读精度较差，再加上报纸当年多用土纸印刷，即使是北京图书馆当年制作的这套微缩胶片母版质量就多有瑕疵，多处字迹模糊难以辨认，因此统计和记录广告内容的精确性上难免出现缺漏错认的弊端。由于这个原因，有些具有很大参考价值的文章、广告因为模糊难辨而未能充分消化其信息，甚是遗憾。

其三，本研究有较强的跨学科研究的特点，由于笔者对历史研究、社会史研究、文化史研究的理论和方法不够精通，因此在对历史现象进行呈现、分析、评价的时候，可能会有一定程度的肤浅之处，难免有一些不成熟的论述和观点，在此表示惭愧和歉意，并在今后努力提高，力争进一步完善此研究。

第二章 抗战时期《广西日报》发展环境及特点

抗战时期,随着日寇入侵的逐步深入,我国华北、东北、东部逐渐陷落,国民党中央被迫迁都重庆。大量政府机关、企业、学校大撤退至以重庆、云南、贵州、桂林、成都为主要代表的大后方城市。天津、上海、南京、武汉等地变成萧条之地,全国广告市场也分崩离析,广告业进入最困难的阶段。

第一节 抗战时期全国广告市场的形成和发展

20世纪20年代,帝国主义在中国的侵略从军事扩大到经济、文化等领域。国外商品大行其道,殖民者妄图通过经济手段控制中国的经济命脉,然后利用文化教育手段对中国文化进行"阉割",从而实现其殖民统治。在这个时期,民族工商业以救国为抱负,积极发展生产,采取包括广告竞争等各种手段和殖民者进行抗争,以求民族经济不倒。在商业斗争过程中,一定程度上推动了中国商品经济的发展。20世纪30年代,在反殖民斗争的背景下,上海、天津、广州等地的商品经济已经相当发达,成为中国商业最活跃的少数城市。那个时期,以上述城市为代表的中国广告业空前繁荣,被誉为中国现代广告的黄金阶段。

这种稳定繁荣的局面随着日本军事侵略而遭到彻底破坏,"九一八"事变后,东北、华北随即沦陷,天津、上海、广州、南京、武汉也接连沦陷。战争的摧残使得国内商业凋零,民生窘迫,国民政府和金融机关、科研院所、工厂企业等纷纷大撤退往西南方向,重庆、成都、昆明、贵阳、桂林等城市成为躲避战乱的大后方。至此,我国形成沦陷区、国统区、解放区三个泾渭分明的物理空间,全国广告市场也因此而一分为三。沦陷区由于政府机关、企事业单位、知名商号纷纷撤退,生意萧条,广告行业惨淡;解放区积极发展生产和新闻传播事业,广告发挥了一定的促进经济的作用,广告事业蒸蒸日上;国统区由于接收了大量的沿海城市的政府机关、科研院所以及大小商家,再加上数量庞大的外来人口,因此经济和社会得到了外部刺激,商业较为发达,因此,广告业出现畸形繁荣。

一、国统区广告业的基本情况

1940年9月,重庆被定为战时陪都,成为全国的政治、经济、文化、教育中心。抗战爆发后,沿海沿江城市的工厂、科研院所、政府机关纷纷撤退到西南多个城市,其中前往重庆者最多。据统计,在抗日战争中,沿海及沿江地区有近1 000万人迁移至西南和西北,其中有700万人迁移至四川,有100万以上人员迁移到重庆及附近沿江地区。在这庞大的迁移数目中,以知识分子居多。① 据资料显示,抗战时期,重庆人口剧增,1937年约为47万人,1938年年底即达到60万人,1943年接近90万人,1945年年初已经达到102万人。八年的时间,人口增长了一倍多。随着工业的发展和大量人口的迁入,重庆商贸业迅速发展壮大。许多有商业眼光的外地商人,打出了招牌,纷纷在重庆重新开张或者新开很多商号,重庆遍地可以看到全国知名城市的商号和美食店铺。据统计,1943年,重庆有中西饮食店260家,其中,川菜馆110家,外省菜馆53家,西餐、咖啡馆30多家,光从饮食行业的繁荣就可以想象当时重庆人口之众多和社会之繁荣。②

抗战以前,重庆有报纸十余家,较有影响力的报纸有《商务日报》《新蜀报》《国民公报》《西南日报》等。随着国民政府的内迁,原在各大城市的全国性的报社、通讯社相继迁入重庆。1938年1月15日,南京《新民报》首先来渝出版,紧接着上海《时事新报》、武汉《新华日报》、南京《南京晚报》、南京《中央日报》、汉口《扫荡报》、天津《大公报》、北平《益世报》等15家报社也内迁来渝,重庆报业呈现出前所未有的蓬勃之势。

据统计,抗战期间重庆报业最鼎盛时,有23家报纸同时出版,12个通讯社同时发稿。抗战八年,重庆先后出版报纸133家、杂志604种,设立通讯社36家,为全国首位。八年中,经国民政府图书审查处注册行文审批的出版发行机构有404家,为全国之冠。

抗战时期,重庆报社林立,各报社为了生存,积极改良业务,争取广告客户,广告市场繁荣。《新民报》是入渝的第一张外省报纸,具有良好的读者基础,再加上依靠重金聘请来渝的知名报人"三张一赵"(张恨水、张季鸾、张慧

---

① 刘敬坤.重庆抗战纪事 1937—1945[M].重庆:重庆出版社,1982:6.
② 周勇.重庆:一个内陆城市的崛起[M].重庆:重庆出版社,1989:491.

剑、赵超构)到报纸工作,因此文章精彩,深受读者欢迎。《新民报》抓住机会,积极发展广告业务,几乎一开始就拥有全市所有影剧院、主要公司和商号的广告。①《大公报》是老牌报纸,社会知名度高,1938年12月在重庆创办重庆版后,凭借其名气和精良的内容赢得市场的认可,发行量一度达到10万份,成为中上层人士和知识分子喜爱的报纸。《大公报》善于经营,广告丰富,从办报起就一直有盈余。重庆时期,各家报纸都重视广告经营,刊载了大量的广告。广告版面有时甚至比新闻版面还多。

武汉《新华日报》前往重庆以后,为了改善收入,也很重视广告经营工作,经常刊登社会广告和经济小广告。有时,遇到生产经营旺季或者重大节庆日时,广告甚至达到两个版面。《新华日报》在报头上印有广告刊例,还开辟《大众广告》专栏,专门投放社会广告。这说明,报社的广告经营比较规范,有一定的社会竞争力。

重庆的报业圈中,既有国民党主办的,也有民营的,大多崇尚商业利益至上的原则,为了争夺广告业务,并不严加选择,有广告便登。《新华日报》则以社会效益为主,主要集中发布书籍、教育、戏剧、艺术活动等内容的广告,凡是有辱报格、内容不真实的广告一律谢绝。

抗日战争爆发后,沿海城市陆续沦陷,而上海由于有英国、法国和美国的租界,部分区域并不受日军控制,大量工商企业纷纷涌入租界避难,导致租界经济出现繁荣的景象,形成所谓的"孤岛繁荣"②。租界内的各项商业活动比较频繁,人口密集,因此广告活动得到一定的刺激和发展。但是随着时局的变化,这种畸形繁荣很快就不复存在了。

其他国统区中,桂林因为地理位置优越,加上新桂系礼遇进步文人的政治姿态,使得它成为继重庆之后,文化出版机构、文化人士最多的城市,享有"文化城"的美誉。抗战时期,桂林一共有报刊15家,报业十分繁荣,广告也很活跃。

二、沦陷区广告业的基本情况

抗日战争爆发不久,东北、华北、华中、华南等地区逐渐沦陷,东北以长春、沈阳为中心,华北以北平、天津为中心,华东以上海、南京为中心,华南以广州为中心。在沦陷区,日寇实行新闻统制政策,将新闻事业置于军事管制之下。具体措施有四:扼杀中国人民的抗日爱国宣传,实行新闻管制;强化日

---

① 重庆日报社.抗战时期的重庆新闻界[M].重庆:重庆出版社,1995:34.
② 黄玉涛.民国时期商业广告研究[M].厦门:厦门大学出版社,2009:152.

本在华的新闻宣传势力,建立日人在华新闻宣传阵线;建立法西斯新闻统制机构;全面垄断新闻通讯与广播事业。① 在这种高压态势下,沦陷区的新闻阵地全面被日寇占领和控制。

在华北,由汉奸机构华北政务委员会宣传部和政务厅情报处负责管理这些汉奸报刊,总数有将近70家。它们主要有北平的《新民报》《武德报》《新民周报》《实报》,天津的《庸报》《东亚晨报》,河北的《冀东日报》《河北日报》。

在华东,主要有上海的《新申报》《中华日报》《三民周报》,南京的《总汇报》《中报》《中央导报》《新南京报》。

在华南,主要有广州的《广东迅报》《中山日报》《民声日报》《南粤日报》《粤江日报》《粤江晚报》《时事日报》《公正报》《商业新闻》《行商情报》;香港的《南华日报》。

日军还进一步控制民营广播电台,全面控制了沦陷区的大众传媒。他们不仅把这些报刊、电台当作其政治宣传的舆论喉舌,还配合其经济侵略大做日货广告,以挤兑国货。沦陷区的报纸上,日货随处可见,国货广告,寥寥无几。至此,沦陷区的民族广告业基本陷于停滞。

三、解放区广告业的基本情况

抗日战争时期解放区的商业,随着根据地的建立、变化和发展,也经历了从无到有,从小到大的建立、演变、逐步发展壮大的过程。抗日战争时期,党在敌后建立了广大的抗日根据地,到1949年4月,全国已有陕甘宁、晋察冀等19个解放区。革命根据地的商业和广告业也随着革命根据地的建立与发展逐步形成和发展起来,受到经济、政治、军事等因素的影响和限制,其广告发展的速度和水平落后于国统区。②

全国性抗战爆发前后,我党就在很多根据地创办了一些报纸,建立了我党自己的新闻事业。包括《红军日报》《红色中华》《新青年报》《解放日报》《新中华报》《中国青年》《中国工人》《八路军政杂志》《大众日报》《人民日报》,这些杂志的创办为我党的新闻事业奠定了坚实的基础,也为根据地的广告发展提供了平台。

抗日根据地的广告传播活动,由于处偏僻之地,经济文化落后,又遭日寇和国民党政权的严密封锁,物资匮乏兼广告从业人员稀少。因此早期的广告

---

① 方汉奇.中国新闻事业通史(第二卷)[M].北京:中国人民大学出版社,2000:905-908.

② 陈培爱.中外广告史新编[M].北京:高等教育出版社,2009:66.

传播主要采用标语、布告、墙报、海报等形式,后来逐渐使用报纸广告,传播平台上了一个台阶,传播效力更大,经济效果更好了。《解放日报》《新华日报》《人民日报》等党报纷纷承揽广告业务,积极开展广告经营活动。《解放日报》创刊于1941年5月16日,是我党在延安的机关报。该报很重视广告。据研究者发现,《解放日报》具有较强的广告意识,自创刊伊始即刊登广告,广告是《解放日报》的重要内容,从创刊起直到1947年3月29日停刊,每天都有大量的广告,据统计总共有5 569条。①

共产党创办的报刊,开办广告业务的宗旨与资产阶级报刊不同,它主要以大力宣传马列主义思想,扩大党的政治影响力,服务社会与人民为目的。其鲜明的特点是为抗日战争和解放战争服务,为丰富人民的精神生活和物质生活服务。刊登的多是根据地政府部门的广告,诸如布告、战绩战报、出版物信息、戏剧活动、音乐活动等,也有个人发布的启事、声明。

《新华日报》1938年1月11日在汉口创刊,其在1940年1月就在报纸上登有广告价目:"长行每行每日3元。短行每行每日1.5元,经济广告50字以内每日1元。"1941年2月又改为:"报名旁或报名下每单位每天40元,长行每行每天5元,每方寸每天4元;短行每行每天2.5元,经济小广告甲种5元,乙种3元。"1945年10月1日,该报在第四版开辟"大众广告"专栏。专栏开辟后仅四个半月,就刊登近500条广告、这些广告涉及内容广泛,包括寻人与代邮、征求与出让、声明与启事、征聘与待聘等。其中仅寻人与代邮一项,占要求刊登这项广告的读者的35%,体现了诚心诚意为社会办好事的优良作风。《新华日报》的广告以宣传进步书刊和戏剧、艺术等文化消息为主,黄色下流和不真实的广告,哪怕客户愿意更多付款,也拒绝刊登。②

《人民日报》是1946年5月15于邯郸创刊的晋冀鲁豫中央局机关报。该报从一创刊即刊登各类广告,一般头版广告地位在报头左、右侧。1949年迁入北京后,专设有广告部。1949年3月25日的《人民日报》报头的左边便刊登了三则关于华北大学、华北人民革命大学的招生启事和通告。1949年8月改为中共中央机关报后,广告业务始终不断。同年10月1日开国大典那天,《人民日报》还用两个半版的篇幅登载了各种工商文化广告。③

总的说来,解放区的广告业由于经济、政治、军事的原因,无法得到稳定发展的社会环境,物资较为匮乏,商业比较薄弱,加上广告专业人员缺乏,因

---

① 王玉蓉,白贵:略论延安《解放日报》的广告特色[J].河北大学学报(哲社版),2003(4):116.

② 陈培爱.中外广告史[M].北京:中国物价出版社,1997:60.

③ 陈培爱.中外广告史新编[M].北京:高等教育出版社,2009:62.

此广告业的整体水平不如国统区。就广告内容和广告表现形式、广告创意水平、广告经营理念和手段而言,解放区和国统区广告业的差距是显而易见的。但是,解放区的广告实践也有一些独特的地方:比如,解放区广告在具有较强政治性的同时,也保证了广告行业的有序发展和合理竞争;解放区的广告对于诚信度和道德水准的追求要强于国统区广告;解放区的广告语比较突出诚信、简洁有力、美观大方等。①

解放区的广告事业发展,说明党和政府对广告的经济属性的认可,并不因为其多为资产阶级报纸所用而采取极端方式处理,而是尊重经济规律,加强管理,积极推动广告业发展,这是难能可贵的。抗日根据地广告业的发展、壮大,为战后中国的广告业发展打下坚实的基础。

第二节 抗战时期《广西日报》的发展环境

一、桂林的地位与影响

抗战以前,桂林只是一座南疆山水小城,经济和社会发展水平并不高。抗战以后,出现规模盛大的沿海工厂内迁和战乱地区人口大转移,曾经的偏僻山区成为躲避战乱的大后方。沿海城市的政府机关、企事业单位、各路名人纷纷选择桂林作为迁居目的地。这些人当中,以进步文化人士最为瞩目。据统计,抗战时期,先后在桂林居住过的进步文人达到1 000人左右,其中具有全国性知名度的有200名左右。这些进步文化人士和迁居到桂林的多家新闻出版机构一起,在中国共产党的领导下,创作出版了大量的抗战文化作品,发起大量的以抗日救亡为主题的文化艺术活动,成为国统区抗日文艺运动的主战场。桂林这座南疆小城因此成为全国瞩目的"文化城"。

桂林文化城的文化影响在全国是巨大的,主要体现在进步文化人士多、期刊及丛书出版量大、作家创作作品多且质量高、戏剧活动影响巨大。据不完全统计,1938—1944年,有小说作者近400人,在桂林发表的长篇小说近40部,中、短篇小说集近120部,短篇小说至少有1 200篇。著名作家郭沫若、矛盾、巴金、丁玲、萧红、沈从文、艾芜、沙汀、王鲁彦、端木蕻良、司马文森、邵荃

---

① 陈培爱.中外广告史新编[M].北京:高等教育出版社,2009:86.

麟、姚雪垠……都在桂林创作出重要作品。①

整个抗战时期，桂林有书店200余家，印刷厂近百家，共出版200多种杂志，内容包括政治、经济、教育、科学、文学、戏剧、美术、音乐、妇女、少年儿童等方面。各类新书的出版，极盛时期每月达40多种，每种新书初版一般印3 000册，杂志有的发行达万份。每月用纸1万～1.5万令，每月排字高达4 000万字，这在当时是很可观的。② 戏剧活动是桂林文化城重要的内容之一，被夏衍称为"中国话剧的三个奠基人"的田汉、欧阳予倩、洪深都先后来到桂林，在桂林活动的还有戏剧家熊佛西、瞿白音、焦菊隐、夏衍、阳翰笙、金山、杜宣等。当时桂林戏剧运动群众热情高涨，民间剧团多达40多个，流动到桂林的剧团也有40多个。话剧运动成绩斐然，剧作家们在桂林创作的独幕剧、多幕剧、街头剧等各种类型的话剧估计在100种以上。尤其令人惊叹的是，正值日军加紧侵略形势一片严峻的1944年，桂林的戏剧工作者们举行了历时三个多月，在国统区乃至中国戏剧史上都盛极一时的"西南地区第一届戏剧展览会"。参加剧展的演出团体来自湘、粤、赣、桂，共计33个，895人。演出话剧23部，演出170场，观众达10多万人次。剧目和观众之多，闻所未闻。茅盾称赞为"一次国统区抗日进步演剧活动的空前大检阅"；《新华日报》评论这次剧展"是中国戏剧史上空前的创举"，就连美国记者兼戏剧评论家艾金生，也在《纽约时报》上发表文章惊叹："这样宏大规模的戏剧展览，有史以来除古罗马时代曾经举行过，还是仅见的……对当前国际反法西斯战争具有重大贡献"③。文化名人在桂林主办各种团体，积极开展抗日救亡文化活动，如举办讲座、研究会、展览会、纪念会、声讨会、朗诵会、街头画展、训练班。据统计，从1938年10月1944年4月，桂林市计有各种演出包括戏剧、曲艺、音乐、舞蹈等900多场次，举办美术展览240余次，举办各种文学活动123次，学术活动80余次，科技讲座等活动50余次，体育比赛2 000余次。④

当年(1940—1944年)构成文化城的内容：静的文艺出版与动的戏剧上演占最大部分。文艺书刊出版业的繁荣，至今还为京沪出版界与文艺界所怀念。从报纸上整版的出版广告，可以看出当日的盛况。戏剧方面的记录，在中国新文艺运动发展后的半个世纪中无疑的要占极重大的地

---

① 雷锐.抗战时期桂林文化城小说概论[M]//魏华龄.桂林抗战文化研究文集.桂林：漓江出版社，1992：128.
② 魏华龄.抗战时期桂林文化城的形成[M]//魏华玲.桂林抗战文化研究文集.桂林：漓江出版社，1992：10.
③ 蔡定国.试论桂林文化城戏剧运动的特征[M]//魏华龄.桂林抗战文化研究文集.桂林：漓江出版社，1992：195.
④ 靖鸣，徐健，曹正文等.桂林抗战新闻史[M].新北：台湾花木兰出版社，2013：45.

位。据1940年9月至1942年4月间的统计,演出大小剧有三十龄。其中由广西艺术馆主持的占上一半,计16龄,103场,观众16.6万人。1944年2月15日,西南剧展开幕。西南各省来桂参加的剧团达30个单位,公演节目42个,时间延续到3个月之久,是中国剧坛空前的盛举。①

我到桂林的时候,正是一个秋天的开始,那时候似乎是在港九失陷以后,市面上人口特别的拥挤,大都市的摩登,已完全移到了这山城的桂林,商业顿形活跃,尤其是文化线水准的增高,一般人均誉这战后的暴发户为"南方的文化中心"。诚然!桂林那时候担当得起这个名誉实无愧作。那时候,国土的东南北三面,均受着敌蹄的践踏,各方面的文化工作者,均聚集于这一个角落里。桂西路书店林立,差不多一直延长到三多路,报纸杂志据一般的调查,有一百种的数目,谁说那时的桂林,不是南方的文化中心呢?②

关于桂林文化城的历史地位,当年的文化工作者、新闻工作者多有评价,认为,"在抗战期间,桂林是大后方的一个文化城。若从某个意义来说,桂林在抗战文化中所起的作用甚至超过重庆"③。"桂林是全国两大文化城之一,它拥有广大的出版机构,它集中了全国文化人的三分之一"④;"留桂的文化工作者,无论质与量,有一个时期都占全国第一"⑤。这些都是当年的文化工作者、新闻记者的记述,有相当的可信度。从评论内容可知,当时桂林文人荟萃、出版业兴旺,文化气息浓郁,是大后方重要的文化城。

二、桂林的政治环境和地理优势

抗战时期,除重庆外,昆明、成都等城市都是国统区的重要城市,为何这些城市没有成为大后方文化中心,而是桂林呢?究其原因是多方面的。

(一)政治环境

抗战时期,来自华东、华北、华中的,在文学、艺术、新闻、出版等领域具有崇高声望的专家、学者不选择重庆或者其他城市而是选择桂林,其中显然有政治上的考虑。

新桂系是国民党地方实力派,在国民党的派系中具有重要的地位。其领

---

① 熊良里.不胜今昔话桂林[J].中央日报周刊,1947,2(3):6.
② 葛划.秋忆桂林[J].社会评论,1946(30):14.
③ 千家驹.在桂林的八年[J].学术论坛,1981(1):37.
④ 司马文森.扩大宣传周之后建议成立西南文抗[N].大公报(桂林),1944-6-21.
⑤ 王坪.文化城的文化状况[N].广西日报(桂林),1943-9-8.

袖李宗仁、白崇禧、黄旭初长期以来以建设广西,恢复中华为政治目标,试图和蒋介石集团争夺中国最终的领导权。新桂系在政治路线上并不和蒋介石集团同心同德,历史上曾和蒋介石集团有过多次军事斗争,彼此心怀戒心,互相提防。虽然两派取得和解,但是新桂系对蒋介石为首的国民党中央始终保持着若即若离、面和心不合的暧昧状态,千家驹、陆诒将当时新桂系治下的状态称为"半独立状态"。① 新桂系深知,蒋介石伺机吞并自己,于是采取"合纵连横"的政治手段,积极联合包括中国共产党在内的反蒋势力,采取各种政治手段,不断提高新桂系在国内的威信和形象,和蒋介石集团抗衡。

在抗战救国问题上,新桂系具有民族大义,西安事变中,新桂系多名首领联名通电全国,表达拥护和平解决西安事变,建立抗日政府,举国一致对外的主张,此举赢得共产党和全国人民的信赖,树立了政治开明的形象,新桂系因此赢得了一定的政治资本。抗战开始以后,出于保存地方实力以及扩大新桂系政治影响的目的,广西当局以"延揽人才,兼收并蓄,促进抗日"为目标,大量聘请进步文化人来桂工作,对爱国知识分子和"救亡"青年以及他们办的抗日救亡报刊,态度比较开明。新桂系也以抗日、民主为标榜,自称是"实施民主政治的模范省"②,释放出"政治清明,礼贤下士"的信号,一定程度上赢得国内进步知识分子的信任。于是,他们纷纷前来。相比而言,重庆虽然是中共南方局的所在地,但是由于是国民党中央所在地,政治空气肯定比桂林要紧张一些,思想控制肯定要严格一些,环境相对险恶,文化进步活动难以开展,其他城市也大多如此,因此,在抗战文艺工作上,重庆是指挥部,而主战场则转移到桂林。③ 程思远曾经指出,抗战时期,由于李宗仁、白崇禧和蒋介石有矛盾,蒋的特务派不进来,因此对于文化人士而言,当时桂林的政治气候要好于重庆。④ 此外,广西还重视军事建设,大办民团,全省各级机关的公务人员和大中学校的在校学生一律受严格的军事训练。从抗日救国的角度来说,这也是反映出较大的进步意义的。⑤

新桂系对日抗战所持的积极的民族立场以及与国民党中央的若即若离、又拉又打的政治态度使战时广西保有独特的、较为开明的政治环境。桂林当

---

① 千家驹.在桂林的八年[J].学术论坛,1981(1):37. 陆诒.采访广西　怀念广西[J].广西新闻史料,1992(26):21.

② 万一知.新发现毛泽东的一篇轶文:序《论持久战》的英译——释抗战与外援[M]//魏华龄,刘寿保.桂林抗战文化研究文集(五).桂林:漓江出版社,1997:85.

③ 李建平.论"桂林文化城"在国统区抗日文艺运动中的地位和作用[M]//魏华龄.桂林抗战文化研究文集.桂林:漓江出版社,1989:36.

④ 蔡定国.程思远谈桂林文化城[J].文史春秋,1997(3):58.

⑤ 陆诒.采访广西　怀念广西[J].广西新闻史料,1992(26):22.

时的新闻生态,在此大环境下,具有一定的民主气息。新桂系对来自国民党、共产党的声音有一定的舆论独立性,这种舆论的独立性也是抗战时期桂林政治开明、社会进步的一种表现。朱浤源认为,广西报纸深受广东影响,言论比较自由,思想比较开通,加上距离中央政府所在地较远,所以较少受意识形态的压制,体现了言论现代化。①

虽然新桂系和蒋介石集团也是一丘之貉,欢迎进步文化人士入桂也是"项庄舞剑意在沛公",根本上为的是增加和蒋介石集团斗争的砝码。但是平心而论,新桂系这种做法,以及其在皖南事件爆发前和中国共产党以及进步文化人士之间交往的种种例子说明,当时新桂系在对待进步文化人士问题上大多情况下还是有诚意的,和蒋介石集团有区别。当然,这也是得益于党的抗日民族统一战线的成功开展。1938年,周恩来在武汉与李宗仁、白崇禧面谈,做通了他们的思想工作,得到应允中国共产党进入广西开展工作的承诺。白崇禧在和周恩来交谈中对中共发动和领导的抗日游击战争给予很高评价,表示支持在桂林设立八路军办事处。同时,白崇禧还嘱咐桂林警备司令王泽民,对八路军办事处工作人员的安全予以保护,工作给予方便②,中国共产党于是得以顺利在桂林成立"八路军办事处",领导广西的抗日文化运动。争取新桂系上层人物的支持是我党的主要工作方法,李任仁、李济深就在我党的统战工作下,解决了很多进步文化人士过境、工作和生活的问题。广西省主席黄旭初也在我党的统战下,对我党在桂林领导的抗日救亡文化运动表示支持,对进步文化人士表现了一定的友善,即使是皖南事变后,也没有把事情做绝,对进步文化人多采用"好来好去,礼送出境"的办法。像夏衍在救亡日报社不能再呆下去的时候,其离开桂林前往香港的飞机票就是黄旭初派人给买的。③ 又比如,对进步书店的查封,桂林当局接到"中央"查封生活书店桂林分店的"命令"后,不像其他地方一样,采取"闪击战"的办法,立即封闭,而是先对生活书店"限期停业",约生活书店的经理谈话,限令三天内停业,就这样,给包括生活书店在内的其他进步书店以缓冲,得以顺利安排撤退事宜。

诸如此类的事情还有很多,足见新桂系的政治立场并不完全和蒋介石相同。新桂系固然有它的政治目的,但是在政党纷争的过程中,在国破家亡的危难时刻,它表现出应有的民族大义,认同并支持中国共产党提出的抗日民主统一战线,在一个时期内支持我党在广西开展抗日救亡文化运动,体现了

---

① 朱浤源.从动乱到军省:广西的初期现代化1860—1937[M].台北:"中央研究院"近现代史研究所,1995:512.
② 罗解三.广西通志·大事记[M].南宁:广西人民出版社,1998:203.
③ 蔡定国.周恩来是桂林抗日救亡文化运动的掌舵人[M]//魏华龄.桂林抗战文化研究文集.桂林:漓江出版社,1992:122.

一定的进步性。新桂系并不甘心完全做蒋介石集团的打手,对蒋介石集团的很多反共命令,它有时也是不遵守或者阳奉阴违的。对新桂系在支持抗日文化运动中的积极一面,应予以客观分析,辩证对待和公正评价。

(二)地理优势

桂林成为大后方重要城市,主要原因之一就是它具有优越的地理条件。桂林位于广西的东北角,有铁路与西南、华中、华南相连接。无论是南下香港南洋,还是西进昆明重庆,都很方便。重庆则偏居西南角,交通具有一定的局限性。因此,从交通灵活性而言,桂林具有一定的优势。其次,相对于从沿海撤退而来的人们而言,桂林比重庆距离更近,出于各种困难和障碍,很多机关、企事业单位、工厂都选择就近安家,避免长途跋涉,于是桂林也就成为他们的首选。再次,桂林有独特的喀斯特地貌,城内岩洞比比皆是,洞内宽敞,足可以容纳大量人员,也可以安全生活和开展生产,从躲避敌机轰炸的角度考虑,桂林山多洞多,自然比重庆更具优势。抗战时期,桂林是国内通往香港、海外最便捷的通道,又是八路军桂林办事处的所在地,肩负着联络香港新四军地区与重庆南方局、延安党中央秘密联络,以及中共地下党人员的必经之路。同时,还是侵华日军打通中国大陆交通线,进攻中国南部地区以及中南半岛的必争之地。[①]

桂林位居西南、华中、华东的交通枢纽,连通各省十分便利,在广州、武汉沦陷后,是不被日军侵占的少数几个后方城市之一。因此,抗战时期的桂林,不仅仅是广西的政治、经济、文化中心,也是我国西南地区的重要交通枢纽和政治、军事、文化中心之一,很多文化人士钟情于桂林这个得天独厚的地理位置和交通条件,在桂林停留和居住。

三、桂林的经济物质条件和思想文化环境

(一)经济物质条件

抗战时期,桂林的社会经济出现畸形的繁荣,为新闻事业、广告事业的蓬勃发展提供了契机。

1. 抗战时期桂林的工业水平

抗日战争爆发以前,我国的工业以沿海沿江地区为主,内陆地区为辅。

---

① 文丰义,秦彬.桂林抗战文化城奇闻异事[M].桂林:广西师范大学出版社,2013:9-10.

1937年，中华民国政府经济部登记注册的共有3 935家工厂，其中，有1 235家（占30%）设在上海；2 063家（占52%）设在沿海各省，637家（占17%）设在内地。①

抗日战争爆发后，为了保存工业命脉，国民政府提出《非常时期经济方案》，决定将西南、西北作为后方的建设重点。据统计，从1937年8月工厂内迁开始，到1940年年底结束时，内迁的厂矿共计639家，拆迁机器材料总重量约12万吨。②

抗战前，广西的工业还很薄弱，省内共有公营工厂11家，民营工厂54家，大部分位于南宁、梧州两地，规模也较小。桂林当时，公营的除电力厂和机械厂之外，并无其他较大工厂。民营工业也不发达，较有规模的仅有广宜安机米厂、民生木机纺织厂2家。

抗战后，由于从华北、华中、华东等沦陷区不断有工矿企业大撤退至桂林，桂林成为躲避战难、转移生产力的重要大后方，新兴工厂如雨后春笋般陆续在桂林建设起来。迁入广西的工厂主要集中在桂林，大多和国防、军事关系密切，如兵器、兵工、电力、汽车制造、化工材料、交通器材。据统计，抗战期间从华东、华北迁入广西的工厂共计29家。③ 这些工厂主要来自江西、浙江、上海、湖南和湖北等省市。出于战备考虑，中央还在广西合资建立若干合营企业，带动了当地的工业发展。据广西省政府统计处统计，抗战时期由中央和广西开办的公营工厂有24家，其中较大型的广西企业公司士敏土厂、中央造币厂桂林分厂、中央无线电器材厂、中央电工器材厂第二厂等，资本都在200万元以上，广西企业公司士敏土厂还是当时全国六大厂之一。④ 在战争的发展中，桂林迎来工业化的契机。外来工厂给广西带来了先进的技术和管理方法，也提供了广西急缺的专业技术人才和经营管理人才，有效促进了广西工业的快速发展。截至1943年，全省工厂有287家，主要分布在桂林、柳州、梧州三地，约占全省工厂的九成。⑤ 广西成为了战时工业发达地区之一，是大后方工业产品供给的"大本营"之一。⑥

1940—1941年，为了加强迁桂工厂的扶持，中国银行对桂林工业进行了一次调查，根据《中国工业》刊登的调查报告，战时桂林工业呈现五大特点：一

---

① 陈真，姚洛.中国近代工业史资料[M].上海：三联书店，1961(4)：92.
② 林建曾.一次异常的工业化空间传动——抗日战争时期厂矿内迁的客观作用[J].抗日战争研究，1996(3)：89.
③ 杨乃良.民国时期广西新桂系的经济建设研究[D].武汉：华中师范大学，2001：61.
④ 广西统计局.广西年鉴（第三回）[M].桂林：广西统计局，1943：607-608.
⑤ 广西统计局.广西年鉴（第三回）[M].桂林：广西统计局，1943：593.
⑥ 钟文典.广西通史（第三卷）[M].南宁：广西人民出版社，1999：403.

是大规模的工厂多为国营。当时国营和省营的工厂虽然只有19家,占全市工厂的17%,资本额则占到全市工业资本总额的73.67%。民营工厂有88家,占全市工厂的78.58%,资本额占全市工业总额的16.29%。二是工厂业务偏重于战时需要。机械制造产品、无线电产品等都直接或间接用于军事目的。从事此类工作的工人有4 871人,占全市工人总数的61.53%。当时,也有一些工厂从事日常商品的制造,但数量不多。三是工业的人才多半外来。在110多家工厂中,完全由本省人经营的只有20家,资金总额仅占民营资本的12.66%,其余均为外省人经营。调查报告还显示,桂林的工厂以机械工业类最多,共48家。①

简言之,外来企业和本地企业逐渐增多,桂林已经基本实现了初步工业化。工厂繁多,烟囱林立,有效地促进了地方经济社会发展。尤为值得注意的是,印刷业作为新闻事业的重要配套产业,在桂林也有相当的基础,外省迁入桂林的印刷企业众多,为桂林报业繁荣创造了有利条件。据统计,1942年,广西有各类工厂254家,其中印刷业有32家工厂,数量较多,约占到工厂总数的13%。印刷业规模较大,工人超过1 300多人,和机器类、电工器材类、金属冶炼类、建筑业一起同为当时20类产业中工人超千人的5个产业,工人数量远远大于其他产业。② 这从另一个侧面说明了当时桂林的印刷工业比较发达,产业工人数量庞大,这为桂林报业繁荣奠定了坚实的基础。

2. 抗战时期桂林交通水平

抗战以前,广西并无真正交通意义上的铁路,曾经有数个铁路建设方案,但是,都属于勘探阶段,尚未真正动工启用。1937年建设的湘桂铁路是广西建设交通铁路的先河。

湘桂铁路起于湖南省衡阳终结于广西省最南端之镇南关,在广西省内的线路长821公里,在湖南经过的城市包括衡阳、祁阳、零陵、东安,在广西省内经过兴安、灵川、桂林、临桂、永福、柳江、来宾、宾阳、贵县、邕宁、宁明、凭祥等市县,是西南交通的大动脉。这个铁路项目由交通部和湘桂两省共同投资建设,于1938年10月投入运营。据资料显示,该铁路建成后至1943年年底,乘车旅客1 600多万人,运输货物500多万吨,对抗战军事和战时后方经济贡献巨大。③ 湘桂铁路客运商业性特征比较突出,抗战以后,沿海城市和华北、华中等地的机关、企业、学校等,多经此线路到达广西,实现战时大撤退。

---

① 桂林市政协文史资料委员会.桂林市文史资料第十辑[M].桂林:漓江出版社,1986:150-152.
② 广西统计局.广西年鉴(第三回)[M].桂林:广西统计局,1943:598.
③ 广西统计局.广西年鉴(第三回)[M].桂林:广西统计局,1943:1038.

湘桂线建设后，抗战爆发，出于军事需要，交通部又主导了黔桂铁路建设。黔桂铁路从广西省的柳江起，经过柳城、宜山、河池、南丹到达贵州省的独山、都匀、贵定、龙里和贵阳。全线长约660公里，广西境内线路长300公里左右。这个铁路项目是1939年9月动工，1943年2月，柳州至贵州泗亭路基工程完成通车，5月通车至独山，1945年8月通车至都匀。黔桂铁路建成后为西南交通物资运送、人员撤退发挥及其重要的作用。据资料统计，截至1942年，黔桂铁路乘车旅客一共1 000万人左右，非商运物资共计30多万吨。①

1940年，广西省实现与广东、湖南、武汉、贵州等省市的铁路联运，打通华中、华南、西南的交通运输大动脉，成为军事物资和人员转移的重要枢纽，在抗战和大后方经济建设中发挥至关重要的作用。

公路方面，截至1941年，广西境内共建成公路长约4 000公里，1944年上半年增至4 247公里，各重要城市均可通车，陆路交通比较便利。② 20世纪30年代，广西主要城市之间，民营汽车公司已经运行，因此省内交通便利。郑健庐描述了广西30年代的交通情形：

广联合长途汽车，即广益、联合、和益三汽车公司合组营业。每日上午七时起，连续开车，往来戎圩、容县、北流、玉林各站。亦有包车往南宁、柳州、桂林各埠。③

作为抗战时广西首府，桂林市市内交通也初具规模，城内有两家民营公交车企业，承德公司拥有3辆公交车，开源公司拥有6辆公交车。人力车公司有合益、万安、大通、普益、安行、大兴、建成、交通、复兴、湘桂、民生、福星等十余家，车辆上千台。④

民航方面，抗战期间，广西共有三个机场。一个在桂林市南面的二塘。1930年动工，经过三次扩建，二塘机场具有长2 000米，宽75米跑道一条。二是秧塘机场，该机场位于桂林西郊，1933年动工，曾扩建三次。机场跑道长2 000米，宽75米，备降跑道长1 500米，宽50米。三为桂林机场，位于桂林南郊，1943年动工，建有碎石跑道一条，长1 600米，宽50米。这三个机场都有油库、营房等，抗战成为重要的军事据点。⑤

1933年6月，广西与广东合办了西南航空公司，拥有士汀逊厂215匹四座客油机三架，哥德士莲厂110匹玛丽两座游览机1架，150瓦特无线电发报机1座，15瓦特无线电机7座。1944年夏天试航后，同年10月正式运行，开

---

① 广西统计局.广西年鉴(第三回)[M].桂林：广西统计局，1943：1056.
② 广西统计局.广西年鉴(第三回)[M].桂林：广西统计局，1943：1057.
③ 郑健庐.桂游一月记[M].上海：中华书局，1934：14.
④ 广西统计局.广西年鉴(第三回)[M].桂林：广西统计局，1943：1170.
⑤ 颜邦英.桂林市志[M].北京：中华书局，1997：2272-2274.

通了桂林飞广州、柳州、南宁等地的航线。抗战爆发后,广州不久陷落,出于安全因素,西南航空公司不得不停办。

广西的民用航空线,主要由中国航空公司和欧亚航空公司共同经营。1938年1月,中国航空公司在桂林设立分公司,开辟滇、渝、桂航班。先由昆明飞重庆,再由重庆飞桂林,当日又由桂林飞返重庆,每星期一飞行一次。① 1938年中,欧亚公司开辟滇、渝、桂、港线。由于桂林暂时不能落机,桂林改为柳州。每星期一、四下午由柳州飞香港,每周日、三,由柳州飞昆明,均当日到达。又与长沙、汉口、成都、西安、兰州、宁夏、重庆、贵阳等处联运,隔天到达。1938年11月,桂林机场恢复使用,线路又改回滇、渝、桂线路。1944年,桂林陷落,往来于重庆、云南的航线被迫中止。这些航班客商两用,为连接西南诸省大城市建立了空中走廊。据统计,截至1944年,广西境内运营的航空公司执行桂林—重庆线路总计飞行次数为240次,乘坐旅客4 763人,运输货物160多吨;执行桂林—昆明线路总计飞行次数13次,乘坐旅客50人,运输货物3.6吨;执行桂林—成都线路总计飞行次数为11次,乘坐旅客86人,运输货物0.2吨。②

3. 抗战时期桂林的通讯水平

抗战以前,广西在南宁、梧州、柳州设有无线电台,可以和太原、南京、上海、广州等重要城市通电报。后在梧州、东兰、河池等县设立无线电分台,以方便省内各市县通讯。截至1942年,隶属交通部广西电政管理局的有16个无线电站,隶属广西无线电总台管理的有38个无线电站。基本上已经覆盖广西主要的市县。③

抗战爆发后,广西在桂林成立无线电总台,直属广西省政府主管,通讯比较方便,可以和贵州、云南、四川、湖南、浙江、江西、福建、广东、安徽等省。

广西建有比较完善的长途电话网络,截至1943年,省内各重要市县彼此都可以通话无阻。区与区之间,各乡村与县份之间也全部实现通话。

就市内通话而言,最初广西南宁、梧州均有市内电话,使用西门子自动电话机,各商号、住户、各处市内电话完全与长途电话连通,十分方便。1941年,南宁被日军侵略后,电话设施遭到极大地破坏。嗣后,广西省政府便将大部分剩余电话机转移至桂林。因此,截至1944年桂林陷落时,桂林是当时广西唯一有自动电话的城市。

---

① 广西统计局.广西年鉴(第三回)[M].桂林:广西统计局,1943:1555.
② 广西统计局.广西年鉴(第三回)[M].桂林:广西统计局,1943:1155-1158.
③ 广西统计局.广西年鉴(第三回)[M].桂林:广西统计局,1943:991.

4. 抗战时期桂林的商业水平

抗战时期,桂林是大后方几个商业中心城市之一,商业比较繁荣。① 随着华北、华东、华中的陷落,大量的沦陷区机关、工厂、商号迁来桂林,桂林人口骤增,由战前的 7 万多人增至 50 多万人。人口膨胀,商贾云集,刺激了当地工商业的快速发展,桂林出现畸形的繁荣。1940 年,全市有商店 2 593 家,比 1934 年的 1 157 家增多了 1 436 家,资本总额 343.1 万元。②

抗战时期,庞大的外来人口使得桂林人口激增,1937—1942 年,桂林市人口增长 2.16 倍。城市人口的增加,扩大了市场需求。③ 各地商号不断迁入桂林,形成一定的商业竞争,在此情况下,广西商业逐步发达,各种商品和服务日益丰富,金融机构林立,邻省银行纷纷在桂林设立办事机构,开展业务,颇有繁盛之貌。据统计,截至 1944 年,除了中央银行、中国银行、交通银行、中国农民银行、中央信托局、邮政储金汇业局以外,桂林共有广东、广西、湖南、福建、上海、金城、中国实业、兴文、中国工矿、新华等 11 家银行,一般业务比较发达,各个银行都有盈利。④ 各种娱乐消费场所也日益增多,并快速发展。桂林由相对落后的小城市逐渐成为西南大后方商业发达、社会繁荣的大型城市。有文章记录了当时的桂林夜生活景象,可以大致推测当时桂林的繁华程度。

晚上满天星斗我与□在中南路中北路一带,城市很大,街道很整齐,宽广的柏油路,一棵一棵的□树□着耸立的店面,人们的拥挤,车辆的驰驱,收音机的音乐,像上海的夜市。虽然敌机常以猛烈的轰炸,然而一切的建筑已在颓废中很快的新生了,仍然保持了市面整齐的严肃。

咖啡馆,电影院随时可以看到那些摩登小姐太太们的出入,这虽然是不值得一说的,但是我们靠近前方的地区,好久还不曾看到这些一繁华的点缀,所以有些觉得稀罕。⑤

抗战以后,外省人士与机关之迁来络绎不绝,人口激增,市面顿呈活气,市政处亦加紧进行建设工作。于是重要街道都成立柏油马路,自来水,自动电话都在敷设之中。而摩登商店亦与日剧增。华美之旅馆,堂皇之饭店,新式之戏院,应时之商品(如冰激凌咖啡啤酒等)现在几乎应有尽有。尤其特别而刺激较深的,半年以前,走在桂林市街上者,不是灰

---

① 方庆秋.民国社会经济史[M].北京:中国经济出版社,1991:634.
② 蒋霞,贺金林.试析抗战时期广西商业经济的战时繁荣及其作用[J].学术论坛,2011(4):168.
③ 林建曾.一次异常的工业化空间传动——抗日战争时期厂矿内迁的客观作用[J].抗日战争研究,1996(3):104.
④ 未名.桂林金融调查[J].湖南省银行经济季刊,1944(6):65.
⑤ 文子.到桂林去[J].湖南妇女,1940 年(4):17.

色制服之男女、公务员与学生,便是大布之衣的老先生和太太小姐们。洋装革履,烫发时装之男女,可算绝无仅有。现在大不相同了,除了灰色衣外,很多穿长袍大褂的绅士模样的人物,高跟皮鞋长旗袍的太太小姐,从前坐洋车的人都不大见,现在风驰电掣般的汽车,和油光碧绿的绸丝包车,亦不绝于途,可以说桂林大变了。①

桂林现时很少看到战争气象这是事实,走在市街上,走进戏院里,走进酒店里,初从乡下或战地来的人一定会突然吓了一跳,'人是这样多呢!'但过了三天,四天,十天,就会慢慢的习惯了,每天就是这样人多的,你想看戏,你想吃东西,你就得等!旅馆客满、京戏、桂戏、影戏院客满,连人口也从五六万增加到了二十万,无怪警察局长要警告市民,桂林虽然山洞多,防空最安全的,现在究竟是在战时啊!②

比如餐饮业,抗战时期,随着形势的发展,桂林出现很多外省餐馆,上海、北平、天津、杭州、四川、湖南等地风味的餐馆日益增多,广西民众的饮食习惯因此发生变化。据统计,1937年桂林的餐馆数量为17家,到了1940年,这一数字便陡增至77家。沿海城市的潮流和风尚也随着外来移民的到来而逐步渗透到桂林的生活中,咖啡馆、西餐厅在30年代明显增多,报纸上屡屡可见此类广告。

娱乐业在抗战期间也得到发展,各种新式戏院、电影院纷纷设立。抗战时期,桂林的电影业已经比较发达,除了国民政府军事委员会电影放映队和广西省政府电影放映队这类官办电影机构以外,商业性的电影机构有10多家,共有座位6 200多个。比较著名的电影院有乐群影院、新华影院、大众影院、国民影院、新世界影院、银宫影院。苏联、美国、英国等西方电影频频上演,成为影院的主流内容,时尚观念、潮流观念随着电影的传播,在社会上不断流行开来。杂志记载了当时的一些社会情形,足见影视业的繁荣。

电影院里轮流放着粗线条的苏联片子和金元帝国的桃色电影,从莫斯科来的"无敌坦克"给青年观众留下了极其深刻的印象:一个十八岁的中学生看完戏出来时,轻轻地对他的朋友说:"假如我们也有这样多而勇敢的坦克,那是如何快乐的事情啊!"但是,第二天,当同一的戏院上演米高梅出品的一场爱情片子时,另一批青年却赞美起那些奢侈和贵族的繁华。③

旅馆业在抗战时期也得到了快速的发展,据资料显示,1935年,桂林仅有

---

① 潮声.我来谈广西(三)[J].国讯,1938(183):14.
② 唐海.战时桂林的繁荣面[N].华商报,1941-2-2.
③ 蒋莱.雨中桂林[J].国讯旬刊,1941(272):11.

旅馆45家,到了1940年,这一数字增至132家①,增长速度之快,令人惊讶。旅馆的命名、装修和设备也日趋西化②,为古老的桂林带来了现代化的色彩。比如巴黎饭店、维也纳酒店、东方酒店等。一些知名宾馆设施先进,服务周到,已与大城市无异。比如当时广西省政府主办的乐群社,内设有客房、中西餐厅、电影院、茶座和网球场,还举办丰富多彩的娱乐休闲活动,比如举办各种晚会、草地会、音乐会,是各地要人来桂林必住的宾馆。当时比较著名的旅店还有环湖旅社、大中国旅社、南京饭店、远东旅社、岭南旅社。

    酒旅最上等贵族化的是乐群社,这里有很好的设备,可以住吃之外,还有图书室、运动场、花园、草地、茶场等。其他较好的旅馆如大华饭店、南京饭店、巴黎饭店、东方酒店等,较好的菜店如昌生园、新生菜社、秀峰酒店。吃点心则可至文园酒家、安乐饼家、新亚酒家,也都兼售冰类。还有江浙菜的金轮酒家、爱皮西酒家等。③

总的说来,抗战时期,由于外来移民的增多和内迁工厂、商号的增多,桂林的工商业呈现出欣欣向荣的繁荣局面。

(二)思想文化环境

作为宣传思想的重要载体,新闻事业的发展除了经济物质条件以外,还离不开一定的思想文化环境。抗战时期,桂林之所以能产生办报高潮,和桂林当时的社会思想文化状态有一定的内在联系。

1. 抗日救亡氛围热烈

桂林成为全国第二大进步文化中心,迎来报业的高潮,新闻事业取得长足进步,固然有"外因":华北、华东、华中抗日节节败退,上海、南京、广州、武汉相继失守,当地报业为求生存而不得不辗转来到大后方桂林,直接带来了报业的繁荣,这是其一;大量的外来机关、工厂和庞大的人口,这刺激了当地工商业的发展,百业兴盛的背景下,传播商业信息自然成为工商界的客观需求。庞大的人口对新闻的需求也成为人们生活的客观需要,这是其二。除此两外因,桂林的报业繁荣还有"内因",那就是政府和社会需要新闻媒体动员群众,唤起民众积极抗日。在艰苦卓绝的抗战中,许许多多有识之士,爱国主义人士,无论是军政人士,还是普通百姓,都深知抗战除了在军事上、政治上、经济上要奋起斗争以外,还需要在全国掀起万众一心、全民抗战的思想风暴。只有全国民众思想统一了,才能结成强大的爱国主义力量,而增添必胜的勇

---

① 颜邦英.桂林市志[M].北京:中华书局,1997:1353.
② 广西日报(桂林),1939-3-28.
③ 祚慈.西南抗战的中心——桂林[J].战斗,(年份不详)(120):8-10.

气和决心。要达到这个目标,最有效的莫过于兴办新闻媒体,通过报纸、电台、海报等大众媒体号召全民抗战,充分做好民众的思想动员。即使是蒋介石,也提出"宣传重于抗战"的口号,可见宣传工作的重要性。

李宗仁1936年4月17日在广州对记者发表谈话就说过:"必须发动整个民族解放战争,本宁愿全国化为焦土亦不屈服之决心,用大刀阔斧来答复侵略者,表现中华民族自存自立之伟大能力与精神。"这可以视为新桂系的政治承诺,即肯定抗日民族统一战线,全国各民族应该团结一致共同抗日。抗战初期的桂林就是在团结抗战的理念下向各方来的进步文化人士张开怀抱的,这是新桂系在全广西打下的重要的思想基础。当时,新桂系高层对团结抗日是支持的,对进步文化人士在桂林开展抗日救亡活动、各地新闻报纸来桂复刊、创刊都是持积极态度的,应该看到,当时桂林最重要的思想文化特点就是——爱国主义。抗战初期,国际新闻社总社社长、中国青年新闻记者学会负责人范长江来桂林开展新闻活动,就向广西当局提出改进新闻工作的六点建议,建议广西99个县、2 309个乡,每个乡办一张油印报或复写报。12个民团指挥区,每个区办一张铅印四开报。以《广西日报》为龙头,统一领导全广西的报纸,形成一个巨大的新闻网络。新桂系的重要智囊团机构——《广西建设》杂志刊发了范长江的意见。《广西建设》的会长是李宗仁,副会长是白崇禧、黄旭初,由此可见这个杂志是代表新桂系赞同范长江的新闻改革设想的。《广西建设》杂志随后召开了专门的座谈会讨论这个建议。过了两个月,广西省主席黄旭初在一次针对广西文化建设的工作座谈会上,专门谈到范长江的改进广西新闻工作的建议,他在会上提的主张几乎都是范长江的建议。随后,广西建起了以《广西日报》为龙头,省、专、县三级报纸网络,创办了大大小小的铅印、石印、油印报纸总共212种,比上一个时期增长了两倍!这些报刊,都是服务于抗战宣传的。①

在太平洋事变以后,桂林一度形成为文化城,无论是新剧演出,旧剧改革,杂志刊物的印行,都蓬蓬勃勃,有相当高的收获和成就。每一个文化界的朋友,忘不了在桂林举行的戏剧演出展览大会,无论是身临其境或远在他处的朋友们,都分享了那一次辉煌成果的喜悦和兴奋。当敌人践踏在邻境湖南省衡阳时,田汉先生提出了新的招魂运动,八桂父老也应召出动,"有力出力,有钱出钱",只有在这个时候,不再是一句空洞的口号,淳厚的市民们被感动到流下眼泪来。②

在团结抗战的旗帜下,广西社会普遍的思想特征是爱国主义,这个思想通过各个新闻媒体、文艺活动广为传播,广大民众无不深受感染,全社会形成

---

① 彭继良.广西新闻事业史[M].南宁:广西人民出版社,1998:272.
② 凤子.重游桂林[J].时与文,1948(3)-2:12.

了统一的思想。桂林当时的抗日救亡氛围是相当高涨的,从早到晚,各个宣传机构、文化团体都采取各种手段在群众中大力开展抗日救亡宣传,整个桂林被炙热的爱国主义情绪所拥抱。

自去年广州武汉相继退出后,桂林变突然显出了异常的繁荣,她吞食了又吐出了许多来自各方的人们,马路上整天的流动着杂色的行列。许多许多机关纷纷地经过这城市,随着政治部的来到,八个政治部附属的团体——孩子剧团、新安旅行团、电影放映第二队、抗宣一队、演剧九队、也都先后来到了桂林……自从这几个团体以及第二兵团政工大队、朝鲜义勇队来了以后,桂林的就往工作,就如烽火一般炽烈地燃烧着了。

街头,出现了醒目多人注意的壁报,路旁墙壁上也有了触目惊心的笔画及标语。岩洞里,许多宣传团体带着漫画、壁报到岩洞里工作着。他们那样和气的与避难民众谈着,唱着歌给他们听,讲解着抗战常识,电影放映第二大队也曾在岩洞里放映过几次电影,更获得了相当的成效。①

这里虽是一个优美的风景区,清秀的山峰静静地立在四围立着,深绿的漓水悠悠地在城东流着,春天到来了,原野也开着美丽的鲜花,小鸟也唱着悦耳的歌调,在一切的自然景物看来,确实悠闲的开,没有丝毫紧张的情况,可是一看这里人的社会,那就会使人愕然,那种紧张的情绪,真的令人不能令人置信这里是'相当的后方'。看吧,这里的街头巷尾,都挂满了抗战形势地图,用红蓝的箭头,指示了敌我相持的情况;贴满了抗战壁报,用简短的文字,提供了各种抗战常识,张满了抗战漫画,用鲜明的颜色,暴露了敌人的兽行;写满了抗战标语,用有力的语句,警惕着各界同胞;黏满了当天日报,收集各地电讯,报告了抗战的动态;街上一堆一堆的人,昂着头,袖了手,聚精会神在那里看,在刊例读的就是这些东西。这些东西能增强民众的国家观念和民族意识,增强了民众对敌人的仇视,使他们更努力地为祖国效劳,把那疯狂的野兽——日本歼灭。②

从报刊记述的文字来看,桂林当时开展的抗日救亡运动气势蓬勃,全社会都充满着抗战的激情,各个抗战宣传团体、文艺团体卖力地在城市、农村广泛开展抗日宣传活动,声势浩大,感人肺腑,整个城市的抗日气氛是浓厚的。

2. 外来进步文化人士带来的科学民主风气

抗战期间,全国各沦陷区的进步文化人士纷纷撤退至大后方,重庆、桂林成为了全国进步文化人士最集中的两个城市。来自文化、艺术、文学、新闻、出版、戏剧等领域的专家、学者,利用各种方式参与广西的文化、教育、经济建

---

① 方言.全民抗战[J].全民抗战,1939(60):842-843.
② 宾业绳.抗战中的桂林[J].全面战周刊,1938(22):9-10.

设,为广西民众带了具有进步意义的文化启迪和熏陶,从知识传授到文化传承上都对广西的思想文化带来了巨大的影响。

比如,抗战期间,大批教育家在广西从事教育事业,对广西的进步风气带来了积极的影响。知名教育家陶行知、马君武、雷沛鸿、白鹏飞、梁漱溟、杨东莼、徐悲鸿、李四光、千家驹、薛暮桥等都在广西办学或任教,他们中的多人都在国外获得硕士、博士学位,具有良好的学术素养,在国内声名远扬,是鼎鼎大名的专家、教授,他们在桂林任教,有利于先进文化理念和科学知识的传播,提高了广西的整体教育水平。① 抗战期间,江苏省立教育学院、无锡国学专科学校、浙江大学、私立武昌华中大学、上海同济大学等高等学校也先后迁入广西,在广西招生复课,这也在一定程度上提振了广西尊重知识、尊重人才、崇尚科学的风气。这些内迁文化人士不仅投身教育战线,教书育人,还利用教学和讲学的机会,在学生中宣传抗日,进行战时民众教育。比如,浙江大学积极组织歌咏队,参加戏剧演出,筹款劳军;从广州迁来的中央陆军军官学校第四分校组织剧团参加文艺演出,宣传抗日,派员到一些小学辅导音乐教学及开展抗战宣传活动,等等。② 内迁文化人士积极开展的抗日救亡活动为广西的思想文化环境抹上了一抹亮色。

省外的报刊大量进入桂林以后,知名的专家、学者纷纷在报上发表评论、专稿,大大丰富了报纸的内容,报纸的含金量得到极大的提高。在传播知识、熏陶文化方面,桂林的新闻媒体发挥了重要的信息平台作用,进步文化人士利用新闻、副刊为载体,经常性地发表文章,为提高普通民众的知识水平和文化意识起到重要的作用。比如,《广西日报》就延请了李四光、千家驹、欧阳予倩、秦柳芳、金仲华、刘思慕等多位国内知名的专家、学者在报纸上撰写专论,大大提高了文章的科学性和权威性,为读者提供了专业的信息。此外,因为全国知名教授、专家云集桂林,桂林当时的学术氛围还是很浓郁的,各种学术科技活动频繁,这也大大提高了当地民众的知识水平。据统计,1938—1944年,桂林举行的学术活动80余次,科技讲座等活动50余次。③

这一时期,桂林得益于名师荟萃的优势,办学活动兴旺,科技文化活动频繁,大众媒体也经常性地刊登各类学术文章,因此整个社会呈现出尊重知识、崇尚科学,尊重文化的风气。

---

① 唐仁郭,艾萍.抗战时期人口内迁与广西的教育和文化[J].广西师范大学学报(哲学社会科学版),2006(4):133.

② 唐仁郭,艾萍.抗战时期人口内迁与广西的教育和文化[J].广西师范大学学报(哲学社会科学版),2006(4):134.

③ 凌世君.论桂林文化在抗战文化城时期的演进[M]//魏华龄.桂林抗战文化研究文集(五).桂林:广西师范大学出版社,1997:146.

第三节 《广西日报》的创刊历史及特点

一、抗战时期广西报业形势

抗战时期,桂林因为新桂系相对开明的政治态度和得天独厚的地理条件,吸引了大量来自沦陷区的进步文化人士,也吸引政府机关、企事业单位、科研院所、文化出版机构。桂林从文化上平淡无奇的城市突然间成为文人荟萃、书店、报馆、新闻通讯社林立的文化之都,被人誉为"文化城"。

抗战时期,桂林新闻事业的繁荣是与沦陷区新闻单位内迁离不开的。从沦陷区一共有35种报纸来广西复刊或创刊[1],它们包括:

《新华日报》,中共中央南方局的机关报,1938年1月11日创刊于武汉。武汉沦陷后,迁往四川作为《新华日报》总馆出版,同时设在广州分馆的人员迁往桂林成立分社,于1938年11月出版《新华日报》(桂林版)。地址在桂林桂西路26号。由于国民党中宣部、内政部以种种理由干扰,密令广西省政府、桂林县政府停止该报发行。因此,只能在桂林设立营业处,销售由重庆空运而来的《新华日报》(重庆版)。皖南事变以后,该报被迫停止营业,但是发行工作一直延续到1944年9月。

《扫荡报》(桂林版),《扫荡报》是国民党军事委员的机关报,1931年创刊于江西南昌。1938年10月25日武汉沦陷后,《扫荡报》总社迁往重庆出版。该报部分人员迁往桂林,于当年12月15日出版《扫荡报》(桂林版)。《扫荡报》还在桂林出版了《中央周刊》(桂林版),十六开版,时间为1938年至1943年。

《扫荡简报》,国民党军事委员会政治部要求各集团司令部办小型的《扫荡简报》,并组成"简报班",编制为四人,其中一人为主任。

《国防周报》(桂林版),社长兼主编程晓华,发行人钟期森,有国际书店发行,建设书店和扫荡报总社销售。该报随《扫荡报》迁到桂林出版,初为周刊,曾改为月刊。

《小春秋日报》,1940年9月18日创刊于桂林。创始人是《扫荡报》(桂林版)前副总编程晓华和《国防周报》(桂林版)前主笔郭世振。该报初为周刊,不久

---

[1] 彭继良.广西新闻事业史[M].南宁:广西人民出版社,1998:272-282.

改为三日刊,四开四版一张。1943年改为晚报。它是《扫荡报》的附属物。

《救亡日报》(桂林版),该报由国共两党合办,社长郭沫若,共产党方面由夏衍任总编辑。该报是上海文化界救亡协会的机关报,最早于上海创刊,不久迁到广州。广州沦陷后于1938年11月在桂林复刊。日出四开四版一张,发行量由初期的4 000份左右增加到8 000份左右,有较大的知名度。

《救亡日报星期刊》,于1940年4月21日创刊,八开两版一张,随《救亡日报》附送赠阅。

《自由报》,国际新闻总社在1939年创刊于桂林,为大型油印刊。社长范长江,1941年皖南事变后,国民党中央下令禁止国新社总社活动,该报随即停刊。

《小战报》,国民党第四战区政治部主办,远在广东出版,1939年3月在桂林复刊,为周刊。

《桂林晚报》,国民党军事委员会驻桂林的西南行营政治部主办,1939年6月创刊,日出八开一小张,发行3 000多份,1940年夏天停刊。

《力报》,民办报纸,1936年创刊于长沙。1938年11月迁到桂林,同年3月复刊。日出对开四版一大张。

《自由报(晚刊)》,也叫《自由晚报》,1940年8月1日创刊于桂林,标榜为"为抗战军人说话",并向军人招募股本。日出四开两版半张,发行量3 000份左右。1944年1月停刊。

《艺术新闻》,1941年9月在桂林创刊。编辑司马文森、焦菊隐,由桂林的上海杂志公司总经销。

《国民公论》,救国会出版的报纸,1938年9月11日在汉口创办,1940年8月迁到桂林复刊。为半月刊。

《大公报》(桂林版),1902年创办于天津,1937年上海沦陷后,疏散到重庆、香港分别出版。1940年为了安排香港馆后路,决心迁往桂林出版,于1941年3月15日在桂林正式创刊,1944年6月27日因日寇入侵停刊。

《大公晚报》,是《大公报》利用从香港过来的部分人力于1942年4月7日在桂林创办的,是《大公报》(桂林版)的附属物,1944年6月27日停刊。

《学生周报》,1942年5月9日创刊于桂林。

《工商新闻》,中国工商新闻社主办,1941年6月15日在桂林出版,1942年7月停刊。

《前锋报》,1942年6月7日在桂林复刊,3天一期。

《文学报》,1942年6月20日在桂林创刊,主编孙陵,编辑有骆宾基、端木蕻良、聂绀弩等,由远方出版社出版。

《生活导报》(桂林版),1943年7月25日在桂林创刊,为周刊,同年8月被广西当局禁止出版。

《辛报》(桂林版),1936年6月1日在上海创刊,因日寇入侵,迁到武汉、香港出版。1943年又迁到桂林出版,同年3月10日复刊。是民办报纸,发行人王其文,1944年桂林沦陷后停刊。

《正谊》(桂林版),原在南京创刊,1938年12月南京沦陷后迁移。1943年9月21日在桂林复刊,编辑兼发行人曾任《扫荡报》代总编辑的卜绍周,1944年9月桂林沦陷后停刊。

《剧声报》,1944年在桂林出版,社长为香港电影导演严梦。其内容以戏剧、电影、文艺、体育等新闻和文章为主。

《朝鲜义勇军通讯》,为朝鲜义勇军主办,1939年在桂林出版,初为旬刊,第28期改为半月刊,后迁往重庆出版。

《国际新闻周报》,为英国大使馆新闻处桂林分处主办,1943年年初到1944年1月在桂林出版。

这些报纸大多来自上海、汉口、广州、南昌、香港等地,多家报纸具有较高的知名度,它们进入广西,尤其是桂林,带来了桂林报业的繁荣局面。

此外,由于大量的报纸在广西复刊、创办,因此,新闻通讯社也与日剧增。抗战期间,在广西创办的新闻通讯社有7个。包括国民党中央通讯社桂林分社、共产党领导下的国际新闻社总社、战时新闻社、西南新闻社、救亡通讯社、共商通讯社和广西摄影通讯社。1939年,广西无线电广播电台正式开播,进一步丰富了桂林的新闻媒体格局。

经过数年的发展,桂林由一个只有《广西日报》一家独大的局面,变成15家大小报刊共存的局面,引发了此后数年内的报业繁荣。在一个人口二三十万的小城市,有如此密集的报纸市场实属罕见。桂林成为内地抗战时期仅次于重庆的第二大报业集中城市。

桂林一共有《大公报》《扫荡报》《力报》《广西日报》《自由晚报》《大公晚报》等六家报纸。除重庆之外,桂林是内地第二个报业集中的地方。《大公报》是所谓的"权威"的报纸,在桂林自然也是销数最多,影响最大的报纸。每天可以销三万多份,销行的地区包括湘、桂、粤、赣、闽、浙各省……桂林不仅是重庆治下一个文化事业的中心,同时也是一个工商业日趋发达的城市。所以桂林各报的篇幅,常被广告先占去一大半。《大公报》的广告更是拥挤不堪,内外中缝也没有一些空隙,遇到星期日,因为广告过于拥挤,时常增出半张或四分之一的篇幅……《广西日报》是广西省政府的机关报,所以地方色彩非常浓厚。广西省政府的一切法令等,也通过《广西日报》传达到各下层行政机关去,因此各行政机关均需订阅《广西日报》,所以销数也不下于《大公报》。香港战争以前,《广西日报》的负责人是广西绥靖公署政治部副主任韦赞唐,现在则由前香港《珠江日报》社长黎蒙负责了。

《广西日报》最大的特点是:每周都有一篇精萃的"星期论文"。过于一二年,胡愈之、千家驹、张志让、张铁生等都是"星期论文"的执笔者。此次从香港归来的文化人如金仲华等的文章,也是首先在《广西日报》上刊登出来。二十九年以前,诗人艾青曾主编过《广西日报》副刊"漓水"。①

图 2—1 《新华日报》在《广西日报》上的广告

图 2—2 《救亡日报》广告　　图 2—3 桂林《大公报》广告　　图 2—4 《武汉日报》广告

---

① 涵紫.再谈桂林文化界[J].杂志,1943,11(4):93-95.

  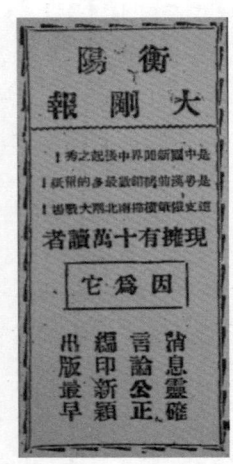

图 2—5　南京《大刚报》广告　　图 2—6　上海《辛报》广告　　图 2—7　衡阳《大刚报》广告

二、《广西日报》起源

《广西日报》(桂林)的前身是广西省党部和广西省政府的机关报《南宁民国日报》。该报创刊于 1921 年,停刊于 1922 年。新桂系掌握广西权力后,于 1925 年复刊。新桂系领袖之一的黄邵竑是首任社长,广西省党部执委兼秘书长陈勉恕(中共党员)任总编辑。

由于得到了省党部、政府的支持,《南宁民国日报》的办报条件较为优越,机器设备较为完善。1932 年购置了无线电台收报机,可以方便地接收来自北平、上海、南京、广州、香港等地的电讯 4 000 字,具有一定的新闻时效性。报社规模不大,拥有记者、编辑不足 10 人,通讯员不超过 100 人,日出对开两张、两张半或三张。在版面栏目内容上,开有社论、中外要电、特讯、专讯、国内新闻、本省要闻、本市新闻、社会新闻、专载、常识等专栏,以及以文学为主的《浪花》《铜鼓》副刊,以学术探索为主的《新地》《出路》,每星期出版《民俗专刊》《经济周刊》《卫生专刊》《国民基础教育》等专刊。该报发行量最初为 3 000 份左右,1935—1936 年,该报远销广东、香港、南洋等地,销量超过万份,成为当时广西发行量最大、最完备的报纸。

1936 年 10 月,广西省会由南宁迁往桂林,《南宁民国日报》大部分职工、机器、图书也随之迁往桂林,与当地的《桂林日报》合并改组、扩充出版。出于形势的需要,广西省党部将机关报《南宁民国日报》改名为《广西日报》,于 1937 年 4 月 1 日正式创刊,《桂林日报》停刊。

《广西日报》(桂林)创刊后,首任社长是李宗仁的外甥、曾留学德国的新桂系少壮派、国民党广西党务整理委员会常务委员兼宣传部长韦永成。他是李宗仁的嫡系,早在1931年就已是《民国南宁日报》的社长,具有一定的领导才能和经验。《广西日报》(桂林)创刊不久,抗日战争爆发,韦永成被调往南京,兼任第五路军总司令部政训处长、第五战区司令长官部政治部主任。由于有显赫的背景和军中实职的影响,《广西日报》(桂林)的外部条件比较优越。报社第一年就发展迅速,不但住进新大楼,添置了应有的设备,还利用新桂系的电台收发专电。创刊初期,报社位于桂林市南部的环湖路,拥有一座四层楼高的洋房,相当气派,在柳州、桂林、衡阳都是首屈一指的,在全国报馆中也是屈指可数。① 郊区拥有一个印刷工场。经理和编辑部一小部分在洋房里办公,编辑部大部分和印刷工场都在郊区。当时,报社拥有3台每小时印刷2 000份的平板机,使用土纸,印刷两大张,发行量约为数千份,好的时候过万份,多时甚至达到两万份。② 除全省机关订户外,市面零售约千份,是当地发行量最大的报纸。《广西日报》除了在本省销售以外,还在湖南衡阳设有销售处,对湖南有一定的影响。

三、《广西日报》机构设置情况

《广西日报》(桂林)主要有社长、总编辑、副总编辑三个领导岗位,下设采访部、编辑部、副刊部、评论部、经理部。

由于种种原因,报社的社长变动较大,在八年的时间里,总共有七人担任过《广西日报》(桂林)的社长,按照时间先后顺序分别是韦永成、韦赞唐、黎蒙、黄朴心、石兆棠、李微、张洁。

报社的下设机构和人员较为固定,除了偶尔招聘个别人员以外,多年来基本维持相对固定的阵容。抗战初期《广西日报》的机构和人员大致如下:采访部有记者张洁、谢落生、陈如雪、陆君田、楼栖、陈子涛、严杰人、苏媞、萧钟琴、莫崇卿、黄芸野等,编辑部有周歧兴、黄志勋、李兴、廖启琨、陈说、蒙圣华、钟淳、朱海观、李泽甫、巫磨白等。副刊部有艾青、陈芦荻等。评论部有莫乃群、胡愈之、张铁生、李四光、欧阳予倩、范长江、黄药眠、千家驹、秦柳方、张志让、曾育群、韦容生、周伯棣、张梓生等。经理部主任为陈雪涛,经理部下设营业股、会计、出纳、广告、营业员七八人。收电员两人,负责接收中央电讯、海外电讯。印刷工场、铸字、刻字、打板、铸板、排字、印刷工人约20人。

抗战中期,具有香港办报背景的黎蒙接任社长后,曾大量延揽人才,聘请

---

① 黄堃繁.柳州桂林衡阳新闻事业的剪影[J].抗战周刊,1941(58):12.
② 罗解三.广西通志·大事记[M].南宁:广西人民出版社,1998:193.

了多位国内一流的报人加盟《广西日报》,报社的人员出现一些变动。比如,总主笔为与范长江齐名的著名报人、评论家俞颂华,主笔增加了刘思慕;编辑部增补了鸳鸯蝴蝶派的姚苏凤,副刊部增补了马国亮、韩北屏;记者部增补了吴紫风、杨曼秋、黄墅、张兆汉等。

解放前夕,增补主笔梁怀兆、吴颂平、侯桂炎;增补编辑主任石竹、董伟、杨纳维,增补编辑成英特、吴献、朱丹诚、陈梅坤;增补记者黄刻崖、巫招云、凌彬;增补副经理陈学涵。

总的来看,《广西日报》内部机构比较完善,规模适度,人员总数在50~60人。

四、《广西日报》主要特点

抗战期间,随着时局的变化,《扫荡报》《大公报》《力报》《救亡日报》《自由晚报》《小春秋》、中央社、国际新闻社等相继迁桂或创刊,小小的山城,竟有四家大报和三四家四开小报,对于桂林乃至广西而言,都是空前未有的。

(一)报纸具有机关报的基本特点

《广西日报》是广西省党部机关报,主要的阅读对象是各级公务员和国民党员、学生。由于是党报性质,因此多刊载政府法令和条文。发行上,省政府会通令各级党组织、机关团体强行订阅,因此发行量相当可观。创刊初期每日2 000份左右,后来初步扩大至5 000份左右,好时有10 000多份,甚至20 000份。① 由于党报的身份,每个月省党部会拨款6 000元予以支持②(也有一说5 000元),其余则由报社依靠发行和广告弥补。因此,《广西日报》在竞争力上具有先天的优势。据介绍,1941年《广西日报》每个月的发行收入约为5 000元,广告收入也约为5 000元,合计10 000元左右。③

(二)报社危机和竞争意识较强,比较灵活

自1938年《扫荡报》进入桂林后,《广西日报》产生强烈的危机感。随着不断有外省报纸迁入桂林,《广西日报》在战略思想上树立"质量办报"的意识,根据形势需要,报社及时对报纸的印刷和内容等进行了改进,不断提高产品的竞争力。

---

① 罗解三.广西通志·大事记[M].南宁:广西人民出版社,1998:193.
② 张鸿慰.桂系报业史[M].南宁:广西新闻史志办公室,1997:93.
③ 仕学.桂林的新闻事业[J].战时记者,1941,3(6):19-20.

《广西日报》创刊之初是对开一大张,不久改为四开小报,字体是老五号为主,广告较少。新闻主要来源是中央社的新闻广播,社论时有时无,由于缺乏竞争对手,而且有固定长期客户订报,因此报纸的质量意识较为薄弱,报纸新闻的质量较差。待以《扫荡报》为首的外省大报陆续进入桂林之后,小小的山城顿时出现"僧多粥少"的局面,在外界压力下,《广西日报》不得不重新调整办报思想,树立了以质量求生存的观念。

1939年3月,《广西日报》重新恢复了一大张,字体也换成更易于阅读的新五号字,社论基本上逐日发布,经常性邀请国内知名学者、报人撰写评论,副刊上则精心打造,邀请进步文化人士主持副刊,积极刊发进步抗战文艺作品,满足群众的精神需求。报纸编辑也力求美观、现代,把李宗仁题写的横报头改为竖报头,更具现代感而又有意淡化其党报色彩;新闻标题上,精心制作,更具有视觉冲击力和美感。《广西日报》多管齐下报纸改革,让报纸焕发活力,与之前的报纸相比,让人有"判若两报"之感。① 种种改革,贯穿《广西日报》的不同时期,在省外报纸的竞争下,《广西日报》走上励精图治、不断求新图变的改革之路,努力保持生命力和竞争力。

(三)报社具有一定的进步色彩

《广西日报》虽然是广西省党部的机关报,为新桂系的舆论喉舌,但由于蒋桂矛盾,在一个时期以内保持中间立场。虽然皖南事变后,新桂系的态度和立场发生巨大的转变,但是进步记者和报社负责人莫宝坚、莫乃群等在新闻报道上基本坚持进步方向。它表面上是国民党广西省党部的机关报,但共产党利用这个报的合法地位来宣传党的方针政策。②

抗战初期,民族矛盾成为国内主要矛盾。新桂系也顺应形势,彰显了其"民主"的一面,在政治上、文化方面,特别是对待进步的、有名的文化人和"救亡青年"方面,是比较开明的。1939年2月,广西省主席黄旭初在桂林召开的时事座谈会上,谈到当时桂林出版的报纸已"由《广西日报》一家,增多《扫荡报》《救亡日报》两家,最近又有晚报"的时候,曾以赞扬的口气说道,"报纸数量的增长,销路扩大,对于民众教育启发宣传,裨益至大"。黄旭初欢迎外地报纸迁来广西出版,广西也要多出报纸。③

《广西日报》的进步性主要体现在四个方面:

---

① 问津.广西新闻事业[J].战时记者,1939(2):48.
② 肖效钦,钟兴锦.抗日战争文化史 1937—1945[M].北京:中共党史出版社,1992:371.
③ 彭继良.抗战时期在广西出版的报纸[J].新闻研究资料,1985(5):149.

一是聘请进步文化人士担任报社重要职务、聘请进步文化人士撰写评论和编副刊。抗战期间,莫宝坚、莫乃群、俞颂华、金仲华都担任过《广西日报》的总编辑、主笔,对于如此重要的岗位,《广西日报》并不完全从政治立场的角度选人,而从新闻业务的角度出发,选择合适的业务能手。这说明,报社的政治氛围还是比较宽松的,并不因为政见不同而排斥进步文化人士。报社的这种相对宽松的立场,让共产党人和进步文化人士能够有效利用报纸引导正确舆论。在对外方面,为了彰显"团结抗日"的姿态和提高报社的评论水平,聘请了大量的进步人士如艾青、胡愈之、张铁生、李四光、范长江、黄药眠、千家驹、秦柳方、张志让、曾育群、韦容生、周伯棣、张梓生为报社撰写评论。报社的评论部、采访部的人员大多都进步或开明,比如外勤记者陈子涛、严杰人(两位后来都成为烈士)。此外,《广西日报》的副刊一直都由进步文化人士主持,郭沫若、巴金、夏衍、田汉、艾青、欧阳予倩、焦菊隐、王鲁彦等进步作家、艺术家、画家经常为副刊版撰写稿件,使之成为国统区重要的文化阵地。综上,《广西日报》这种温和大度的做法在国统区报纸中是罕见的。这种温和的态度决定其运营中不会把政治问题和办报业务捆绑在一起,尊重办报规律,使它在桂林的报业竞争中站稳脚跟。①

二是在文化政策上坚持中间立场,为我方从事舆论工作提供便利。由于蒋桂矛盾,在皖南事变以前,广西当局以比较积极的态度欢迎国内进步文化人士进广西,在政治上予以一定的保护,对蒋介石的特务活动进行了一定的控制,桂林的进步文化人士能够比较自由地开展抗日救亡文化活动。曾经在《广西日报》工作过的楼栖这样评论过当时桂林的政治氛围:"抗战期间,桂林能成为一座文化名城,和重庆交相辉映,除了地理条件还有政治条件。它多少有点'独立王国'的味道,不让蒋系特务横冲直撞,无法无天……"②皖南事变后,蒋介石集团要求广西抓捕进步文化人士,广西当局则睁一只眼闭一只眼,本着"好来好去"的原则,安排夏衍、范长江等知名人物出境,对其他有名望的进步文化人士,广西当局采取了比较温和的做法,礼送出境,留在桂林的进步文化人士也基本上未受到什么迫害。③

在对待进步文化人士或有进步倾向的人士上,《广西日报》的负责人较有同情心,营救或资助过他们。比如,《广西日报》社长黎蒙曾经用化名领取公粮,接济文化界的人士,让他们安心为报社撰写社论而无后顾之忧。进步记

---

① 张鸿慰.桂系报业史[M].南宁:广西新闻史志办公室,1997:131.
② 楼栖.《广西日报》杂议[J].学术论坛,1981(2):108.
③ 韦文华.试论党领导桂林抗战文化运动的历史经验[M]//魏华龄.桂林抗战文化研究文集.桂林:漓江出版社,1992:107.

者陈子涛被捕后,黎蒙亲自找黄旭初求情予以释放①,这些情况都说明新桂系在对待中国共产党的态度上和蒋介石集团截然不同,对保护我党的进步文化力量做出了一定贡献。

三是对进步报纸态度温和。与重庆国统区排挤我党的报纸不同,新桂系对我党的新闻事业和抗日救亡报纸是比较包容的。1938年冬,国民政府驻扎武汉期间,负责中共中央长江局的周恩来与白崇禧有了直接的交往。一次,从武汉返回桂林的路上,白崇禧乘坐的汽车在半路突然熄火开不动,周恩来主动邀请白崇禧上他的汽车,在车上,周恩来对白崇禧进行了卓有成效的统战工作,此后,我党比较顺利地在桂林设立八路军驻桂林办事处。② 广州沦陷后,为了使《救亡日报》尽快在桂林复刊,周恩来还和《救亡日报》社社长郭沫若一起,专门找过李宗仁和白崇禧,取得了他们的支持,拨给《救亡日报》一笔开办费,使得该报1939年1月顺利在桂林复刊。③

1939年5月,《救亡日报》在《广西日报》上刊登了较大篇幅的订阅广告。④ 1938年10月,经广西当局同意,《新华日报》在桂林设立分馆,计划用空运的重庆《新华日报》翻印出版,最后不果。1939年年初,《新华日报》在桂林的分馆受到国民党中央内政部查封禁令,名义上不再办了,而是直接售卖重庆的《新华日报》,《新华日报》用了各种方法维持发行工作,保证了党的喉舌在广西有一席之地。1942年2月12日,《新华日报》重新在桂林营业,在《广西日报》上连登三天的订阅广告。⑤ 从这一系列的事情来看,新桂系并不完全站在蒋介石集团一边极力打压我党报纸,某些时候他们对我党的新闻和抗日救亡文化事业还是有限度支持的,这在当时的国统区中已属难得。皖南事变以后,新桂系改变政治立场,这则另当别论。

四是消极对待蒋介石集团新闻命令。《广西日报》对待国民党中央的很多新闻命令往往是阳奉阴违的,并不完全执行。作为新桂系的喉舌,它是为新桂系服务的,因此它所发表的新闻报道和言论都是以是否符合新桂系的政治要求为准则的。当时总社(桂林)规定:

> 凡是省内领袖、党政军所发表的言论和新闻,一定要发表,不得有所变更。中央方面则看情况而定,有些不能发表,有些可以发表。例如和谈,中央日报只能根据中央社发布的消息加以报道,而我们则除中央社

---

① 张鸿慰.桂系报业史[M].南宁:广西新闻史志办公室,1997:197.
② 蔡定国.程思远谈桂林文化城[J].文史春秋,1997(3):59.
③ 蔡定国.周恩来是桂林抗日救亡文化运动的掌舵人[M]//魏华龄.桂林抗战文化研究文集.桂林:漓江出版社,1992:121.
④ 广西日报(桂林),1939-5-25.
⑤ 广西日报(桂林),1942-2-12.

新闻稿以外,还可以采用各党派的主张和言论,有时甚至可以直接采用新华社的电稿,只是把"新华社"三字改为本报专电而已……①

《广西日报》经常收听和刊发新华社的消息,对于宣传抗日的文化活动,也经常报导。该社在撰写社论和报导有关老根据地的消息时,往往用曲笔或代名以遮掩,如老解放区,用"没有人欺负的地方"代替;马克思用"卡尔"代替,列宁称为"伊里奇",斯大林称为"锤子"等。②《广西日报》老记者陆君田说,《广西日报》从抗战开始到皖南事变前,报纸发表新闻自由度比较大,只要符合新桂系的政治立场,就不受其他约束③,"至于反共消息则极力避免,或改变语气,登在不显眼的位置。凡有关反对共产党的文章,既无人来写,来稿也被束之高阁,甚至国民党中央要员的讲话,也不愿登,至多摘要登条简讯应酬一下"④。

种种情况表明,《广西日报》的确和其他国统区的国民党党报不同,在政治路线上有其暧昧之处,在一定程度上能为我党的抗日救亡活动和新闻事业提供便利,这是其他国统区报纸难以想象的待遇。

《广西日报》这种政治立场和在新闻业务中适度支持进步报人、文化人士的做法赢得了同城报纸的尊重和信任,虽然同为竞争对手,但是由于《广西日报》抗战报道比较积极,各个版面也比较进步,和桂林多个报纸的合作比较好。⑤《广西日报》对待同城报社的态度都比较好,《救亡日报》和国际新闻社,和《广西日报》的关系尤为融洽。⑥ 从这点可以看得出,《广西日报》具有一定的进步立场,否则难为国际新闻社、《救亡日报》所容。

(四)关系复杂而松散的内部管理

《广西日报》(桂林)毫无疑问是新桂系的喉舌,是国民党广西省党部机关报,但是在内部管理关系上,却呈现出错综复杂的内部关系。以至于,名为广西省党部主管的党报,广西省党部却不能亲自参与报社管理;而名为新桂系喉舌的党报,在报纸工作人员的具体聘任上却不接受省党部的管理,而由社长拍板。社长身为国民党的人,却大量聘请共产党员、进步文化人士参与报纸的业务,报纸的言论、副刊基本上为进步文化人士掌握。对于一家身处国统区的国民党报纸而言,这听起来让人有点匪夷所思,但是却是真实存在的

---

① 陈聂玲.《广西日报》南宁版点滴[J].新闻研究资料,1981(4):191-192.
② 杨益群.桂林文化城概况[M].南宁:广西人民出版社,1986:317-320.
③ 陆君田.我所了解的桂林《广西日报》[J].新闻研究资料,1981(4):190.
④ 张鸿慰.桂系报业史[M].南宁:广西新闻史志办公室,1997:96.
⑤ 冯英子.抗战时期的桂林报业[J].广西新闻史料,1993(30):30.
⑥ 张鸿慰.桂系报业史[M].南宁:广西新闻史志办公室,1997:91.

历史。

李宗仁、白崇禧、黄旭初为新桂系"三驾马车",但是报社的历任社长,包括韦永成、韦贽唐、黎蒙,都是李宗仁、白崇禧的嫡系心腹,都听命于李、白,而在广西为新桂系看家的身为广西省政府主席和广西省党部主任委员的黄旭初却无法指挥《广西日报》。① 体现在具体的业务流程上,《广西日报》总编辑可以根据自己独立的判断而对省党部送来的文稿进行取舍,合则刊登,不合则退回。② 这种大胆的做法听起来是很不可思议的,但是当时确实如此。这说明,《广西日报》是直接听命于李宗仁、白崇禧两人。结合前人所述可以作大胆推测,该报据信是具有较大自由度的。

在内部人员的聘任上,《广西日报》并不遵循党报以政治取人的第一原则,官方不直接委派工作人员,而由报社社长以业务需要为根据而聘请③,讲究实用和灵活。就人事制度而言,体现出相当的专业化办报水准。比如,抗战中期,黎蒙继任社长,他利用在香港办报结识的人脉,聘请进步文化人士、知名报人俞颂华当报社总编辑,又继而请他推荐进步文化人士莫乃群任报社主笔。这种不拘一格的用人风格体现出《广西日报》实用、灵活的特点。在一个时期,《广西日报》大量聘请国内知名学者、报人在报上发表评论文章、学术文章、副刊文章,体现了"不问出身,不拘一格"的实用色彩和灵活性。

在内部管理上,《广西日报》比较松散,缺乏现代报社应有的制度化管理风格。抗战初期,社长韦贽唐很少过问编辑工作,甚至连编辑部的每周例会都不参加。④ 黎蒙当社长时,在得到李宗仁"办事和用人自主权"的承诺后,也是每天忙于会友应酬,除了重大事情以外,很少过问报社的具体业务。据当时的记者回忆,他"每天到报社批几张条子,处理一些事务,便回家接待朋友"⑤。

五、《广西日报》广告的在行业中的地位和影响

抗战时期,桂林由于政治、地理优势,在战时工业调整、工业内迁的大变局中,担当了一个比较特殊的重要角色。华北、华中、华东地区的工厂、机关、学校多有迁往桂林者,而其便利的海路、铁路、公路资源,和背靠西南,面向东南亚的独特地缘优势则吸引了大量香港、上海以及其他地区的各路人士前

---

① 张鸿慰.桂系报业史[M].南宁:广西新闻史志办公室,1997:112.
② 张鸿慰.桂系报业史[M].南宁:广西新闻史志办公室,1997:93.
③ 张鸿慰.桂系报业史[M].南宁:广西新闻史志办公室,1997:88.
④ 张鸿慰.桂系报业史[M].南宁:广西新闻史志办公室,1997:99.
⑤ 张鸿慰.八桂报史文存[M].南宁:广西民族出版社,1995:97.

来,特别是进步文化人士。抗战时期的桂林,以坐拥全国知名进步文化人士近200人,出版杂志、刊物不计其数、抗日救亡文化运动声势浩大而成为了国内家喻户晓的"文化城",在西南地区乃至全国,都有较大的影响力。而报业也因为这种繁荣的社会局面而得到了快速的发展。

"桂林在今天,一般都认为是西南的重镇。实际上,她的关系,何仅止于西南?今天桂林的动态,关系着整个民族的动态,桂林的一举一动,固然要在西南起模范作用,而她的影响,都是关系整个民族生命的。三年来,桂林在抗战中跃进了,公路和铁路交织,使桂林成为交通的中枢,商旅云集和工厂内移,是桂林成为经济的大动脉,桂南战火和民众动员,使桂林成为军事政治的重镇,而报纸的激增和杂志的蜂起,更使桂林文化界成为国内的劲旅。"①

桂林在抗战时期有十多家报纸,其中六家大报,对于一个人口仅有几十万人的城市而言,这种报业繁荣的局面在当时国内是少见的,其报业竞争的激烈程度也自然可以想见。

《广西日报》是国民党广西省党部的机关报,新桂系的喉舌,在广西的权威度和影响力是毋庸置疑的。该报主要依靠各级基层国民党组织订阅,主要对象时公务员、教师、学生以及国民党党员。该报的发行量最初为几千份,后来发展至10 000多份,最好的时候曾经达到20 000份,就发行量来说,是地方性报纸的最权威者。由于该报的特殊地位,她得到了广西省政府和国民党广西省党部的支持,每月补贴5 000元经费。由于是机关报,《广西日报》的创收积极性不高。而且,由于读者群主要以党员和公务员为主,因此该报的商业性不浓,商业广告的活跃度不高,广告收入不算高。由于文献中记载该报的广告经营情况甚少,无法掌握该报的广告收入真实情况。根据仅得的1941年的文献可知,当年该报每月的收入中,发行和广告各占5 000元,共有10 000元左右。②《广西日报》的政治立场比较中立,办报方针比较开明,进步言论较多,因此较受读者欢迎。该报与当时同城进步报纸的关系都不错,比如,《新华日报》(桂林)、《救亡日报》在桂林出版、复刊,《广西日报》上都刊登了大篇幅的广告,这足以证明,《广西日报》并不是和蒋介石集团的国民党中央保持一致的报纸,具有比较开明的办报态度,和同业的关系比较融洽。

《扫荡报》是从武汉搬迁到桂林的国民党军委的机关报。抗战时期,由于全国范围内的抗日形势和桂林当时的进步力量占有优势的新闻中心的存在,该报比较开明,能大篇幅地宣传抗日。③ 由于该报经常刊载反映军委意见的

---

①② 仕学.桂林的新闻事业[J].战时记者,1941(3)-6:19.

③ 桂林市政协文史资料委员会.桂林抗战文化史料[M].桂林:漓江出版社,1995:225.

论文,军事信息灵通、新闻内容充实,名家执笔撰写专论,因此深受市场好评。该报的主要读者群是军人、公务员和学生。据称,该报的发行量将近20 000份(一说在13 000份左右,见黄堃繁《柳州桂林衡阳新闻事业的剪影》,《抗战周刊》,1941年第58、59期),是西南地区销量最大的报纸之一。该报由于是国民党军委机关报,因此也得到了军委会政治部大约5 000元的每月补助,其余则靠营业收入补充。其每月发行收入大约在14 000余元,广告收入平均12 000余元。① 从发行量和广告收入可知,《扫荡报》的发行区域大、读者多,广告收入较《广西日报》翻倍,是一份商业比较成功的报纸。

《救亡日报》创刊于上海,是上海文艺界抗日救亡运动的一个重要阵地。上海沦陷后,该报迁往广州出版。广州沦陷后,1939年又搬迁到桂林出版,该报社长名誉上是郭沫若,实际负责人是夏衍。该报的内容主要有消息、社论、专论、特载、通讯、副刊、文艺作品等,是一个侧重于文化的报纸。最初该报发行量仅有2 000多,经过努力,该报高峰期曾突破8 000大关,②是桂林较有影响力的报纸。该报主要是文艺界工作者抗日救亡的工作阵地,因此,报社对经营管理、印刷发行一类的事情不甚在行,经营工作马马虎虎,虽无文献记录该报的经营收入情况,但是从当事者的回忆文章中,可以揣度出该报的经营工作状况。

> 从郭老起,到编辑、记者……都是摇笔杆子的书生,没有一个人当过记者,更不用说和印刷所、报贩子打交道,以及管理收支账目这些事情了。③

> 报纸虽然是复刊了,而报纸的发行、经营、管理,都还是很繁乱没有上轨道。我们这些工作同志,不但年轻,而且对经营管理工作都没有经验。指挥拿笔杆子写文章,不会做经理,不善于到社会上活动,跟别人打交道,所以这方面的工作跟不上。④

《救亡日报》的经营方针是为读者服务,并不是以营利为目的。因此,该报的经营工作始终服务于办报方针,即宣传党的方针、路线,呼吁团结、抗日、进步,面向大多数读者,包括统一战线的中派和右派,适合大多数人的口味。因此,该报的经营工作始终很吃紧,很长一段时间内都靠东挪西借、募捐救急来应付。后来有了出版社和印刷厂之后,该报的经济吃紧的状况才得到解决。⑤ 据该报经理张敏思记叙,1940年《救亡日报》已经发行量达到8 000份

---

① 仕学.桂林的新闻事业[J].战时记者,1941(3)-6:20.
②③ 广西社科院.桂林文化城纪事[M].桂林:漓江出版社,1984:229.
④ 广西社科院.桂林文化城纪事[M].桂林:漓江出版社,1984:246.
⑤ 高宁.烽火年代的呼唤——《救亡日报》史话[M].重庆:重庆出版社,1988:165.

后,进入了全盛时期。即使是在这种全盛时期,该报的广告仍然是很少的,除了中缝登一些启事和小广告以外,基本没有广告,报社的收入主要靠发行。① 从该报的办报方针和老报人的回忆记录分析,该报的广告经营状况较低迷。

《大公报》(桂林)是1941年从香港迁到桂林出版的,该报名声大、办报经验丰富,记者、编辑、经营、管理人才队伍雄厚,因此在桂林出版后便迅速打开局面。该报在桂林市区的销售量并不算大,仅有4 000份左右。而主要的销售地区不仅仅在桂林一地,而还包括附近省市,发行量总数有20 000份左右,1943年,该报在桂林的发行量达到35 000份,足见该报在西南地区发行之广。该报经理部由王文彬负责,广告课主任是戚家祥。在桂林出版的三年,《大公报》(桂林)第一年勉强收支相抵,第二年上半年吃紧,第二年下半年开始直至停刊,该报都有盈余。② 《大公报》(桂林)在桂林的发行量不算大,而"桂林本地的工商业也不很发达,广告收入不多,以发行为主"。③ 从老报人的记叙中可揣摩,《大公报》当时的本地广告收入当逊于《扫荡报》和《广西日报》。

《新华日报》在1938年5月以前,全国的发行量大约在13 000份,武汉撤退前最高达到30 000份,1939年初,全国发行量20 000份左右。④ 广州沦陷后,《新华日报》(桂林)1938年11月在桂林出版,发行量大约在4 000份左右。⑤ 该报发行后不久,即遭国民党中宣部、内政部干扰,饬令广西省政府停止该报发行。广西省政府虚与委蛇,最终封报的事情不了了之。该报一直发行到1944年9月止。目前的文献未见关于《新华日报》(桂林)的广告收入情况,但据研究者分析,该报广告涉及广西的商品并不多,多为桂林分馆发起公益活动的启示或其他各驻桂办事处发的一些信息。限于桂林当时的工商业水平以及印刷条件,该报的广告经营工作并无亮点。⑥ 从该报的发行量观之,结合其在桂林遭受国民党的政治压迫的政治环境来看,其广告经营成绩应该不显著,当逊色于《广西日报》。

以上是桂林当时最有影响力的几家大报的发行及广告经营工作简况,从数字比较,桂林抗战时期发行量最大的报纸当为《大公报》(桂林)与《扫荡报》(桂林),但两报都属于全国性报纸,报纸发行和广告则不仅限于广西一省,因此其影响力则在全国范围内较之《广西日报》(桂林)大,就广告收入而言,《扫

---

① 广西日报新闻研究咨询室.救亡日报史料(续集)[M].南宁:广西日报印刷厂,1986:2.
② 周雨.大公报人忆旧[M].北京:中国文史出版社,1991:17.
③ 周雨.大公报人忆旧[M].北京:中国文史出版社,1991:47.
④ 韩辛茹.新华日报史(上卷)[M].北京:中国展望出版社,1987:136.
⑤ 韩辛茹.新华日报史(上卷)[M].北京:中国展望出版社,1987:138.
⑥ 靖鸣,徐建,曹正文等.桂林抗战新闻史[M].台南:花木兰出版社,2013:134.

荡报》以其发行量最大,赢得了巨大的广告收入。而《广西日报》(桂林)以其地方党报的特殊身份,具有权威的地位,广告收入仅次于《扫荡报》。在广告主的类型上,《大公报》(桂林)、《扫荡报》(桂林)是全国性大报,广告主多来自邻近省份,而广西本地客户不多。《广西日报》(桂林)身为地方发行量最大的报纸,具有天然的地域优势,发行以广西、湖南、广东三省为主,而其中多数为广西地区。因此本地广告客户较多,在本地广告业中具有权威的地位。《新华日报》(桂林)、《救亡日报》两报的发行量较小,办报方针政治色彩浓,广告经营工作不居于主要地位,因此两报的广告收入都比较微薄,在桂林广告业中的影响力和地位居于稍靠后位置,较《扫荡报》(桂林)、《大公报》(桂林)、《广西日报》(桂林)三报稍逊色。

第三章　抗战时期《广西日报》广告经营发展历程及演变

自现代报纸风行以来,随着报纸经营的规范化和不断成熟,各报馆在经营方面而言,都具有相似的理念:发行和广告是创收营利最主要的手段。广告经营也是《广西日报》经营的核心之一,它决定了报社经营收入的多寡和报社生存竞争力的强弱。在报馆林立的桂林,《广西日报》的广告经营颇有建树,无论是数量还是质量,都在同城媒体之中位居前列。

第一节　经营历史分期

《广西日报》于1937年4月创刊,1949年11月停刊,共存世12年7个月,前后担任社长者有7人,现把《广西日报》广告经营历史分期分析如下。

一、初始发展期——韦永成时期的广告经营(1937—1938)

韦永成是第一任《广西日报》社长,抗日战争爆发后,他还兼任第五路军总司令部政训处处长、第五战区司令长官部政治部主任。由于新桂系高度重视《广西日报》的建设,韦永成又身居要职,韦永成任社长时期,《广西日报》无论是基础设施建设,还是编辑印务的运作,都快速地进入轨道,拥有了良好的开局。短短不到一年,该报发行量就跃居上万份,多时两万份,成功地占据了地方性报纸发行第一的位置。

由于日军进犯广西以及档案保管的原因,广西图书馆没有1937年下半年、1938年全年的《广西日报》档案。考虑到这个阶段既是报社草创之初,也是战火绵延的艰难时期。因此,笔者将韦永成主政时期确定为《广西日报》广告经营初始发展期,时间为1937年4月至1938年12月。

这一时期,《广西日报》广告的经营工作手法不多,比较朴素,处于摸索阶段。但是，广告经营的总体格局和广告业务指导方针已经初步确立并形成风格，为报社广告经营工作的规范化运作奠定了坚实的基础。

韦永成是新桂系中的少壮派，深得李宗仁信任。他被李宗仁任命为《广西日报》首任社长。《广西日报》创业的平顺以及广告经营事业的顺利开创自然与其密切相关。其赴任社长不久，因"卢沟桥事变"爆发，蒋桂进一步合作抗日，李宗仁出任第五战区司令长官，韦永成随即被任命为第五路军总司令部政训处主任，社长之职多属虚挂，实际社务则多由副社长韦赞唐处理。韦永成任社长期间，无论是基础设置建设，还是生产经营管理，在各种物质资源保障上都享受格外的关照。凭借这种有利条件，《广西日报》各项业务快速进入正常轨道，发展迅速。该报 1937 年 4 月 1 日创刊于桂林，短短半年就在桂林打开局面，发行量 5 000 份左右，成为当地发行量最大的地方性报纸，名声一时大作。

（一）规范广告经营管理机构

韦永成主政时期，《广西日报》比较重视广告经营工作，内设机构设置上，"广告"已经作为部门予以固定下来，这充分体现了报社对广告经营工作的重视。据记载，1938 年，该报经理部的负责人是林智华，后为陈雪涛，陈雪涛之后长期负责经理工作。当时经理部下设营业股，会计、出纳、广告、营业员七八人。从中看出来，报社设置了相对专业、独立的经营部门，广告作为营业工作的重要组成部分，已经有了一席之地。这使广告经营工作的业务成长有了制度保障，从这点可以看出，《广西日报》的经营管理工作比较专业。

（二）重视广告经营开拓广告代理

广告代理是提高广告业务效率的有效手段，也是现代广告业发展成熟的重要标志。《广西日报》发刊不久就努力开拓了这一渠道，展现了敏锐的经营意识。

1937 年 5 月 8 日，该报登载了一则广告，"桂林中南路张日光镶牙，代派广西各省日报。代登《广西日报》广告"[1]。广告上，一位女子手持《广西日报》作阅读状，配有文字"我是喜欢读《广西日报》"。这则广告制作较为简单，美术设计文案制作都较为粗糙。但广告有效说明《广西日报》具有一定的经营意识，能充分运用现代广告经营手段。当月的报上刊登了多次广告，有一个版本有女子造型配图，有一个版本是纯文字说明型，两个版本交替刊登，形成一定的广告效应，《广西日报》广告经营经营意识比较强，不断增加广告代理

---

[1] 广西日报（桂林），1937 - 5 - 8.

商的曝光度,以此促进广告经营工作。

(三)广告价目表的规范化

《广西日报》发刊之初并未专门介绍广告价格,报纸右上角的报头下方是出版信息以及报价表。报价表旁边是长长的一串介绍性文字:"本报《定价价目》《广告价格》及《代销处章程》等项经另有规定,倘蒙函索即当寄奉,定购本报者报费及邮费概须预付,邮票代洋加六计算,空函订报恕不奉复。"广告价目表未在报头上醒目位置刊出,一是因为当时经济社会发展缓慢,商业活动不活跃,登广告的需求不大,广告经营主要坐等业务上门,所以不需要在报头显著位置登出广告价目表。二是因为由于当时报社处于创业初期,对广告经营的重视程度不够。

(四)多元化经营

为了充分发挥报社印刷技术和设备的优势,《广西日报》除了发行、广告以外,还重视开发副业,专门成立专业部门开拓印刷市场,充分利用报社自身资源,创造更多利润。创刊后不久,报社就打出广告,开拓印刷市场:"为推进社会文化,适应环境之需求起见,利用在印报以外所有余暇时间,(本报)兼印杂件、现杂件部已成立,自5月1日起开始正式营业,承印各种书报杂志大小刊物,价格低廉,已报顾客之雅意,如蒙委托,请到本社营业股接洽。"①

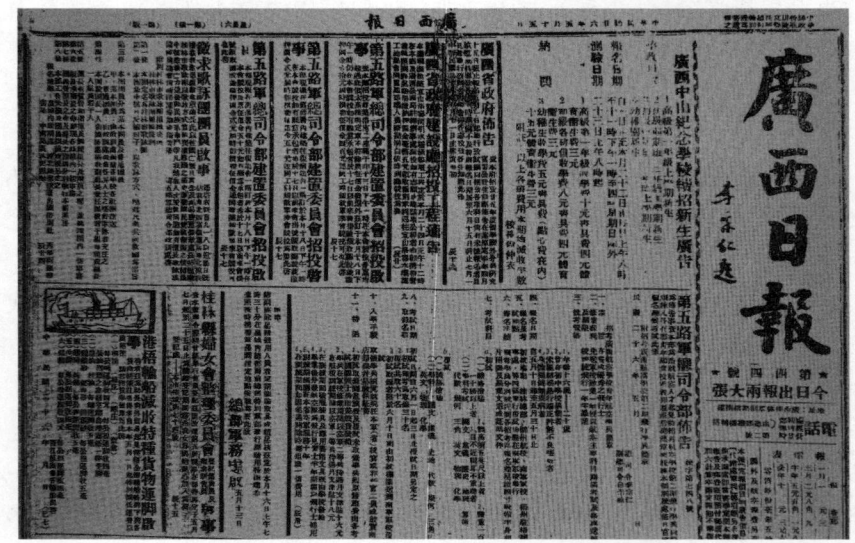

图3—1 韦永成时期《广西日报》广告版面

---

① 广西日报(桂林),1937-5-3.

由于1937年下半年以及1938年全年的报纸缺少,韦永成主政时期的《广西日报》缺乏历史文献考证。经笔者在国家图书馆、上海图书馆、中山图书馆等国内权威图书馆求证,目前国内已无上述卷帙的《广西日报》。据美国、英国在读学生考证,当地知名图书馆也无法查到那段时间的《广西日报》。

二、螺旋上升期——韦贽唐时期的广告经营(1939—1942)

韦贽唐是韦永成的继任者,担任社长四年余。这一时期,《广西日报》的运作模式和经营日趋成熟和稳定,报社得到长足的的发展。这一历史时期,《广西日报》的发展非常迅速,报社的编辑工作由进步报人主持,言论大开,深受群众欢迎,报纸发行量长期维持在10 000多份。这一时期,报纸上广告编排和文案制作逐步出现专业化的风格,广告公司出现,逐渐多起来,职业化广告机构的诞生有效促进了广告经营水平的提高。广告经营的手段也较之从前有了新的改进,有利于丰富广告形式,扩展广告资源。报社的经营种类也逐渐丰富,开发了印务设计等业务,拓宽了业务渠道。报纸积极利用购报送增刊的方式提高报纸价值,展示了经营意识的进步之处。总体而言,韦贽唐主政时期,广告经营工作在稳定的基础上,实现较大的提高和发展。因此,这一阶段是《广西日报》的螺旋上升期。

1939年春,韦永成因为战事需要,被李宗仁调往安徽前线,韦贽唐成为《广西日报》第二任社长。韦贽唐主政期间,《广西日报》在同城媒体中脱颖而出,发行量逐步攀升,长期保持10 000多份的发行量,广告量逐渐增大,广告经营手法逐渐丰富,报纸的综合实力得到加强,报社各项事业都得到发展。

韦贽唐原为三青团广西分部书记、广西绥靖公署政治部少将副主任,也是新桂系的少壮派。自《广西日报》创刊起就担任报社副社长,由于前任社长韦永成在第五路军总司令部任职,军务繁忙,所以报社内部事务常常假手与韦贽唐,因此,韦贽唐对报社业务比较熟悉,有比较全面的管理经验。

韦贽唐主政之后,延揽人才,重点充实了编辑部的编辑队伍。同时,用公开招考的方式,招录了两名记者,充实了记者队伍。改进了印刷字体,改进版面设计,提高了版面的美观性。积极发展各县通讯员,培养通讯员队伍。在多措并举之下,《广西日报》的发行量逐日攀升,不久已经突破10 000份,多时达到20 000份,成为了广西当地名副其实的地方性报纸老大。

(一)完善广告编排,提高视觉效果

《广西日报》创刊之初,广告编排为竖排广告,广告之间用粗黑线相隔,无论是第一版还是其余各版,都沿用这个法则。从视觉效果看,早期《广西日

报》的广告编排给人线条感过强,广告多时容易让人产生混乱之感。韦赘唐主政后,报社采用细黑线取代粗黑线作为分隔线,广告标题则统一为宋体加粗,广告标题在周围线条柔和地反衬下也得到应有的凸显,广告表现得到改善。同时,这种方法也节约了有限的版面,增加了广告版面。而且,报纸版面更加干净、清晰,让人久看也不至于视觉疲惫。

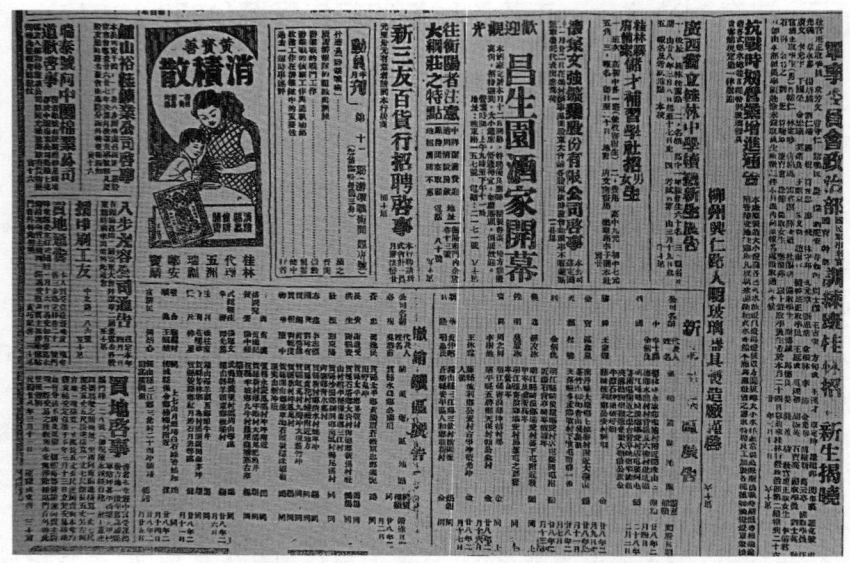

图3-2 韦赘唐时期《广西日报》广告版面

(二)大力发展广告代理,经营形式多样化

广告代理是先进的广告经营手段,《广西日报》创刊后不久,就已经在这方面进行了积极的尝试。用牙医诊所作为广告代办点,开启了《广西日报》广告代理的先河,但专业性的广告公司迟迟未见。

1. 广告公司频频问世

1941年1月2日,西南广告公司开幕。1941年11月30日,建设广告公司成立。1942年12月12日,力行广告公司成立。不到两年的时间,当地已经成立了3家广告公司经营广告业务,这不得不说是广告事业繁荣的一个重要象征。这些广告公司与包括《广西日报》在内的当地报社紧密合作,有效促进了商业的繁荣,也提高了报社的广告效果,提高了广告行业的专业化水平。

2. 联合广告开先河开创广告新模式

由某个广告公司或者机构承包下来刊登广告专版,是这个时期一个突出的创新。从前的广告都是由报社安排,并无机构专门承揽发布。1941年,这

图 3-3　西南广告公司广告　　图 3-4　力行广告公司广告

种形式的广告在《广西日报》出现了,这象征着报社和广告公司已经探索出了一种新式广告经营手段,即由某广告公司在某行业征集若干同类商家,以联合广告的形式集中在《广西日报》展示。这种以"行业集体"集中亮相的方式改变了过去单一商家广告单打独斗、声弱势微的局面,既壮大了行业的声威,也大大节约了每个商家的广告成本,可谓一举两得。这种做法的意义在于开辟了一个全新的广告形式,此后,广告公司频频利用这种形式,把不同行业的商家都"请"到了《广西日报》,着实让报纸的广告版面充实起来。

1941年1月25日,中国工商社广告部编制了一期"联合广告",版面占据《广西日报》第四版全版。"联合广告"上一共登载了25个商家的小广告,内容包括书店、百货商店、医生诊所、木器商店、饮食店、毛笔厂等。从内容的相关性来看,本期联合广告并不属于一个严格的行业同行广告集合,而是"组合式广告"。这在中国工商社的广告说明中可见一斑。"联合广告美观经济,如欲参加,请函告本社广告部,当即派员前来面洽。社址:乐群路青年会201号,电话:2595,电报:0660。"①

3. 注重开发广告新产品

节假日是促销的绝好时机,精明的商人往往利用节日促销。《广西日报》抓住节假日的机会,开发节假日广告市场,不失为广告经营的一个创新。

---

① 广西日报(桂林),1941-1-25.

图 3—5 五金行业联合广告

图 3—6 医药行业联合广告

1941年12月15日第一版,《广西日报》即登出一则"本报营业股启事", 内容为"各界惠登本报三十一年元旦广告,敬希与本月二十五日前将广告稿送达本报营业股处,恐因拥挤未能应命刊登,希注意是幸。"①1942年1月1日,《广西日报》一改过去4版的做法,改为12版,每版都有满满的广告,广告主题无一例外都是祝贺新年,附带介绍商品和服务。当天的11、12两个版面更被广告公司承包,作为广告专版。第11版为金马广告社代理的整版影院、电影制片厂祝贺新年广告。上半版为11家影院、戏院,他们分别是广西剧院、启明戏院、东旭戏院、桂林戏院、三明戏院、金城戏院、银宫影院、国民影院、新世界影院、新华影院、乐群影院。下半版为10家电影厂,分别是中国电影制片厂、中央电影摄影场、亚洲影片公司、西南影业行、米高梅影业公司、上江影业行、环球影片公司、雷电华影片公司、中泰影业行、华纳影片公司。

12版为建设广告公司代理的整版祝贺新年广告,该版有包括建设广告公司在内的广告主6位,分别是同安银楼、广西面粉厂、久新棉布庄、自力式纺织机厂、桂林市银行公会、建设广告公司。

这说明,在元旦刊登节日祝贺广告已经成为时尚,广告公司有足够的市场运作能力,整合行业资源与媒体合作,形成了节假日祝贺广告这一特殊的广告产品,这种特别广告产品的开发当然得益于报社精明的广告经营意识。

三、成熟繁荣期——黎蒙时期的广告经营(1942—1945)

黎蒙是第三任《广西日报》社长,也是第一个由职业报人出任的社长,可以说,自黎蒙任社长起,《广西日报》的专业化运营得到了极大的进步。黎蒙一方面邀请进步报人撰写言论,扩大报社影响;一方面创新栏目,增设十多个专刊,极大丰富了报纸版面,提高了报纸的可读性。这两大改革改善了报纸的品质,提高了报纸的竞争力。在《大公报》《扫荡报》《中央日报》等全国性大报以及其他小报林立的桂林,《广西日报》的销量和地位始终稳固,广告经营得以顺利开展,有黎蒙的重要功劳。这个时期,报社的广告经营得到专业化的改进和提高。首先,报纸的报头下方首次出现广告刊例,方便商家用户便捷获取广告收费信息。这一时期,专业广告公司积极承揽和发布广告,各行各业的联合系列广告比比皆是,广告代理事业得到快速的发展。报社的经营方式由粗放型、单一型转变成多元化,广告经营工作的专业化有了较大的进步。报纸版面上,广告的设计和编排技术有明显进步,专业化水平制作的广告逐渐增多。这一时期的广告事业发展进入专业化阶段,因此将之确定为《广西日报》的成熟繁荣期。

---

① 广西日报(桂林),1941-12-15。

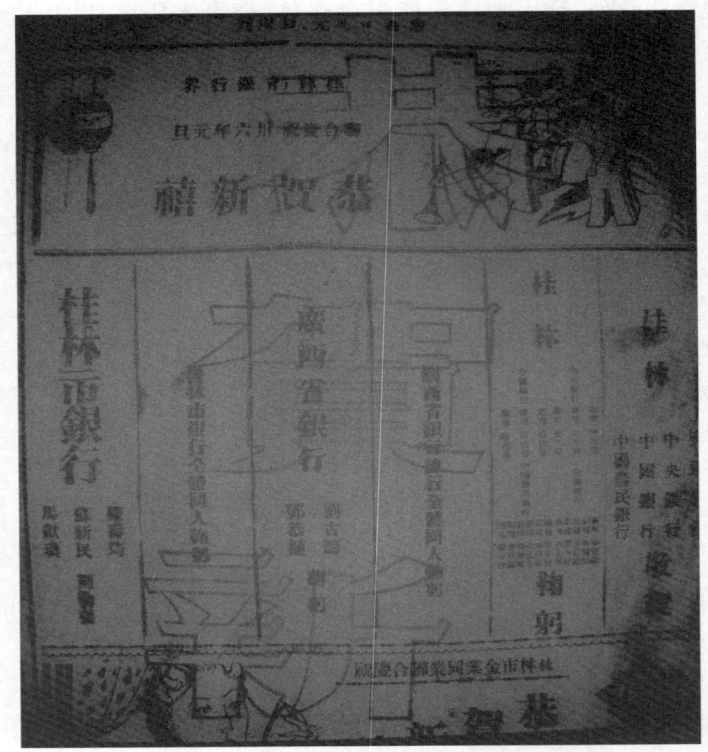

图3—7 《广西日报》元旦新年广告

　　黎蒙是李宗仁的义子,其父曾在李宗仁创业初期给予极大帮助,因此,黎蒙深得李宗仁的提携和栽培。黎蒙曾留学法国,是一个具有一定国际视野和丰富办报经验的职业报人。在担任《广西日报》社长前,其曾在香港新桂系主办的《珠江日报》当过社长,为桂系在香港精心打造了这个重要的"海外舆论阵地"长达四年之久。《珠江日报》在报业竞争激烈的香港每天售报仍在10 000份左右,高峰期曾一度达到17 000份。这不能不说,黎蒙是一位具有相当报业经营能力的职业报人。正因为有如此骄人的业绩,黎蒙在李宗仁的心目中就留下了一个"办报内行"的深刻印象。因此,当1940年秋,太平洋战争爆发,日军占领香港,《珠江日报》这个在香港的新桂系宣传机关被迫撤离。黎蒙便被李宗仁召回桂林,接替因经济丑闻缠身的韦赞唐,成为《广西日报》第三任社长。

　　黎蒙任职《广西日报》社长之后,利用其在香港办报时候结下的深厚人脉,大量聘请国内知名的报人、专家为《广西日报》撰写评论文章,一时间群星璀璨,声名远播。比如,聘请国内知名报人俞颂华作为总编辑;请国内知名专家金仲华、刘思慕撰写评论文章,名家荟萃,各项业务改革大力推进,

《广西日报》声誉日隆,发行量也达到历史最高点,在西南各省的知名度和影响力愈来愈大,在广西本土的权威地位更是无人能撼动。黎蒙时期,是《广西日报》各项业务改革最显著的时期,报社的编辑、经营、广告等工作都得到极大的改进。

(一)报纸版面重大改版,版面焕然一新

黎蒙1942年4月接任《广西日报》社长,带来香港珠江日报的老班底,人力充足,不到一个月的时间,便在报纸版面上进行了重大改革,充分展露职业报人的才华。

图3—8　1942年4月《广西日报》改版广告

主政《广西日报》两年多的时间,黎蒙共主持了报社两次大的报纸版面改革。一次是在1942年4月。当月24日起,一直到月末,《广西日报》第四版上都刊出巨幅广告"请看5月1日革新后之本报","革新要点:刷新报容,增加专电,注重地方新闻,充实副刊,敦请专家撰述专论"①。

另一次是在1944年8月。8月之后的《广西日报》各版发生了较大的变

———————
①　广西日报(桂林),1942-4-24。

化。报纸改为半张两个版,一版不再是广告遍布,而改为了国际、国内新闻;二版主要是地方新闻,有广告。

(二)创新新闻产品提高报纸附加价值

1. 开辟《新闻备忘录》,提高读者信息获取效率。

1942年6月19日第一版,《广西日报》头条便刊登了一则报社的广告,隆重推出新开辟的新闻栏目——新闻备忘录。具体内容为"本报增辟新闻备忘录启事——兹为响应读者需要,自明日起,按日在第一版刊出《新闻备忘录》一栏,举凡当日之重要纪念,有关集会、名流、演讲……俱依次列载,敬希读者留意"①。这种开辟新闻栏目的做法,意在丰富新闻产品,更好地满足读者的需求,从而提高报纸的价值。栏目开辟后,直到8月12日,一直都在头版。8月12日—8月21日,移到第三版,8月22日又恢复到第一版。《新闻备忘录》的位置非常显赫,紧挨着一版报头,可谓"黄金位置",从中也看得出报社对这个新闻栏目的重视程度。栏目长度与报头长度相同,宽度约为6厘米,栏目边框线采用波纹细线,简单醒目。居首是"新闻备忘录"黑底白字,往下依次介绍本日主要的集会、演讲等信息,以及明日的重要活动预告。每条信息不过10余字,简洁明了,让读者第一时间便可迅速掌握今明两日的重要活动、信息。

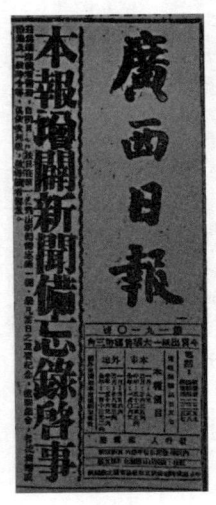   

图3—9　　　　　　　　　　图3—10

《广西日报》开辟《新闻备忘录》栏目

---

①　广西日报(桂林),1942-6-19.

这种新闻栏目和当下流行的一些报纸新闻栏目相仿,意在为读者集中提供最有价值的活动信息,让读者的读报效率变得更高。在80年前的《广西日报》即有这种新闻理念,不得不敬佩老报人的创新能力。

报纸的价值主要在于信息的丰富和快捷,以及各种新闻衍生产品。《广西日报》深谙其道,不断开发报纸的新闻产品类型,努力提高报纸的价值,从而间接提高广告回报率,以此来吸引广告客户。

2. 增开《星期周刊》,满足读者多元化需求

桂林同城媒体竞争很激烈,《大公报》《扫荡报》《力报》《自由晚报》等多家大报都在小小的桂林抢读者,《广西日报》的压力越来越大。为了提高报纸的质量和营利能力,站稳脚跟,黎蒙去香港聘请我国著名报人俞颂华来《广西日报》主持笔政。俞颂华于20世纪20年代起就从事新闻工作,先后在《东方杂志》《申报》《星洲日报》《光明报》等报社工作,多担任总编辑一职,是资深的职业报人,在我国新闻界享有崇高声望。黎蒙因为早前在香港办过新桂系的海外喉舌——《珠江日报》,因此得以结识俞颂华并把他延请到桂林。俞颂华对《广西日报》的帮助十分大,他一方面在内部充实编辑记者力量,一方面为《广西日报》请来茅盾、金仲华、刘思慕、千家驹、萨空了、梁漱溟等知名进步文化人士为报社撰写专论,极大提高了报纸的含金量。这些知名学者、专家常常在《广西日报》"露脸",读者趋之若鹜,《广西日报》的声誉逐渐得到提高。

俞颂华还积极开发新闻产品,在他的指点下,《广西日报》开辟了《星期周刊》,①该周刊为单独的一张报纸,共有两个版。报头上注明"星期周刊"四个大字,黑底白字处理,非常醒目。排版样式和普通《广西日报》各版无异。这个栏目主要刊登国际新闻特稿,稿件在1 000字左右。和广西日报第二版的国际新闻相比,《星期周刊》的国际新闻内容更丰富,能弥补二版国际新闻的不足。《星期周刊》的选稿富有知识性和可读性,篇幅较一般新闻长,但不至于长篇累牍。该新闻栏目的开发和当时国际政治军事形势是有一定关系,处于战火威胁的中国民众,普遍想了解世界大战的局势。普通的新闻版面的国际新闻,信息条数多,但版面有限,不可能针对新闻进行深度剖析。因此,对于读者而言,普通版面的国际新闻满足不了读者需求。抗战时期的《星期周刊》,大量内容都围绕国际军事政治形势进行深刻分析,很好地满足了这部分读者的信息需求。

《星期周刊》推出后,果然吸引广大读者,《广西日报》发行量节节攀升,达到20 000份。②

---

① 广西日报(桂林),1942-10-31.
② 张鸿慰.桂系报业史[M].南宁:广西新闻史志办公室,1998:310.

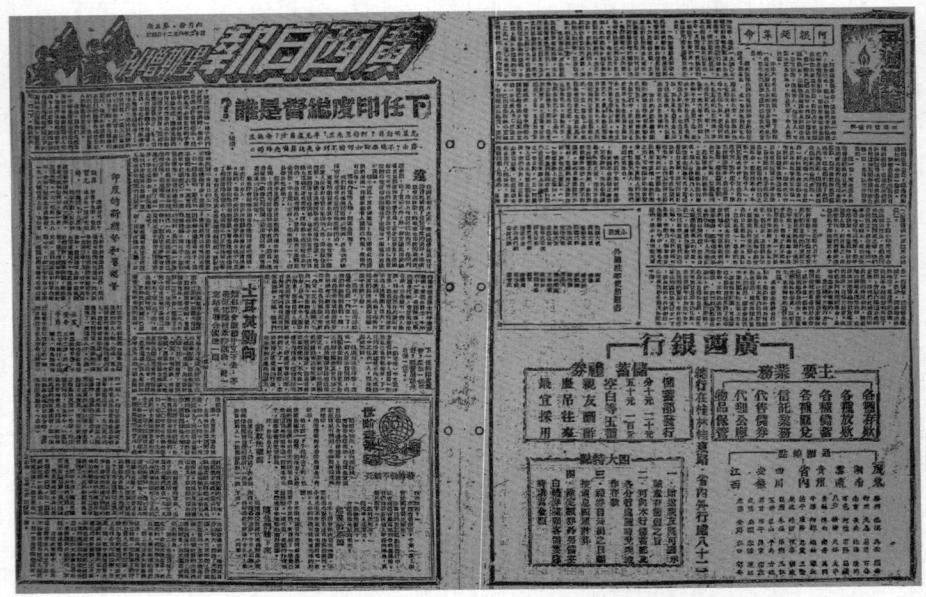

图 3—11 《广西日报》增开《星期周刊》后销量大增

3. 根据形势发展热点附赠专题报纸

20世纪40年代,第二次世界大战无疑是全体国人高度关注的新闻。为了满足读者对战争新闻的重大需求,《广西日报》采用出专题报纸,用附赠报纸的形式,凸显报社新闻产品策划和生产的专业性、权威性。

1942年12月7日,《广西日报》头版头条刊登一则广告,内容为"本报明日发刊《太平洋战事周年纪念周刊》启事:

明日为太平洋战事爆发周年纪念,本报特为编辑特刊一大张,随报附送,不另收费,倘有遗漏,请向派报人索取,敬希各界注意为荷,此启①

12月8日,《广西日报》报头下方的价目表置换为"读者注意",报社在此处隆重提示读者,报社发刊《太平洋战事周年纪念周刊》一事。

1943年9月20日,《广西日报》头版刊登"读者注意"启事,内文为"本报今日随报附赠英大使馆新重庆桂林分社编印之《国际新闻周报》一张,倘有遗漏,请向派报人索取为荷,此启。"②此后,每个月报社不定期的向读者附赠《国际新闻周报》,让《广西日报》的国际新闻信息得到进一步丰富,更提高了报社在读者心目中的专业地位。

《广西日报》这种紧紧抓住重大事件纪念日,推出特刊的做法非常具有市

---

① 广西日报(桂林),1942-12-7.
② 广西日报(桂林),1942-12-8.

第三章 抗战时期《广西日报》广告经营发展历程及演变

图 3—12

图 3—13

《广西日报》发行《太平洋战事周年纪念周刊》广告

场敏锐性,充分体现了该报以读者需求为导向的办报方针以及报社办报灵活性,根据有利于提高报社影响力的立场,主动策划专题活动,有效提高了报纸的附加价值。

4. 增出《广西晚报》,延伸报社影响力

为了增强报社的影响力和市场覆盖面,1943 年 2 月,《广西日报》推出《广西晚报》。当月 23 日《广西日报》头版上刊登了一则"本报增出广西晚报启事",内容为:

> 本报自革新以来,荷承社会人士爱护,实深感奋,兹为报答读者雅爱起见,谨定于 2 月 25 日增发《广西晚报》,每日除将当午消息迅即向读者报导外,取材力求翔实,编排活泼新颖,副刊内容切合时宜,趣味隽永,敬希读者留意。①

《广西晚报》为对开两版半张,一版是新闻,二版是副刊。广告比例较大,通常占到全部版面的 1/3 甚至 1/2。

为了进一步改进广西晚报的质量,1944 年 4 月 1 日,该报还发布《改版声明》,公布将晚报改为四开一张,内容比前更加充实,形式力求新颖。报社这种精益求精的做法,最终目的是改善新闻产品的质量,覆盖更大的读者人群,

---

① 广西日报(桂林),1943-2-23.

提高《广西日报》的附加价值,延伸《广西日报》的品牌影响。从这点来说,《广西晚报》不断革新的做法,可见报社努力提高新闻产品质量,创立报纸品牌的进取意识。

(三)重视读者需求,主动开展读者调查活动

黎蒙在香港办过报,和前两任戎装社长不同,他是一位职业报人,而且在殖民色彩浓重的香港地区办过报纸,较熟悉西方办报规律,具有较强的市场意识和现代办报理念。他不仅仅在新闻栏目的开发上做出巨大努力,还利用报纸大作读者读报调查活动,主动倾听读者对办报的意见和建议。这种做法无疑是比较专业化的,有"西洋化"的色彩,在内地报纸上较为罕见。

1942年12月1日头版刊登了《〈广西日报〉读者意见调查表》,里面针对经理方面、编辑方面(包括新闻、言论、资料、副刊、星期增刊)一共提出29个调查问题。足见报社对读者意见的重视程度。

对于经理方面,问题是:"1.你何时起看本报;2.以前订阅过何种报纸;3.现在为什么改订阅本报;4.是直接订阅吗,能否按日收到;5.是邮订吗,邮递有何阻滞;6.是零买吗,有什么不方便;7.对于发行方面有什么意见"?

对于编辑方面中的新闻问题,有4个,分别是:"1.对于本报的专电,你以为翔实迅速吗;2.对于新闻的分类,你以为确当吗;3.对于排版,你有什么意见;4.还需要有什么改变"?

对于编辑方面的言论和资料问题,共有7个问题,分别是:"1.你以为社论的态度怎样;2.社论的主张是否合乎你的心意;3.资料是否适合你的需要;4.资料是否足够新,是否足够帮助你了解新闻;5.地图还要增加吗;6.还有其他什么意见"?

对于编辑方面中的副刊问题,则有6个问题,分别是:"1.分成文艺版和综合版,是合适还是不合适;2.你最喜欢哪一版,为什么喜欢;3.你最喜欢哪一类文章,为什么喜欢;4.你以为要增加哪一类文章;5.你对编排有什么意见;6.你对编者有什么意见"?

对于编辑方面的星期周刊问题,则有5个问题,分别是:"1.你对于星期周刊的内容有什么意见;2.你以为还需要增加哪一方面的材料;3.编辑方面你有什么意见;4.你最喜欢的是哪一类的文章;5.还有其他什么意见"?[1]

从问题具体、面面俱到的调查问卷可见,《广西日报》具有专业的办报理

---

[1] 广西日报(桂林),1942-12-1.

念,充分尊重读者需求,不断以读者的需求为导向,改进办报水平。美中不足的是,在29个问题中,并未看到关于广告方面的调查问题。这也客观说明,当时报社的业务重心仍为编辑和发行,对广告经营工作的重视还不够,还未充分重视读者和商家对广告业务的需求。另一方面,也说明当时桂林的商业文化并不发达,登广告并未成气候,因此报社无调研的必要。

(四)多元经营拓宽经营渠道

报纸发行和广告是报社创收最重要的两条腿,除此之外,为了提高盈利,各报社也会立足自身资源,积极开拓其他经营渠道,努力实现经营多元化。在商界浸淫多年的黎蒙自然懂得这个道理,于是在他的主导下,《广西日报》不再抱着金饭碗要饭了,而是努力发挥自身价值,创造更多的市场机会。

1. 发展印刷业务

《广西日报》充分发挥印刷厂的印刷优势,努力开发印刷市场,努力将印刷作为发行和广告之外的盈利点。它通过在本报上大量刊登营业广告,不断提高业务的覆盖面和树立报社自身的企业形象。1942年6月21日,《广西日报》第一版上登载了一则《广西日报》的印刷业务广告,该广告用三条醒目的粗线条勾勒,广告标题为醒目的"本报出版部承印"一行大字;下有小字"书籍、刊物、图表、传单、铸字、花边,校对正确,依时交件。"[1]

1943年6月8日,《广西日报》第一版打出报社自己的印刷业务广告"精印","报纸杂志、书籍歌谱、画报表册、讣文族谱、铸造铅字型纸、花边铅版"[2]。与上一年的报社印刷广告相比,印刷业务有了较大的补充。歌谱、讣文、族谱之类个人印刷品也能承印,说明报社的经营思路比较灵活,不再是"大鸡不吃细米",仅仅把眼光关注在企业、商家等较大用量的客户上;而是大小通吃,不论企业还是个人用户,只要有印刷需求,都尽量满足,争取做成生意,为报社盈利。这种做法表明,报社的经营思路比较市场化,没有官办报纸"坐等拨款"的官僚作风,竞争意识较强。

2. 扩大售报网络

《广西日报》还积极拓宽营业网点,不断壮大售报网络。《广西日报》1943年5月25日发布广告,增设梧州分销处;12月30日,增设柳州营业处,把广西各地区的销售网点建设得更加完善。1943年7月23日,报社发布广告,增设湖南永州分销处。1943年9月25日,报社发布广告,增设衡阳办事处。这都说明,当时《广西日报》影响日隆,靠近广西地区的湖南已有不少读者,发行

---

[1] 广西日报(桂林),1942-6-21.
[2] 广西日报(桂林),1943-6-8.

任务繁重,所以增设售报网点。

(五)努力开发广告产品,丰富广告形式

1. 经济小广告

分类广告是报纸常见的广告形式,它具有信息容量小、价格低的特点,主要面向个人。《广西日报》自创刊之始,每天就有大量的个人小广告,报社一直都简单地把它们归类,并无专门的栏目名称冠名。1942年4月24日第三版,《广西日报》首次见到命名为"经济小广告"的分类广告栏目问世。该栏目集中了所有个人发布的个人遗失类小豆腐块的小广告,大大提高了报纸的整洁和美观,也方便读者的阅读和信息搜集。

从此之后,"经济小广告"常常与影院广告、医疗广告为邻,占据《广西日报》第四版的广告位置,相对固定下来了。这种版面与广告产品相固定的广告编辑手法,显示出较为明确的广告编辑思路,体现出报社的广告经营水平日渐成熟。

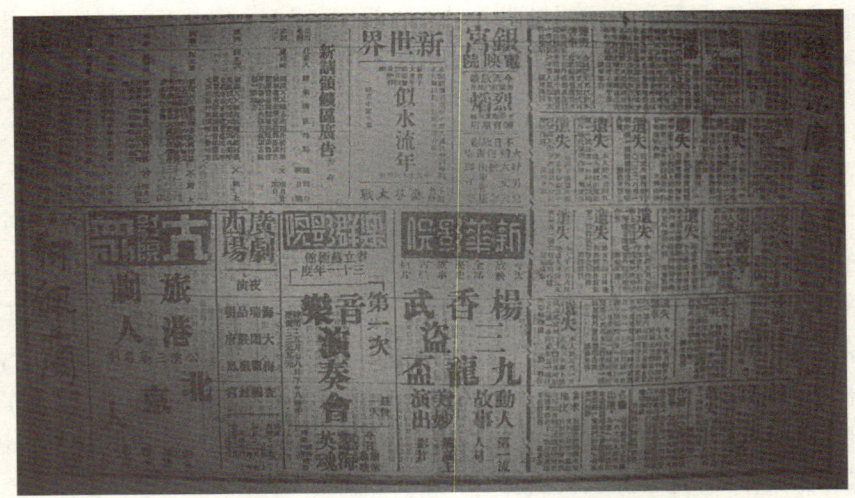

图3—14 《广西日报》开辟《经济小广告》栏目

2. 中缝广告

1942年10月1日,《广西日报》首次出现中缝广告①,当日1、4版中缝广告为"黄至善止咳丹"和"柠檬精"两则药品广告;2、3版中缝为"建国补丸"和"下治丸"两则药品广告。中缝广告的出现,开辟了一个新式的广告产品,是《广西日报》针对广告市场变化,及时开发出来的一种广告产品,主要对象是

---

① 广西日报(桂林),1942-10-1.

医疗诊所、药品器械、个人声明等。

此后,《广西日报》的广告产品类型得到进一步的丰富,也扩大了更多广告版面,提高了广告增收的渠道,具有较大的意义。

3. 继续做强行业联合广告

行业联合广告这种广告形式是韦贽唐主政时期开创出来的广告形式,试水之后反响不错。黎蒙主政之后,继续加强耕耘,行业联合广告的力度和频率都得到极大的增强。

1942年5月13日,由桂林立体出版社统筹的"桂林市图书联合广告"(第一号)在当天《广西日报》第一版以半版的面目出现,远东书局、万有书局、时代书局、科学书店的书籍广告得到集中展示。这种联合行业成员,以大集体面目出现的广告形式拉开了各行业联合广告的序幕。之后,包括图书、电器、工业品、饮食在内的多个行业都以联合广告的形式在《广西日报》上刊登整版或半版的广告。这显示出,这种广告产品已经有较为广泛的市场认同度,具有较好的广告效果,赢得了商家的信赖。建设广告公司策划的桂林出版界文具业系列联合广告即是一例。1942年8月23日,建设广告公司发布"桂林市出版界文具业联合广告"(第一号);9月3日接着推出"桂林市出版界文具业联合广告"(第二号);9月10日是"桂林市出版界文具业联合广告"(第三号);9月15日是"桂林市出版界文具业联合广告"(第四号);9月25日是"桂林市出版界文具业联合广告"(第五号);9月27日是"桂林市出版界文具业联合广告"(第六号);10月1日是第七号联合广告;10月4日是第八号联合广告;10月18日是第九号联合广告;11月1日是第十一号联合广告;11月15日是第

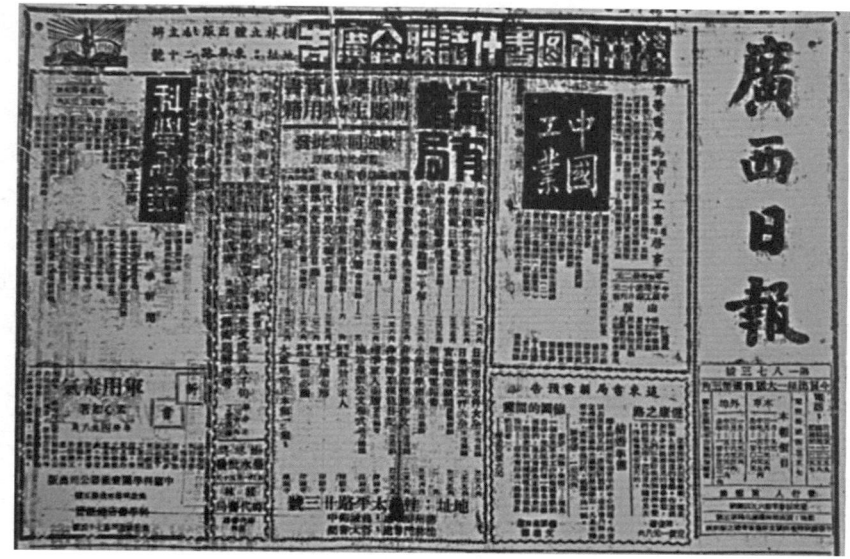

图3—15　1942年第一期图书联合广告

十三号联合广告;11月29日是第十六号联合广告;12月6日是第十七号联合广告。四个月之内,建设广告公司共在《广西日报》上发布17个半版或整版的行业广告,这反映出广告需求量之大,也侧面说明了,联合广告这种形式具有强大市场号召力。

图3—16　1942年第17期图书联合广告

之后,这种广告形式不断得到广泛应用,绵绵不绝,多个广告公司承揽各行各业的广告客户,发布大量的期数不一的联合广告,篇幅巨大,商家云集,蔚为壮观,成为《广西日报》上独特的风景线。

4. 创新婚庆广告装饰形式

婚庆广告是数量庞大的特殊广告,《广西日报》上每期都可以看到此类广告。这类广告内容大多相仿,格式相对固定,字数不多。因此,一直以来,这种广告都保持着面目呆板的陈旧形式。

为了开发专业的婚庆广告潜力,《广西日报》对婚庆广告的装饰设计进行了较大的创新,改变了多年的积习,为这一老百姓常用但是意义非同寻常的广告,增添了应有的喜庆气息,改善了广告效果。

1943年1月18日第一版的一则婚庆广告给读者带来与众不同的感受。①这则长条型广告四周的边框线变成一个个"喜字",四个角更是字型巨大的

---

① 广西日报(桂林),1943-1-18.

"喜字"。整体观之,广告洋溢着浓郁的喜庆气氛,一改沉闷低调之感。

 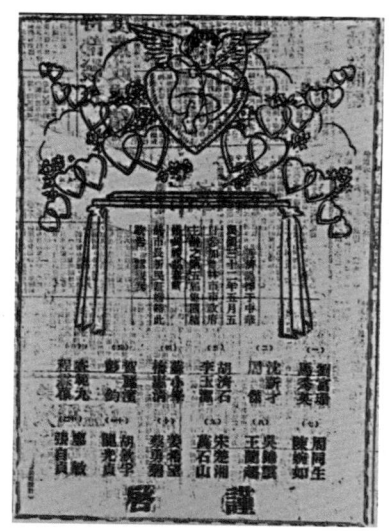

图3—17 喜字作花边的婚庆广告　　图3—18 1943年桂林集团婚礼广告有丘比特形象

这小小的广告边框线创新,为喜庆广告这种传统广告形式带来新的生命。此后,报社利用增加"心形"造型、"彩带"造型等形式,不断改进喜庆广告的装饰效果,让喜庆广告成为《广西日报》一道亮丽的风景线。

5. 发布广告价目表

广告价目表是报社公布广告价格必不可少的信息渠道,也是广告市场繁荣的重要标志。自1937年创刊以来,《广西日报》在报头一直是放置报价表而不含广告价目表,广告价目需另行函取。这一个方面说明,当时广西本土的广告市场尚不繁荣,广告需求不大,因此,广告价目表的重要功能尚未被挖掘;另一个方面说明,广告业务在报社的经营定位中尚不占至关重要的地位,因此,报社没有必要将广告价目表专门放在报头上。无论是哪种情形,广告价目表缺位则是不争的事实。

1943年8月1日这一情况终于改变。当日的头版报头下方,除了报价表之外,新增加了"广告价目"。广告价目内容为:

普通地位:每方寸三十元;经济广告:分成甲等乙等两种,限登寻人、遗失、声明等。甲等三十元(限登五行地位);乙等六十元(限登十行地位)。[①]

《广告价目》和《报纸价目》具有同样的地位,说明了报社对广告经营工作的重视程度提到了一个更高的程度。也客观说明了,广告市场不断发展和繁

---

① 广西日报(桂林),1943-8-1.

荣,广告需求不断增多。

(六)广告代理专业化

广告公司的出现是市场自我调节的结果,随着《广西日报》发行和广告的日益兴隆,广告公司接连出现。最初,广告公司经营业务无所不包。随着市场繁荣和广告类型化广告公司逐步找准市场地位,拥有相对固定的广告客户群,成为某类广告的专门代理商。

韦赞唐主政时期,已经陆续有几家广告公司营业。随着市场的成熟和发展,到了黎蒙时期,广告公司和《广西日报》的磨合渐入佳境。每天的《广西日报》上都可以看得到金马、西南等广告公司的代理广告,无论广告大小。一些行业更是重视加强和广告公司的长期合作,形成广告客户和广告公司互相促进的理想局面,报上经常看到

图3-19 《广西日报》报头首登广告价目

不同行业的联合广告即是证明。广告主和广告代理商稳定的合作,呈现出广告生态良好的一个方面。

比如,在1942年间的影院广告中,每个影院都有固定的广告公司合作,形成固定的合作关系。在长期的广告中,这些影院的广告都标注相应的广告公司的名字简称。从统计上看,当时大众影院的广告商是西南广告公司,乐群影院是金马广告社。这两家影院都是桂林显赫的大影院,影片上映频繁,广告需求大,因此,有专门的广告公司服务。这两家影院的广告设计水平明显提高,众多影院广告中屡屡出现鹤立鸡群的作品,为影院添色不少。这得益于广告公司服务的专业性和持续性。

1944年9月15日,日军第二次入侵广西,桂林紧急疏散,《广西日报》宣告停刊,直至1945年10月复刊。

第二节 抗战时期《广西日报》广告的类型

为了研究抗战时期《广西日报》整体的广告情况,包括广告的类型、数量和版面,需要采用抽样调查的研究方法统计广告相关数据。

抽样调查是分析大型样本的合理方法,由于报纸广告数据量过于庞大,需要采用抽样调查的研究方法。本研究采用每年取两个日期的方法进行抽样,分别是 5 月 15 日和 9 月 15 日。之所以选择 5 月和 9 月,是因为,这两个月分属上下半年,而且又排除了特殊月份,自身没有特殊性,具有统计学意义上的一般性。

一、《广西日报》广告的类型

本研究的广告类别分类方法主要来源于三个,一个是根据戈公振的总体分类原则,二个是研究者已实践过的分类做法,三个是结合实际,从广告研究的需要出发,作适当的修订。总体而言,抗战时期《广西日报》的广告类别可分为九类,分别是:

(一)社会广告

社会广告包括:政府或个人、团体等发布的各类启示、通知、讣告、声明;相关机构发布的行情通知;个人或团体发布的恭颂、申冤、纠纷等声明;经济小广告中的各种声明、启示。

(二)文化教育广告

文化教育广告包括:各类学校招生、办学通知、启示;文化用品杂项;书籍杂志报刊等。

(三)医药卫生广告

医药卫生广告包括:个人或医院的医疗服务;药品、医疗器械、保健品等。

(四)交通运输广告

交通运输广告包括:飞机、火车、轮船、汽车等交通工具;交通运输管理部门、运输企业发布的业务类声明、启示等。

(五)休闲娱乐广告

休闲娱乐广告包括：演唱会、书法展、绘画展等艺术欣赏活动；电影、戏剧、马戏团等休闲活动等。

(六)日用百货广告

日用百货广告包括：衣帽、鞋袜、糖果、小五金、百货商店等。

(七)金融保险广告

金融保险广告包括：银行、证券、保险、信托等。

(八)饭店旅馆广告

饭店旅馆广告包括：饭店、酒家、酒店、旅馆等。

(九)美容保健广告

美容保健广告包括：护肤品、美容美发、保健活动等。

二、《广西日报》广告类型的特点

(一)广告数量的变化

整体观之，《广西日报》在一个历史时期的广告总量的变化趋势呈现出不断增大的趋势。从1937年创刊时的广告抽样调查数据看，《广西日报》单天广告为50条，数量较小，广告版面占报纸版面28.75％。经过缓慢的发展，到了1940年上半年，报纸广告的条数增长至55条，下半年增长至63条，广告版面比达到32.5％，走上了快速增长的轨道；1941年，广告条数64条，单天广告量最大，当时的广告版面比最高为37.5％，《广西日报》进入广告经营的繁盛期。之后，由于日军侵略的原因，《广西日报》日渐萧条，广告萎缩，1942年至1943年上半年期间，单天的广告条数降至40多条；1943年下半年更是跌至单天30多条，广告版面比基本在30％与32.5％之间徘徊。从此，广西深受战争的影响，百业萧条，《广西日报》的广告经营局面每况愈下，广告客户星散，业务量下滑巨大。1944—1945年，日军第二次侵入广西，各种宝贵的史料毁于战火，目前全国已无该时期的《广西日报》，无法提供客观数据证明广告经营情况。但是，由推理可知，战争时期，兵荒马乱，民不聊生，广告行业不可能比和平时期更繁荣。

此外,《广西日报》广告的数量变化趋势和报社的发展周期呈现出基本一致的趋势。

(二)广告类型的特点和变化

1. 社会广告

社会广告是《广西日报》上最多也是发展相对最稳定的广告种类。一般时期,《广西日报》每天都有社会广告 30 条左右,高峰期则每天达到 40 条左右,最低谷时仅仅有 4 条。社会广告主要是政府、团体、个人有关事务的启事、声明,一定程度上反映了社会的活跃程度,政治环境、社会秩序、商业繁荣、人口流动量等都是对社会广告需求和变化产生影响的因素。从抽样结果看,《广西日报》社会广告的变化趋势也充分吻合该规律。战争、人口流动、市场变化等因素都导致社会广告量相应的增减。

2. 文化教育广告

文化教育广告的比重在《广西日报》当中不算高,相对而言,也是比较重要的广告类型,仅次于社会广告、休闲娱乐和医药广告,广告数量比较稳定。1937—1939 年是文化教育广告数量较大的时期,每天都有 5~8 条文化教育广告。1940—1943 年,每天几乎都有两三条广告。这一时期,流行书籍出版联合广告,虽然广告数量不多,但是版面巨大。1942 年之后,随着外地文化人、文化事业单位逐步迁入桂林,《广西日报》上的图书出版广告数量和频率呈现明显的上升态势。这个火热的势头随着日军投降,文化人返城而出现较大的下滑。

3. 医药卫生广告

医药卫生广告是《广西日报》上仅次于社会广告的重要广告类型,医药广告是《广西日报》发布最稳定的广告类型之一,不论在何一时期,报纸上都会有数条医药广告,几乎从未间断。医药广告每天发布量为 6~8 条,最高峰时曾达到单日 13 条。医药广告是《广西日报》广告的重要支柱,以至于在一些时期,成为重要的半壁江山。比如,1941 年,医药广告占全部广告的近 20%;医药广告的繁荣一个方面是因为医药乃人之生活所需的日用品,行业的特殊性决定了其市场需求的长期性,因此长盛不衰。另外一个原因是,医药事关人的健康,市民普遍需要权威、信任度高的医生和药品,因此,借助大众传媒树立"权威形象",提高知名度和可信度,也是医药行业的生存之道。

4. 交通运输广告

交通运输广告在《广西日报》上较少,虽然广西民国时期已经有飞机、汽车、轮船等现代交通工具。但抽样结果显示,交通企业或者管理部门主动发布广告的情况不多。相对其他行业,由于民国时期交通信息的发布多属于公告性质,因此,交通信息的发布没有固定的时间,交通广告刊登的偶然性比较大。又因为,当时交通工具为数不多,这类交通信息具有稀缺性,市场需求刚性大,从节约成本的角度考虑,广告发布频率低,时有时无,因此在报纸上难觅其踪迹。

5. 休闲娱乐广告

休闲娱乐广告在《广西日报》具有重要一席,不论什么时期,这类广告数量比较稳定,每天在5~8条之间。1940—1942年,这类广告甚至达到单日10条左右。休闲娱乐广告不受时局的影响而大起大落,基本上保持了平稳发展的态势。娱乐休闲乃人之所欲,不管什么社会,老百姓始终有基本的精神文化需求。因此,这类广告长盛不衰,在每个历史时期都是《广西日报》重要的广告内容。

6. 日用百货广告

日用百货广告也是《广西日报》中不固定的一种广告类型,从抽样调查结果来看,有近一半的调查日没有此类广告。这类广告的数量也不大,大约单日两三条。日用百货广告的稀少以及不确定,一个原因是因为广西经济欠发达,日用物品需求不大,因此此类广告较少;另一个原因是经济困难时期,日用百货属于刚性需求,老百姓居家过日子都需要基本生活用品,因此这类产品不愁市场,出于商业成本考虑,商家没有必要打广告。因此,日用百货广告多见于香烟、小五金杂项类,衣帽、鞋袜类广告罕见。

7. 金融保险广告

从抽样调查的结果来看,金融保险广告在《广西日报》上露面的机会也不多。1940—1942年,金融保险类广告比较频繁,最多时单日达到4条,其他的调查日,则是单日1条。只有接近1/3的调查日有此类广告,说明金融保险产品在当时的广西尚未发达,广告业务需求不大。从广告内容来看,各类银行的业务通告比较多,中央储蓄会推出的系列广告是其中做得比较专业和精彩的广告。这说明,当时的银行保险类广告主多喜欢用发布公告这种比较权威、带有官方色彩的形式和市民沟通,鲜见具有现代意识的沟通手段。

8. 饭店旅馆广告

饭店旅馆广告在《广西日报》广告中属于较少一类,统计数据显示,抗战之前偶有饭店旅馆广告,抗战之后,饭店旅馆广告逐渐成为常态。在这其中,饭店广告居多,旅馆广告相对较少。这说明,抗战之前的广西,饮食旅馆并不是重要的广告主,这和新桂系主张的勤俭建设新广西的指导方针有关。在提倡勤俭的政策环境下,满足口舌之欲的饭店是不太可能登广告的。抗战爆发之后,饭店、酒楼广告逐渐增多,重要原因是来自全国各地的人在桂林生活,产生了庞大的饮食消费需求,刺激了饭店广告的诞生。在五湖四海各地人口交汇之处,出于饮食和交际的需要,饭店广告逐渐增多也是情理之中。

9. 美容保健广告

美容保健广告在抗战时期是难得一见的广告类型,在抽样调查的样本中,仅有极少量广告,这也客观说明抗战时期,美容保健类商品或服务寥寥可数,难以寻迹。这一个方面印证了抗战时期物质需求大于精神需求的假设;另一个方面也说明,在抗战大后方,消费品还是以满足群众生活必需为主,不如沿海城市物资丰富,消费者的消费观念和消费能力也有所区别。

第三节 抗战时期《广西日报》广告的特色

一、韦永成时期的广告特色

《广西日报》初始发展期,广告的排版、创意、文案等方面都处于探索期,各方面还没有达到应有的水准。但其广告的表现形式也具有一些特点。

(一)广告排版的特色

广告排版是体现报纸广告风格和水平的最显著的指标之一,《广西日报》初始发展期,广告排版的主要风格是:

1. 粗广告分隔线,视觉感强烈

这个时期《广西日报》的广告,无论是头版还是其余版面,广告排版的分隔线都采用粗竖线作为广告分隔线,偶尔用细横线作为上下广告分隔线。总体观之,广告与广告之间,泾渭分明,视觉感强烈。由于新闻版面的分栏线采用细线、细文武线,因此,广告版面与新闻版面的对比很强烈,读者能一眼清楚无误地区分新闻区与广告区。

2. 广告标题加粗,反白大字醒目

早期的《广西日报》广告,在广告标题的制作上,或困于技术的限制,没有太多变体字、特效字。最常见的广告标题,即是字体用老三号、四号宋体,然后加粗。内文字则是老宋体5号字,字很小。由于标题和内文的字号差距较大,因此,这种排版方法基本能达到醒目的效果。一些广告用反白的技术,广告标题呈现出"黑底白字"的效果。与普通的广告标题比较而言,反白无疑视觉冲击力更强,在众多的广告中,能立即映入读者眼帘,赢得关注。少数客户经过特别制作,用立体字、美术字作为广告标题,广告视角效果较好。

3. 广告插图开始流行，插图使用频繁

图片能增加广告吸引力，这一时期的《广西日报》上已经出现广告插图流行趋势。除了正版大广告利用大型配图和留白增强视觉效果之外，很多普通小广告都采取别出心裁的小插图来增强广告的感染力。一些特种行业已经持续使用同一幅插图，形成品牌标志。比如，"荣孙氏医生专门医眼"，就用了一幅大眼睛的插图作为其广告标志①；"镜华"玻璃店用一戴墨镜男子作为其标志②；"李恒楠医牙"用一幅滑稽小人拿话筒作大声讲话状配图作为其广告标志③；"桂林高升大酒店"用一对对向奔跑的小人作为其广告标志，④等等。这个时期，越来越多的广告摆脱单纯文字广告的窠臼，逐步利用插图来增强广告效果，插图在广告中的应用日益广泛。

图 3-20 李恒楠牙医广告

图 3-21 荣孙氏眼药广告

4. 广告配照片开始出现

照片用于广告，无疑将增加读者的直观感受，这是一种增强广告感染力和可信度的手段。1937年5月的《广西日报》上，第一次出现广告中配照片这种广告设计形式。在一则广西公路管理局的长途客运广告上，一幅汽车身上印有"广西公路管理局"大字的照片非常醒目，下方是四字广告歌，广告排版

---

① 广西日报(桂林)，1937-4-6.
② 广西日报(桂林)，1937-4-7.
③ 广西日报(桂林)，1937-5-1.
④ 广西日报(桂林)，1937-5-6.

简单醒目,内容押韵,朗朗上口,简单明了,让人过目不忘①。一些医生利用自己的头像照片作为广告标志,如"林德三自制良药"的医药广告,广告主就把椭圆形人像照片置于广告之首,并以大字"广西省政府注册 别人不得假冒"示人,令广告增添了浓厚的商标气息和知识产权气息。② 这也是一种朴素的商标广告形式,使用具有独特性的、排他性的人像作为辨别商家的手段,给人的印象,其直观性和真实性要强于广告插图。

图 3—22 广西公路管理局长途客运广告

(二)广告创意上的特色

1. 说理性广告首次出现

正如西奥多·麦克曼斯 1915 年为卡迪拉克撰写的《领袖的惩罚》广告文案一样,善用奇招的广告人总是想尽各种方法,别出心裁地撰写广告文案。《广西日报》1937 年 5 月 24 日也刊登了一个同样形式的广告"福特——侥幸以从事",该广告在排版上别出心裁,用灰色绘成盾形的轮廓,盾形之首是福特的商标。盾形下方是一福特汽车图片。盾形四周留白,中间则是广告文案:

---

① 广西日报(桂林),1937-5-6.
② 广西日报(桂林),1937-4-20.

世上经验不足,遇事疏忽,或误解经济真义者。见夫贱劣之货品,其价较已经证明之上品为廉。遂不惜侥幸从事而采用之。此固不乏其人也。殊不知采用贱劣而无保障之零件,每因小件之误事,而引起广大之损失。此犹劣质油膏,足令引擎、传力盒、后轮轴为之破坏然。固阁下诚宜采用真正福特零件。中国全国各地均有出售,而价目则颇低廉。①

该广告造型特别,盾形造型作边框,与众不同,格外醒目。文字叙述方式一改平铺直叙之口吻,采用说理式方法,开篇先以经验警语为引子,继而用平和、理性的语调逐一论述福特汽车的优点,不温不火而有说服力。这种理性文案法开了文案新风,令人眼前一亮。

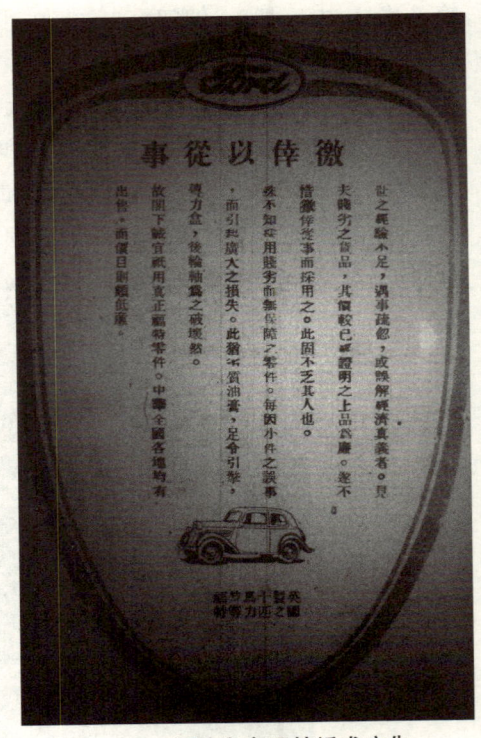

图 3—23 福特汽车理性诉求广告

2. 系列广告首次出现

1937 年 5 月 14 日和 5 月 18 日,刊登了两则系列广告,共有两个版本的广告。广告主是一灯泡厂,广告采用了图画说故事的形式,赞誉自己的产品质量上乘。5 月 14 日的广告标题是"同是奶牛,奶量各异",其广告文案为:

母牛乳量多就是合算,乳量少就要吃亏。灯泡也是同样,要仔细计算。因为灯泡发光要多少,电费也有上下。如果购买奇异老牌灯泡,则发光能多出两成,而且电费又省。如若贪图价钱便宜误购杂牌灯泡,那么发光不亮而且费电易坏,最不合算。②

5 月 18 日,第二则广告风格和第一则广告相仿,广告标题改为"同是工人,工作迥异",其广告文案为:

贪工钱便宜用了多吃懒做的工人,不但饭钱支出极大,而且工作迟

---

① 广西日报(桂林),1937-5-24.
② 广西日报(桂林),1937-5-14.

慢，就要两面吃亏。买灯泡也是如此，假使贪图便宜购买劣质灯泡，那么发光不亮而电费支出极多，最不划算。唯有购买亚司令老牌灯泡，光度可以多出两成，电费又省，因之最为经济。①

图3—24 灯泡系列广告一

图3—25 灯泡系列广告二

3. 广告文案风格新颖

广告文案的质量是影响广告效果的重要因素，这个时期，《广西日报》的广告逐步摆脱平铺直叙、开门见山的简单文案手法推销商品或服务，颇有广告意识的广告主逐步出现，广告文案的风格也悄悄发生变化，多样化、个性化的广告文案逐日增多。

(1) 对话式文案。《天文台》周刊的系列发行广告以其对话式、反问式的广告文案风格，在众多广告中独树一帜，成为其中的佼佼者。1937年4月27日，其第一则发行广告文案为：

> 本刊有一句口号，"没有爱国思想者，请不要读本报"，这是何等自负的口气！倘若内容不能相符，岂不是夸大吗？究竟夸不夸大，请没有读过《天文台》的人们去问读过者，便可以得到真批评。或者试购一份，检讨一遍，也就可以明白了。每期出纸两张，欢迎长期订阅。②

5月1日的广告文案为：

> "看《天文台》半周评论一份，胜读大报十份"，这句话是长江一带读者的口吻。《天文台》何以令受读者如此欢迎呢？说起来，很简单！《天

---

① 广西日报(桂林),1937-5-18.
② 广西日报(桂林),1937-4-27.

文台》通讯网布满全国,新闻的来源,取铜于山,非取铜于滥铜。所以每期第一版——时事评论(七分消息,三分批评)皆是未经人道语;而且过了十日或半个月,便能证实。这就是《天文台》不胫而走的内在要素。《天文台》的新闻都是特写,不靠普通通信。广西的特写特别的多,你若不看,或评论就说到你;你若抽闲看一遍,包管有你的朋友或你最爱的领袖们、逸闻琐事在内。你说看吧,还是不看吧?请你自己决定。每期报纸两张,欢迎长期订阅。①

这则《天文台》的系列广告,精彩之处在于"对话体"的广告文案恰如商贩与读者的对话,读后让人身临其境,仿佛推销者就站立在读者面前。这得益于对话式文体的生动性和感染力。传统的文案撰写风格,多半是夸大、吹嘘,无所不用其极。《天文台》的广告则采用说理的形式,用对话式的文案将道理说明白,语言平实,论述有理,颇容易打动人。

(2)歌咏式文案。这类广告文案的特点是运用格律体的四字句、五字句,全文形式一致,声律押韵,读起来朗朗上口,仿佛歌咏一般,让人回味悠长。

1937年4月30日,《广西日报》刊登了一则广告"脚的幸福"即是这种例子,其广告文案为:

机制的布底鞋,商号系最早,男女装皮鞋,摩登又美好,□□□舒服,价钱并不高,脚无鸡眼生,行路又风骚,任何崎岖路,完全不辛劳,中外各诸君,大家奔相告,不妨试买对,福星自然到。②

这则广告,不但通篇押韵,而且在有限的字数内把鞋店产品的优点逐一介绍,末尾还运用中国人常用的"讨彩"心理,鼓励购买以交好运,可谓是针对国人心理的精心之作。

类似的例子还有1937年5月广西公路管理局的汽车广告,其广告文案为:

路局客车,往来桂梧,新式设备,二天可至,胶垫珠皮,乘坐长途,对号位置,舒适无比,车顶架蓬,妥当招呼,预装行李,种种便利,弹弓窗户,各界旅行,启闭轻易,咸称满意。③

歌咏式的文案节奏感强,犹如儿歌,老少咸宜,对于文化程度不高的普通群众而言,这种文案更接地气,沟通效果好。

(3)引申式文案。引申之原意为,由某一事物联想到另一事物。广告文

---

① 广西日报(桂林),1937-5-1.
② 广西日报(桂林),1937-4-30. 因为字迹模糊不可辨认,故此处字用□表示,全文采用此法标注。
③ 广西日报(桂林),1937-5-6.

案多有用此方法者,往往能起到拔高价值,画龙点睛的效果。例如,1937年6月4日,《广西日报》一则洗衣厂广告:

> 洁以奉公,这是为公家做事的原则。洁衣着体,这是促进健康的原则。雄伟男士,必需整洁的衣着表现,健美女士,尤需要整洁的衣裳佩饰,本洗衣厂,最近由粤港聘请……①

上文所述之案例,1937年5月刊登的"亚司令""奇异"灯牌的广告文案也是采用这种方法撰写,该广告以"同是奶牛,乳量各异"为由头,从产奶量引申到电费,最后夸耀该品牌电灯泡经济划算;"同是工人,工作迥异"以好吃懒做的工人为由头,引申到灯泡货真价实的重要性。这两个广告举例都很恰当,含义深刻,有较强的说服力。引申广告文案法的好处在于,只要举例恰当,读者较容易受引导,认同广告主的观点。

其一,运用爱国诉求做广告。在西方外来商品逐渐增多的20世纪30年代,为了避免民族经济被冲击,民间出现强烈的民族主义情绪,广告中大量出现拥护国货的声音。《广西日报》1937年5月24日,一则广西省营工厂出品推销处的广告就采用这种广告诉求方法撰写文案,其广告为:

> 发展民族工业,恢复中国经济,本省政府为谋积极发展工业,减少舶来品之输入,以挽救中国之经济危机起见,特拨款设立各省营工厂计已有出品者共有十间。为统一营业以利推销起见,复设立推销处统筹办理,兹将本处各项物品列后……②

其二,证人证言广告。证人证言广告历史悠久,是最朴素的广告宣传方式,能增加可信度,具有口碑效应。《广西日报》在1937年刊登的"林德三自制良药"的医药广告就用了这种手段,该广告末尾用了"介绍人"一栏,罗列了十几个人的姓名,用以证明其言不虚,真实可靠。这种方式的广告,往往在医药行业常见,因为医药事关健康大计,消费者更倾向于信赖有口碑的医生、药品或服务。

二、韦贽唐时期的广告特色

经过一年多的快速发展,韦贽唐任社长后,《广西日报》的各项事业已经远胜于前,广告设计和排版水平都更上一层楼。

---

① 广西日报(桂林),1937-6-4.
② 广西日报(桂林),1937-5-24.

(一)广告排版、制作技术日益进步

创刊初期,《广西日报》的广告排版用粗黑线作为分隔栏,虽然视觉冲击力强,但颜色太重,给人版面拥挤、杂乱之感。韦贽唐任社长后,改进了广告排版方面的一系列问题,改善了广告版面的视觉效果。

1. 细分栏线改善版面美观

首先,在广告区,用细线取代之前的粗黑线。给人带来的直观感受是:版面更干净清爽,广告标题得以更为突出,广告的对比更为强烈,整体广告效果得到了明显改善。

2. 广告表现不断完善

这个时期,《广西日报》的广告表现水平有了一定的进步,广告标题的制作和广告排版艺术上都有了一定的提高。

第一,广告标题字体变化多端,花样繁出。除宋体以外,还采用多种书法体、艺术字型作为广告标题,改变过去一成不变的老印象。广告排版的整体风格趋向清新淡雅,广告标题一般用宋体加大字号,不作其他特效处理。个别有需要的广告主根据需要,作标题特效处理。一般做法是反白,即黑底白字。更为突出者,则采用艺术字的做法,专门制作造型别致的艺术字,辅之以线条、花边,增强广告标题的冲击力。比如,影院广告的大标题就出现巨型艺术字的流行趋势,乐群、大众、新华影院等纷纷采用硕大无比的艺术字制作广告标题,让人印象深刻。在技术不甚发达的20世纪30年代,这种手法的广告效果还是很明显的。

第二,广告线条使用多样化,装饰效果日益突出。广告线条逐步摆脱单一的粗、细黑线,加大对波纹线、方格线、造型字线、造型边框等的应用。同一版面广告中,同时运用多种边框线,增添广告版面的美观性。此外,相邻广告的边框线也多采用各自风格,绝不雷同。

3. 图片在广告中的应用更加广泛

随着广告意识的不断增强,《广西日报》广告中照片和图片得到更加广泛的应用。照片、图片都逐渐出现在广告中,篇幅也逐渐增大,广告整体效果得到了明显改善。

1939年3月2日、3月5日,福特汽车广告赫然刊登了一张福特汽车的照片,这是《广西日报》首次在正版广告中运用照片,开启了一个广告照片应用的新阶段。在3月7日的福特广告中,刊登了大篇幅的图画,为以前所未见。

图 3—26　1939 年福特货车广告

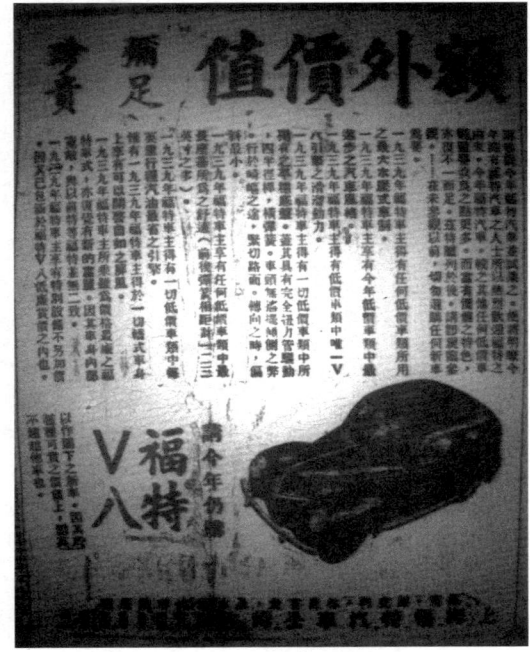

图 3—27　1939 年福特汽车广告

中央储蓄会是系列广告登得最多的广告主,每期广告上,都会有一个醒目的图案位于广告正上方,已成惯例。图画虽然小,但寓意深刻,契合题意,形成中央储蓄会鲜明的广告设计风格。

1941年8月13日,商务印书馆的售书广告别出心裁,使用了呈俯冲式的飞机图案,黑色的飞机机翼上,刻有广告语"秋季采用,提前准备,存书充足"。飞机造型栩栩如生,配上广告口号,让人眼前一亮。不失为一种新颖的配图制作法。

4. 商标广告意识增强

商标是产品的特殊标识,在产品的广告宣传中具有重要的作用。现代广告尤其重视商标的运用,以加强观众和读者的记忆力和品牌的辨识度。《广西日报》在20世纪40年代也多见商标广告。比如,1941年1月15日,铁汁葡萄酒的广告中,居于广告最上方的是该葡萄酒的一个巨型商标,两头狮子一左一右拱着一个圆形,内有一头威风凛凛的雄狮。11月2日,西风社的售书广告中,居于广告最上方的即是西风社的商标,商标有六七行字高,体积硕大,赫赫在目,在整个广告中具有画龙点睛的作用。12月21日樟树国药局的半版医药广告中,大标题下方有一个圆形标识,"国民政府注册商标"几个小字很醒目,商家突出其商标的用意非常明显。

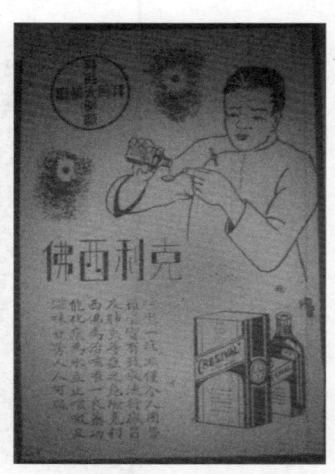

图3—28 虎标牌万金油广告　　图3—29 拜耳药厂西药广告

1942年3月30日,梅花牌复写纸广告中,梅花造型的商标占1/5的版面,高高在上,格外醒目。1942年11月10日,宇宙烟厂一则香烟广告中,"猎人牌""天使牌"商标被作为重要的广告元素出现在广告的上下显要位置,面积几乎占到了广告的1/2。以上案例都说明,商家高度重视商标对产品的重要作用,在广告中不断加大商标的应用。在《广西日报》往后的广告中,在各类商品中,频频可见商标被放大,置之于广告显要位置,广告口号中也时常有以商标为名者,这都显示出商标意识的深入人心。

图3-30 梅花牌复写纸广告

图3-31 国花牌福儿散广告

5. 英文在广告中的作用加强

英文是西洋文化的重要代表,在20世纪的早期,英文无疑象征着西洋文化,象征着时髦、高尚、进步……在广告中使用英文,是彰显西洋文化的重要手段,对于当时国货质量普遍差强人意的中国,更是体现产品优越感的一种手段。

1941年,逐渐流行在电影广告上搭配英文翻译,增添了一丝异域文化的风味,充分展示了西洋影片的魅力。① 乐群、大众影院的多则美国电影广告中出现英文翻译,英文逐渐成为西洋电影广告的必备元素。

洋商品或许用英文更多一些,电影、汽车、轮胎、药品一类商品,因为身上与生俱来有西洋元素,使用英文更普遍。更重要的是,在消费者看来,西洋货质量更好。在普遍存在"崇洋"的社会环境中,使用英文能增强消费者对商品质量的信心和欲望,提高消费者的满足感和虚荣心,这或许是广告主精心为消费者设置的"美丽的圈套"。

6. 广告留白使用频繁

广告留白是增进广告效果的排版方式,是广告审美进步的象征。《广西日报》初期的广告并无广告留白概念,广告正文密密麻麻,广告标题硕大黑粗,广告效果并不明显。随着报社和广告主的广告意识不断进步,广告中大

---

① 广西日报(桂林),1941-7-17.

量留白的现象日益增多,报纸广告的美观性又上了一个台阶。

1941年11月5日,乐群影院的影片"豆蔻年华"上演,该广告的上方1/2整体留白,空空荡荡,最高处仅有一个黑底白字"看"字,格外醒目。广告下1/2处,介绍影片信息。这则广告,上方精简至极,留白极大,区区一个"看"字,即足以吸引读者目光,是具有现代广告风格的佳作。

(二)广告创意上的特色

1. 系列广告水平不断提高

自1937年5月《广西日报》上出现系列广告后,直到1941年,这种独特的广告形式又出现且更加完善。中央储蓄会于1941年一共发布了29期系列广告,几乎每个月至少一期,根据储蓄券的销售情况,其中某些月份广告很密集,比如1941年7月份,广告投放8期;9月份、10月份、11月份均投放4期。1942共投放28期系列广告,其中若干月份投放密集,和1941年投放情况相仿。

系列广告的投放频率因势而变,体现了广告主运用系列广告的技术不断提高。广告文案根据时期不同而各有侧重,文辞优美,鼓动人心,体现了较高的广告策划水平。

如1941年3月13日,中央储蓄会的广告"国难财与爱国财"就体现了其文案精美、感染力强的特点,该广告用说理的办法,巧妙地把购买储蓄券比喻成爱国行为,然后用爱国主义感召转化为促销诉求,可谓是自然流畅,水到渠成。该广告文案如下:

> 投机囤积,剥削同胞,只贪个人利益,不顾国家的利益谓之曰'国难财'。出钱出力,救苦恤贫,照毁家输财的美德,作节约献国的举动,实是国难时期的爱国运动。爱国与发财,似不能兼而有之,但买特种有奖储蓄券,则既是爱国,又可发财,一旦抽中头奖贰拾万元,十足到手,这是爱国的酬报,故可名之曰'爱国财'。抽签之时,如不中奖,五年以后,仍可还本,故此种储蓄券办法,既可帮助国家经济建设,又可奠定个人事业基础,一举两得,何乐不为,爱国士女,盍兴乎来![1]

此后中央储蓄会多期广告都有如此风格,每期确定某一个主题,用富有寓意的图画和带有鼓动性的文字阐明储蓄券之优点,劝诱读者购买。每期广告主题各有侧重,各不相同,形成鲜明的特色。

---

[1] 广西日报(桂林),1941-3-13.

图 3-32　中央储蓄会寓意型广告之一　　图 3-33　中央储蓄会寓意型广告之二

2. 特型广告形式新奇

本时期内，特型广告地运用开始逐渐浮出水面。特型广告尺寸、外形、排放位置与一般广告有显著差异，形成较大的反差，突出广告效果。新中国剧社是这种广告手法的惯用者，在田汉的《秋声赋》、瞿白音的《大地回春》、夏衍的《再会吧，香港》中都采用这种广告设计手法，广告无一例外都是长条形，贯穿整个报纸的纵向版面，位置的选择也很有讲究，或选取最中间，或选取最边上。抬眼望去，广告仿佛如长杆般洞穿报纸，给人留下极为深刻的印象。

1942 年 3 月 5 日，新中国剧社的广告《再会吧，香港》也是一则特型广告。该广告宽约半寸，长则和报纸等高，在众多的广告包围下，这则广告仿佛竹竿一般，格外醒目。再加上广告采用粗边线条装饰，字体硕大，整个版面的其他广告都相形见拙，广告效果不言而喻。

1942 年 3 月 16 日，乐群影院刊登影院广告"乐群影院为中国妇女界特献演'光明之路'"。电影院别出心裁地在同一版面上，用半寸宽，半版高的尺寸，重复刊登了同样的广告四则，开辟了特型广告投放的又一种创新形式。该广告使用反白的手法，黑底白字，赫然醒目，四则广告居于同一版面，给人新奇感。由于重复出现，广告效果自然更佳。

3. 爱国主义诉求普遍

20 世纪 40 年代，正值我国遭受日军侵略，国家危在旦夕，民族主义成为强大的社会思潮。这股思潮以各种形式出现，广告是其中的代表之一。1941 年 4 月 29 日，怀民试验机器铁工厂登了一则广告，广告分成左右两个部分。右边为一个标语式广告，左边为广告正文。右边的标语为：

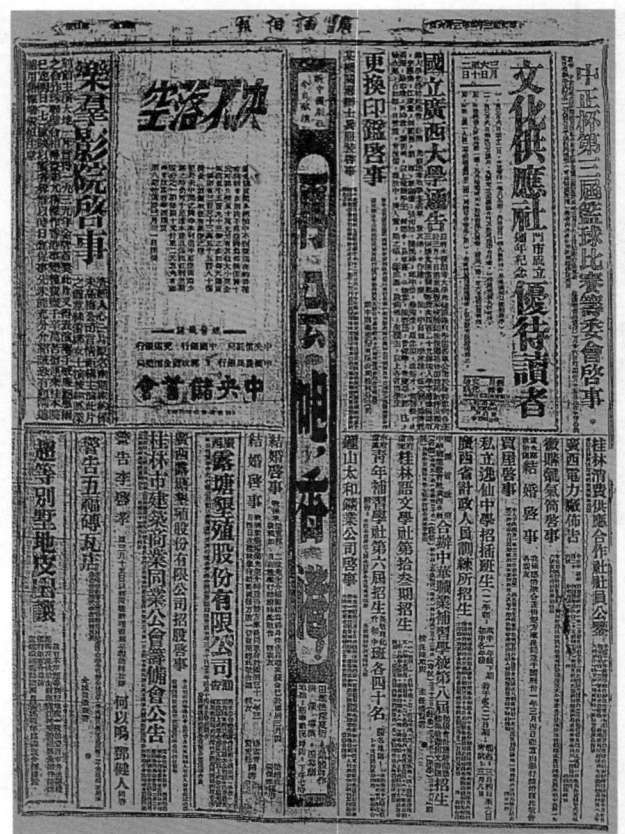

图 3—34 新中国剧社《再会吧,香港》特型广告

谨向全国空军将士致敬!——怀民试验机器兵工厂全体同仁谨启。
广告主体为铁工厂的销售性文字,在广告主体两侧是广告标语为:
纪念怀民烈士,建立工业中国。发动经济攻势,增进抗战力量。①

这则广告有一定的创新意识,首先广告分成两个部分排列即是编排上的创新。广告以向全国空军将士致敬的形式开篇,大义凛然,很容易引起读者的注意。广告的标语以缅怀烈士遗志为感召,以建立民族工业为宏伟目标,以增进抗战力量为宗旨,把这个铁工厂描绘成爱国主义精神的化身,无疑在广大人民中具有强大的感染力。大敌当前,爱国和抗战是最惹人注目的概念,广告中使用爱国诉求,具有广泛的民意基础,是比较可行的广告手段。

4. 广告文案新意渐出
(1)对联式广告语。对联是我国传统的文字艺术,具有广泛的群众基础

---

① 广西日报(桂林),1941-4-29.

和审美心理基础,许多广告主喜欢用对联式广告标语。

乐群社为征募前方战士寒衣的广告,标语就有浓郁的中国传统文化韵味。其广告标语为:

> 巩固前线的战斗力量,发挥部队作战的效果,有钱的出钱募集寒衣,把寒衣披到战士身上。①

虽然该广告标语的格律押韵有较明显的缺陷,但是形式上它比较类似中国传统对联,具有一定的审美情趣。

(2)排比式广告语。排比句具有气势庞大,节奏感强的特点,常用于广告中介绍产品或服务特点,内容比较丰富的情形。

夏衍创作的戏剧《一年间》上演,极大地唤醒了群众的抗战热情。该剧广告通过一系列的排比句,把戏剧创作的艰辛和内容特点都介绍得淋漓尽致,读后让人感动。该剧广告标语为:

> 创作是现实素描,如读抗战史诗一首;演出是前无其例,可供比较研究□观;导演是分工合作,集中专家学者从事;演员是公开竞技,大开全国风气之先;配声是利用电播,尽得如响斯应之妙;布景是沪杭邱宅,恍如身回故国江南;灯光是彩色应盼,足张剧情变换之巧。②

一连串的"某某是",从创作、导演、演员、配声、布景、灯光等方面对全剧进行了简明扼要的介绍,言简意赅,又让人过目不忘,充分利用排比句式的优点。

(3)格律诗体广告语。格律诗是国人常用的文学体裁,具有广泛的群众基础。因此,广告主多喜欢用这种风格的修辞方法撰写广告文案。1940年1月8日,"柳州半山酒店"广告即是用此方法,其广告文案是:

> 半山大酒店,依傍驾鹤山。岩洞连房舍,亭□对江湾。烽火无忧虑,舟车便往还。殷勤迎过客,仙境在人间。③

(4)词组式广告语。词组式广告文案特点是运用一系列的词组作为广告语,由于简短,往往显得有力。在烘托气氛上,此种广告文案有自身独特的作用。

比如,1940年南宁光复之后,不少广告主就刊登了具有强烈感情色彩的广告,词组式广告文案为之提供了绝佳的机会。1940年2月19日,桂林中国国货公司登了一则促销广告,其广告标语即为6个词组,铿锵有力,读后让人心潮澎湃。

---

① 广西日报(桂林),1939-10-7.
② 广西日报(桂林),1939-10-6.
③ 广西日报(桂林),1940-1-8.

庆祝收复南宁——兴奋！快活！狂欢！——大廉价三天。①

广告中，重复了三个词组，整个广告左右两端各有三组词组，醒目的感叹号夺人眼球。

1941年6月16日，谋福西药房的广告是采用这种广告语风格，"新型的、充实的、经济的、诚恳的——谋福西药房"②。广告简短有力，信息不多，但是语句铿锵，节奏感强，读后让人印象深刻。

(5) 比喻式广告语。比喻是常用的文学修辞手段，在广告语的制作中也是常见的形式。比喻直观好懂，意义深刻，往往是商家爱用的广告语创作手段。

1941年7月6日，世界大药房登出广告，广告语字数不多，但是磅礴大气，让人难忘。该广告语为"桂林市中心的西药集中营——世界大药房"③。

三、黎蒙时期的广告特色

黎蒙是职业报人，曾在香港为新桂系主办《珠江日报》多年，有较丰富的办报经验。1942年4月，自从他接手《广西日报》之后，该报广告经营工作的专业化水平又上一个台阶，广告的规范性更为突出，创新更为明显。

(一) 广告栏目开发再添新丁

1. 开辟经济小广告专栏

《广西日报》自创刊起就一直有小广告这种类型存在，内容多数为各类声明、启示等。但是，由于一直没有固定栏目，这类广告都随意安排在某一版，聚拢安排而已。1942年4月24日，《广西日报》专门开辟"经济小广告"这一栏目，首次明确分类广告，从此《广西日报》的分类广告栏目正式有了相应的地位，广告排版也更加规范、合理、美观。此后，经济小广告多位于第四版副刊下方，位置相对固定，广告内容也更明确和固定。

2. 开辟中缝广告

1942年10月1日起，《广西日报》上出现中缝广告。中缝广告的主要内容为医药广告、影院广告。后来慢慢发展到各种声明、启示、报社的订报广告等内容都有，每天10条上下。

中缝广告的开辟，丰富了《广西日报》的广告类型。医药广告、影院广告普遍面积都不大，转入中缝排版之后，空出来的版面可以更好地安排正版广

---

① 广西日报(桂林)，1940-2-19.
② 广西日报(桂林)，1941-6-16.
③ 广西日报(桂林)，1941-7-6.

告,这为报社统筹广告版面资源提供了更多的可能性。

(二)广告表现手段日益完善

1. 广告中图画元素增多、比例增大,留白增多

在这个时期,《广西日报》的广告排版上进一步加大了广告中图画元素的应用,加大图画在广告版面中的比例,进一步强化图画对吸引读者注意力的作用。无论是普通的正版广告,还是特型广告,都出现了这种趋势。比如,影院广告很明显地出现文字广告到图画广告的风格转变。过去,影院广告多面积小、排版单调,难以带来好的广告效果。1942年左右,《广西日报》上的影院广告逐渐出现在更显要的版面上,插图硕大,气势非凡,给人以深刻印象,乐群影院的广告是其中的代表。1942年7月16日,《广西日报》头版头条是一幅1/4版面的巨幅乐群影院广告,电影为美国影片"乐园思凡"①。广告上方为一行广告标题即影片名字,中间3/4的面积为一人物造型图画,下方为广告附文。整个广告给人强大的视觉冲击力,和相邻广告形成强烈的反差,广告感染力强。1942年10月1日,乐群影院刊登电影广告"飘飘欲仙",广告面积约为1/6版,面积较大。广告居中的2/3面积为一女性人物剪影照片,左右两旁是一对联式的广告语"比风月无边跳舞好,比风月无边歌唱妙"②。广告留白较多,一改过去密密麻麻的文字广告风格,颇富有美感。

图3-35　1942年乐群影院广告之一　　图3-36　1942年乐群影院广告之二

---

① 广西日报(桂林),1942-7-16.
② 广西日报(桂林),1942-10-1.

又如1942年11月4日的头版头条也是乐群影院的广告,当日的电影是《化外哀音》。这则广告面积大约为报纸版面1/6,竖直排放,广告的3/4版面为巨型人物造型,广告下方为广告标题和广告附文。从设计风格看,这则影院广告已经接近现代的影院海报。这种大量采用图画元素、讲究留白的设计手法成为乐群影院广告的新风格,给影院业广告带来一股新风。大众影院也多次采用这种广告设计手法,增大广告面积和广告中的图画面积,让传统影院广告的风格发生翻天覆地的变化。

其他类型的广告也同样出现"大图"的趋势,随之广告面积增大和广告留白增加,广告逐步摆脱一味讲求字数多、排版拥挤的窠臼,逐步出现追求视觉效果、提高广告美观性和感染力的转变。广告设计风潮的转变,反映广告专业的日渐成熟,广告科学化水平日益提高。

2. 漫画人物逐渐使用

漫画是常见的美术形式,多有滑稽、夸张之感。漫画用于广告,可以增添趣味色彩。《广西日报》创刊不久,一些小广告中就出现漫画人像,作为配角出现,正版广告中比较少见。1942年11月12日,大众影院播放华纳公司的滑稽影片"跑街先生",为了烘托剧情,广告设计两个巨大的大头小身漫画人物,造型别致的漫画人物占据广告近半版面,增添了浓郁的喜剧气氛。

杂志《新儿童》发布广告[1],广告正文的四周,别出心裁地绘有十多个表情各异的儿童漫画,为广告带来欢快的气息,有力烘托《新儿童》的杂志定位。

影片广告中,漫画人物的应用日益普遍,这是这一时期比较显著的特点。电影广告逐步摆脱了早期以文字为主、排版粗糙的窠臼,转变为图文并茂、排版讲究、注意留白、广告标语突出的新风格,广告效果改善明显。

3. 造型字广告走上舞台

造型字广告,就是利用字的外形创作广告。1943年7月18日,《广西日报》的乐群影院广告就采用这种广告设计方法[2]。这则影片名为"大独裁者"。只见广告中间为一巨大的空心"大"字,大字中间镂空部分则写有"独裁者"三个字。远远看去,"大"字与"独裁者"三字合为一体,恰好交代了电影名称。这种在字型上做文章的广告设计手法有一定的新颖性,广告效果明显。

(三)英文在广告中日益增多

1941年,广告上使用英文作为翻译使用。随着外国商品的日益丰富,越来越多的商品广告使用英文。英文的流行,说明当时商品市场中崇洋媚外的

---

[1] 广西日报(桂林),1942-12-10.
[2] 广西日报(桂林),1943-7-13.

风气比较盛行。

1942年6月5日，百世昌批发行刊登了"派克"墨水粉广告，有近一半的广告位置被巨大的派克英文商标所占据。为整个广告版面增添了浓郁的西洋文化色彩。

1942年6月6日，中国图书文具公司刊登了一则半版的文具广告，硕大的广告标题"中国图书文具公司"下方出现了字型巨大的一行英文"China Books & Education Instruments Co."，格外引人注目。该公司的产品多为国产货，仅有一款派克墨水粉配有英文翻译，这说明普通商户中存在用英文来增添西洋文化气息，借以抬高身价的商业意识。

1942年12月25日，名气颇大的中央餐厅开业。该餐厅的开业广告，就用一句英文作为广告口号："the Central Restaurant Opening Today."商家推崇西洋文化，希望用英文彰显身份与地位，与其他餐厅形成档次上的区别。

图3—37 中央餐厅英文广告

图3—38 大众影院英文广告

（四）广告创意水平日益提高

1. 特型广告应用广泛

黎蒙主政时期，特型广告继续发展。1942年4月9日，新中国剧社新剧《秋声赋》上演，该剧广告也同样沿袭了上月《再会吧，香港》的风格，采用长条形广告。不同的是，这次广告增大了宽度，约为两寸宽，长度则为和报纸版面等高。如此一来，这则广告尺寸巨大，"秋声赋"三个大字黑底白字，字号比相邻广告标题大字大约10倍，反差巨大，广告效果震撼，让人过目不忘。

图3—39 餐饮业中的英文广告

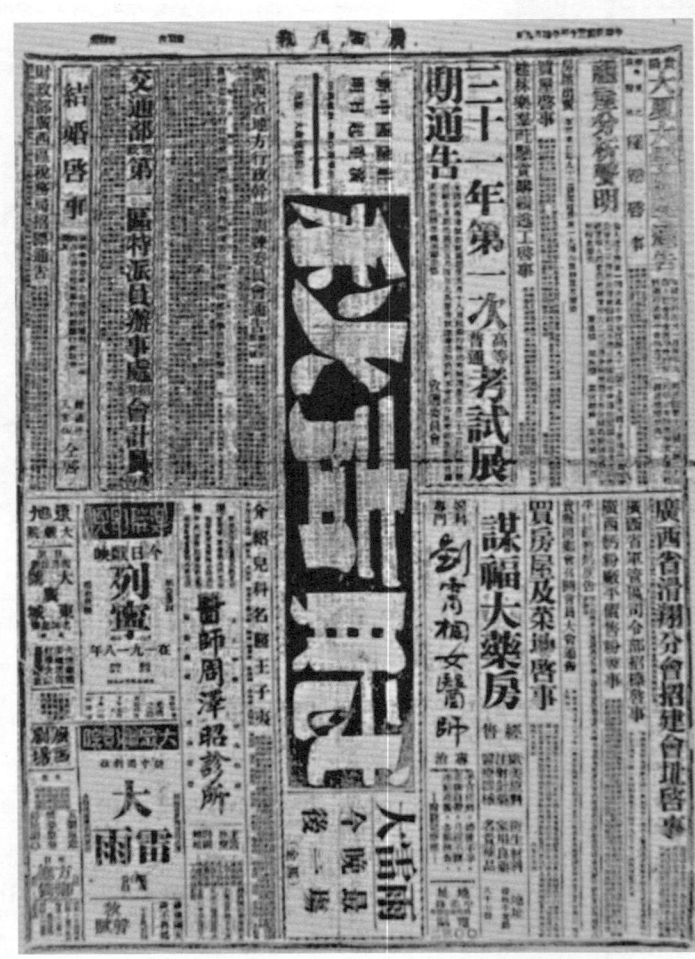

图3—40 《秋声赋》广告上下贯穿整个版面

1942年5月15日,新中国剧社继续沿用这种广告方式,刊登了《大地回春》的戏剧广告。由此可见,特型广告的运用已经成为广告主的常用手段,广告效果得到市场认可。

2. 颠倒广告效果奇好

这个时期内,广告主的广告投放意识有了进一步的增强。广告投放位置和形式,都有创新。比如,1942年5月4日的影院中,乐群影院的广告故意颠倒位置,在影院广告中"鹤立鸡群",人为制造独特感。由于不同寻常,很容易引起读者的注意,不知不觉提高了广告的注目率。

1942年5月17日,乐群影院继续沿用这种方法登广告,但是颠倒的元素和上期不同。当日的影片是《龙娘曲》,广告整体内容是竖立的,但是广告标题"龙娘曲"三个大字是颠倒的。故意颠倒字体,很容易产生关注度,获得不俗的广告效果。

1942年6月7日,乐群影院电影《小男儿》上映,该院又投放特型广告。和前两期不同,这期广告把广告设计成竖长型,从上至下,穿插四个颠倒的"小男儿"影片名。该广告还使用反白技术,标题黑底白字。由于广告安排在报头旁边的头条位置,效果自然是无与伦比。此后,乐群影院多次用这种广告手段,形成独特的广告风格,提高了影院的知名度和影响力。

图3—41　乐群影院的颠倒影片广告效果突出

图 3—42　乐群影院颠倒剧名广告　　图 3—43　大众影院颠倒剧名广告

无独有偶,同样的广告战术很快得到了同行效仿。大众影院也采用同样的广告设计手段。该院 1942 年 6 月 30 日上映电影《孔雀东南飞》,也使用了内容整体端正,但片名颠倒的方式排版。

3. 重复广告独特新颖

在广告编排形式上,乐群影院较有创新意识,它探索出独特的"重复式"编排法,让该影院广告在当天同一版面中重复出现,给人以气势宏大、独特新颖的视觉冲击,极大地吸引读者的眼球。同时,强化同一广告主题和内容,大大提高了广告传播的效果。比如,1942 年 3 月,该影院为中国妇女界放映《光明之路》电影,就采取这一独特的广告编排形式,上半版广告中,该影院广告独占其中 4 条,气势不凡,反白技术凸显广告标题,清晰易懂,整体广告让人眼前一亮,令人印象深刻。①

重复广告的另外一种形式就是在自己的同一广告中重复出现电影名字,以大频率的重复达到强化读者记忆的目的。这种广告设计法,虽然形式简单,但重复性的文字信息给人留下深刻的印象。

---

① 广西日报(桂林),1942-3-16.

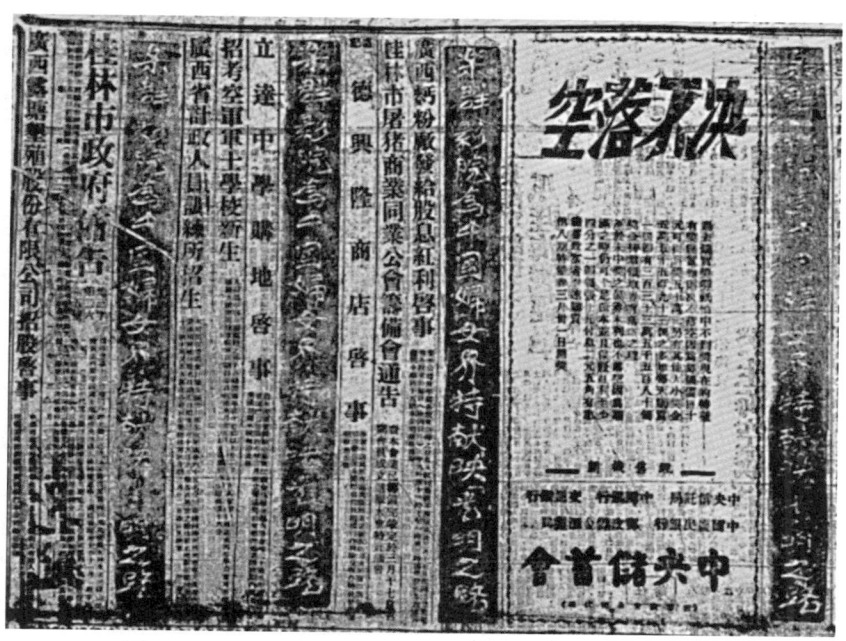

图3—44　乐群影院"重复式"广告之"光明之路"影片上演

图3—45　　　　　　图3—46

乐群影院两则"重复"式影片广告，其中一则采用了"颠倒＋重复"形式

从乐群影院、大众影院对颠倒广告战术的运用可知,在这个时期,桂林广告社能够用同一原则而各有变化的系列广告为同一个广告主设计广告,体现了一定的专业水平,这也间接反映出,当时广告主的广告意识和审美水平已大大提高,能够接受广告社专业的广告方案。

1. 联合广告渐成趋势

1942年之后,《广西日报》上频繁出现不同行业的联合广告,联合广告进入热潮。这些联合广告都由广告公司承办,每期一个整版,广告客户数量不一,少则三五个,多则十余个。图书文具、医药、五金电器、出版、印刷、图书杂志等都刊登了多期联合广告,形成固定的广告形式,给人深刻印象。其中,多个行业持续发布联合广告,形成强大的广告攻势。比如图书文具业联合广告,1942年一共发布17期联合广告,反映了桂林当时图书市场繁荣的景象。

2. 悬念广告走上舞台

悬念广告指故意释放部分广告信息同时隐藏部分信息而造成广告解读困难,借以吸引读者好奇心的一种广告手段。这个时期,《广西日报》出现多则悬念广告,带来全新的广告形式,丰富了广告手段。1942年8月29日,《广西日报》头版头条出现一则耸人听闻的广告:"纳粹间谍到了桂林!请各界注意。"广告落款为"在某大影院上映"。虽然广告最后交代了这可能是一则电影,但是,耸人听闻的大标题,还是一定程度上造成悬念,让人看后不由得一惊。在连续登了两天广告后,9月1日,大众影院登出《纳粹间谍》的电影广告,这才揭开谜底。悬念广告的手法虽然比较简单,但冷不防出现一则这种风格的广告,还是很容易引起读者的关注的。

无独有偶,1944年3月份大众电影院继续沿用这一手法刊登电影广告,连续刊登了五篇系列广告,这次系列广告的文案更加精益求精,打动人心,因此悬念广告带来的眼球效应能比较顺利地转为广告效果。该广告第一期发布在3月15日,以惊人的口吻宣布"日本间谍已抵桂!请各界搜寻踪迹"①。3月22日,第二则广告则列出了电影名字《日本间谍》,广告文案细腻真挚,笔调感人,隆重介绍了我国第一部国际间谍片"轰动渝蓉昆,佳誉满全国。是血的史诗,是泪的凝成。描写东北同胞的疾苦,惊心动魄。揭露日本军阀的暴行,闻皆落泪。历时四年,耗资数百万"②。3月26日,广告为"明天隆重献映——《日本间谍》,导演:袁丛美,改编:阳翰笙,原著:范斯伯,制片:吴树勋"③。3月28日,广告为"即日放映中国电影制片厂荣誉贡献,中国第一部国

---

① 广西日报(桂林),1944-3-15.
② 广西日报(桂林),1944-3-22.
③ 广西日报(桂林),1944-3-26.

际间谍片《日本间谍》,罗军、陶金等主演,并全体演员及英美苏盟国侨民十余万人。轰动渝蓉昆,佳誉满全国。是血的史诗,是泪的凝成。描写东北同胞的疾苦,惊心动魄。揭露日本军阀的暴行,闻皆落泪。免向隅,请早临!放映时间:日场三时正,夜场:六时正,八时半"①。3 月 29 日,正式刊登影片上映广告"纪念黄花节,特加映十二时早场《日本间谍》。是血的史实,是泪的诗篇,是日本军阀暴行的写真,是东北同胞疾苦的呼声,是作者范斯伯 1918 后在沈阳的经历。罗军、陶金等主演,并全体演员及英美苏盟国侨民十余万人。欲免向隅,请早驾临"②。

《日本间谍》系列广告有 6 篇,发布时间前后跨度半个月,广告文案精心制作,每一期各有信息亮点,层层递进,抽丝剥茧般把这部当时轰动我国的谍战大片介绍给读者,引起桂林影迷的广泛关注。

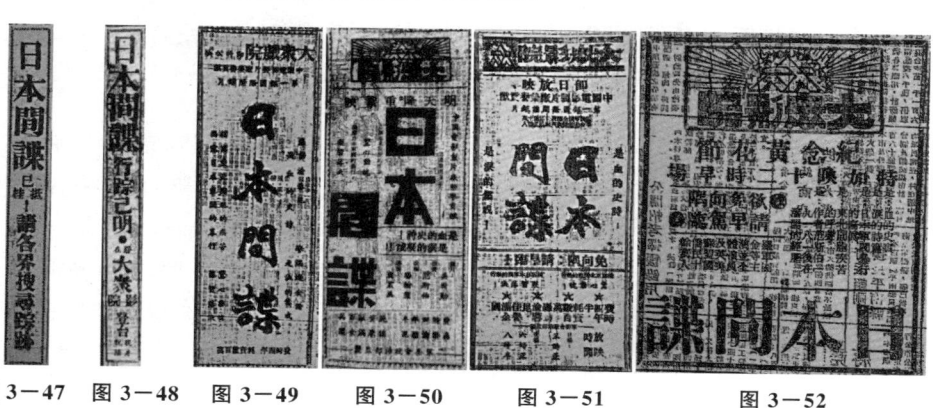

图 3—47　图 3—48　图 3—49　图 3—50　图 3—51　图 3—52

《日本间谍》系列广告

1943 年 4 月 14 日,《广西日报》头版头条刊登了一则广告,广告尺寸和报头等高。广告中为一巨大的问号,中间斜有一支巨大的弓箭,箭上有一行字"欲知此箭如何,且听明日分解"。第二日在同样位置,一则和报头登高的头条广告中,出现了一把箭头朝下的巨箭,广告上方留白很多,仅仅有英文"Arrow"和中文"箭"字,下方则仅仅有一行小字"桂林最名贵的新出品,侨兴享荣誉的处女作"。由于广告留白多,文字少,造型独特,因此广告效果显著。配合前一日刊发的悬念广告首篇,广告产生的吸引力可想而知。第三日的同样位置,箭牌香烟广告的正版广告正式刊登,广告信息丰富,至此,这则系列悬念广告才正式揭开谜底。

---

①　广西日报(桂林),1944 - 3 - 28.
②　广西日报(桂林),1944 - 3 - 29.

图 3—53 箭牌香烟系列广告之一　　图 3—54 箭牌香烟系列广告之二

1943年5月3日，《广西日报》头条为一则耸人听闻的广告，语焉不详，但是充满了煽动性："各界注意！！！ 眼福消息——令人眉飞色舞，使你拍案叫绝。请注意揭晓日期。"广告的四周出现了一个"笑"字。第二日的头版，出现一条提示性的广告："眼福消息——明天揭晓。管叫你眉飞色舞，包使你心花怒放！"广告上下都出现"笑笑笑"三字。第三日，头版中出现新华大戏院的广告，"今日献演——大江南北，妇孺皆知，名歌传奇，谐情电影——三笑"。悬念广告往往使用三则以上的广告，接连刊出，读者一旦被第一则广告吸引，则往往被好奇心所俘虏，不自觉追踪后续情形，最终成为广告的俘虏。

图 3—55　　图 33—56　　图 33—57

新华影院《三笑》影片系列广告

3. 广告文案精美

(1)四字诀式。四字诀的广告文案,高度凝练了产品和服务的特点,言简意赅,短小有力,而且押韵,容易给读者留下深刻的印象。这一时期颇流行这种手法撰写文案,比如有健身浴室的广告:

   西式盆堂,温暖浴堂。设备美观,取费低廉。特聘长江,超等技师。座位舒畅,招待殷勤。交通便利,地点适中。诸君回顾,无任欢迎。①

相邻的馥榕酒家广告如出一辙:

   本店设备,结婚礼堂。两粤名厨,烹饪擅长。大筵小宴,随意试尝。经济时菜,名茶糕点。水饺面食,敢夸精良。诸君宠降,格外增光。②

大观园浴室的广告为:

   新修内部,重新装潢。各项布置,恍若潇湘。既设池盆,再增池塘。家什整洁,温度适当。名师擦背,筋舒体畅。特训侍役,招待过详。座客常满,交声称赞。如蒙光临,无限荣光。③

(2)排比式。排比句式是常用的文案手法,由于字句精炼,能在几行字的容量中把产品特点介绍清楚,而且内容押韵,读起来朗朗上口,容易记忆,所以深得广告主的欢迎,是最为常见的广告文案手法。

《中国的空军》杂志广告就用排比句来介绍杂志特点:

   中国的空军,是铁血的结晶!研究的心得!经验的贡献!④

文具店的墨粉广告采取排比式文案用四个短句分别介绍意义、用途、优点和服务态度,虽然句子不长,但内容很丰富:

   适应战时节约,减轻学生负担,供给优良墨水,保证使用满意!⑤

嘉陵川菜馆在桂林小有名气,该店广告精心制作,以桂林山水为对象,借夸桂林山水而夸耀自己,文字不多,其中的对比、排比手法言简意赅,意义深刻,字里行间透露出一股霸气,可谓是广告文案佳作:

   桂林山水甲天下,嘉陵川菜甲桂林!⑥

戏剧家熊佛西的著作《铁笛》上市,广告采用比喻、排比两种手法,一连串的对比,让人印象深刻,颇有感染力:

   爱与恨的搏斗,生与死的挣扎,血与泪的记录,光与暗的交错。⑦

---

①②③ 广西日报(桂林),1945-12-22.
④ 广西日报(桂林),1942-1-6.
⑤ 广西日报(桂林),1942-1-15.
⑥ 广西日报(桂林),1942-11-25.
⑦ 广西日报(桂林),1942-12-13.

第四节 与同时期《大公报》(桂林)广告的比较

1940年春,日军南进的趋势日益明显,胡政之谋划《大公报》香港版的退路。当时,由于桂林已经成为西南政治、军事、文化中心,工商业也逐渐发达,于是决定转战桂林开设《大公报》桂林版,为当地繁荣的报业增添了一支新军。① 《大公报》香港版彻底停刊后,大部分人员来到桂林建设《大公报》桂林版。该报由徐铸成主持笔政,经理由原来香港版的金诚夫负责,马廷栋任编辑副主任,要闻编辑何毓昌、李侠文,采访主任张蓬舟,记者陈凡、曾敏之、罗承勋。

《大公报》桂林版发挥报社资源共享的优势,集合了各地《大公报》名记者的通讯稿件,短时间内就吸引了读者的眼光,深受好评,不久就在桂林站稳了脚跟,继而以发行量35 000份的惊人数字,成为当时西南发行量最大的报纸。②

《大公报》桂林版在桂林迅速走俏原因很多,首先它的报纸经营模式和内部管理模式很成熟,《大公报》悠久的历史让它得以以最小的代价建立一个比较成熟可靠的管理模式,让报纸编辑、经营等工作快速进入正轨,降低运营成本;其次,《大公报》的集团优势比较明显,各个分馆可以互相利用稿件,《大公报》名家的新闻作品为桂林版增添了可读性和号召力,自然容易受读者青睐;最后,也是最重要的一点,《大公报》桂林版的论调比较温和,具有一定的民族立场,版面比重庆《大公报》显得开明进步,深受读者欢迎,在进步知识分子心目中,它比重庆《大公报》享有更高的声誉。③

由于《大公报》是全国性大报,市场反响好,是较能代表国内最高水平的报纸。因此,本节将以桂林《大公报》和《广西日报》(桂林)的广告经营、广告设计情况做一简单比较,以期找出同一时期全国性、地方性大报各自的特点。

一、与同时期《大公报》(桂林)广告经营比较

为了更全面地比较两报的广告经营情况,笔者把两个报纸的广告经营情

---

① 周雨.大公报史[M].南京:江苏古籍出版社,1993:51.
② 周雨.大公报史[M].南京:江苏古籍出版社,1993:52.
③ 陈宇.我与大公报[M].上海:复旦大学出版社,2002:153.

况进行了抽样调查。统计方法是,每年取5、9两个月的15日作为调查日。由于《大公报》桂林版是1941年进入桂林创刊,1944年5月倒闭。因此,《广西日报》桂林版也采用同样的时间段进行抽样调查。

表3-1 《大公报》桂林版(1941—1944)广告情况抽样调查表

(单位:个)

日期	版面数	广告版面比例	社会广告	文化教育	医药卫生	交通运输	休闲娱乐	日用百货	金融保险	生产资料	饭店旅馆	美容保健	广告总数
1941.5	4	21.25	24	4	6	0	6	1	0	0	0	0	41
1941.9	4	27.5	32	0	6	0	0	0	0	0	0	0	44
1942.5	4	50	6	3	3	0	2	1	0	0	0	0	15
1942.9	4	50	23	5	11	0	10	4	1	0	2	0	56
1943.5	4	43.75	36	3	4	0	2	0	0	0	0	0	46
1943.9	4	50	38	8	1	0	5	0	2	4	1	0	63
1944.5	4	50	30	5	3	0	6	2	1	2	0	0	49

表3-2 《广西日报》桂林版(1941—1944)广告情况抽样调查表

(单位:个)

日期	版面数	广告版面比例	社会广告	文化教育	医药卫生	交通运输	休闲娱乐	日用百货	金融保险	生产资料	饭店旅馆	美容保健	广告总数
1941.5	4	32.5	43	1	13	0	7	0	0	0	0	0	64
1941.9	4	31.25	34	3	12	0	6	0	2	0	0	0	57
1942.5	4	32.5	31	1	0	0	9	0	4	0	0	0	45
1942.9	4	32.5	27	5	8	0	3	0	0	0	0	0	48
1943.5	4	30	30	3	5	0	4	0	0	0	0	0	42
1943.9	4	30	24	1	3	0	2	2	0	1	0	0	34
1944.5	4	32.5	22	0	4	0	5	1	0	0	0	0	33

《大公报》桂林版和《广西日报》桂林版都是对开大报,都是4个版,通过统计并比较,两报广告经营情况的主要差异在于:

(一)《大公报》的广告量整体比《广西日报》多

从数据比较可知,《大公报》桂林版1941年创刊的第一年内,广告数量不如《广西日报》,广告占版面的比例也较之《广西日报》少。比如,1941年5月15日,《大公报》的广告条数为41条,广告版面比例为21.25%;而同日《广西日报》的广告条数为64,广告版面比例为32.5%。1941年9月15日,《大公报》的广告条数为44条,广告版面比例为27.5%;同日的《广西日报》广告条数为57,广告版面比例为31.25%。这是因为,刚刚来桂林办报的《大公报》在发行、采访、编辑、广告等各项业务上,还没有充分占据优势地位,因此,初期的报业竞争,仍是地方性报纸占优势。

但是,经过一年的适应和调整,从1942年开始,"强龙难压地头蛇"的局面被打破了。从此直到《大公报》桂林版倒闭,该报的广告数量都多于《广西日报》桂林版。比如,1942—1944年,《大公报》桂林版的广告版面比例一直维持在43.5%~50%,比例相当高。《广西日报》的广告版面比例则在30%徘徊。据《大公报》(桂林版)发行人曹谷冰回忆,大公报(桂林版)来桂林第一年勉强收支相抵,第二年香港沦陷后,大批员工迁入桂林后,开支陡增,这一年最为吃力。第三年下半年开始形势开始逆转,报社实现盈利。往后直到撤退,报社都每月有盈余,经营状况良好。① 从中可以看出,《大公报》桂林版凭借其成熟的办报经验和良好的市场信誉,在广告市场上具有强大的号召力,发行地域广,广告主来源广,广告量比地域性报纸《广西日报》大。

(二)两报的社会广告数量相仿

社会广告的繁荣情况是体现报纸社会影响力的一个侧面,一般而言,发行量大、在公众中有较高权威度的,其社会影响力大。社会广告多是机关团体、普通民众刊登的诸如声明、启事、转让售卖等信息,具有一定的公共性,因此社会广告的数量一定程度上能反映报社的社会影响力和权威性。

从1941年—1944年的统计数据看,两个报纸的社会广告量在不同阶段互有高下,总体而言基本相仿。1941—1942年,《大公报》的社会广告数量不如《广西日报》,《广西日报》比大公报整体多20%左右。1942—1944年,《大公报》后来者居上,社会广告数量超过《广西日报》。

社会广告变化情况和《大公报》在桂林的办报历程是相符合的,1941年刚刚进入桂林市场,《大公报》毕竟是外来报纸,在地方新闻的采集上,不如《广西日报》。但是,由于该报成熟的市场运作经验和得力的办报专业团队,在经历了一段时间的磨砺后,它终于发挥出市场化全国性大报的经验优势,站稳脚跟,吸引大量普通民众,社会广告逐日增多。

---

① 周雨.大公报人忆旧[M].北京:中国文史出版社,1991:17.

(三)《广西日报》的医药广告比《大公报》多

医药广告是各大报纸最稳定、最持久的广告类型,医药广告的繁荣是反映报纸社会影响力大、市场认可度高的一个指标。

1941—1944年的统计数据显示,《广西日报》在医药广告的发布上要比《大公报》略多,这说明对于和民众具有重大切身利益的医药产品和服务而言,《广西日报》的社会影响和市场认可度要高于《大公报》。《广西日报》在1941—1942头两年,医药广告的数量远高于《大公报》,1943—1944年,这种趋势逐渐减小,但差异还很明显,这也反映出地方性报纸在这类广告中对消费者心理的影响力客观存在。

(四)两报的休闲娱乐广告数量基本相仿

休闲娱乐广告是与普通民众生活联系最为密切的信息,在市民的生活中具有较为重要的地位。休闲娱乐广告也是报社最主要、最稳定、投放持续时间最长的广告类型,对报社而言具有重要的意义。

从统计数据来看,《大公报》和《广西日报》的休闲娱乐类广告数量相仿,这说明两报的读者群基本相同,两报在市民生活类产品上具有相仿的市场影响力。

(五)《大公报》的商务广告比《广西日报》多

在商务广告领域,由于桂林经济不发达、商业不够繁荣。因此,在抽样数据中,两个报纸的交通运输、金融保险、饭店旅馆、美容保健类广告都相当少。日用百货和文化教育两类广告最为活跃,广告量也比较大,日用百货和文化教育作为商务广告的主要代表,以此一窥当时商务广告的活跃程度。

抽样调查数据显示,在不同时期,《大公报》在这两类广告的发布数量上与《广西日报》互有高下,但总体而言,《大公报》的商务广告比《广西日报》略多。这说明,《大公报》在当地商界的口碑和广告影响力比《广西日报》略大。

从抽样数据来综合评价,《大公报》(桂林)由于具有较高的知名度和威望,办报经验丰富,虽然在进入桂林市场的初期面临一些困难,但是不久就站稳了脚跟,在广告经营方面反客为主,成为当地广告市场的佼佼者。由于该报发行地域广,不仅仅局限于广西一地,因此发行量大、社会知名度高,因此《大公报》的广告主来源广,数量多,商务广告无论是数量和版面都领先于《广西日报》。《广西日报》由于是地方性大报,和地方民众有着天然的感情联系,在地方新闻上有一定的优势,因此,在社会影响力方面,《广西日报》有一定的优势,对医药产品一类的商品或服务,具有较大的权威性和可信度,因此,《广西日报》虽然整体广告量不如《大公报》,但是社会广告、医药广告比《大公报》

多,这是两报广告整体情况的另一个特点。

二、与同时期《大公报》(桂林)广告设计比较

《大公报》和《广西日报》代表两种不同风格的办报理念、广告经营理念,因此,广告设计、排版风格也各有不同。

(一)《大公报》的的广告排版更灵活

就同一时期两个报纸的广告排版而言,《大公报》的广告排版更为灵活,《广西日报》的排版更为传统和拘谨。

《大公报》和《广西日报》都是对开大报。但是,《大公报》擅于精打细算,设定最小广告尺寸比《广西日报》小,因此,该报的广告条数比《广西日报》多。在正版广告上,《大公报》不但通过缩小宽度来增加广告条数,还通过减小高度来扩充广告。比如,一般而言,半版广告都是安排竖条型广告,呈左右排列势;《大公报》则不然,如果有小广告众多,则会辟出1/4版,上下均分成两部分,这样就可以比正常的广告安排多出一倍的空间安排小广告。这种方法比较灵活,可以让报纸版面容纳更多的广告,从而增加报社广告收入。

图3—58 《大公报》排板灵活,左边为上下排,右边为竖排

《大公报》1942年就已有报眼广告,《广西日报》上出现报眼广告是1946年,足足晚了四年。这说明,在广告类型开发上,《大公报》比较灵活、老道。在报眼广告的设计上,《大公报》比较灵活多样,即使在方寸之间,也尽力采用

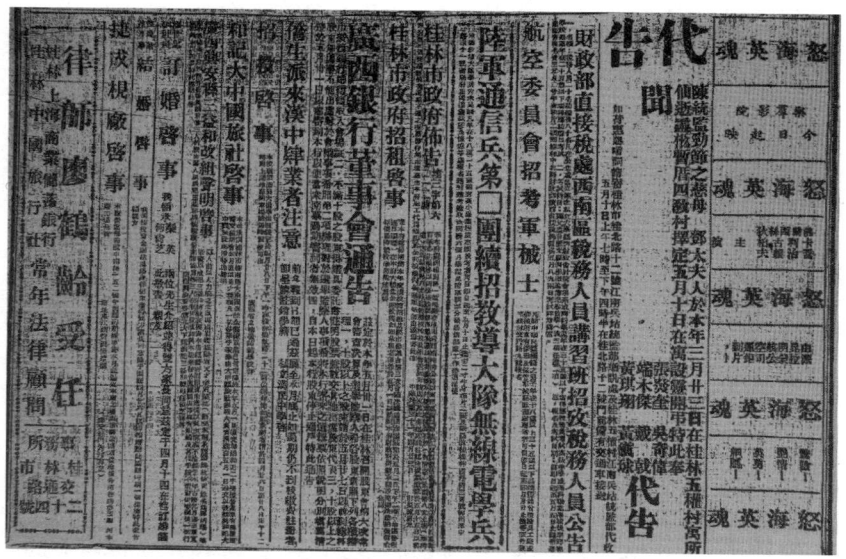

图 3-59 《广西日报》一般为竖排,较少变化

造型、变换标题方向、变换边框线等手段来改善广告效果,寻求广告的变化,从而提高广告效果。而《广西日报》的报眼广告相对来说,在线条变化、标题制作、排版等细节上,不如《大公报》那么细腻,广告效果略为平淡无奇。

(二)《大公报》比较侧重使用线条美化广告

线条是广告重要的装饰元素,《大公报》很重视运用线条来美化广告。在同一个版面当中,《大公报》也精益求精地把相邻广告的边框线条制作得很精美,想尽一切可能的方式改进广告效果。

从两报最重要的广告版面——第一版比较来看,《大公报》的广告更善于发挥线条的作用,各种边框线条交叉使用,增添了版面的活跃气息。《大公报》的广告一般用细线作为分隔栏,某些需要特别突出的广告,则单独使用花纹边框装饰。花纹边框的线条有很多种类,有直线、曲线、点划线、文武线、嵌字线等。《大公报》善于运用不同的边框线搭配,给广告以不一样的风格,从而增添生动感和趣味。尤其是广告与广告之间,在同一行广告的奇偶位置采用风格不同的边框线,让广告排列反衬明显,错落有致。此外,《大公报》对每一处广告都精心经营,比如报眼广告,《大公报》就经常用华丽的线条装饰边框,以更加凸显广告地位的显赫,提高广告传播效果。《大公报》每日的报眼广告线条几乎都不重复,体现了报社对广告的重视和用心。

《广西日报》也很善于使用各种边线,增加广告的美感。但是《广西日报》使用花纹线框的比例没有《大公报》高,线条变化感上略为保守,一般的广告多以直线条边框为主,对大广告则采用花边作为装饰边框,对小广告则不作如此细致之安排,因此整体而言,《广西日报》广告版面的生动感、层次感略输《大公报》。

图3—60　1942年《大公报》(桂林)头版

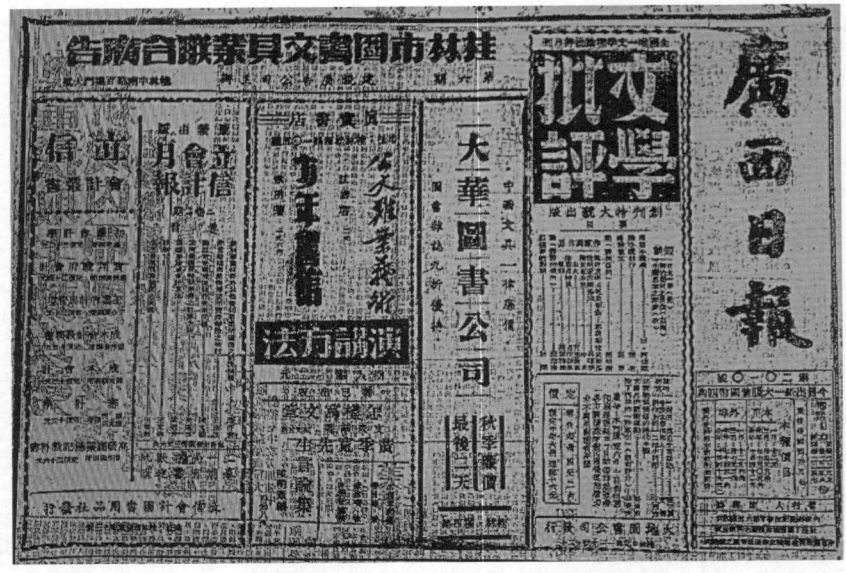

图3—61　1942年《广西日报》头版

(三)两报都善于使用广告字体变化

字体是广告的眼睛,直接影响广告的表现效果,对广告的传播效果有着举足轻重的作用。标题、正文的字体、字号往往是报社精心经营的细节。

《大公报》《广西日报》都很重视标题、正文的字体字号选择和搭配,注意运用合理的字体、字号组合,产生更美观的视觉效果。《大公报》字体一般选用宋体、楷体、书法体、美术字等,正文也不局限于宋体,还包括楷体。《大公报》在编排广告时,经常多样化地选择字体搭配,字号有所区别,往往一则广告中有两三种字体,兼之用加粗字体的手段,广告整体呈现粗细有别、精致细腻、富有变化的特点。《广西日报》的广告标题常用宋体、书法体、楷体、美术字等,正文多用宋体。《广西日报》在编排广告时,也充分考虑字体的多样化,经常使用艺术字、书法体让广告版面有画龙点睛之感,整体广告视觉效果比较富层次感和立体感。但其字体搭配不如《大公报》般细致和精益求精,广告的观感略有差池。

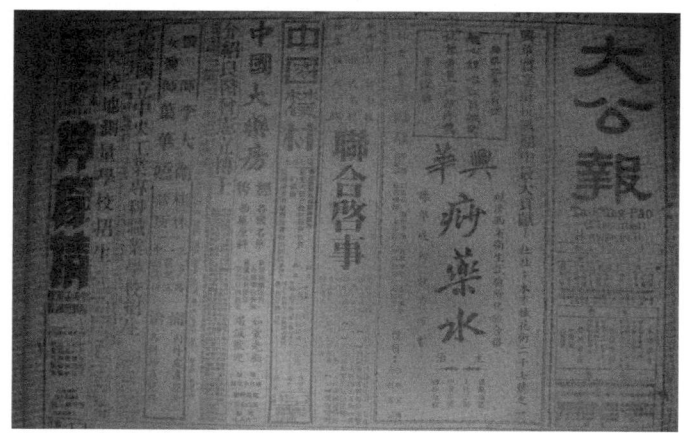

图 3—62 《大公报》常用字体

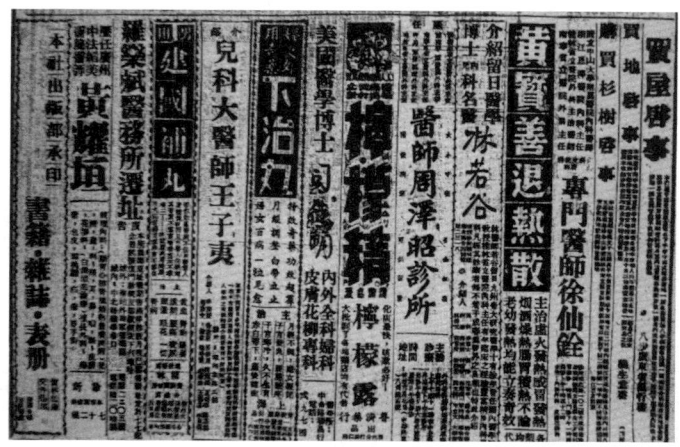

图 3—63 《广西日报》常用字体

由于印刷设备、技术、纸张质量、印刷工人水平等外在条件的差异,同时期《大公报》的印刷质量、整体观感较《广西日报》要略好,广告醒目,字体、线条颜色反差明显、字迹清晰,线条笔直。而《广西日报》则印刷稍显模糊、广告标题和字体的颜色反差不够明显,线条时常有着墨不充分、断墨的现象。总体而言,《大公报》的整体印刷质量要更为上乘,广告创意和表现效果也更为出色。

第四章 抗战时期《广西日报》广告内容研究

第一节 社会广告

社会广告指报纸上刊登的,机关团体、个人所发布的不以营利为目的的各类公告、声明、启示。社会广告常见的有通告、声明、颂扬、申冤、控诉、辩驳。此外,还有个人的征婚、求友等。社会广告在《广西日报》具有重要的地位,据抽样数据显示,《广西日报》中,每天社会广告数量都占当日广告数量的50%以上,严重者,达到近70%。这说明,社会广告是民间具有较重要影响的广告类型。

一、婚姻广告

婚姻广告指和婚恋状态有关的广告,包括结婚广告、离婚广告、婚姻纠纷广告、征婚广告、征友广告等。婚姻广告是反映民众婚恋观念和社会风气的重要参照物,能真实地反映某一个历史时期人们的习俗观念、思想观念以及政治态度。《广西日报》的社会广告中,婚姻广告比重很大,几乎每天都有大量的婚姻广告发布,为了对《广西日报》的婚姻广告有大概的了解,笔者以抽样的方式,统计了1937—1949年《广西日报》上婚姻广告的状况。具体情况如下所示:

表 4-1 1937—1949 年《广西日报》婚姻广告情况表

(单位：个)

内容 年份	结婚广告	离婚广告	征婚广告	婚姻纠纷广告	征友广告
1937.5	2	2	0	0	0
1939.5	1	2	0	1	0
1939.9	0	0	0	0	0
1940.5	0	0	0	0	0
1940.9	0	0	0	0	0
1941.5	6	3	0	2	0
1941.9	2	1	0	0	0
1942.5	5	1	0	0	0
1942.9	0	2	0	0	0
1943.5	0	0	0	0	0
1943.9	2	0	0	0	0
1944.5	3	0	0	0	0
1946.5	0	0	0	0	0
1946.9	0	0	0	0	0
1947.5	2	1	0	0	0
1947.9	0	0	0	0	0
1948.5	0	0	0	0	0
1948.9	1	2	0	1	0
1949.5	0	0	0	0	0
1949.9	0	0	0	0	0

婚姻广告中,结婚和离婚、婚姻纠纷是出现频率最高的三类婚姻广告内容。征婚广告和征友广告则未出现,这说明,广西民风淳朴、观念比较保守,在报纸上利用登广告的形式来追求个人幸福的做法尚不被社会接受。因此,婚姻广告的主体仍然是围绕夫妻关系的状态这一核心内容。

(一)结婚广告

20 世纪 30 年代,广西民间出现了登广告宣告缔结婚姻关系的风气。两位意中人只要有结婚意愿,感情融洽,便在报纸上刊登"同居启事"或"结婚启事",昭告社会,以此获得社会认可。这种现象反映了社会风气的变化,男女自由恋爱、自由结婚已经得到社会广泛认可,婚姻自主权由封建时代的父母、媒妁回到当事人身上，体现出婚姻观念的进步。这类广告多有"经某某、某某两位先生介绍，并经双方父母同意"一类的话语，也反映出虽然法律上个人已经取得婚姻自由，但是在实际生活中，老百姓还是参照旧俗，视父母的意见为重要的原则。不少启事中，都含有"我俩情投意合、意见相投"一类的字句，说明当时的社会风气中，自由恋爱的观念已经深入人心，双方具有感情基础才是缔结婚姻关系的基本前提。

1. 同居、订婚、结婚广告

《广西日报》（桂林）可查最早的"同居启事"出现在1937年4月18日第四版，广告内容为，"同居启事——我俩情投意合结为眷属，遂于本月15日来柳实行同居，诚恐双方亲友未及周知，特此登报声明。曾凡绍　周亚姣启"，①"我俩情投意合，由三十五年九月三十日自愿同居，特此声明。吉有福　莫桂嫂同启"②。

订婚广告也能反映当时的社会形势和人们的思想观念。战乱频繁，人们正常的生活秩序完全被打乱，个人物质条件普遍低下，结婚只能草草登报昭告亲友了事，一切都以不违背特殊国情为原则，顾全大局，体现出朴素的爱国主义精神。"我俩订于国历二月十四日旅行结婚，国难期间，一切从简，谨告诸亲友。杨一帆　高志英"③。

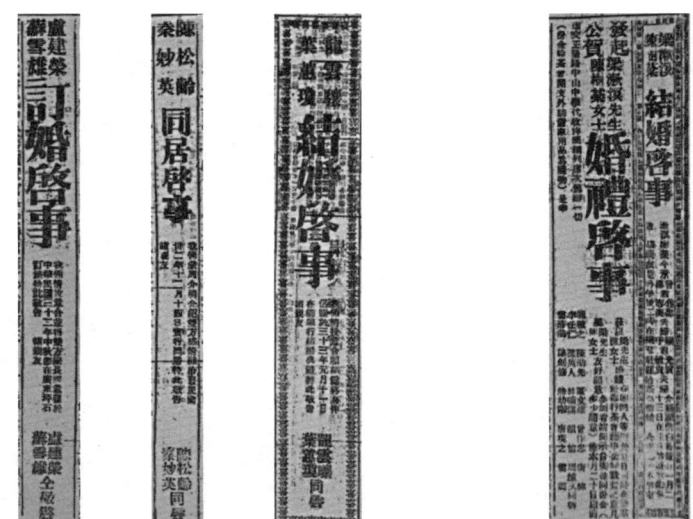

图4-1、4-2、4-3　《广西日报》上的定婚、同居、结婚广告　图4-4　梁漱溟结婚广告

---

① 广西日报（桂林），1937-4-18。
② 广西日报（桂林），1939-10-2。
③ 广西日报（桂林），1943-2-13。

一般的结婚广告,多是以简洁的笔调说明结婚情况,以达到告知大众的目的。但是,随着社会文明的进步,结婚广告已经不仅仅是公布结婚信息如此简单,而是昭示个人婚姻观念、与传统封建思想作斗争的手段。《广西日报》的结婚广告中,就有这种例子:

> 霍淑焕在年小时,因处于封建家庭下,父母曾将本人的八字交与山口村龙同图定婚。及至民国二十九年本人年长知此育龄制度不合现代人生观及种种定理。遂请求父母将领龙姓财物退回。山媒人乎接转交并亦说脱离关系。越两年父母相继亡故,今经本人自行采配,蒙与李锦屏介绍,与义邑军营村李承伟结为终生夫妻,特此声明。霍淑焕 李承伟同启①

这则广告反映了 20 世纪 30 年代末期,广西已经流行进步观念,婚恋自由的观念已经深入人心。广告女主人公不甘心被父母包办婚姻,为了谋求个人幸福,她勇敢地登报声明,选择了一条自己寻找幸福的道路,这充分反映当时社会追求自由、男女平等、婚恋自由的思潮涌动,各种新观念已经对封建落后的旧体制、旧思想带来严重冲击。在旧社会,连丈夫死后改嫁都存在重重障碍的女性,在那个时期,终于敢于直面陈规陋俗的强大势力,奋力争取自己应有的婚配权利。充分体现了 30 年代,女性青年思想的觉醒以及与封建习俗作斗争的勇气。

2. 集团结婚

20 世纪 30 年代初,国民政府推出"新生活运动",号召民众生活俭朴、文明,做事情要符合礼义廉耻精神。在其实施细则中,国民政府对包括工作、生活、社交在内的多方面作了细致的规定,共有几百条规则。在这个形势下,1935 年 3 月,国民政府提倡的全国第一场集团婚礼在上海举行了。随后,全国多个省市陆续举行了集团婚礼,这种新颖别致,充满时代进步气息的结婚方式得到社会的广泛推崇。旧式婚礼繁冗复杂且浪费钱财,有奢侈浪费的弊端。集团婚礼则将几十对结婚男女同时组织起来,一起举行结婚仪式,最大程度节约了时间和钱财,既俭朴又热烈,充满时尚进步的色彩,因此集团结婚的理念在社会很快得到认同。

《广西日报》1943 年 5 月 5 日上刊登了一则桂林市集团结婚广告,当期共有 12 对新人参加典礼,证婚人为桂林市市长。广告上方布满爱心造型,中间有一个手持弓箭的丘比特形象,广告浪漫热烈:

> 桂林市政府主办桂林市第五届集团婚礼——吾齐谨择于中华民国三十二年五月五日参加桂林市政府主办之第五届集团婚礼,并恭请苏市

---

① 广西日报(桂林),1939-1-21.

长新民证婚。特此敬告诸亲友。①

到了1944年5月,桂林市举行了第八届集团婚礼,当期一共有17对新人参加典礼,规模更大了。

广西推行集团婚礼比较早,在全国第一届集团婚礼举办三个月后,广西省政府即出台广西的集团婚礼办法,倡议采取集团婚礼形式。多个城市、县份举行这种新式婚礼。

图4-5　1944年桂林市第八届集团结婚广告

(二)离婚广告

传统社会中有很多野蛮的陈规陋习,约束妇女的婚姻自由,比如守妇道、保贞洁等等。妇女不容易获得再嫁的机会,即使争取到机会,社会舆论压力也很大,因此,这种"不敢离婚、不敢再嫁"的观念束缚了一代又一代的妇女。民国时期,"五四"运动爆发后,西方新思想、新观念传入我国,各种封建制度慢慢土崩瓦解,婚姻观念也得到了很大的进步。自由恋爱、自由婚嫁成为了能被社会广泛接受的事情,这种行为在某些意义上有进步的色彩。

20世纪30年代,《广西日报》上登广告离婚的比比皆是,是婚姻广告中比例最大的内容。离婚广告司空见惯,离婚理由却是千差万别。有妻子不堪家

---

① 广西日报(桂林),1943-5-5.

庭暴力，单方面登报解除夫妻关系；也有丈夫失踪多年，妻子登报解除夫妻关系；也有因战争、逃难等原因，夫妻失去联系，夫妻一方登报解除关系；离婚广告的增多，一定程度上反映了社会风气的进步，通过登报个人重获婚姻自由，不失为追求个人幸福的一种积极手段。这是现代人社会观念进步的一个重要体现。离婚广告的内容大概有以下几种。

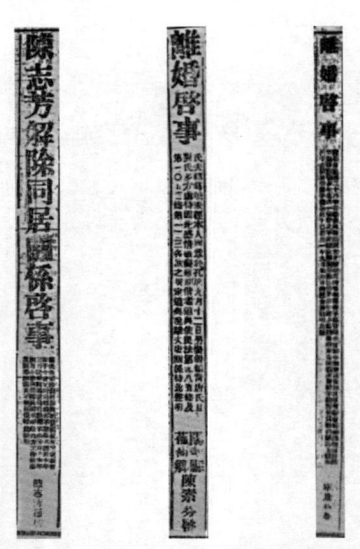

图4-6、4-7、4-8 《广西日报》解除同居关系、离婚广告

1. 家庭暴力

封建社会里，女性地位低下，男性处于支配地位。女性之于丈夫，在某些人的眼里，只是生育机器和仆人。因此，丈夫随意殴打妻子，在封建社会被视为理所当然。民国初期，这一丑陋的风气在不同地区还有不同程度的存在。随着国民政府施行民法，男女平等的观念才有了生长的土壤，夫妻地位平等才真正有了法律保障。显而易见，在中国这个古老的封建社会里，这个千百年来形成的不合理制度具有多么大的"制度惯性"，要根除家庭暴力的陋俗仍然是举步维艰。《广西日报》上因丈夫无度虐打妻子，妻子不堪忍受，愤而登报离婚的例子比比皆是：

  窃氏于民二十五年十二月被媒婆诱嫁于同县定马乡陈村练屯黄焕章为妻。自归后，时遭无故毒打，百端虐待。至三十四年将氏驱逐不容归家，显系遗弃。旦该黄焕章不守正业，为非作歹时有耳闻，以致倾家荡产。为前途幸福计，不愿继续夫妻，自登报之日起与黄焕章脱离夫妻关系，嗣后男婚女嫁两不相干，特此声明。万刚县盘阳乡龙洪村陈的坠启①

---

① 广西日报(桂林)，1939-4-29。

2. 感情不合

在男女平等观念的不断熏陶下,人们逐渐适应新的法制精神下夫妻关系维持和经营的原则,重新树立感情是维系夫妻关系第一要素的观念。夫妻依照感情融洽程度结合,也可以依照感情不合而离婚,这一切都有赖于法律精神的遵守。这显然是比过去随意休妻、无故遗弃妻子要进步得多。《广西日报》上类似的广告在离婚原因中比例不小,且有日益增多的趋势,这从一个侧面说明,当时的法制精神得到贯彻,过去以男为尊的社会,正在逐步转变成男女平等的新社会。

> 我俩不孝,自幼奉父母之命媒妁之言结合。盲婚夫妻自结合后,我俩意气不投,时常发生争吵,感情日增破裂。经双方同意,愿脱离夫妻关系,各谋未来幸福。嗣后男婚女嫁两不干涉,任凭自由。空口无凭,除另立离婚书约各执外,特此登报声明。李白望 黄九妹同启

这则广告是旧式婚姻的真实写照,父母包办婚姻,两人并无感情基础。在此情形下,感情不合难以继续生活,只能离婚收场。这说明当时人们对待婚姻的观念已经日趋进步,感情融洽成为维系婚姻的基本前提,个人幸福成为了越来越多人的婚姻追求。

3. 不满陋俗

封建制度野蛮的习俗之一就是容许男子纳妾,这在旧时代并无法律约束,在男尊女卑的封建社会里自然是司空见惯的现象。但是,辛亥革命后,随着国民政府的民法出台,男女平等、婚姻自由已经得到法律的保护,也成为社会的普遍共识。女人的贞操观念、婚姻观念也在新文化运动的影响下发生重大转变。封建的贞操观、婚姻观逐步被进步人士抛弃,追求个人幸福、寻求感情和睦的生活伴侣成为建立和维持婚姻的重要原则。因此,这个大时代背景下,纳妾制度已经逐渐被社会所不容。于是,逐步有勇敢女子主动反击这些封建习俗,登报离婚就是其中斗争手段。

> 我俩结婚以来二十七年因王桂清另娶小妾,与我不合,二人甘愿离婚,以后不得干涉。夫王桂清,妻雷董氏,证明人王甲长。[①]

4. 预告离婚

夫妻双方因故无法共同生活,一方可在正式离婚前采取登广告的形式提出"最后通牒",这是婚姻广告的一种特别的"预警"功能。这种广告既有广告传播信息的基本功能,又有协调夫妻关系,缓解婚姻解体的预警功能。

> 科嫂先老以童养媳与秦新寿结为夫妻,讵料屡加虐待,历时数年。

---

① 广西日报(桂林),1939-5-21。

情因三十四年秋不堪受其虐待逼归娘家。经时一年六月，迄今未一音信促归。致科嫂一人孤守无靠，衣食无着，迫得登报声明。如夫君尚念夫妻之义，限于登报日起在两星期内亲至潭下娘家处理清楚。如逾期置之不料，科嫂自行择人另嫁，免误终身。特此登报预告脱离婚姻。此启①

5. 因战事而离婚

战争时期，百姓颠沛流离，家破人亡者寻常可见，家庭破裂也是常见的人间悲剧，因战事爆发而导致的离婚，报上也经常可见。这种广告真实地控诉了战争的残酷无情和平凡人在巨大的社会动荡中所承受的种种苦难。

《广西日报》登载了一则"脱离启事"，讲述了一个女子丈夫因战事抛弃妻子，最后妻子不得不登报脱离夫妻关系的悲惨故事。

本人自幼丧父，仅有母亲一人，年迈力衰无可依靠。当时为了母亲养老送终，计于民国三十二年四月间招张长旺入赘，时经年育女一口。至三十三年九月间，日寇陷桂林时，讵料张长旺存心不良，在此危难中不但不肯携带本人及母女二人逃难。且携带所有被账私自潜逃，不幸在逃难中小女病故。桂林光复后，该张长旺亦回桂营生。经本人多次嘱他维持生活，结果置之不理。际此米珠薪贵之生活，母亲年老，本人年轻，生活殊难维持。兹为终身及生活计，自登报之日起，当与张长旺脱离夫妻关系，以后男婚女嫁各不相干，特此登报声明。②

战争期间，这种家庭意外频频发生，当年3月2日，《广西日报》上刊登了一则离婚启事，也是同样的情形。只不过，这一次，登报离婚人换成了丈夫一角。

本人于民国三十年凭媒娶李松庭之女素英为室，数载生以小孩，现年五岁。前年敌寇犯桂林，值疏散期间，本人为环境所压迫，乃将妻孩寄居外家，独自流亡至黔。经友介绍在贵阳方报社服务，去岁国军光复，本人顾念家小，请假回桂，以图团聚。不料素英杳如黄鹤，旋经多方探询，始知去岁春间已携小孩该适他姓。似此行为实属绝情负义，言之痛心。本人誓与素英脱离夫妻关系。自即日起，双方自由。深恐双方亲友不明真相，特此登报声明。③

6. 因配偶叛国而离婚

婚姻广告中，也能反映出当时的政治形势和人们的政治态度。《广西日

---

① 广西日报(桂林),1946-2-16.
② 广西日报(桂林),1946-2-20.
③ 广西日报(桂林),1946-3-2.

报》广告中,不时有妻子登广告要求离婚,离婚的理由是丈夫叛国。这种现象表明,当时的社会风气是爱国主义的,汉奸这种行为全社会所不容。这位妇女的行为反映出其具有一定政治觉悟,能从民族大义出发,用实际行动表明自己爱国。

> 为赘夫秦儒英不肖,附敌纵逆充当伪职。我军光复阳朔则畏罪潜逃,似此不良之徒伴侣终身亦觉惭愧。且生活无着,为自谋幸福起见,特地登报声明,由三十五年一月起,脱离夫妻关系,嗣后男娶女嫁两不相涉。①

(三)婚姻纠纷广告

婚姻广告中,也偶见配偶双方互相登广告,控诉对方不是的。这充分反映出社会广告内容的复杂性,以及报社审查此类广告内容的困难。在仅仅签署个人私章、自负其责即可刊登广告的环境下,一些广告的真伪、是非曲直实在是难以判断。因此,常见报纸上刊登当事人意见相左的广告,令人莫衷一是。

《广西日报》登了一则声明启事:

> 启者介莹因受媒人哄骗,一时失察,于民国三十五年元月十六日在桂与朱日卿结婚,婚后始悉朱日卿目不识丁,实难以偕白首。介莹为自身幸福计,即日赴北平继续学习,自登报之日起与朱日卿脱离夫妻关系。蔡介莹启②

仅仅三天后,便有前登声明者的丈夫在报上针对这则启事发表了一则"紧急启事":

> 少卿于民国三十五年元月十六日在桂凭媒人汤克华与蔡某结婚。自婚后我俩并无发生口舌,情感尚融洽。不料二月十二日被主婚人单缉光哄骗其姨妹蔡介莹。朱日卿办婚礼时摇金镯一对,金戒指四个,衣物价值八十余万元,潜逃无踪。正追查。闻突见广西日报本月十六日登载蔡介莹与朱日卿声明离婚一则。该声明完全是借故欺骗,本人绝不承认。并限五日内返家,否则凭媒人上诉,法办。特此登报惊告。朱日卿启③

同样的情形出现在1946年2月6日的《广西日报》广告上:

> 李慧馨秉性泼辣,与鄙人同居多年,意见不恰。情义日趋破裂,已万难

---

① 广西日报(桂林),1946-2-9.
② 广西日报(桂林),1946-2-19.
③ 广西日报(桂林),1946-2-22.

维系。自登报日起,绝对永远脱离同居关系,婚嫁各听自由。周文斌启①

不料2月16日,《广西日报》即刊登了一则针锋相对的广告,在这则"否认周文斌离婚启事"中,女方义正言辞发表了意见相反的说明文字:

> 馨与周文斌结为夫妻已有十余年,并无不睦之处。讵料其此项在粤走私被政府察觉潜逃来桂,娶一娇妻后遂将馨置之不理。并未经馨同意,亦未给馨生活费,即登报(见本月2日广西日报载)与馨脱离夫妻关系。馨以周文斌喜新厌旧践踏女性,除恐告法庭及向妇女会声援外,特此登报声明绝不承认同周文斌离婚,此启。②

由此可见,当时报纸上的婚姻广告如同一个意见的公共市场,任何人都可以各执己见,将观点公之于众。然而观点真伪、有无偏颇,则无从知晓。唯有当事人看到报纸广告后,才在报纸上打起笔墨官司,为自己讨一个公道。就报纸广告的管理制度而言,这种纠纷广告的存在也客观反映了广告审查制度存在漏洞。从广告伦理的角度也引人思考,报社在审查这种带有纠纷性质的广告时,应该秉承何种立场、采取何种有效方法去对广告内容进行全面审查,以保证广告内容的真实性?同时,这则广告也反映出,在抗战时期,妇女的婚姻自主权已经有充分的保障,妇女的维权意识很强,封建婚姻关系中男女不平等的局面已经被打破,妇女能以更独立、更平等的姿态与男方处理婚姻关系。

(四)征婚广告

婚姻乃人生大事,本来不稀奇,可是结婚广告寻常可见,征婚广告却难得一见。究其原因,还在于国人心中固守的传统观念,婚嫁大事多由媒人、家长做主,而个人不宜在公众面前表达求偶意愿。20世纪30年代,广西人的思想观念还比较保守,体现在征婚一事上,可见一斑。笔者查阅了《广西日报》1937年至1949年的报纸,仅在1939年8月9日、10月25日、1940年5月27日发现三例征婚广告。与每天数量庞大的离婚广告相比,征婚广告之少可谓令人瞠目。现将两则征婚广告摘录如下:

> 万某年三十,大学及军校毕业,服务军队,有相当地位。征一女友协助工作,须勤俭温和,中学程度,年龄不拘,愿者请将简历亲笔函寄桂林邮局存交,当函约面谈。③
> 某今年二十一,供职某机关,月入丰,兹诚求一终身伴侣,应征者请

---

① 广西日报(桂林),1946-2-6。
② 广西日报(桂林),1946-2-16。
③ 广西日报(桂林),1939-10-25。

将近照三日内寄到本报二十五号信箱,合则先作友谊通讯①

从以上两则征婚广告可知,当时征婚者多为具有一定社会地位,文化程度较高的女性。征婚对象需要具备一定的文化水平,征婚者婚姻态度真诚。这说明,在当时社会环境下,只有接受一定教育程度、具有一定社会地位的人才有如此开化的思想,能接受刊登征婚广告来追求个人幸福,而这部分人的比例极低。这从一个侧面反映出了当时广西的社会发展水平还比较落后,人们的思想观念比较陈旧和保守,在对待婚姻大事上,还是习惯于借助熟人来推荐解决,极少通过新闻媒体刊登广告择偶。

二、颂扬广告

这类广告多为以集体名义颂扬地方首长、商家或医生,主要内容是列举地方长官为政功绩、商家诚信有义、医生医术高明等等。

雷平县下雷区地方处本省西南地,当国防要卫,为滇粤来经要道。自并雷平县以来,鞭长莫及以致政治文化各种事业均为落后。兹幸值甘区长明轩公任斯土,下车后即汲汲以地方庶政建设为己任,汲汲提高雷乡中心校舍,开关区中山公园及中汉镇镇南两街马路,并在街头炮楼左侧屹立之岛巅建立风景亭等。现已陆续开工,且不辞辛劳,亲莅各乡村令建村公所,国基校则限期一律开学,并促设立成人班,更注意民众生产,严令植桐掘塘等。对于办事,则开诚布公,处己则廉洁自持,实施工作均属实际,仰见甘区长努力为公,造福地方,无微不至,雷民服德之余感激靡既,谨将事实登诸报端,籍旌其劳。雷平县下雷区各乡绅xxx暨工农商学各界民众等。②

窃维秦县长当客年本省"六一"发动抗日非常时期中,秦县长自下车以来,对地方一切兴革事业整顿不遗余力,尤能洁己奉公,爱民若子。令人钦佩。邑人莫不有口皆碑,最近又蒙计捕杀黔桂边境屡经悬红购缉未获之匪首莫德贤一名,闻者称快,现巨授首丹邑事靖实邑中幸爱,志数言籍彰盛德。南丹各乡镇长即邑乡绅商学各界等敬颂。③

类似这种以颂扬地方长官为内容的社会广告不时见诸报端,内容大同小异,主题相仿,无非是对其政绩做一番表扬,以此赢得舆论肯定罢了。在大众传播时代,报纸的宣传效应还远大于口口相传,这种登报表扬人的手段,不失

---

① 广西日报(桂林),1940-5-27.
② 广西日报(桂林),1937-4-16.
③ 广西日报(桂林),1937-6-1.

为考察民情、了解官员声望的手段。但是,不排除有阿谀奉承者刻意为之,以迎合官员政治需要。

社会广告以恭颂行政长官居多,此外也有个人发布的类如感谢、申冤、控诉、辩驳、警告等内容的广告。这类广告带有强烈的个人色彩,广告内容也各执一词,很难分辨是与非。因此,常常见到某人登广告控诉某人,不日另外当事人又登广告辩驳的场面。社会广告的复杂性、多样性是其显著的特点。在非商业广告领域,它在一定程度上起到沟通信息、协调人际关系的作用,具有一定的社会进步意义。但是,也因为个人事务的隐私性,这类广告的可信度也难以保证。

推荐医生广告在《广西日报》上也寻常可见,这类广告主要是以患者的名义颂扬某医生医术高明,表达病愈感激之情。如1940年6月14日一则"介绍国医李春园":

> 先生医学渊博,经验宏富,原在桂应诊多年,现设诊所于桂北路一七一号(广西银行储蓄部上手间壁)凡经先生诊治者莫不手到春回,故同人等乐为介绍俾抱恙者,知所问津焉。介绍人:某某等①

个人因为某些事由需要答谢也常用颂扬广告这种形式,比如1944年4月8日,一位罗姓人士就委托朋友登报答谢某建筑商信守承诺为其建房一事:

> 余友罗君云浮服务陪都,其家属全部由沪迁桂,时以赁屋为艰,罗君适余甫来之便委建一宅安之在桂。丽丽公司岑英先生乃以本市丽中□建筑同事相托。事后,余即因公回川。忆余离桂未及三月而岑君设计之巍峨大厦业已落成,且碧瓦朱甍,亦煌亦丽。按此大时代中物价飞涨之际,丽丽公司如期完成且宁亏成本以全信誉,诚足钦佩。罗君远在中枢服务家属,能安居八桂,实感岑君之美德所赐也。感念及此岑君高谊,特刊报以示谢忱并为建宅者有所知适焉。该公司地址:桂林市中南路179号,电话2113号。韦鼎烈代友罗云浮致谢。②

第二节 文化教育广告

民国初年的广西,无论是经济还是文化层面都属于比较落后的省份。20世纪20年代末期新桂系上台后,积极发展经济,大力兴办教育,无论是

---

① 广西日报(桂林),1940-6-14.
② 广西日报(桂林),1944-4-8.

成人教育、职业教育、中等教育、高等教育都有了较大的进步。学校和教育机构纷纷在《广西日报》上刊登招生广告,教育广告成为《广西日报》重要的广告类型。

1938年以前,桂林的出版业还比较稚嫩。据资料记载,当时桂林只有四家书店,而且都不是专营的。出版社也只有广西省政府办的几家,且多为内部出版物,民间出版社则阙如。1938年6月,自上海、武汉、广州沦陷后,沦陷区众多出版机构利用新桂系包容的政治立场,迁徙到桂林,形成第一次图书出版业发展的高峰。1941年,香港沦陷后,当地图书出版机构也撤退到桂林,桂林的图书出版队伍进一步壮大了,形成第二次图书出版业发展的高峰。在省外出版机构转移进驻的推动下,桂林的图书出版市场迅速繁荣起来,发生翻天覆地的变化。书店、出版社、印刷厂寻常可见;文人、知识分子、进步青年熙熙攘攘,往来于众多书店之间,形成"满城书香"的喜人氛围。据统计,当时桂林共有文化机构95个,书店、出版社200余家,印刷厂109家、出版图书约2 000种,发行各类杂志近300种、报纸15家,出版数量占国统区的八成。① 如此密集的图书出版机构和庞大的图书生产规模在国统区绝无仅有。桂林文化城因而得名,蜚声国内外。

图书出版事业的繁荣,以及外来人口尤其是知识分子的高度密集,使市场对书籍、杂志等出版物的需求逐步加大。于是,在这种客观条件下,书籍、杂志广告常常见诸报端。图书出版事业的繁荣最直接的作用就是为全民抗战提供了强大的精神武器和舆论支持,同时也提高广西本土人士的知识文化水平,对促进新式观念、科学知识传播起到重要的作用,对广西现代社会变迁具有积极的意义。

为便于读者大致了解《广西日报》书籍广告发布数量的基本情况,笔者采用随机抽样的方法,以1943年为样本年份,统计当年发布广告面积超过半版的广告版面数量,以此推断全年或一个时期书籍广告的规模。

表4-2 《广西日报》1943年半版以上书籍广告抽样统计表

(单位:个)

时间	出版社/书店/杂志	广告内容	广告数量	广告面积
1943.1.8	龙门联合书局	英文书籍	1	半版
1943.1.20	实学书局、集美书店、天下书店	社科、教辅	3	半版
1943.1.25	国文杂志社、科学书店、文化供应社	社科、教辅	3	半版

① 魏华龄.抗战时期桂林文化城的形成[M]//魏华玲:桂林抗战文化研究文集.桂林:漓江出版社,1992:10.

续表

时间	出版社/书店/杂志	广告内容	广告数量	广告面积
1943.1.27	三户出版社、光明书局、华华书店、远方书店、联合书局	文学、社科	5	半版
1943.2.1	良友复兴图书印刷公司、	文学、人文	1	半版
1943.2.3	学艺出版社、远方出版社、实学书局、华华书店、□□书店	文学、社科、教辅	5	半版
1943.2.7	三户出版社	社科	1	半版
1943.2.14	作者书房	社科	1	半版
1943.2.17	现实出版社、远方书店、正中书局、作者书房、新光书店	教材、社科、文学	5	半版
1943.2.22	万有书局、东方书局、光明书局	教材	3	半版
1943.2.24	沪江图书公司、建文书店、立信会计图书用品社、光明书局、远方书店	教辅、社科、文学	5	半版
1943.2.28	侨兴出版社	文学	1	半版
1943.3.1	远方书店、白虹书店、	文学	1	半版
1943.3.14	实学书局、青年书店、天下书店、□□书店	社科、教辅	4	半版
1943.3.22	文献出版社、柳州国风书店、华华书店、沪江图书公司	社科	4	半版
1943.4.1	远方书店	社科	1	半版
1943.4.3	实学书局、文化供应社、华华书店、联合书局	教辅、社科	4	半版
1943.4.4	真理出版社、桂林西风社、金城图书文具公司	教辅、人文、文具	3	半版
1943.4.9	立信会计图书用品社、英语周刊社、光华书局、万有书局	教辅	4	半版
1943.4.26	建设书店、沪江图书公司、□□出版社	社科、教辅、文艺	3	半版
1943.4.27	立体出版社、实学书局、今日文艺出版社	文艺	3	半版

续表

时间	出版社/书店/杂志	广告内容	广告数量	广告面积
1943.5.11	万有书局、三户图书社	社科、教辅	2	半版
1943.5.20	集美书店	社科	1	半版
1943.5.27	实学书局、科学书店、文化供应社	社科	3	半版
1943.5.29	实学书局、文化生活出版社、文献出版社	教辅、文学	3	半版
1943.6.7	三户图书社	社科	1	半版
1943.6.13	综合出版社、科学书店、立体出版社、春草书店	社科、文学	4	半版
1943.6.14	侨兴出版社	社科	1	半版
1943.6.22	进修出版社、国光出版社、立体出版社	文学	3	半版
1943.7.7	光明书局、远方书店、文华书店、人世间社、青光书店、正中书局、文化生活出版社、耕耘出版社、文心书店、新生书店、华华书店、桂林西风社、立信会计图书用品社、万有书局、华光书店、春草书店	文学	16	2整版
1943.7.20	沪江图书公司、文光书店、金城图书文具公司、大时代书局	社科、文学	4	半版
1943.7.21	南光书店	社科	1	半版
1943.8.11	立体出版社、建设书店、桂林文化书店、新生书局	社科、教辅	4	半版
1943.8.17	实学书局、科学书店、文化供应社、华华书店	社科、教辅	4	半版
1943.8.18	三户图书社	社科	1	半版
1943.8.23	集美书店	社科	1	半版
1943.8.24	万有书局、天下书店、文华书店、大方书店	社科	4	半版
1943.9.4	华华书店、文光书店、侨兴出版社	社科、文学	3	半版
1943.9.9	上海求益书社、实学书局、北新书局	社科	3	半版
1943.9.10	新生书局、会文堂书局、建设书店	社科、教辅	3	半版

续表

时间	出版社/书店/杂志	广告内容	广告数量	广告面积
1943.9.14	三户图书社	社科	1	半版
1943.9.15	新大地出版社	社科	1	半版
1943.9.16	水平书店、沪江图书公司、三户图书社	社科	3	半版
1943.9.18	南光出版社	社科	1	半版
1943.10.6	文光书店	文学	1	半版
1943.10.10	实学书局、大地图书公司、远方书店、桂林集美书店、南光书店、文光书店、华光书店、华华书店、科学书店、万有书局、新生书局、建文书店、桂林西风社、文化生活出版社、春草书店	文学、社科	17	2整版
1943.10.12	新生书局	社科	1	半版
1943.10.27	新时代书局、远方书店	文学	2	半版
1943.11.3	进修出版社、文化生活出版社、大时代书局	文学、教辅	3	半版
1943.11.6	文化供应社	文学	1	半版
1943.11.7	光明书局、中心书店	文学	2	半版
1943.11.9	立信会计图书用品社、青年书店	社科、文学	2	半版
1943.11.13	真实书店、华华书店、亚光兴地学社	社科	3	半版
1943.11.14	文光书店	文学	1	半版
1943.11.17	新生书局、中央图书文具公司	社科、文具	2	半版
1943.11.20	南光书店	社科	1	半版
1943.12.7	上海杂志公司、上海沪江图书公司、南光书店、万有书局、侨兴出版社、普及出版社、群力出版社、天下书店	社科、文学、教辅	8	整版
1943.12.19	三户图书社、文汇书店	社科	2	半版
1943.12.20	文光书店	文学	1	半版

从抽样数据可知，在1943年里，除了两个月仅有1.5个整版广告以外，其余的月份都有两三个整版的广告，11月书籍广告最多，共有四个整版的广告。这仅仅是以半版为单位统计的，尚不包含零星的单个广告和大型的图书行业

联合广告。仅从这个数据来看,《广西日报》的书籍广告相当可观。其中,个别出版社、书店,还屡屡单独发布半版广告,可见图书企业的经营意识强烈,图书出版市场的繁荣。

一、书籍广告

抗战期间,桂林文化城的图书出版事业高度繁荣,十分兴旺。据统计,抗战期间,桂林出版的图书约2 200种。按照图书文类统计,各类图书出书品种数为:哲学57种、法律33种、军事73种、文化教育201种、历史地理135种、政治社会科学331种、语言文字87种、经济152种、文学艺术1051种、科学技术71种、综合类32种。① 这些图书中,丛书和成套书近70种,其中文艺丛书50多套。

(一)图书种类繁多,内容丰富

抗战时期,桂林出版了大量的图书,内容包罗万象,从政治、经济、文化等社科读物到物理、化学等自然科学,无所不包。众多名家在此出版专著,在国统区中建起一个难得的文化家园,为国人抗战御敌提供了营养丰富的精神食粮,也为普通民众学习文化知识、提高国民素质创造了条件。

这些书籍主要有以下几类:

一是宣传抗日斗争的政治军事类书籍,包括毛泽东的《论持久战》《新民主主义论》《论新阶段》,周恩来的《论抗战形势》《中日战争的政略与战略问题》,朱德的《抗日游击战争》,叶剑英的《现阶段的游击战和正规战》,以及宋庆龄的《中国应何以生存》、李宗仁的《焦土抗战论》、冯玉祥的《抗日与伟大民众》,黄旭初的《怎样去长期抗战》等。在丛书方面,出版了《抗战大众知识丛书》《抗战中的中国丛书》《抗战社会生活丛书》等。

二是各类政治、经济、历史、哲学类社科书籍。包括千家驹的《帝国主义是什么》《广西经济调查》,梁宗岱的《非古复古与科学精神》,顾颉刚的《汉代学术史略》,杨荣国的《中国古代唯物论研究》,艾思奇的《大众哲学》,谢冰莹的《一个女兵的自传》等。

三是各类文学艺术书籍。文学艺术类书籍是桂林文化城期间,出版内容最大的一个类型。据统计,当时出版了2 000种图书,其中有一半属于文学艺术类。文学作品中,既有国外名家的,也有大量国内作家的。国外作品包括

---

① 桂林市政协文史资料委员会.桂林文史资料第38辑[M].桂林:漓江出版社,1998:75.

《钢铁是怎么样炼成的》《静静的顿河》《安娜卡列尼娜》《美国小说精选》《英国小说精选》《德国小说精选》等;国内作品包括鲁迅的《鲁迅全集》《阿Q正传》《呐喊》《鲁迅小说集》以及郭沫若、巴金、老舍、沈雁冰、曹禺、冰心等知名作家的作品。除了现当代作品以外,众多出版社还出版大量的古典文学作品,丰富的文艺作品为桂林增添了浓厚的文化色彩。

四是各类自然科学、科普读物。作为五四运动所带来的追求科学的新风尚,抗战时期的桂林也成新文化、新知识的重要阵地。这一时期,大量的自然科学、科普读物在此出版,为提高民众的科学文化水平,改造旧中国封建愚昧的世界观创造了积极条件。比如《科学概论》《我们的宇宙》《明日的科学》《生物的进化》《化学游戏》等。

 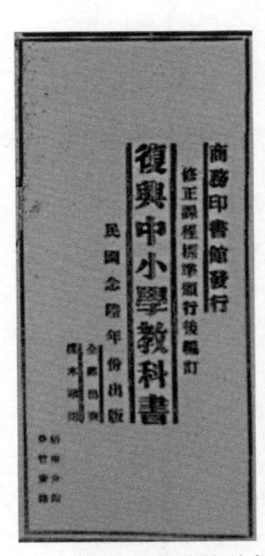

图4—9　中华书局教科书广告　　图4—10　商务印书馆教科书广告

(二)图书联合广告是特有的书籍广告形式

从1942年起,受战事影响,东南沿海以及华中等地的出版社纷纷到桂林躲避战乱。当时桂林乐群路出版社云集,小小一条街道,竟有书店上百家。出版社的大量增加,自然带动了报纸广告的发展。各出版社出于发展业务需要,都竞相在地方影响最大的《广西日报》刊登广告,书业广告就蓬勃发展起来了。最具代表性的现象就是图书出版行业的联合广告盛行。

1942年5月13日,《广西日报》刊出第一则图书行业的联合广告,名为"桂林市图书联合广告",开辟了一个图书行业广告繁荣的时期。这则广告由实学书局、万有书局、科学书店、远东书局、时代书局五家出版社的小广告组合而成。出版社的书籍内容包括教材、工业技术、科技、社科。此后,包括出版、医药、百货、五金等各个行业的联合广告便如过江之鲫,陆续刊登,掀起联合广告发布的热潮,这成为《广西日报》广告的一大特色。

图4—11 侨兴出版社以庆祝联合国纪念庆祝同盟国胜利为契机刊发广告

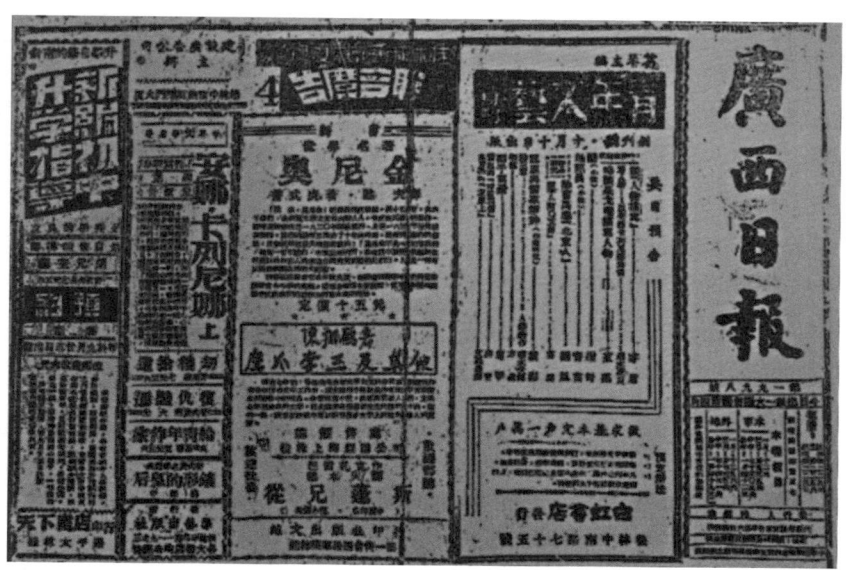

图4—12 图书联合广告连载多起,影响广泛

为了便于大致掌握图书联合广告的整体情况,现以1942年为例,将《广西日报》上发布的图书联合广告统计如下:

表 4-3 《广西日报》1942 年图书联合广告发布情况一览表

(单位：个)

发布时间	广告名称	出版社/书店	代理公司	图书种类	广告数量	广告面积
1942.5.13	桂林市图书杂志联合广告	实学书局、万有书局、科学书店、远东书局、时代书局	桂林立体出版社	科技、教材、社科	5	半版
1942.5.17	桂林市图书杂志联合广告	立体出版社、远方书店、上海光明书局、桂林实验书店、文化供应社、集美书店	桂林立体出版社	艺术、文学、社科	7	半版
1942.8.23	桂林出版界文具业联合广告	科学书店、桂林西风社、天下书店、中国文化出版社	建设广告公司	社科、教材	4	半版
1942.9.3	桂林市图书文具业联合广告	上海伟益制本所、文献出版社、上海杂志公司、天下书店、大公书店、大千书屋	建设广告公司	教材、社科、文学	6	半版
1942.9.10	桂林市图书文具业联合广告	科学书店、东方书店、立体出版社、文化供应社、东方书店	建设广告公司	教材、文学、社科	6	半版
1942.9.15	桂林市图书文具业联合广告	白虹书店、丝文出版社、学艺出版社、天下书店	建设广告公司	文学、教材	4	半版
1942.9.25	桂林市图书文具业联合广告	科学书店、上海伟益制本所、远方书店、天下书店	建设广告公司	教材、人文	4	半版
1942.9.27	桂林市图书文具业联合广告	大地图书公司、大华图书公司、真实书店、文信会计图书用品社	建设广告公司	文学、社科	4	半版
1942.9.30	桂林市图书杂志联合广告	正中书局、天下书店、学艺出版社、桂林实学书局、中国农村社、□□书局	桂林立体出版社	教材、农学、文学、社科	6	半版

续表

发布时间	广告名称	出版社/书店	代理公司	图书种类	广告数量	广告面积
1942.10.1	桂林市图书文具业联合广告	新光书店、白虹书店、文献出版社、集美书店	建设广告公司	文学	4	半版
1942.10.4	桂林市图书文具业联合广告	华华书店、白虹书店、上海新亚书店、桂林萤祐	建设广告公司	文学、社科	4	半版
1942.10.10	桂林市出版界联合广告泰国庆特刊	万有书局、东方书店、北新书局、实学书局、白虹书店、光明书局、远东书局、商务印书馆、开明书店、科学书店、集美书店、华华书店、丝文出版社、	桂林立体出版社	文学、社科	15	两版
1942.10.18	桂林市图书文具业联合广告	联合书局、文献出版社、中央图书文具公司、大千书屋、宇宙风出版社、桂林萤祐、瑞兴文具社、军民书店	建设广告公司	社科、文学	9	整版
1942.10.25	桂林市图书文具业联合广告	上海伟益制本所、军民书店、宝芬笔墨庄、建设广告公司、学海出版社	建设广告公司	社科、文具	5	半版
1942.11.29	桂林市图书文具业联合广告	万有书局、白虹书店、联合书局、真实书店、集美书店、文友书店、文献出版社、学艺出版社、中央图书文具公司、中国图书文具公司	建设广告公司	社科、文学、文具	9	整版
1942.12.6	桂林市图书文具业联合广告	天下书店、上海杂志公司、中国图书文具公司、远方书店	建设广告公司	社科、文具	4	半版

图书联合广告从1942年5月份第一次出现,在半年的统计时间里,一共发了11.5个整版的广告,平均一个月近乎两个整版。这是个不小的数字,推动图书广告成为《广西日报》重要的广告类型之一。图书联合广告在之后成为一种固定的广告形式,屡屡见诸于报端。这种广告形式在1943、1944年达到发展的顶峰,1945年以后逐渐式微,1946年则偶有零星出现,1947年就彻底消失了。图书联合广告在初期主要由专业的广告公司主办,比如建设广告公司、金马广告公司,后期则由出版社主办。

图书联合广告的兴衰变化是桂林图书市场变迁的生动写照,1942年,受全国战乱的影响,全国各地的知名出版社都云集桂林,文人荟萃,遍地书香,图书出版事业高度繁荣,有全国文化城之美誉。1944秋,日寇侵略桂林,有60多家出版社实行大撤退,结束了在桂林的营业。至此,桂林的出版事业遭受严重的打击,曾经稳定而繁荣的局面不再,图书出版市场一片萧条。1945年抗战胜利,外地出版社纷纷返回原籍重振事业,仅有10余家书店、出版社继续留在桂林营业,曾经支撑桂林文化城的重要基础——出版社、书店纷纷返回原籍,图书出版事业的重要读者群——文人墨客、知识分子也大多离去。在这种情形下,桂林的图书出版事业自然慢慢衰退,图书联合广告也就丧失动力,自然慢慢萎缩,乃至销声匿迹。

二、招生广告

笔者在1937—1945年之间的《广西日报》上进行了抽样调查。在抽样数据中进行频次分析得知,在历年发布的教育广告种类中,职业教育广告的数量最多,共有19条,数量远远多于位于第二位的普通教育广告;其次是普通教育,共有10条;第三名为高等教育,共有8条;最少者为军事教育,计有7条。

表4-4 《广西日报》(1937—1949)招生广告情况一览表

(单位:个,%)

时间	普通教育	职业教育	军事教育	高等教育	广告总量	所占比例
1937.6	0	0	0	0	0	0
1939.3	1	2	0	2	5	10.8%
1939.6	0	1	0	0	1	1.53%
1939.9	1	1	0	1	3	5.76%
1940.3	2	0	1	0	3	7.69%
1940.6	0	0	0	0	0	0
1940.9	0	1	0	1	2	3.03%

续表

时间	普通教育	职业教育	军事教育	高等教育	广告总量	所占比例
1940.12	0	2	0	0	2	3.70%
1941.3	0	1	0	0	1	1.51%
1941.6	0	0	0	0	0	0
1941.9	1	0	0	0	1	1.63%
1941.12	0	3	0	1	3	7.14%
1942.3	2	2	1	0	5	10.63%
1942.6	0	0	0	0	0	0
1942.9	1	0	1	0	2	4.5%
1942.12	0	1	1	0	2	3.57%
1943.3	0	0	0	0	0	0
1943.6	0	0	0	0	0	0
1943.9	0	0	0	0	0	0
1943.12	0	0	0	0	0	0
1944.3	1	1	1	0	3	6.52%
1944.6	0	0	2	0	2	4.34%
1944.9	0	0	0	0	0	0
1945.12	0	0	0	1	1	4.34%

注:本项调查取每年3、6、9、12四个月份的5号作为抽样日,除因战火摧毁,报纸无寻以及报社停刊的缘故外。普通教育是指中小学;职业教育是指以提高个人专业技能为目的的各类学历教育、培训班;军事教育是指,各类军队专业招募学生广告;高等教育是指各类大学、大专。

(一)形势发展引发职业教育热潮

广西地处南疆,历史上文化并不发达,教育比较落后。新桂系统治广西以后,革故鼎新,振兴广西,教育事业得到较大的进步,但与沿海省份以及大多数内部省份相比,广西的文化教育还是比较落后的。从招生广告抽样数据来看,广西的高等教育、初等教育都比较薄弱,唯有职业教育呈现出比较蓬勃的势头。下面,将以职业教育为例,一窥民国时期广西的教育发展状况。

清朝末年的时候,为了提高国人的实业技能,振兴民族产业,当时的清朝举办了实业学堂,我国从那时起逐渐兴起今天所谓的职业教育。各省相继开办简易、中等、高等不同类型的实业学堂。

民国六年，中华职业教育社成立，全国的职业教育运动顺势铺开。民国十七年，中央颁布中学暂行条例，规定高中分设师范、农、工、商、理、家事等科。民国二十一年，中央新颁布职业学校法，对职业教育作更进一步地推进。此后职业学校便与中学和师范鼎足而立。

民国时期，广西比较重视职业教育，对职业教育有比较清晰的认识和发展思路。广西的《广西教育改进方案之订立》中开宗明义地说明了职业教育的重要意义："民生是人类一切活动的中心，除了实施国民基础教育，训练民众……就要注重民生的建设，以立经济基础""这里所谓职业教育，不是单纯弄成谋生技能的狭义的生产教育，亦非效颦资本主义的盲目生产教育，而是在以自养为原则的计划生产中协助本省农工改善其生产的质和增加其生产的量，建立自养的经济基础，促进国民经济之发展，以解决民生问题的职业教育，或者称为生计教育"①。广西省政府要求，初级中学和高级中学要各有侧重地融入职业教育内容。其中，初级中学的教育内容，采用半工半读的办法，以期手脑并用；高级中学则将文化教育与职业教育打成一片，以期按照广西本省建设需要，培植通用技术人才。

抗战前期，广西的职业教育受到人力财力两大限制，办学成效不甚明显。抗战期间，由于对外遭受敌寇的封锁，大都市的金融机构、科研单位、重点企业纷纷内迁桂林，大量科技人员也疏散到桂林。金融机构、科研院所、企业的日益增多，技术工人需求增大，这客观上为广西发展职业教育提供了契机。②在此情况下，广西职业教育也迎来难得的发展机遇。1943年，广西省政府颁布《广西建设计划大纲战时三年实施计划》，对本省的职业教育进行大幅度的调整，鼓励兴办职业教育的立场凸显。

（一）普设职业学校，每一职业学校区设立省立高级职业学校一所，初级职业学校一至两所'并督促各县及奖励私人筹设初级职业学校；（二）充实卫生医药学校，注重质的改进；（三）发展职业补习教育，在桂柳邕梧四大城市由省各设职业补习学校一所，并鼓励职业团体及私人筹设；（四）开办短期职业训练，并造就大量中下级技术人才，并扶助职业团体及交通机关，分别筹设同性质之职业训练班。③

广西的职业教育在1931—1939年得到长足的发展，尤其是抗战的原因，职业学校的数量更是突飞猛进。抗战以前，省立职业学校的数量不超过5所；

---

① 李彦福等.广西教育史料[M].南宁：广西人民出版社,1990:465.
② 林建曾.一次异常的工业化空间传动—抗日战争时期厂矿内迁的客观作用[J].抗日战争研究,1996(3):102.
③ 李彦福等.广西教育史料[M].南宁：广西人民出版社,1990:473.

抗战第三年，这一数字就发展到17所。还不包括县立3所，私立2所。学生数量由每年的100多人增加至近2 000人，学生规模扩大非常明显。包括电信、会计、审计、畜牧兽医等专业的技术人员陆续走上各行各业，为广西的经济社会发展贡献力量。

现将抽样调查中的职业学校广告记录如下，以对抗战期间职业教育的种类和招生概况有一个大致了解。

表4-5 《广西日报》(1939—1949)职业教育广告发布概况

时间	广告题目	主要内容	职业教育范畴
1939.3	中苏文化协会主办俄文专修学招生简章	俄文进修	外语
1939.3	中华职教社附设中华职业补习学校升学预备班招生小组及个别补习男女生	升学预备班招生	职业教育
1939.6	广西地方建设干部学校第二期招生简章	地方干部培训招生	干部培训
1939.9	桂林凤英语专修班第三期招生广告	英语进修	外语
1940.9	广西会计人员培训所招生广告	会计招生	会计
1940.12	广西会计人员训练所招考学员	会计招生	会计
1940.12	某机关招考技工训练班学生	技工招生	技工
1941.3	广西会计人员训练所招考学员	会计招生	会计
1941.12	湘桂铁路人员训练所车务班招生	车务招生	车务
1941.12	广西会计人员训练所招考学员	会计招生	会计
1941.12	某机关通信技术人员训练班招生	通信招生	通信
1942.3	中华职业补习学校第八届招生	职业补习	职业教育
1942.3	广西省地方行政干部训练团招考户政班学员	户政培训	户政
1942.12	卫生署中央卫生实验院续招公共卫生医药、药师选修、公共卫生护士	医务人员招生	医务
1944.3	立信会计专科学校桂林会计学校招生	会计招生	会计

从刊登的广告内容可知，民国时期广西职业教育的开展得比较广泛。专业内容从外语、会计、无线电、户政、通信、技工等都一应俱全，范围较广，足以从各方面培养专业技术人才。从广告的发布规律看，职业教育在1939—1942年发展比较迅速，刊登广告比较频繁。这和抗战民族工业的快速发展有关系，也和外省企业大量涌入广西，刺激广西产业有关系。1942年之后，职业教育发展速度放缓，多年未见广告刊登。

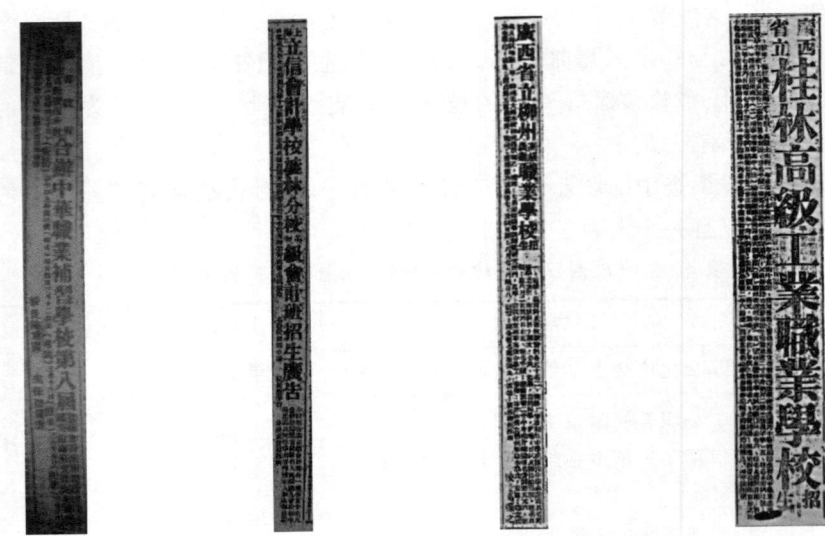

图4—13 中华职业补习学校招生广告　　图4—14 上海立信会计学校会计班招生广告　　图4—15 柳州高级农业职业学校招生广告　　图4—16 桂林高级工业职业学校招生广告

(二) 军事斗争刺激军事教育广告

据以上抽样统计数据,结合笔者随机抽样的方法,可在《广西日报》上常常看到军事教育广告。这种情况在抗日战争爆发之后,就呈现出日益蓬勃的趋势。各类军事院校均在广西经常性地刊登招生广告,经年不息。这也反映出军事斗争对人力资源的极大需求。如空军机械学校就长年不断连续刊登广告,在广西招考高级、中级机械班学员及其他专业人才。

  凡隶属中华民国国籍之男子,年在三十岁以下,曾在国内各大学航空、工程机械、工程土木、工程获电机工程系毕业,确有证件者,均得报名投考。报名日期自二月二十二日起至二十四日。①

  凡隶属中华民国国籍之男子,年十八岁以上,□□以下,在高中或同等学校毕业者均可报名投考,报名日期自八月一日起至八月三日止。报名地点柳州鱼峰路军□分院。招生简章向报名地点索取。②

很长一个时期内,空军机械学校"器材弹药管理人员"等几类学员的招生广告每个月都在《广西日报》上频繁刊登,由此可见,当时我国空军队伍的扩

---

① 广西日报(桂林),1939-2-15.
② 广西日报(桂林),1939-7-15.

弱,空军机械学校急需补充后备力量以维持战争的持续进行。

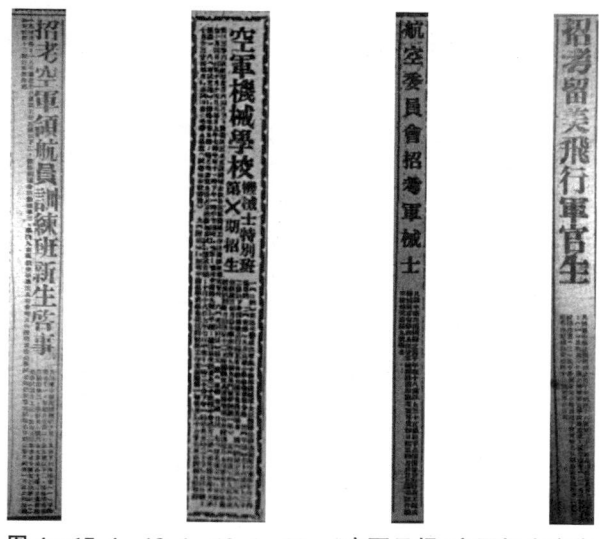

图 4—17、4-18、4-19、4-20 《广西日报》空军招生广告

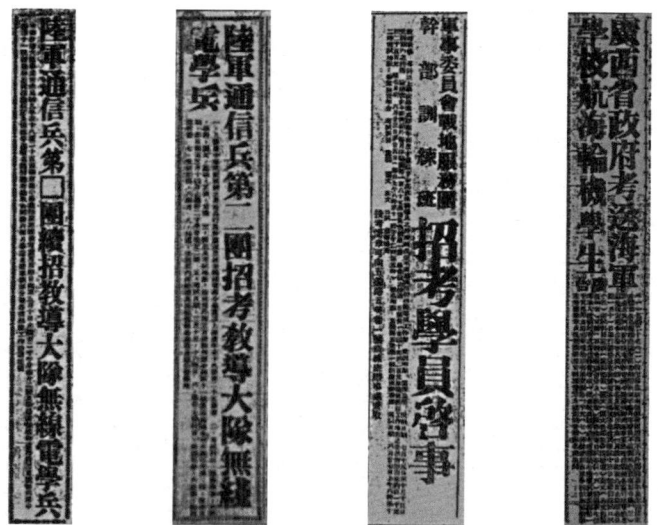

图 4—21、4-22、4-23、4-24 《广西日报》陆军、海军、军委战地服务团招生广告

不仅仅是军事院校的招考人群直接服务于军事斗争,国民政府也大量招各类专业的学生,以期提高其专业技能,直接服务与军事斗争。培养专业人才维持军事斗争的实力和潜力,这在漫长的军事斗争中具有格外重要的意义。比如《广西日报》"广西省政府无线电工作人员训练班招生简章"中,开宗明义就说明了办班的目的和意义,

一、宗旨:本府为响应抗战建国需要培养战时无线电技术及机务人材起见,特饬令桂林科学实验馆开办无线电工作人员训练班……①

为了考察抗战时期《广西日报》上军事教育广告的情况,笔者采取随机抽样的办法,记录部分军事广告如下:

表4-6　广西日报(1937—1949)军事教育广告抽样统计表

时间	广告名称	广告主
1939.3.15	军事委员会政治部国民军事教官体育干部训练班桂林招考新生	军事委员会
1939.3.15	中央陆军军官学校第六分校招考十六期学生广告	中央陆军军官学校第六分校
1939.5.15	广西省政府无线电工作人员训练班招生简章	广西省政府
1939.7.15	中央警官学校招考正科第七期新生启事	中央警官学校
1939.8.15	空军机械学校招考高级机械班新生通告	空军机械学校
1939.8.15	军政部第六军需局代军需学校招考第十四期学生	军政部
1940.3.15	陆军军医学校暨军医预备团招生广告	陆军军医学校
1940.3.25	中央军校第四分校招生广告	中央军校
1940.4.15	空军军士学校招考飞行军士新生	空军军士学校
1940.4.15	广西绥靖主任公署军医速成班招生广告	广西绥靖公署
1940.7.25	军事委员会军训部入伍生第二团招生	军事委员会
1941.5.15	招考空军第X期空中射击通信士广告	空军
1941.10.15	招考空军军官学校第X期新生	空军军官学校
1942.2.25	航空委员会招考空军机械学校高级班学生	航空委员会
1942.3.25	航空委员会续招通信人员训练班新生	航空委员会
1942.9.25	航空委员会测候训练班招考第X期学生	航空委员会
1943.3.25	空军XX招考通信员通信士医务士XX名	空军
1943.3.25	航空委员会招考第X期空中射击通信士新生	航空委员会
1943.4.15	空军机械学校招考第X期器训士新生	空军
1943.4.25	招考空军轰炸士第X期新生	空军
1943.4.25	招考空军军士学校第X期新生	空军

---

①　广西日报(桂林),1939-6-15.

续表

时间	广告名称	广告主
1943.5.15	招考空军无线电机务士高级班新生	空军
1943.6.15	招考空军幼年学校第×期新生	空军
1943.12.15	招考留美飞行军官生	空军
1944.3.15	长期招考空军轰炸学生启事	空军
1944.3.15	空军通信学校招考学生启事	空军
1944.3.15	空军器械学校招收第五期械弹器材油料管士训练班新生	空军
1944.3.25	空军××总站招考油料机械兵启事	空军
1944.5.25	空军通信学校高级空军无线电招考机务班新生启事	空军

注：本次随机抽样仅记录不重复的广告，实际上上述广告多次重复在《广西日报》刊登，数量巨大；本表中"××"皆为广告原文。

从随机抽样的军事广告可以看出，抗战期间，由于战争损耗人力巨大，军队常年在报纸上刊登广告，补充人员。其中，空军部队是最为迫切的军种，抽样数据中十之八九是该军种的招生广告。由此可见，对日作战给我空军造成极大的损害。民国政府组建空军不久，飞机少，专业人才也少，长期的抗战给空军带来严重的困难，因此，《广西日报》上每年都持续刊登部队的招生广告，以及时补充专业力量，打持久战。从1941年开始，空军就进入繁忙的补缺状态中，一直到抗战胜利。由于飞机的专业性比较强，因此有关空军招生广告针对的专业包罗万象，包括测候、通信、机械、射击、轰炸、弹药油料管理等等。这些广告时时在《广西日报》上刊登，足见前线战争对人员的极大损耗。

第三节 休闲娱乐广告

一、戏剧广告

戏剧是广西民众重要的娱乐方式，广西的戏剧活动最早可以追溯到明代，地方剧种有桂剧、彩调、邕剧、壮剧、采茶、傀儡、侗戏、苗戏、师公戏等等。明中叶到清初，外地的戏剧文化开始流入广西，包括昆山腔、秦腔、徽调、楚腔、文场（缘于江浙的曲艺）、粤剧等。辛亥革命以后，京剧（平剧）、话剧传入广西，在民间形成较大影响。广西本土剧种——桂剧，最早是在庙宇、祠堂或者圩市进行表演的，辛亥革命以后，逐渐出现商业化的趋势。20年代，广西出现商业演出场所，大小戏院成为桂剧的主要表演场所，其他剧种也纷纷在戏院登台亮相，成为民众娱乐休闲的重要方式。由此，外来剧种、本地剧种共同成为了广西民众戏剧娱乐的重要来源，奠定了广西戏剧类型多样化的格局。随着戏剧的不断发展，整个民国时期，看戏已经成为了老百姓最平常的休闲方式，平剧、桂剧、粤剧成为最受民众欢迎的剧种。

抗战时期，桂林戏剧业很繁荣，戏院林立，新剧不断，老百姓的文化生活丰富多彩。据统计，1939年，桂林有8家戏院分别上演平剧、桂剧和电影。它们分别是新华戏院、高升酒店、金城露天剧场、新世界剧院、南华戏院、同乐园、国民戏院、新生戏院。① 1942年，桂林共有9家戏院，专门上演桂剧、平剧和粤剧。其中，上演桂剧的戏院有广西剧场、启明剧场、东旭剧场；上演平剧的有三明戏院、桂林戏院、国民戏院；上演粤剧的有：银宫戏院、高升戏院和新世界戏院。②

平剧、粤剧、桂剧是我国本土戏剧的主要类型之一，也是广西戏迷们最喜欢的剧种。抗战期间，各大戏院纷纷邀请名角前来献演，包括马师曾、关德兴等著名粤剧名角纷纷登台献艺，为市民的生活增添了暖意。

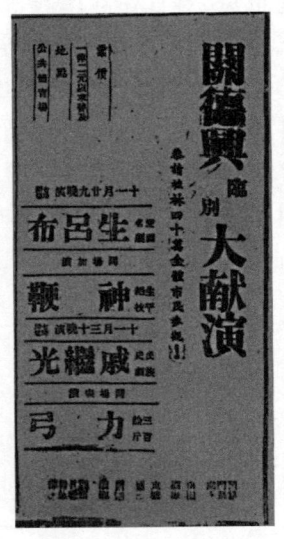 

图4-25 粤剧名角关德兴戏剧广告　　图4-26 《广西日报》上的戏剧单广告

---

① 广西壮族自治区戏剧研究室,中国戏剧家协会广西分会.广西戏剧史料集[M].南宁:广西壮族自治区戏剧研究室,中国戏剧家协会广西分会,1982:127.

② 广西壮族自治区戏剧研究室,中国戏剧家协会广西分会.广西戏剧史料集[M].南宁:广西壮族自治区戏剧研究室,中国戏剧家协会广西分会,1982:148.

图 4—27 粤剧名旦马师曾戏剧广告

图 4—28 戏剧广告长期占据娱乐类广告主要版面

1938年后,自上海、武汉和广州、香港相继沦陷后,沦陷区的进步文化人士和文化事业机构纷纷迁往桂林,不长的时间内,桂林由一座边疆山城变成为一座荟萃文人名流、蜚声海内外的"文化城"。这个外因造就了桂林戏剧文化与众不同的特点,抗战救亡成为时代的主旋律,利用戏剧动员群众则成为桂林戏剧业的重要使命。这一点,让桂林的戏剧除了消遣娱乐之外,充满浓郁的抗战救亡气息。据统计,1938年10月—1944年8月,从全国各地搬到桂林的文化人有1 000多名,其中全国知名的有200多名。这些人中,主要来自文化界、戏剧界、美术界、音乐界和新闻界。他们来到桂林后,团结一致,发挥特长,高悬爱国主义旗帜,在广大民众中经常性组织开展爱国文化活动,在当地乃至全国产生极大的影响。其中,由欧阳予倩、田汉、洪深、熊佛西、焦菊隐等为代表的戏剧界知名人士在桂林掀起的爱国戏剧运动则是这场声势浩大的抗日救亡文化运动中令人瞩目的华彩篇章,他们创作、组织了大量的戏剧作品和戏剧活动,用特有的文艺形式为抗日救亡摇旗呐喊,为唤起大后方民众发挥了突出的作用。抗战期间,桂林的戏剧不仅仅以满足普通民众休闲娱乐需求为宗旨,而在动员群众、团结抗敌上更是不遗余力,居功至伟。因此,抗战期间桂林戏剧文化最显著的特点是爱国主义。然而,爱国戏剧运动在桂林之所以蓬勃发展,与戏剧界成功运用报刊广告宣传密切相关。《广西日报》上的戏剧广告即是很好的例子。

(一)抗战时期桂林戏剧业的主要特点

抗战期间,桂林文化城的外来文化人中,戏剧工作者占很大比例。当中,很多是全国知名的戏剧家。这些戏剧家的到来,直接推动广西戏剧业的快速发展和繁荣。在他们的推动下,抗日救亡戏剧文化如春风般吹遍八桂大地,激起众多戏剧团体、社会组织、普通民众的热情,戏剧文化深入人心程度之深和产生影响之广,在全国来说绝无仅有。

抗战时期桂林的戏剧业总体而言有以下几个基本特点:

1. 戏剧名家多

据统计,当时居住在桂林的全国知名戏剧家有欧阳予倩、田汉、熊佛西、杜宣、阳翰笙、瞿白音、夏衍、洪琛、焦菊隐、丁西林、凤子、马彦祥、郑君里、万籁天、许子乔、朱琳、刁光覃、金山、王莹、唐槐秋、严恭、汪巩、吕夏、孙师毅、于伶、章泯、冼群等。著名的演员有朱琳、刁光覃、叶子、凤子、金山、唐槐秋、蓝马、王望、严恭、盛捷等;著名的戏剧评论家有周钢鸣、孟超、骆宾基、鸿遒、陈迩冬、韩北屏、秦牧、秦似、华嘉等。这些全国闻名的戏剧家、演员、评论家云集桂林是桂林戏剧业发达的重要原因,在戏剧家、剧团密集的有利条件下,桂林戏剧业得以超常规快速发展,迅速在全国产生巨大影响,成为大后方可与重庆相媲美的文化城。

2. 戏剧作品多

在远离战火的大后方,戏剧家们得以休养生息,但是他们并不苟且偷生,逃避现实,而是满怀热情创作了大量抗战题材戏剧作品,在这期间诞生的戏剧作品无论是数量还是质量都堪称双绝。据统计,抗战时期,戏剧家们在桂林创作的活报剧、街头剧、话剧、歌剧、舞剧以及地方戏曲剧本一共 100 多个①。1941—1943 年,在桂林编导和上演的进步戏剧就有 45 个,其中话剧占了 30 多个。当时桂林的人口只有 30 多万人,《秋声赋》《风雨同舟》《忠王李秀成》等剧的演出都在 10 场以上,有的多达 16 场。由此可见,当时桂林戏剧作品之丰盛,演出之频繁,社会反响之巨大。

3. 戏剧团体多

当时桂林的戏剧团体数量庞大,在一个人口只有几十万的小山城容纳如此多的戏剧团体在全国都罕见。据统计,当时住桂林的剧团中,仅职业剧团就有 10 多个,业余剧团 20 多个,加上从外地到桂林演出的流动剧团,桂林的各类剧团总共多达 60 多个。戏剧团体众多,大大繁荣了当地的文化市场,极

---

① 蔡定国.试论桂林文化城戏剧运动的特征[M]//魏华龄.桂林抗战文化研究文集.桂林:漓江出版社,1992:193.

大刺激了当地的戏剧文化发展。在此背景下,桂林等地逐渐出现戏剧热潮,机关团体流行举办剧团,剧团下乡、义演活动频频,在社会上产生广泛的影响,戏剧的大众化取得相当进展。据记载,抗日战争期间,广西民间的群众性话剧运动非常热烈,仅 1937 年就有 1 710 所学校的师生到社会上演出话剧和组织民众歌咏队。1938 年成立的广西第三届学生军,在两年多的时间在全省 11 个行政区,55 个县及 11 个市,演出和组织群众演出抗日救亡话剧 2 万多场次。①

4. 戏剧活动影响大

在抗战期间,桂林戏剧界利用国统区的有利条件,以戏剧为武器,大力开展抗日救亡戏剧运动,在全国引起巨大的反响。曾有人这样评论:"抗战时期,号称文化城的桂林,剧运非常蓬勃,尤其是话剧,几乎可以和重庆分庭抗礼。"而以第一届西南戏剧展演为代表,大后方桂林向世人展示了其戏剧文化运动巨大的影响力。

1944 年,在广西群众艺术馆的组织下,西南第一届戏剧展览会成功举办。在这场历时三个月的演出中,共有来自粤、湘、桂、赣、滇五省的戏剧团队 33 家,人员近千人来桂演出。演出节目有话剧 23 个,歌剧 1 个,平剧 29 个,桂剧 8 个。期间还有民族歌舞、魔术、马戏等,总计演出 170 场,观众多达 10 万人以上②。西南戏剧联展以规模大、参展人数多、展演时间长,在中国现代戏剧史上创下了历史记录。美国《纽约时报》驻华特派记者、著名戏剧评论家艾金生曾经在《纽约时报》撰文赞誉她"这样宏大规模的戏剧展览,有史以来,除了古罗马时代曾经举行外,还是仅见的"③。茅盾称之为"国统区抗日进步演剧的空前大检阅"。西南剧展从 1944 年 2 月 16 日起在《广西日报》上登广告,每日都发布西南剧展专题广告,截止 1944 年 5 月 20 日,一共刊登了 94 期广告,堪称系列广告恢弘巨作!在国内报纸广告中都是极为罕见的,可见西南剧展在当时社会影响之大。

西南剧展是当时国内戏剧界的盛事,引起社会各界的极大关注。首先,本次剧展得到广西当局的高度重视和支持。在八路军桂林办事处的指导下,出于统战策略,欧阳予倩、田汉等人决定把国民党、广西当局的重要人物拉进活动中来,以壮"声威",同时也方便掩护剧团开展工作。于是,西南剧展组委会会长由广西省政府主席黄旭初担任,名誉会长包括白崇禧、李济深、谷正

---

① 蓝怀廷.广西通志·文化志[M].南宁:广西人民出版社,1999:33-34.
② 钟文典.桂林通史[M].桂林:广西师范大学出版社,2008:430.
③ 蔡定国.试论桂林文化城戏剧运动的特征[M]//魏华龄.桂林抗战文化研究文集.桂林:漓江出版社,1992:195.

纲、张治中等军政要人。湘赣两省的教育厅长以及蒋经国专员则共同担任指导长。有了国民党要人的挂名，这次剧展增加了"合法"的外衣，无形中增强了剧展的权威性和影响力。广西省政府迫于舆论压力，被迫承认剧展既非营业性演出，也非普通义演，而下令豁免剧展的税捐，并拿出十万块补助大会经费。一些国民党军政要人虽然发表一通反动论调，但慑于群众的压力，也不得不做出姿态，说些赞助剧展的话，甚至也拿出一些钱来给展览大会使用。①

西南剧展社会影响之大超乎想象，当时桂林的方方面面都给予了剧展一定的支持，真可谓是"一呼百应"。比如，当地的几家大报，《广西日报》《力报》《扫荡报》都给予了剧展广告费较为优惠的折扣；各类书店举行了廉价优待；汇通银行捐助了展览会需用的全部纸张；青年、国光、亚洲三家印刷厂暂停收外件，专门给展会印刷材料；西艺摄影元以七折优待大会会员；银行界出资扎了三个牌楼以资祝贺；桂林商会下辖的理发店、洗澡房对大会工作人员以八折优待；桂林市的黄包车夫自发在黄包车和板车上插上彩色三角旗，为剧展做免费宣传；就连擦皮鞋的小孩子都要给剧展工作人员擦皮鞋优惠折扣；搬运工为剧展工作，收费低廉，很多时候甚至免费服务；学校为大会提供住宿方便②。可以说，当时桂林上上下下确实对剧展投入很大的热情，对剧展的支持也是很实在的。这是西南剧展取得圆满成功的重要外在条件。

西南剧展是一次国内戏剧盛会，组织方对活动的组织很严密，对剧展的宣传工作也是精心设计，其中报纸广告是重要的一个类型。1944年2月16日，召开了剧展各团队代表联席会议，会议讨论了节目编排、场务、宣传、等工作。在宣传工作中，明确要求：

（一）报纸广告

（甲）每演出五天的节目，共刊登广告总数一百寸。第一日四十寸，第二日二十寸，第三日十寸，第四日十寸，第五日二十寸。

（乙）每演出三天之节目，其刊登广告总数为八十寸，第一日四十寸，第二日二十寸，第三日二十寸。

（丙）演出平剧及地方戏、杂剧等，每天二十寸。

（二）海报

宣传部制定海报牌若干块，分挂桂西路及依仁路口牌楼，其高八尺，

---

① 广西戏剧研究室，广西桂林图书馆.西南剧展[M].桂林：漓江出版社，1984：462-463.

② 广西戏剧研究室，广西桂林图书馆.西南剧展[M].桂林：漓江出版社，1984：440.

横三尺。由各团队自身绘就同样大小之海报二张，交宣传部审查后张贴之。①

展览会还讨论了戏剧宣传工作的具体规程，并作出如下规定：

……

3. 各团队演出时之宣传事项（如报纸广告、美术广告、新闻信息等）大会为统一步调，有划一之规定，各团队应遵守其范围

四、大会宣传原则，暂定如下：

1. 宣传宜切合剧本内容，勿过事夸张。

2. 剧场门前竖有海报牌一座，需事先绘就，于演出前五日送宣传部，俾作预告，演出时即作当日海报。

3. 美术海报仅露布上述一种，余如街头张贴大小海报，一概不用。

4. 报纸广告按桂林各报现价，每日为六十元一寸（大会向各报馆接洽折扣），日报四家，晚报两家。定演出之第一日、各报刊最大二十寸，第二日起各报最大十寸。②

由此可知，西南剧展是一次组织有方、筹备严密的展会，在各报社的支持下，报纸广告得到了一定的优惠，因此剧展活动得以长篇累牍地在桂林几大报纸上刊登广告，带来了强大的广告效应，为戏剧演出延揽了大量客源，维持了剧展的顺利进行。当时，各参展剧团要交纳二成营业收入给大会开支各种费用，因此，报纸广告是保证各剧团演出票房的重要手段。从这个意义来说，包括《广西日报》在内的几家报纸，对西南剧展的顺利举行也做出了积极贡献。

西南剧展中的历史剧取材于中国历史上反对外来侵略，保卫国家安全，反对压迫和剥削的故事，充满了民族团结和反对压迫、追求自由的色彩，这些剧目对于抗日军民，无疑具有巨大的鼓舞力量。它们仿佛一支支火炬，点燃了民众心目中的爱国热情；它们也犹如一面面镜子，反映出当前真实的社会现状。

---

① 桂林市博物馆.西南第一届戏剧展览会文物史料选辑[M].桂林：桂林市博物馆，1944：103.

② 桂林市博物馆.西南第一届戏剧展览会文物史料选辑[M].桂林：桂林市博物馆，1944：91.

图4-29 西南剧展第一号广告　　图4-30 西南剧展第九十四号广告

表4-7 西南剧展广告统计一览表

(单位:个)

序号	演出时间	剧种	剧名	编剧/编剧	演出单位
1	1944.2.16	桂剧	木兰从军	欧阳予倩	广西戏剧改进会桂剧实验社
2	1944.2.17	桂剧	牛皮山、母斩子、献貂蝉、李大打更		广西戏剧改进会桂剧实验社
3	1944.2.18	桂剧	失子成疯、秦皇吊孝、人面桃花		启明戏班
4	1944.2.19	话剧	油漆未干	赵如琳	广东艺专实验剧团
5	1944.2.20	话剧	旧家	欧阳予倩	广西省艺术馆话剧实验剧团
6	1944.2.23	平剧	太平天国	曹慕髡	桂林平剧工作者联合演出团
7	1944.2.24	马戏	马戏表演	黄若海	周氏兄弟马戏团
8	1944.2.25	话剧	茶花女	原著:[法]小仲马、黄若海	第X休养院凯声剧团
9	1944.2.26	话剧	家	原著:巴金 编剧:曹禺 导演:李超	剧宣四队
10	1944.3.1	平剧	家(新编)		军委会政治部
11	1944.3.2	平剧	聂政之死	陈仲铭	柳州四维平剧社

续表

序号	演出时间	剧种	剧名	编剧/编剧	演出单位
12	1944.3.3	话剧	日出	编剧:曹禺 导演:吴剑声	西大青年剧社
13	1944.3.4	话剧	大雷雨	导演:瞿白音	新中国剧社
14	1944.3.8	话剧	百胜将军	赵如琳	广东省立艺专
15	1944.3.11	新平剧	梁红玉	欧阳予倩	柳州四维平剧社
16	1944.3.13	新平剧	江汉渔歌	编剧:田汉	柳州四维平剧社
17	1944.3.14	话剧	胜利进行曲	编剧:吕复 导演:赵明	军委政治部剧宣九队
18	1944.3.16	话剧	法西斯细菌		
19	1944.3.19	话剧	洪宣娇	编剧:阳翰笙 导演:许拟庄	第七战区艺宣大队
20	1944.3.20	话剧	鞭	编剧:宋之的 导演:张夫	第四战区政教大队
21	1944.3.22	话剧	沉渊	编剧:林柯 导演:万元善	江西省代表团话剧组
22	1944.3.28	舞蹈	苗瑶侗民谣舞蹈	导演:林启海 蒙健青,张企	桂岭师范边疆舞团
23	1944.3.29	话剧	愁城记	编剧:夏衍 导演:赵明	军委会政治部剧宣九队
24	1944.3.31	话剧	恋爱与道德	原著:英国穆姆 执行导演:史亮	衡阳社会剧团
25	1944.4.2	话剧	皮革马林	原著:基尔博特 导演:吴华俊	中山大学剧社
26	1944.4.7	话剧	飞花曲	导演:麦大菲	衡阳中国实验剧社
27	1944.4.9	话剧	两面人	导演:杨素江	祁阳军政部被服厂戏剧教育队
28	1944.4.12	话剧	班超	编剧:徐宝元 导演:徐宝元	江西省代表团话剧组
29	1944.4.13	话剧	西门豹	编剧:裴德煌 导演:闵克强	江西省代表团话剧组

续表

序号	演出时间	剧种	剧名	编剧/编剧	演出单位
30	1944.4.14	话剧	岳飞	编导：徐宝元	江西省代表团话剧组
31	1944.4.16	话剧	蜕变	编剧：曹禺 导演：许拟庄	七战区艺宣大队
32	1944.4.18	话剧	水乡吟	编剧：夏衍 导演：朱克	中国苏联剧团
33	1944.4.22	话剧	塞上风云	编剧：阳翰笙 导演：吴剑声	汉塘新村复兴剧团
34	1944.5.5	话剧	军民进行曲	编剧：王震之 冼星海 导演：史进	军委会政治部剧宣七队
35	1944.5.9	话剧	戏剧春秋	编剧：夏衍 于伶，宋之的 导演：瞿白音	新中国剧社

注：西南剧展每日的广告统计仅以上演的新剧目为对象，重演、预告剧目都不在统计之列。因此，有多日重播剧目的广告不在此表统计之列。有数日的报纸缺失，因此统计数据也有残缺。

西南剧展引起了桂林社会各界的广泛关注，市场反响热烈，也为广告界提供了一个展示商情的大好机会。金马广告社积极组织餐饮业、旅店业、医药业商户刊登庆祝西南剧展联合广告，借助社会事件制造了一个广告小高潮，有效提高了商户的知名度，可谓是慧眼独具，商业意识敏锐。

除此外，桂林戏剧界还针对具体的抗战主题，联合举行专题演出活动，如筹建"桂林抗敌小剧场"联合演出、为《救亡日报》复刊募集资金联合演出等，在大后方引起强烈社会反响。

（二）桂林戏剧广告基本特点

抗战时期，我国的现代广告业也处于起步阶段，专业化、职业化的广告公司不多，因此从专业技术而言，抗战时期的戏剧广告创意、制作都较为粗糙。爱国主义，成为了那个时期戏剧广告形式和内容最鲜明的特征。

1. 抗日救亡是常见广告主题

抗战期间，各种社会团体利用戏剧作为手段，利用报纸广告作为媒介，在报纸上开展各种声势浩大的戏剧宣传活动，以抗日救亡为主题的戏剧广

图 4—31　金马广告社组织商家刊登庆祝西南剧展联合广告

告很好地发挥了"宣传者"的作用,为唤起民众热情做出了重要贡献。戏剧社团结合抗战形势发展的需要,在不同时期发起了不同的主题活动,积极服务于抗日救亡的中心任务。比如,针对支援前线。桂林戏剧界先后发起征募寒衣、救济难胞、义演献机、慰问伤兵、义演赈灾等主题活动。在这些活动中,剧团参与的层次各不相同,有的活动是桂林戏剧界联合参加,有的是各机关团体的职业剧团、民间职业剧团、民间非职业剧团以独立的身份参加,总的来说,各个主题活动都得到了行业的积极呼应和支持。在这个时期,《广西日报》上服务于抗日救亡主题的戏剧广告屡见不鲜,形成了强大的主旋律。

2. 爱国主义、民族主义是主要诉求

抗战时期的爱国戏剧广告大多以爱国主义和民族主义作为广告诉求。在这些广告中,多数戏剧广告采取感性诉求的方式,即直接付之于感情色彩强烈的文案,提高广告的感染力;也有以理性诉求的方式,用说理的方法,委婉道来。1939年"九一八"前夕的9月13日,广西伤兵之友社第一休养院负伤士兵组织的"血光剧团"从兴安县来到桂林,为纪念被炸同胞公演。当天的《广西日报》第四版刊登两则戏剧广告。第一则广告侧重感性诉求,广告内容为:

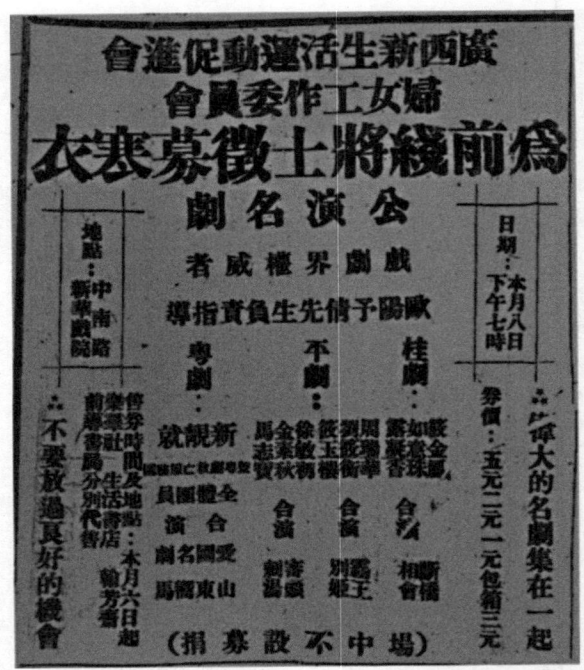

图4—32 广西新生活运动促进会妇女工作委员会募征寒衣公演名剧广告

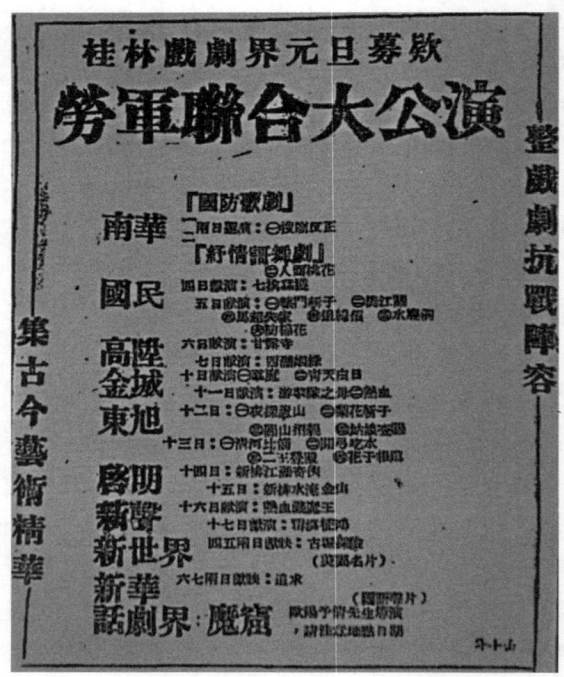

图4—33 桂林戏剧界元旦募款劳军联合公演广告

保卫祖国——三幕国防剧,是民族解放的写真!是保卫祖国的怒吼!伟大!紧张!刺激!热情!①

六个感叹号格外醒目,字眼中流露出豪迈的抗战激情,让人看后热血沸腾,产生强烈的观看欲望;第二则广告则侧重理性诉求,广告内容为:

为响应伤兵之友运动筹建小剧场公演抗战悲壮三幕名剧——祖国胜利,全剧内容采用精神分析的方法,说明在全民族战场上私人爱情的毁灭,民族爱的伸展影射出民族抗战的光明前途。②

细腻的阐述糅合着深刻的分析,让读者看后容易产生理性认同。

3. 广告文案感染力强

总体而言,桂林抗战时期的戏剧广告文案水平并未摆脱时代的局限性。广告文案多数是直接罗列戏剧名称、导演以及演职员表、上映时间、地点、票价等,排版比较粗糙简单。也有个别广告比较重视文案制作,结合剧目内容精心制作广告口号,既浓缩介绍了剧情,又画龙点睛交代了主旨,感染力强,为广告添色不少。比如,1941年4月1日一则名为《花烛之夜》的戏剧广告,其广告口号为一副对仗工整的句子,

新婚正绮丽,闻警奋身为祖国;孤岛存忠贞,万里长空瞻壮士。③

又如该报同年4月14日曹禺名作《雷雨》的广告口号:

缠绵凄酸写尽人生悲剧,狂风暴雨打碎封建欲孽。④

用词精辟,一针见血地把剧情和中心思想交代得清清楚楚,又富有感情色彩,看罢让人产生强烈的共鸣和观看欲望。有广告用比较法,与知名剧目相比较,让读者产生美好联想,刺激观看欲望。

1942年5月21日,国防艺术社《原野》戏剧广告口号为:

故事情节比《雷雨》更动人,人物性格较《日出》更深刻","势必拥挤,请速订座"。⑤

广告充满了煽动性和感染力,效果较佳。总的说来,煽情和深刻是这个时期戏剧广告口号的主要风格;而对仗、排比、比较则是常用的手法。

4. 广告编排别出心裁

抗战时期的《广西日报》戏剧广告大多流行白底黑字的直白介绍,广告编排普遍缺乏创意,手法比较简单。但是,也有别出心裁者,通过委托专业广告公司,充分利用广告编排手段,获得强烈的视觉效果,在众多的广告中脱颖而

---

①② 广西日报(桂林),1939-9-13.
③ 广西日报(桂林),1941-4-1.
④ 广西日报(桂林),1941-4-14.
⑤ 广西日报(桂林),1942-5-21.

图4—34 国防艺术社上演曹禺名剧

图4—35 曹禺名剧《雷雨》广告

出,大大提高了传播力。1942年4月9日,田汉力作《秋声赋》上演,新中国剧社委托金马广告社发布广告。在当天第四版上,编排有十多条竖排广告,(当时该报为竖排报纸)单体广告普遍面积不大。《秋声赋》戏剧广告位居该版面正中,以三指宽的尺寸,从上而下,一以贯之。"秋声赋"三个字用特大号宋体,数倍于相邻广告的标题大字,底部衬以黑底,非常醒目。整个广告的文案排列方向并非如本版普通广告一样竖排,而是横排。这样一来,无论是广告整体尺寸、广告字体字号、广告内容文字排列方向等,《秋声赋》的广告都迥异于本版其他广告,因此广告视觉效果相当显著。同年3月5日、6日,田汉、洪深导演的《再会吧,香港》上演,在《广西日报》的广告上,也采取了类似的手法。其放弃了传统的文字居多、平铺直叙的传统戏剧广告手法,而是用贯穿整个版面的长条形广告取而代之,广告内容高度精炼,整个广告五分之四均为剧目标题,五分之一为演出信息。因此,整个版面干净、利落,标题巨大、醒目,颜色突出,在众多广告中格外醒目。

(三)戏剧广告的作用

抗战期间,戏剧广告连篇累牍见诸报端,篇幅宏大,频率极高,成为报纸重要的广告内容之一。这一时期的戏剧业无论是在主题还是内容上,都紧紧围绕抗战救亡这个中心,成为戏剧业的主旋律。而普通的商业性娱乐戏剧则远远不如爱国戏剧运动声势浩大。因此,这一时期戏剧业的种种特点毫无疑问都与当时的特殊形势有密切联系。在《广西日报》上的戏剧广告,充满感染力的文案催人奋进,推动报纸戏剧广告成为一种独具特色的群众动员和宣传

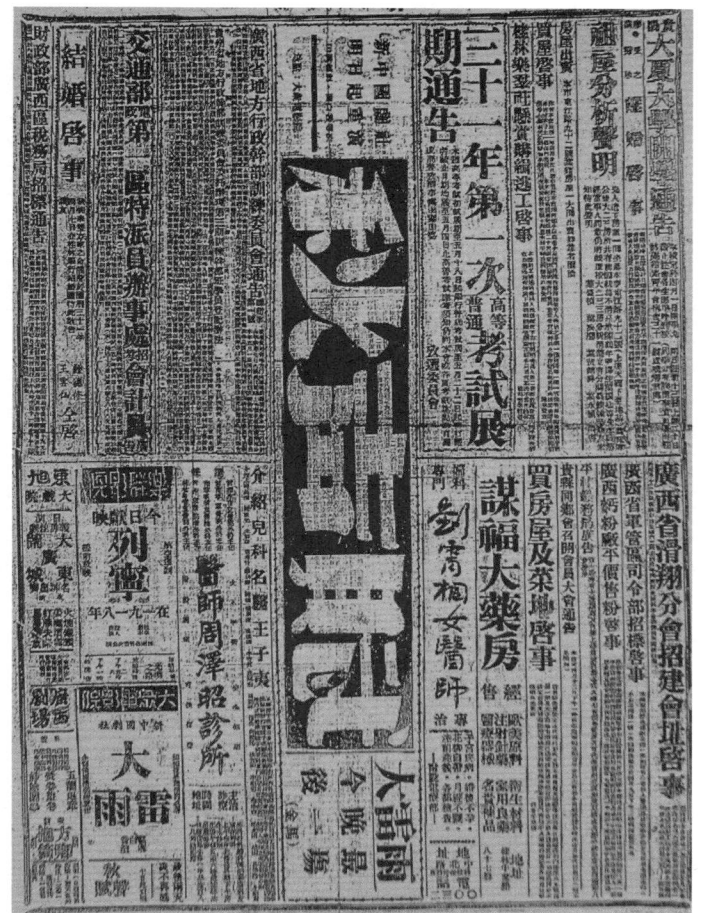

图 4—36 新中国剧社上演田汉的《秋声赋》广告

形式,有力地促进了抗战宣传和社会动员工作。作为老百姓休闲娱乐的一种方式,看戏剧、演戏剧丰富了精神生活,提高了道德情操,增进了爱国主义和民族团结。此外,戏剧广告对抗战救亡的作用大致有以下几个方面:

1. 教育引导群众,激发爱国热情

抗战时期,祖国处于濒临灭亡的边缘,爱国志士忧心忡忡,众志成城,剧作家们纷纷拿起文艺武器,用戏剧这种特殊的艺术形式做群众的抗战动员工作,努力激起民众的抗日救亡热情。

在抗日战争爆发之初,戏剧界就已经有了如何结合戏剧活动进行抗战动员的共识。在1937年《抗战戏剧》创刊号上,穆木天发文阐述了抗战时期戏剧特殊使命的重大理论问题:

戏剧在平时的使命,可以只是宣传与教育,但在民族抗战的当中,不

图 4—37　新中国剧社长条型广告让人印象深刻

但要说服民众,教育民众,激发民众的爱国情绪,同时还更要把这一种爱国的热情,变为具体的力量,成为民族抗战的一个单位,一个元素。那就是说:戏剧在抗战中的另一个重要使命是组织民众……抗战戏剧一方面要向群众作火一样的宣传,同时也要使这一些受宣传与教育的群众组织起来,作为抗战的力量。所以,抗战戏剧应该随时随地地作宣传教育的工作,也随时随地地帮助群众的组织,扩大群众的组织,从群众实际的行动上来测验宣传与教育的效果,这是抗战期中戏剧运动万万不可忽视的一点。①

马彦祥谈到:

---

① 穆木天.抗战戏剧的另一使命[J].抗战戏剧,1937(1):3-4.

要取得伟大抗战的最后胜利,绝不是一件简单容易的事,战事的进行也绝不会在短时期可告结束。在这过程当中,必然要遭遇到很多的艰难阻碍,要克服这些艰难和阻碍,不仅须依赖于前线战士们的英勇战斗,尤其要后方的民众每一个人都能振臂奋斗,以最大的决心和热情来直接间接地参加战后的工作。现在应该是我们怒吼的时候了。我们必须明白地认识,目前敌人正在集中他们全国的人力财力和一切的物质精神的力量来大举侵略,我们要克服敌人,就必须把每一个人所有的力量拿出来,把每一个人的精神和战争的精神打成一片。①

戏剧界同仁的呐喊无疑是戏剧界勇于站在抗战宣传一线的精神指引,戏剧家们的深谋远虑,也不断为戏剧救亡运动开展提供有创见的思考,推动这场巨大的戏剧运动在中国广袤的大地上遍地开花、顺利开展。比如,阳翰笙就曾经清醒地指出,抗战宣传教育的对象是广大群众,尤其是人口占最大多数的劳苦群众,由于他们文化水准比较低,因此抗战戏剧存在"大众化"的问题。抗战戏剧要想真正的肩负起动员广大群众的任务并且要彻底完成这一个任务,就必须"大众化",包括戏剧内容的大众化和戏剧演出形式的大众化。② 马达也认为,"戏剧作为救亡工作的利器,第一必须要能与广大民众密切联系,甚至极小的乡村,以及战区及敌区。第二,戏剧本身的故事,要挑选得浅近些,直接些"③。

在戏剧运用的战略中,郭青白提出"戏剧到农村去"的观点,志在让戏剧深入我国最基层,在最广大的农村动员群众,强化我国抗战力量的整合程度。郭青白在分析了抗战中全国戏剧形势后指出,农民剧运应当肩负传播救亡种子的责任,使农民在抗战建国中参加斗争。他还具体建议,可以采取增加幻灯影片、漫画在戏剧中的运用,不但要在后方开展剧运,还要主动到游击区、广大农村开展剧运。广西当局在这点上也是持积极态度的,抗战时期,广西大、中学校组织了大量的戏剧宣传队,在广大农村开展了上千场抗战戏剧活动,有力地对农民进行了抗战教育和动员,对广西的保家卫国、抗日救亡起到不可估量的积极作用。

戏剧界同行精心创作了各种历史剧、话剧,歌颂爱国主义,弘扬民族主义,用戏剧特有的艺术感染力激发民众的抗战精神,起到很好的效果。报纸上,经常看到大篇幅的戏剧广告,动人心魄的广告口号如冲锋号一般,激起民众强烈的共鸣和爱国热情,为激发民众团结抗日发挥不可忽视的作用。

---

① 马彦祥.抗战的戏剧戏剧的抗战[J].抗战周刊,1937,1(1):13-14.
② 阳翰笙.抗战戏剧的大众化[J].抗战戏剧半月刊,1937(1):5.
③ 马达.戏剧大众化[J].前线,1938(25/26):15.

图4-38 新中国剧社的《海国英雄》广告充满了爱国主义

2. 动员后方支援前线

如田汉所言,抗战时期戏剧工作者的核心任务是服务于抗战这个中心。在桂林戏剧界,戏剧同仁精诚团结,紧紧围绕抗战形势,开展了大量卓有成效的戏剧活动。这些戏剧活动的成功实施,得益于精心组织的广告宣传所产生的强大社会反响。对前线的支援主要体现在以下几个方面:

第一,募集军饷。为了解决前线军饷不足问题,桂林戏剧界发起募款劳军的活动。《广西日报》1940年1月5日开始起,连续十二天在第四版刊播《桂林戏剧界元旦募款劳军联合大公演》的广告,密集和连续的广告投放让这一事件成为了当时的热点大事,成功唤起民众捐款劳军,为筹措资金支援前线发挥了巨大的作用。

第二,支援前线物资。庞大的军事斗争规模造成了物资的严重匮乏,1939年临近冬季时,由于前方战士缺乏必要的大衣御寒,戏剧界发起了义演筹募寒衣活动,救了燃眉之急。《广西日报》当年10月30日第三版刊登《桂林戏剧界为筹建抗战小剧场及募集寒衣联合公演——总动员》广告,发动人们踊跃看戏,支援前线。当时,众多的剧团也参与到这一活动中,社会影响巨大。比如,粤剧救亡团、新生活促进会妇女工作委员会、桂林行营政工团等多个剧团就在《广西日报》上连续刊登广告,义演募衣。

第三,募集军备。1941年,前线空军告急,为了支援前线空军,新闻界发起了声势浩大的募集专机活动。社会各界纷纷响应,其中戏剧界格外卖力,各剧团纷纷举行大量的义演活动。比如,第四战区宣防团为献"政工号"飞机举行戏剧《花烛之夜》公演,1941年4月1日《广西日报》第四版刊登了公演广告;国防艺术社为献"政工号"飞机也举行了戏剧《雷雨》的公演,等等。

1940年前后,国民政府空军因战斗消耗极大,战机需求大而急迫,在广西省政府的号召下,社会各界纷纷慷慨解囊,以团体为单位的献机运动纷纷举行,用捐钱冠名的形式支持空军。妇女号、政工号、工人号、记者号、儿童号……

桂林市工会正发起献机运动,以完成"工人号"献机一架为目标。全市工人约有十万,每人捐款十元,即可达百万元之数,可献"空中堡垒"一架。已有桂林市党部召集各工会理监事百余人,一致决议通过,全场空气紧张热烈,达于极点,最后高呼口号"誓以工人血汗,筑成空中堡垒,轰炸东京,为七年来被敌机滥炸死难之同胞复仇"。①

图4-39、4-40 桂林新闻界的献机声明及广告

1940年12月24日,《广西日报》《自由报》《救亡日报》《力报》《扫荡报》刊发"共同启事","本报新闻界为扩大空军建设运动□□"记者"号机,特定于本月举行全市报纸联合义卖,所有收入悉数捐献国家充作"记者号"机之□。每日每份报价5角荣誉每份最少1元以上,广告每寸最少4元,荣誉外埠售价及广告刊例仍照旧收费,并不附加,特此声明"②。

该活动得到了党政军、社会各界的强烈拥护,当时张耀明军长、张汉初师长各捐300元预约荣誉报1份,杜聿明以500元预约荣誉报5份,黄任杰、联昌行

---

① 作者不详.桂林航空热[J].中国的空军,(年份不详)(4)-4:98.
② 广西日报(桂林),1940-12-24.

各以100元预约荣誉报1份……①社会各界都竭尽全力慷慨解囊预定荣誉报纸，为救国尽一份力量。据统计，自1940年12月25日发起"记者号"献机活动以来，截止1941年3月8日，共筹款169 000元，除去成本，净获收入159 000元。②

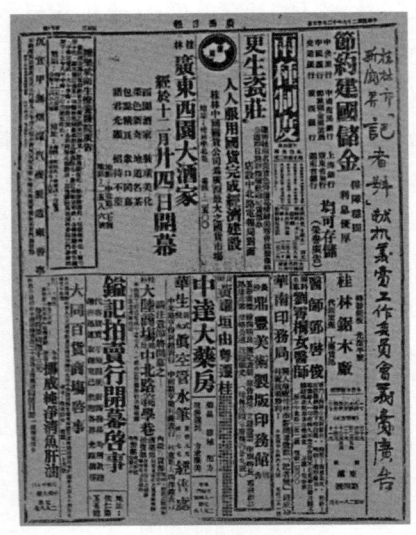 

图4—41　桂林市新闻界"记者号"献机义卖广告　　图4—42　桂林戏剧界献机义演广告

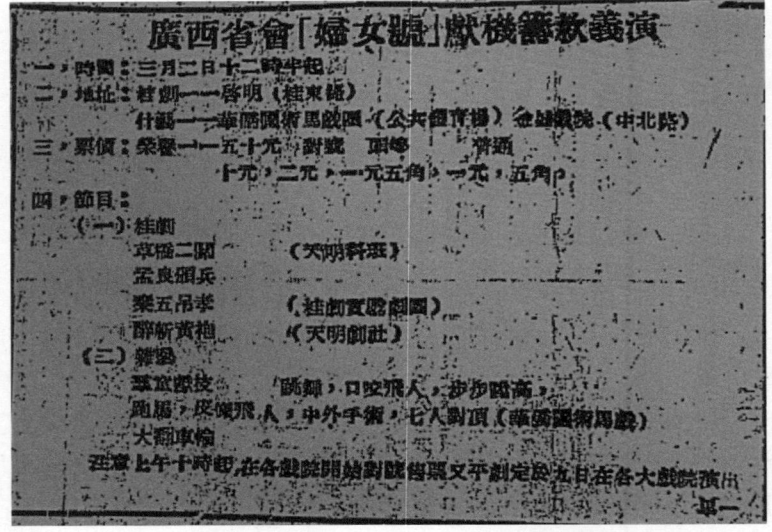

图4—43　广西省会"妇女号"献机筹款义演广告

---

① 各报义卖今日举行[N].广西日报(桂林),1940-12-25.
② "记者号"献机义卖净获收入万五千余元[N].广西日报(桂林),1941-3-8.

献机运动得到了广泛响应,党政军学农工商妇女各界都竭尽全力支持,慷慨解囊,共赴国难,在国家频临崩溃的关键时刻,广西军民用实际行动展示了无私的爱国心和众志成城的勇气。1943年10月31日,《广西日报》登了半版的献机祝寿广告。从广告内容得知,截止当时,广西各界共献机6架!广告还刊登了社会各界的捐献金额,包括李宗仁、白崇禧、黄旭初在内的军政高官、工厂、机关、银行、学校等团体和个人都捐献了可观的献金。捐献金额最高的三个团体是桂林商会、桂林戏剧同业工会和特察里①全体姑娘,分别捐献金额20万元!让人难以置信的是,作为被社会公众所不耻的"另类职业者"们,特察里的性工作者用无私的捐献行为展现了国人在国难当头面前万众一心的团结精神,从这个意义来说,当年桂林的性工作者的爱国主义精神是值得尊敬和肯定的。从中也可以看出,广西民间抗战情绪是何等的热烈,群众的抗战精神是何等的高涨。正是社会各界的同仇敌忾,才让广西成为最让日军头疼的一个地方。

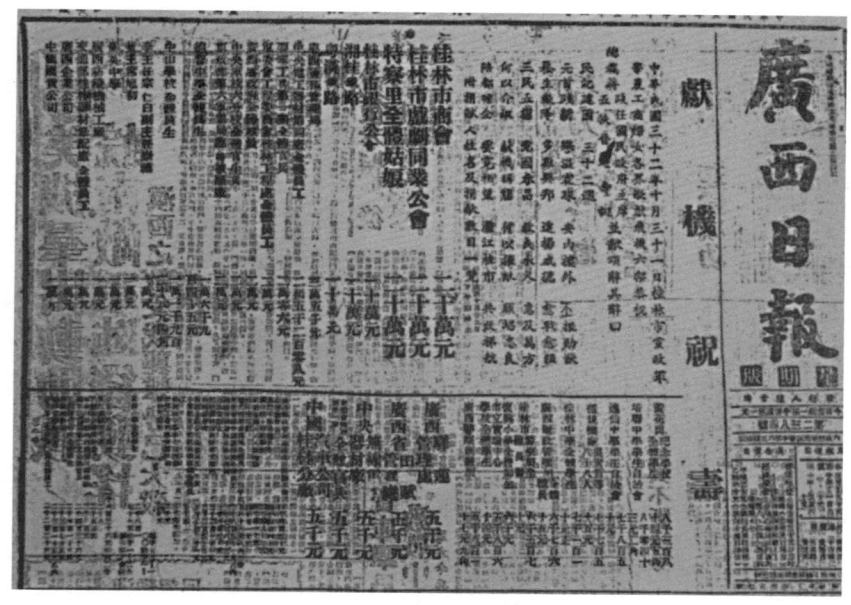

图4—44 献机祝寿广告

3. 慰劳军人服务同胞

对于伤兵和受难同胞的慰问和救济既是人道主义关怀,又是鼓舞士气、稳定军心的一种方式。戏剧同仁发挥专业特长,为这项工作做出重要贡献。当时,众多剧团、剧院都用义演、义卖的形式,让劳军和救济同胞成为社会主

---

① 特察里是20世纪30年代,桂林一处吸大烟者、性工作者集中的地方。

旋律，在动荡的战争环境下，焕发出积极抗争、一方有难八方支援的良好精神风貌，为抗战的最后胜利注入强大的精神动力。

1939年2月12日，七七剧团为了筹募基金慰劳军人，义演《塞上风云》。1939年11月3日，由香港粤剧名伶"新靓就"（关德兴）带领的粤剧救亡团在桂林国民戏院义演，慰劳负伤将士。救济同胞同样也是戏剧界重要的工作内容，社团、戏院纷纷相应抗敌后援会的号召，踊跃救济同胞。戏剧工作者踊跃义演，态度积极。1939年2月6日起，桂林桂剧团在《广西日报》上连续多日登出广告，为筹款救济难胞连续三日公演桂剧。除了专业剧团筹款义演之外，很多剧院也加入这一活动中，在影片广告中积极回应抗战主旋律，体现戏剧业的团结，营造良好的舆论环境。当年5月27日，新华大戏院刊播戏剧电影《儿女英雄》广告，广告之首即明确注明"广西各地抗敌后援会为筹款救济重庆被炸难胞公映"的字样。1939年9月6日，国防艺术社在《广西日报》刊登戏剧《歼灭》的广告，广告之首也注明"为救济本市被炸难胞及建设抗战小剧场筹款"的字样。

4. 支持帮助进步力量

广告是有效的信息传播工具，社会动员效果好。抗战时期，《救亡日报》辗转来到桂林以图复刊。但是，由于经济困难，一时无计可施，进退两难。桂林文艺界为了支持进步力量，发动本市的文艺工作者举行公演，为报社筹款。演出剧目是夏衍的力作《一年间》。1939年10月4日开始，连续七天在《广西日报》第三版刊登戏剧广告，

> 桂林文化艺术界为救亡日报筹募事业基金暨提成救济本市被炸难胞联合举行划期大公演——夏衍先生力作《一年间》。

该广告版面约为1/8版，面积较大，格外醒目。广告中交代了众多大牌导演，包括田汉、马君武、马彦祥、夏衍、孙施怡，执行导演为焦菊隐和欧阳予倩。广告文案中彰显了该剧的阵容强大和气势宏大。广告的左右两端对偶排列一句宣传语：

> 战胜人力物力困难，提高抗战演剧水平。

气势格外恢弘。广告除标题之外，演职员表是最主要的内容。在表的右边有广告文案：

> 费用五千金，筹备四个月，工作三百人。

用具体的数字烘托剧作的精雕细作和用心制作，感染力强。该广告的密集刊登，在桂林引起轰动。由于成功的广告效应，该剧演出成功，为《救亡日报》的顺利复刊积累了一笔宝贵的资金。

5. 维持剧团正常收入

抗战期间的桂林剧团，有官办的，也有民间的。官办的剧团自然有官方

图 4－45　1939 年 10 月 4 日起,桂林文化艺术界为《救亡日报》募集事业基金和救济桂林市被轰炸难胞举行联合公演。

的一定补助,生存尚且无虞。但很多半职业剧团、业余剧团是没有官方补贴的。为了生存,必须依靠职业化的商演以获取票房收入,以供剧团开支。在媒体不发达的抗战时期,在具有较大影响力的《广西日报》上发布广告,是扩大宣传、招揽观众的重要手段,也是解决剧团营业收入的有效途径。报纸广告的合理运用,是爱国进步剧团解决生存之道的重要途径。通过成功的戏剧广告,让无数进步剧团在艰苦的条件下生存下来,为大后方爱国戏剧力量保留了星星之火。从这个意义来说,爱国戏剧广告的作用不可小视。

二、电影广告

广西最早的电影是舶来品,起源于 1885 年中法战争。据资料记载,中法战争后,广西龙州、梧州、北海相继开放为通商口岸,电影也随之从国外引进到广西。法国军队进入广西后,利用自身携带的默片电影自娱自乐,这是广西最早的电影活动。1907年前后,法国、英国、美国等国的传教士进入广西传教,在当地的教堂也播放默片进行消遣,这些都属于广西早期的电影活动。由于不对外公开,也不收费,因此这些属于西方人的内部消遣而非商业性播放电影活动。

广西真正的商业性电影活动肇始于1918年,北海、柳州两地戏院出现真正的商业性电影活动;1919年,梧州也出现售票放映。由于梧州靠近广东、香港,当时播放电影的戏院最多的就在梧州。电影片源有限,加上群众对电影尚未完全接受,因此,早期并没有专门的电影院播放电影,而是由戏院播放电影。戏院出于营业需要,多半是把戏剧和电影一并纳入戏院营业内容,同时经营。从此,广西各地陆续出现电影,电影逐步走入千家万户,成为老百姓日常的休闲活动。

20世纪30年代香港明达公司子公司——联利影片公司在梧州正式运行,该公司专门代理米高梅、20世纪福克斯、温娜、派拉蒙、环球、哥伦比亚等著名公司影片,由此掀开广西电影快速发展的序幕。以梧州为中心,广西各地戏院、电影院迅速扩张业务,影片不断推陈出新,电影在民众中的影响力日益加深。看戏、看电影成为普通民众打发闲暇时光的主要手段。

电影诞生之后,即有电影宣传,随着信息技术手段的进步,电影宣传也不断与时俱进。在默片时期,最初的电影宣传是口头讲解。讲解员站在一旁,随着剧情的发展而进行讲解,引导观众看电影。后来,随着广告的日益普及,出现街头游行广告。在电影放映前,影院组织人上街举牌游行,大幅宣传画配上敲锣打鼓的声响手段,足以在街市引起相当轰动。20世纪30年代,各戏院、影院进一步改进了广告促销手段,他们一方面安排人员在戏院、影院门前散发小广告,扩大声势;另一方面,则在街头张贴海报,营造影片氛围。同时,有戏院、影院门口改散发小广告为竖立水牌,上写影片信息。这种设置固定宣传平台的方式,让流动的过客成为驻足的人群,有效提高了戏院和影院的人气。随着装饰材料和工艺的发展,广告水牌又升级成为面积更大、广告效果更好的宣传橱窗。橱窗里,内容更加丰富多彩,琳琅满目的剧照张贴其上,形成一道漂亮的城市景观。20世纪30年代中期,戏院和影院日益发展壮大,随着报纸的风行,他们又把电影宣传的平台转向报纸。借助发行量巨大的报纸,电影这项休闲活动更为普及,看电影成为时髦的休闲活动。报纸自身具有的传播特性,又为电影宣传提供了更丰富的手段。从此,电影广告就日益丰富多彩了。

《广西日报》是当时发行量最大的地方性报纸,成为众多戏院、影院刊登广告的重点媒体。翻阅该报可知,影院广告数量庞大,已经成为报纸的支柱广告类型。为了便于读者大致了解《广西日报》电影广告的规模和基本情况,现进行相关的抽样调查统计,结果如下:

表 4-8 《广西日报》(1941—1944)电影广告统计抽样调查表

(单位:个,%)

日期	版面数	电影广告	广告总数	所占比例
1941.5	4	7	64	11%
1941.9	4	6	57	11%
1942.5	4	9	45	20%
1942.9	4	8	48	17%
1943.5	4	4	42	10%
1943.9	4	2	34	6%
1944.5	4	5	33	15%

注:广告总数计算中包含各类经济小广告

从以上数据可知,《广西日报》上电影广告比例很大,说明当时电影的社会影响很大,社会需求大,也说明了电影在市民的休闲生活中的重要地位。

(一)桂林电影业基本情况

抗战时期,桂林的电影业已经比较发达,除了国民政府军事委员会电影放映队和广西省政府电影放映队这类官办电影机构以外,商业性的电影机构有 10 多家,共有座位 6 200 多个。比较著名的电影院有乐群影院、新华影院、大众影院、国民影院、新世界影院、银宫影院。

桂林在 30 年代初期并没有专业的电影院,只是有戏院。在 30 年代末期,开始出现专业化的电影院,当时最出名的电影院有 7 家,分别是:

乐群电影院,是广西省政府开办的"乐群社"的附属事业,因此具有独特的地位。它的经理是前"中电"的摄影师,专业素质较高,选片严格,播放的影片多是外国电影,国产电影主要放国营制片厂出品的电影。乐群电影院名气大,加上善于在《广西日报》上打广告,因此人气足,是当时桂林名声和影响力最大的电影院。

大众电影院,据说是白崇禧的一位亲戚所开,资本雄厚,影院建设得富丽堂皇,座位有 1 500 多个。该电影院走廉价路线,票价低廉,符合中下层普通民众的需求。该电影院有较强的竞争意识,选片的原则是"抢首映",凡是首轮播放的中外影片均积极争取首映权,以求"人无我有",形成优越的地位。

新华电影院,以播放上海影片为主,也播放苏联电影。该电影院建筑为钢筋水泥建筑，气势不俗，但是座位不多，观众以中产以下人士为主，营业效果不甚好。

国民电影院，放映机器不佳，曾在开业不久蚀本停业。恢复放映之后，采取"跟风"战术，专门放映"乐群""大众"影院刚刚撤下的具有较高观众评价的片子，兼之采取低价战术，收费低廉，因此具有一定的市场。

新世界影院，最早播映有声片，由于获利不多，后来改为放映默片、有声片。影院建筑新，装修不俗，具有较高的人气，经常客满。

艺术试验剧场，该剧场是广西省党部及教育厅所属的电教处、艺术馆等机构联合组织的，以话剧、电影、歌剧为多，是综合性的电影院。

第一民众电影院，该电影院由广西教育厅下的电教处设立，是广西省政府为了在娱乐界树立示范而专门设立的，采取市场化的手段经营，收入则弥补电教工作的经费缺口，影片的类型多富有教育意义。

由于和多家国内外影片制作机构建立稳定的关系，20世纪40年代，桂林影院已经上映多部中西影片，影院成为传播西洋文化的重要载体。电影院成为普通百姓打发闲暇时光的绝好去处。这段时间，桂林上演的电影数量较大。如1942年，桂林商业影院一共上演电影40部，其中外国电影比重很大。如美国美高梅影片公司的《乱世佳人》《金玉满堂》；亚洲影片公司的《苏德大空战》《纳粹间谍》；环球影片公司的《春闺三凤》《陌路鸳鸯》；华纳影业公司的《热血男儿》《一身是胆》等。

抗战时期的桂林电影业比较繁荣，虽然前线吃紧，但是后方城市桂林仍然是一片太平景象。看电影是当时普通民众最普遍的消遣方式，几十万人口拥挤在小小的桂林，产生庞大的娱乐消费需求，电影业就在这种形势下得到快速发展。随着商业竞争的加剧，影院纷纷改造升级，在设备、装修、片源等方面加强改进，以赢得市场主动，吸引观众。比如，在新华影院刊登的一则广告中，可以间接感受到当时影院行业竞争的激烈：

> 启者，本院由八月份起内部改组。兹为适应环境需要起见，现聘请头等技师将院内全部装饰美观。对于影机、声机、光线屏幕、空气座位亦聘请专门工程师设计。改善以来臻美舒适而不负观众，热望并与美国各大影片公司选订大批名片，由八月一日至四日停影四天，改换影机及加装电扇，准于八月五日起陆续在本院献影。时此敬告各观众，希注意放映日期是幸。①

---

① 广西日报(桂林)，1943-8-3.

(二)桂林电影广告的基本特点

抗战时期,桂林电影业正处于蓬勃发展的时期,影院林立。当时由于电影院竞争激烈,因此电影院比较重视发挥广告的作用。一些电影院为了提高广告水平,特地委托广告公司制作广告;一些影院专门成立广告部,研究广告问题。这一时期,电影广告非常多,报纸上每天都有大量的影片广告刊登。据笔者的抽样调查数据显示,《广西日报》每日上影院广告的比例大多在10%以上,多者甚至达到20%,这可见影院广告之盛。《广西日报》上经常可以看到同一天的报纸上十个以上影院比肩登广告的情形。

电影院多,自然带来同行竞争。为了赢得生存,各个影院也都竭力在营销上下工夫,以期先声夺人。一般而言,影院的主要广告营销方式如下:

1. 打明星牌

电影明星是票房的重要保障,利用明星作为电影广告宣传自然是电影广告的秘诀之一。1939年新华影院上演国产滑稽片《天作之合》,即格外突出宣传影片三位谐星:"中国影坛三条傻瓜:韩兰根、刘继群、殷秀岑联合主演。幽默大庆典、滑稽大本营、笑料之府库、笑料之源泉。"①

乐群电影院1942年4月2日刊登了一则电影广告美国电影《青鸟》,"今日起为庆祝儿童节,20世纪福克斯公司出品童话故事5集五彩天然巨片《青鸟》②",其中用加大的字体把著名美国童星的名字"秀兰邓波儿"置于于广告之首,以此吸引观众。"电影皇帝克拉克盖博,艳丽女星克劳黛考尔勃联合主演——《一夜风流》"

此类广告的主要特点是突出电影明星的地位,或用加大标题,或置于最显眼处,或在标题中突出影星名字,利用明星效应吸引观众注意。

2. 广告策划

广告是营销的重要工具,精彩的广告能吸引人注意力。有电影院很重视策划电影广告,取得了很好的效果。新华大戏院就曾经用了悬念系列广告,成功地吊足观众的胃口③。该广告第一则以故作玄虚的姿态刊登广告"各界注意!!!——眼福消息,令你眉飞色舞,使你拍案叫绝",给人以悬念;第二天,同样的位置,广告的内容为"眼福消息——明天揭晓",第三天正式刊出影院广告,"新华大戏院恭祝各界眼福不浅,今日献映大江南北妇孺皆知名妓传奇谐情电影——三笑。故事精彩,演出热闹,歌唱打诨,笑话连篇,港沪开映,万人空巷"。

---

① 广西日报(桂林),1939-9-6.
② 广西日报(桂林),1943-2-17.
③ 广西日报(桂林)1943-5-3、4、5.

无独有偶,紫金影院也同样采用悬念式广告手法,不过更胜一筹的是,这家影院主要运用漫画人物形象作为广告内容而非文字吹嘘①。该广告第一天露面即让人心生疑惑,画面上仅有一个歪戴帽子胖乎乎的漫画诙谐人物头像,上有"关宏达"三字;第二天广告同样的风格,也是一个歪戴帽子的瘦小男子,上写"韩兰根";第三天,广告出现了一个体格庞大的漫画男子,上写"殷秀岑",第四天为完整的电影广告,"集合中国影坛第一流谐星的大会串——从军梦,下期在紫金辉煌上映。"

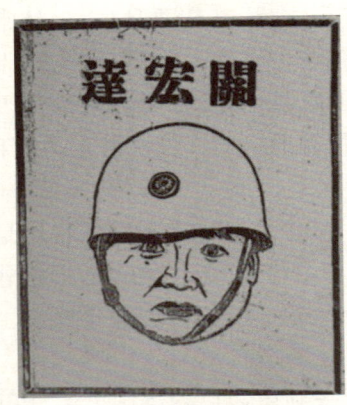
图4—46 《从军梦》系列广告之一

图4—47 《从军梦》系列广告之二

图4—48 《从军梦》系列广告之三

图4—49 《从军梦》系列广告之四

系列广告兼悬念广告,两种手法合而为一大大增加了广告的感染力。具

---

① 广西日报(桂林),1949-7-22、23、24、25。

有营销眼光的影院,不时采用类似手法提高影片广告的效力。

3. 渲染情节

故意用文字或图片渲染影片故事情节是不少电影院制作广告的诀窍,其目的是利用耸人听闻或天花乱坠的手法,故意夸大或渲染某些影片情节,以让人产生好奇和兴趣,从而购票入场。比如,大众影院曾在《琼宫艳史》电影广告中说:

> 皇姊下嫁副官三日连升三级,首相阻挠好事结果反被撤差。剧情曲折滑稽讽刺。①

> 单身临虎穴,胆量过人,动则使豪强丧胆;红颜似西施,才貌双绝,应用倾倒石榴裙。②

更有甚者,用极度夸张的口吻吹嘘影片,用华丽浮夸的辞藻渲染剧情:

> 大众影院——《落花流水》:故事第一、意义第一、笑料第一、歌唱第一。你错过其他滑稽片,不可错过(本片);你看过其他滑稽片,不可不看(本片)。惊险处,使你为之骇舌,诙谐处,使你笑口常开。③

4. 促销活动

有电影公司独辟蹊径,开展赠送纪念品、有奖征文等促销活动,以此刺激和鼓励观众捧场。比如,大众影院曾在《广西日报》作一广告:

> 本院开映电影日届满周年,一年以来,承蒙各界人士指导帮助,选映佳片不下□部,由每映一片观众之踊跃推荐,爱护本院之观众亦不在少,兹此周年纪念之期,除特别选映联美公司出品五彩言情巨片《倩女幽魂》外,并备礼品鸣谢各界。如有将本院一年来所映影片(一)数目,(二)片名,(三)出品公司,(四)主演人,纪实有录者,本院当分致嘉奖,以答各界人士爱护本院之殷,是亦余兴耳!"同日的影片《倩女幽魂》广告上,注明"本院启事——本院去岁开幕至今满一周年,□荣各界回顾,特于今日开券赠名贵纪念品,以谢爱护雅意,并留纪念。尚祈明察为幸。④

乐群影院也曾经以"征文"的形式征集观影读后感,并酬以奖金五百、三百、两百元不等,可谓大手笔。1943年3月3日,在该院上映美国1938年金像奖冠军片——《浮生若梦》当期广告中,即刊出这则《悬赏千元征文》:

> (一)本题《浮生若梦观后感》,请对该片人生意义上发抒意见,诸如演技……等一切技术问题,均无须陈列";(二)文体不拘,以千字为限;

---

① 广西日报(桂林),1943-1-11.
② 广西日报(桂林),1943-10-1.
③ 广西日报(桂林),1944-1-31.
④ 广西日报(桂林),1943-2-27.

(三)除本院职工外,凡曾看过本片者,皆可应征;(四)征文用毛笔及稿纸书写清正,并附贴本院出刊《浮生若梦》特刊中之征文印花。未附印花者无效;(五)于本片开映之日起集稿,于反映后第三日截止。以邮戳为凭;(六)文稿由本院聘请大公报副刊编辑,扫荡报副刊编辑,《广西日报》副刊编辑,及戏剧日报编辑,评阅等次,于截稿后十日内发表;(七)本题共选二十篇,首名酬国币伍佰元,次名三百元,三名两百元,四至十名,各送本院赠券两张及《戏剧日报》一个月,十一至二十名各送《戏剧日报》一个月。(八)前三名征文,均在戏剧日报发表,以广众览(九)署名听便,惟稿末须署真实姓名及住址并盖章,以便领奖时有所核对。(十)来稿寄乐群影院。①

乐群影院是影业中的巨头,经营方针比较灵活,营销战术也很多样化。利用征文来增强观众对于影片的关注度不失为电影营销的一种好办法。

5. 提高广告表现力

广告是电影院竞争中常用的手段,20世纪30年代末期,影片广告并无特殊的装饰和设计,仅仅是加粗标题而已,内文字体字号、排列设置并无章法,整体观感比较粗糙。40年代以后,影片广告上逐渐出现了艺术字、特大标题、标题反白等技术。随着广告意识的不断进步,随后又出现广告内容颠倒、增加广告插图、留白、多重广告标题等形式。总之,电影广告的设计制作不断走向进步,更加美观,充满吸引力。

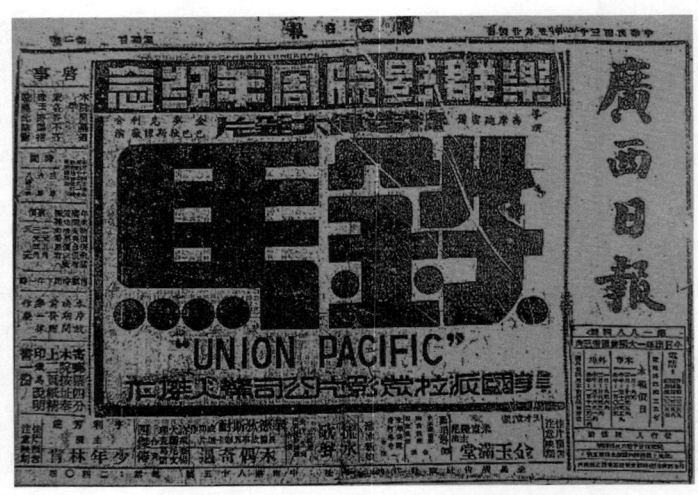

图 4—50　乐群影院的巨幅电影广告

① 广西日报(桂林),1943-3-3.

如乐群影院就非常重视广告设计，从 1942 年起，该影院的广告告别简单的白底黑字，罗列电影名和上映时间了事的广告风格，大大增加了图片的应用。广告由以文字为主变成以图片为主，往往一个广告近半版面用于配图，利用图片吸引观众的做法使乐群影院在众多影院中鹤立鸡群。

三星影院、大众影院等经常使用超大字号的美术字设计电影名字，视觉效果好，广告效果佳。

图 4-51、4-52　大型插图已经成为影院广告的一大特色和进步

图 4-53、4-54、4-55　大众影院在《广西日报》上的悬念式广告策划

6. 爱国主义诉求

抗战期间,爱国主义是国人共有的情结,影院广告以爱国主义为号召,很容易赢得读者和观众的共鸣。有电影院善于用此诉求。比如,大众影院的《香妃》,广告下端刊登了一则"本院启事":

> 《香妃》一片,导演为表扬历史忠贞故事,加强民族抗战精神而摄。耗资数十万,费时一年余,本院不惜重金购得优先映权,实传已久。各界望眼欲穿,前者因故未克如期上演,兹者各方均认为值此抗建大时代中,正宜广为弘扬以启发全民族之爱国意识,爱特定于本日起隆重献映,以酬答各界人士厚望之殷,尚祈明察为幸。①

以弘扬民族爱国意识为幌子,实则推销其重金购得优先播映权的影片,可谓是名利双收。

三、其他休闲活动广告

抗战时期,除了看戏、看电影之外,广西民间比较流行的休闲娱乐方式还有喝茶、看马戏、看书画展等。上海、武汉、广州、香港沦陷后,大量沿海城市人口涌入,大城市比较时尚的休闲方式如喝咖啡、吃冰激凌等也慢慢在桂林落地生根,这些带有浓厚西方现代色彩的休闲方式和中国传统的休闲方式融洽地结合在一起,成为抗战时期大后方市民生活独特的风景。

(一)茶馆

1940年,《广西日报》上出现了环湖茶社、夜花园茶社的广告。在20世纪40年代,喝茶聊天在桂林已经成为普通的休闲活动。

1940年6月,环湖茶社开张,桂林市民的夜生活增添了一个新颖的休闲去处。

> 环湖茶社开市! 依山近水,空气新鲜。乘凉清爽,周到招待。各种香茶,代办小吃。下午三时至十二时。②

从广告可知,早期的茶社业务较为单一,仅有茶和小吃,没有其他娱乐项目,是纯粹的聊天、纳凉场所。三五知己,晚上品茗海侃,凉风习习,自有一番情趣。在娱乐还尚未大众化的40年代,这种休闲项目充满朴素的生活情趣。

传统的茶社提供茶水、点心,价格亲民,市民们花上一些钱就可以在此消磨时光,不亦乐乎。随着茶社的增多,竞争的加剧,茶社不断开设新的经营项

---

① 广西日报(桂林),1942-12-2.
② 广西日报(桂林),1940-6-7.

图4—56 绿洲茶座广告　　图4—57 环湖茶社广告

目,丰富茶社的休闲功能,以满足不同消费者的需求。如1946年4月19日,新型茶社——胜利厅就登了一则广告。

桂林唯一大规模之新型茶厅——胜利厅,平剧清唱,对口相声,西洋魔术;红茶咖啡,牛奶可可,西点洋酒。欢迎各界光临……①

 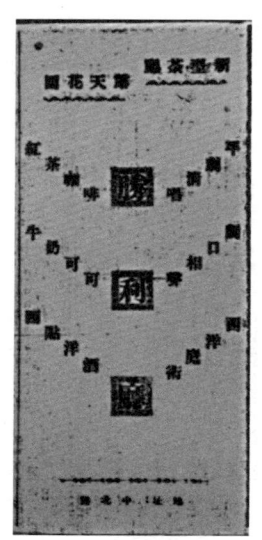

图4—58 胜利厅广告之一　　图4—59 胜利厅广告之二

① 广西日报(桂林),1946-4-19.

从广告内容可知,当时流行的茶馆绝非单纯的茶艺馆,其更类似今日的演艺酒吧,既提供中西酒水、茶水,又有中西演艺表演,多样化、中西合璧的风格十分前卫。抗战结束恢复时期,社会上出现的种种娱乐需求或许是战后民众消解精神压力的一种方式。

(二)咖啡馆

自大量的外地人涌入桂林后,咖啡这种西式饮品逐渐在桂林风行。咖啡所代表的时尚、西洋文化得到追捧,桂林出现多家咖啡馆,《广西日报》上频频出现咖啡馆广告,可见这股西洋风之劲。

1943年后,桂林文人荟萃,大城市的消费文化不知不觉地发展开来。文艺人士、知识分子、海派人士汇集在桂林,交际方式逐步西洋化,喝咖啡就是西式交际文化融入中国社会的一个例子。

新型的文艺沙龙——青鸟咖啡座业已开幕。请尝试我们的热饮点心,甜酒散餐,还有这无线电播送的音乐。陈列美术作品的画廊,最近出版的书报杂志……七时起特别音乐节目:1. 威廉□尔前奏曲,2. 贝多芬第八交响乐,3. 邀□曲,4. 其他名曲多支,不克洋戏第一期美术作品展览。杨秋人,盛此君,阳太阳,黄超,唐德鉴,郁风等油画水彩等十幅。

注:□处为字迹模糊不可辨认。

青鸟咖啡馆是西洋文艺风格非常显著的交际场所,主要的顾客应该是各路文人、文艺青年以及在大城市疏散到桂林的达官贵人。咖啡馆文艺气息浓郁,西洋乐定期播放,名家画作随处可见。

图 4-60　青鸟咖啡厅广告之一

图 4-61　青鸟咖啡厅广告二

青鸟咖啡厅不断追求完善,三个月后又投放了"四大改进"广告:

  青鸟咖啡座,兹自制特大电气冰箱及冷气设备……一、茶点酒餐照当供应,额外增收十元,冰品价廉美味,准用热水配置,绝对卫生。二、室内空气新鲜凉爽,令人酷热苦闷之感顿消。三、增备唱片百张,逐日轮换,以电唱机播送,时有新曲欣赏。四、本期美术展览异常珍贵,出自名家之手……①

20世纪40年代即有冷气供应,青鸟咖啡馆的配置可谓高级,这也从一个侧面展现当时桂林时尚、潮流的高消费特点。

(三)马戏团、技艺团、溜冰场等

20世纪40年代,西式马戏团进入广西,看马戏团表演成为民众喜爱的又一种休闲方式。

西式马戏团节目丰富,融合舞蹈、杂技、魔术等技术,多由西方人表演。对于比较闭塞的广西而言,具有较大的吸引力。马戏团广告不时见诸于报端。马戏团多是流动性表演,本地并不常驻。在某一段时间,马戏团会密集在报纸上刊登广告,直到离开广西。

1940年5月15日的马戏团广告如是说:

  遍游欧美,南洋群岛,享誉国内,各大都市——中华国术马戏团:在暹罗表演飞技,盛誉超过海京伯,硬碰硬的功夫,有技皆精;险上险的玩意,无技不险。有猛兽有飞刀,有飞人有舞蹈。今晚节目:一、儿童杂技;二、单车美人;三、巧走钢丝;四、大过火山;五、口咬飞人;六、空中停车;七、飞刀扎人;八、南洋猛虎;九、空中开车;十、空中飞人。每周更换新节目一次,座价:对号一元,普通五角。时间:下午七时起开演。在本市中北路银宫大戏院登台献艺。

节目丰富,充满了刺激、野兽、美女、杂耍等应有尽有。

1940年9月15日,华侨马戏团在桂林演出,其报纸广告内容如下:

  为提成捐助出征军人家属及补助体育费用,特邀华侨大马戏团——在公共体育场西式马戏帐篷内献演。第一期节目:空中倒走、大翻云梯、飞剑扎人、俄罗斯舞、大十字架、四面飞人。每周更换节目一次。时间:国历九月十五日晚七时。②

马戏团西洋文化个性突出,常常有大型动物表演,演出者奇装异服,配乐紧张激烈,具有浓重的西方色彩,节目又格外富有表现力,西洋人亲自表演,

---

① 广西日报(桂林),1943-5-1.
② 广西日报(桂林),1940-9-15.

这些元素都让对外交往不多的国人大开眼界。因此,马戏团在广西风靡一时。

1941年,桂林出现溜冰场,当年10月18日,该溜冰场在《广西日报》上刊登了一则预报开业广告。

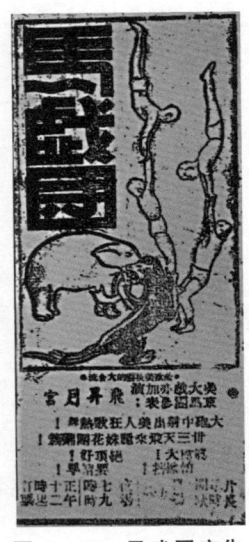 

图4—62　马戏团广告　　　图4—63　华侨大马戏团广告

1946年8月28日,"美京大马戏团"刊登广告,绘声绘色地描绘了马戏团的精彩之处。广告上绘有杂技舞者数人作翻腾状,旁边则是大象狮子,场面新奇。文案更是充满了吸引力,

　　　大炮中射出美人狂歌热舞,三十三天飞来丽姝花团锦簇。真伟大!绝顶好!恐拥挤!要请早!①

马戏团是经久不衰的娱乐项目,与之类似的技艺团也深受群众欢迎。从40年代初期至末期,《广西日报》上偶有马戏团、技艺团一类表演团体广告。比如,1943年1月15日,中华飞武技艺团在桂林公共体育馆和金城戏院早晚进行技艺表演,票价三元。② 同年1月19日,桂林又有中国义侠精武团前来表演,2月5日,大中国技术团登台表演。4月2日,美国归侨士工音乐歌舞剧团在桂林演出,在报上连载广告,声势浩大。

　　　少女乐队伴奏,天才女童指挥,中国古代歌剧,欧美流行舞蹈,全体少女演出。假座国民戏院献演。③

一个月当中,就有四个中外技艺团来桂林演出,可见技艺表演在桂林很

---

① 广西日报(桂林),1946-8-28.
② 广西日报(桂林),1943-1-15.
③ 广西日报(桂林),1943-4-2.

受欢迎。

由英美澳洲纽西兰新加坡载誉归来之中国义侠精武团——惊险绝伦,出神入化,见所未见,闻所未闻,雄视全球,各国轰动,技艺精练,敢夸第一。票价五元,十元,十五元。①

图4—64 珊珊溜冰场广告

图4—65 中华飞武技艺团义演广告

图4—66 美国归侨士工音乐歌舞剧团演出广告

(四)温泉浴室

广西浴池业始于民国初年,设店限于桂林、柳州、梧州等一些重要城市,服务对象主要是重体力劳动者和有沐浴习惯的北来客商。20世纪40年代初期,桂林的商业逐步繁荣,娱乐休闲业的种类也日趋丰富,温泉浴室也逐步升级服务,引进带有西方色彩的设施,把洗浴作为休闲方式,利用报纸广告向普通市民推广。

1942年,浴池广告出现,广告主是"华清浴池",从广告内容看,其浴池已有相当规模,设施完善,以西式设备为主,是典型的"舶来品"休闲项目。

"华清浴池明日正式开业——建筑宏伟,西式洋盆,清洁消毒,如蒙惠顾,房间优雅,新型浴池,服务周到,无任欢迎"②

---

① 广西日报(桂林),1943-1-19。
② 广西日报(桂林),1942-5-20。

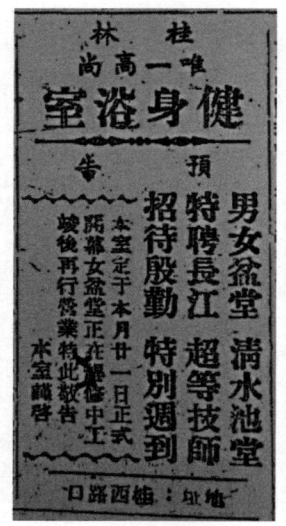
图 4—67　浴室广告

图 4—68　建国商场浴室广告

1943年2月5日,"温泉浴室"广告如是说:

　　温泉浴室,座位舒适,取众悦怿,盆浴塘浴,侍应周到,绝无陋习,均廉其值,辱承光顾。①

从广告词可知,为了避免社会有误解,特地注明"绝无陋习",享受这种新鲜休闲方式需要克服不小社会阻力。

(五)美容美发

　　爱美之心,人皆有之。抗战时期,生活条件艰苦,但是爱美的精神需求依然存在,美发店、美容产品偶尔也刊登广告。

　　1940年1月21日,美容产品"青春美"在《广西日报》上刊登广告说:

　　美容妙品——青春美,还我青春之美,保持永久艳丽。消黑嫩面,功效第一,除斑去皱,巧夺天工,润洁清香,冬天最宜。②

1942年12月17日,"奶脂豆蔻霜"也刊登广告:

　　奶脂豆蔻霜——特点:米色,细腻,纯香,雪花膏,冷霜,两用润肤剂。③

　　抗战时期,物资贫乏,和其他种类的生活产品相比,美容产品仍属于精神层面的产品,并无刚性需求,广告偶尔一见。美发行业产品广告就多一些。

---

①　广西日报(桂林),1943-2-5.
②　广西日报(桂林),1940-1-21.
③　广西日报(桂林),1942-12-17.

图 4—69　奶脂豆蔻霜广告　　　　图 4—70　青春美广告

1939年3月26日,"法兰西男女美发厅"的广告这样写:

> 本厅房屋雅洁,空气流通,特聘高等男女技师专门研究电烫、水烫、火烫、药水染发、洗发,电机吹发,各色式样,一应俱全,诸君光临惠顾,无任欢迎。

沿海居民大撤退至桂林,带来美容美发产业的先进技术,也改变了当地的美容观念和时尚意识,烫发、美发技术走入寻常百姓家。20世纪30年代开始有钳发、焗发、吹波浪等技艺,继之又有电热烫发,自此理发师在卷曲头发上下功夫,不断开创出丰富多采、新颖变化的发型,美发也日益走俏,理发店、美发厅的广告也常以烫发、电发项目招徕客人。

> 京沪素负声誉的理发冠军——桂林唯一高等——一乐也理发社:本社自首都移桂营业以来,承各界仕女赏顾,时因座位有限,多抱向隅,不能一一招待,深为歉疚。兹为酬客各界雅意及要求起见,特补充座位增聘京沪技师,专门电发、烫发,如蒙光顾,无任欢迎。①

兵荒马乱依然无法抵挡住人们对美的追求,"长生堂理发厅"的广告语"抱着服务精神,为先生女士们解决美的问题"让人看到对美的追求的强大生命力。

> 布置堂皇,座位舒适。沪港名师,技术巧妙。卫生清洁,招待周到。男女理发,如愿以偿。②

---

① 广西日报(桂林),1939-2-10.
② 广西日报(桂林),194-4-24.

图 4—71　新华理发厅广告

桂林的理发业已经具备相当水准，对美发技术的掌握也达到一定境界，设备先进，从京沪发达地区聘请有专业人员，从业水平较高。美发业的发达从一个侧面也反映出当时社会上存在一定的消费需求。

(六)书画展、音乐会、演唱会等

桂林本来并不是一个文化发达的城市，由于抗战时期，沦陷区大批进步文化人撤退来到桂林，这座城市因此增添浓郁的文化色彩。因此，桂林的文化活动比较频繁，书画展、音乐会很多，市民的休闲生活增添了一丝高雅的气息。

抗战时期，桂林的美术界大师云集、名流荟萃，可谓盛况空前。据统计，抗战期间在桂林活动过的知名画家多达上百人。其中，著名国画家有徐悲鸿、何香凝、丰子恺、张大千、赵少昂、关山月、李可染、马万里、周千秋、张家瑶、阳太阳、尹瘦石、黄独峰、朱培钧；著名漫画家有叶浅予、廖冰兄、余所亚、特伟、丁聪、沈同衡、刘元、汪子美、张正宇；著名的木刻家有李桦、黄新波、黄丹、周令钊、盛此君、黄少痴、刘露德、陈更新。美术社团也实力雄厚，包括中华全国木刻界抗敌协会、中华全国漫画作家抗敌协会、中华全国漫画作家抗敌协会桂林分会、中华全国美术会广西分会、广西美术会、广西版画研究会等，以及多个带有经营性质的美术团体。美术机构也是多如牛毛，主要包括国民政府军事委员会漫画宣传队、广西省立艺术馆美术部、广西省立艺术师资训练班、初阳美术学院、桂林美术专科学校等。可以说,当时桂林聚集的美术界力量在全国首屈一指的,著名版画家郿中铁认为,桂林作为一个重要的文化中心,美术界的力量比重庆强得多。① 这些美术家在桂林深入战地、街头、农村,广泛开展动员、宣传工作,开展美术创作活动,通过举办画展、漫画展等形式广泛宣传抗日救亡,用美术的力量鼓舞民众的爱国热情和抗日斗争信念。

1938年1月,全国漫画作家抗敌协会在桂林举行全国第一届漫画展览,展出作品300余幅;1938年1月28日,由徐悲鸿、张安治筹建的桂林美术学院落成,举办全省美术展览,展出各类书法、绘画作品500余幅,观众达到50 000人次,盛况空前。② 1939年10月,中华全国木刻界抗敌协会举办鲁迅逝世三周年纪念木刻展,展出国内外作品300多幅,中国古代民间作品80多幅,观众达到40 000多人。③ 1942年,叶浅予、沈逸千、邓俊群、马万里四位书画家在桂林举行书画展;1944年,倪贻德、刘狮园、滕白也在桂林举行书法篆刻展;抗战期间,桂林美术界共举办展览160多次,有时在一个月内就有十余次美术展览先后举办。④ 徐悲鸿、何香凝、关山月、尹瘦石、廖冰兄、阳太阳等创作了大量的油画、漫画、山水画,桂林处处洋溢着浓郁的文化气息。

抗战时期,前后有马思聪、马国霖、郑智仁、李九仙等音乐家歌唱家在桂林献艺,《广西日报》上都刊登有大幅广告。这些知名音乐家在桂林举行演奏会,提高了桂林的文化水平和市民的欣赏品位,繁荣了当地的娱乐休闲文化。

群众性音乐活动方面,更是热闹非凡,蓬勃发展。据记载,抗战时期,桂林先后组织歌咏团队达70余个,包括广西音乐会合唱团、国防艺术社音乐部、抗战歌咏团、岩洞儿童歌咏团、建国歌咏队、中央电工器材厂歌咏队、桂林广播电台管弦乐队、乐群歌咏队、星期歌咏晚会合唱队、广西省立艺术馆音乐部、七七合唱团、桂林青年会业余歌咏团、桂林青年会口琴团、广西绥靖主任公署军乐队、生活书店歌咏团、前锋歌咏团、青年歌咏团等。这些歌咏团队既有专业的,也有半专业的,也有业余的,队员们都怀揣着抗日救亡的积极心态投入到群众性音乐活动中,用歌声作为号角,唤起广大民众的抗日救亡信念和热情。

抗战时期在桂林的主要音乐社团包括广西音乐会、桂林音乐协会、新音

---

① 郿中铁.早期木刻运动在四川[M]//钟文典.桂林通史.桂林:广西师范大学出版社,2008:435.
② 罗解三.广西通志·大事记[M].南宁:广西人民出版社,1998:199.
③ 罗解三.广西通志·大事记[M].南宁:广西人民出版社,1998:210.
④ 钟文典.桂林通史[M].桂林:广西师范大学出版社,2008:438.

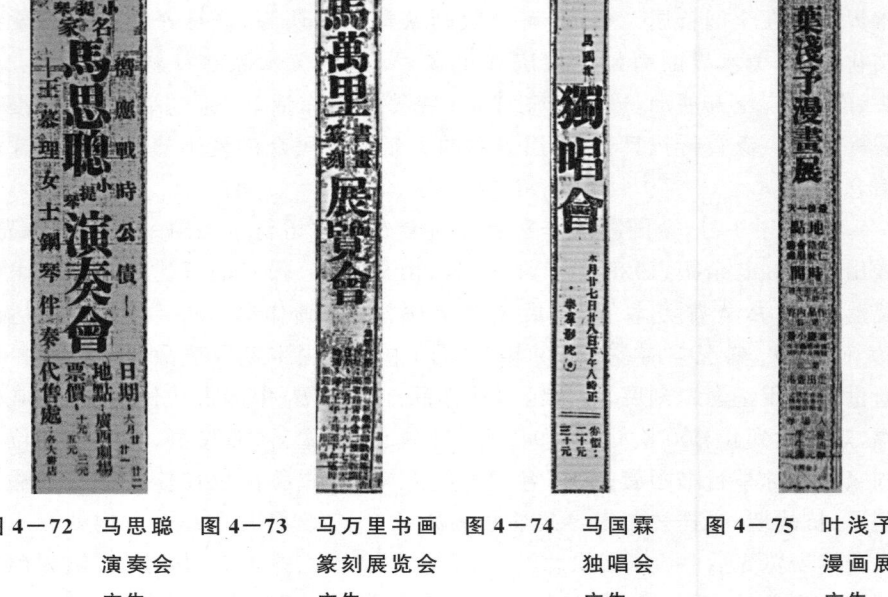

图4—72 马思聪演奏会广告　图4—73 马万里书画篆刻展览会广告　图4—74 马国霖独唱会广告　图4—75 叶浅予漫画展广告

乐社桂林分社、桂林音乐界联谊会。这些音乐社团广泛联系音乐人、音乐爱好者,开展了大量的以抗战为主题的音乐活动,为组织动员群众、激起民众爱国热情起到了巨大的作用。

广西音乐会成立后多次举办音乐会,包括西方古典音乐和抗日救亡歌曲,既普及了西方高雅艺术,提高了民众的音乐审美情趣,又直接服务于抗日救亡运动,是格调高雅而又不失主旋律的高尚休闲活动。广西音乐会演唱过的抗战歌曲包括张曙的《壮丁上前线》,贺绿汀的《保家乡》《游击队歌》,江定仙的《新中华进行曲》《为了祖国的缘故》,吴伯超的《中国人》,陆华柏的《故乡》《最后胜利是我们的》《抗战到底》等。著名艺术家吴伯超、胡然、白玉极、沈承明、杨帆、狄润君等都参加过广西音乐会的演出。期间,广西音乐会还积极组织各种劳军、征募寒衣专题义演活动,产生了强大的社会影响。

据统计,抗战时期,桂林的音乐社团在各个不同的场合、针对不同的主题举办音乐会、演奏会、比赛会、游艺会等演出300余场次。[①] 特别是广西音乐会组织的火炬歌咏大游行活动、抗战三周年音乐会、万人大合唱、为重庆被炸同胞募捐等音乐活动,参加的观众少则几千人,多则几万人,在华南产生巨大影响。有研究者认为,桂林抗战时期蓬勃开展的歌咏活动甚至堪与歌声满天

---

① 钟文典.桂林通史[M].桂林:广西师范大学出版社,2008:433.

飞的延安相提并论,在国统区是独一无二的,是一个文化奇观。① 在欧阳予倩的带动下,广西省立艺术馆开展了大量的文化艺术活动,为广大民众提供了丰富的精神食粮。比如,在演出方面,该馆仅话剧就演出了《忠王李秀成》《天国春秋》《国家之上》等剧目 16 个,演出 103 场,观众接近170 000人之多。此外,还举办大型美术展览 3 次,作品 1,860 件,观众接近30 000人;举办各种演奏会 20 余次。② 尤为值得一提的是,该馆组织的西南第一届戏剧展览会,来自 5 个省的各类剧团在桂林连续演出三个月,共演出话剧 23 个,活报剧 5 个,歌剧 1 个,平剧 29 个,桂剧 8 个,木偶戏 5 个,民族歌舞 14 个,马戏 9 个,魔术 10 个,共 179 场,观众达100 000人以上!③ 此外,广西省立艺术专科学校也多次举办过教师演唱会、演奏会、美术展。广西省政府、乐群社等政府机构、宾馆也多次举办露天音乐会。

图4—76 球王李惠堂与英美名手网球联赛

图4—77 军区义演音乐大会广告

图4—78 新中国剧社音乐演奏会广告

陈烈在记述了桂林到处弥漫的音乐气氛:

幸福的桂林市里住着好几位优秀的音乐家,所以虽在炎热的夏季中,也还不至于寂寞;在七月有马思聪的小提琴演奏,有马国霖、戴爱莲

---

① 钟文典.桂林通史[M].桂林:广西师范大学出版社,2008:434.
② 周民震,韦壮凡.广西通志·文化志[M].南宁:广西人民出版社,1999:224.
③ 魏华龄.抗战时期桂林文化城的历史地位[M]//魏华龄.论桂林文化城的历史地位.桂林:桂林抗战文化研究文集,1992:69.

的歌唱舞蹈音乐会，有桂林广西省艺术馆的音乐演唱会，有桂林中学的演唱会……抵桂的当天，便见到街上'仲夏夜歌乐会'的广告。时间是当晚与八、九、十三晚。一看节目里面有许伯说，古谱，贝多芬，威尔第等名曲，真使人欢欣不已……①

文化类活动既增强了民众抗战团结，又大大改善桂林本地的文化品位，丰富市民的休闲生活内涵，也凸显了桂林这座城市在抗战时期所具有的独特的文化特点。

(七)读书

抗战初期，桂林大小印刷厂有 20 多家，抗战以后，据 1943 年 7 月统计，桂林有大小印刷厂 109 家，每月生产用纸达 10 000～15 000 令，排字生产每月可达 3 000 万～4 000 万字。知名出版社林立，据不完全统计，整个抗日战争期间，桂林先后有各类书店和出版社共 200 余家，出版杂志 200 多种，报社 10 多家，成为仅次于重庆之后，全国出版杂志、期刊最多的城市。文化救国成为知识分子抗日的一种形式。在桂林，知识分子云集、出版社密集的特殊环境培育了读书这种新式的休闲活动。

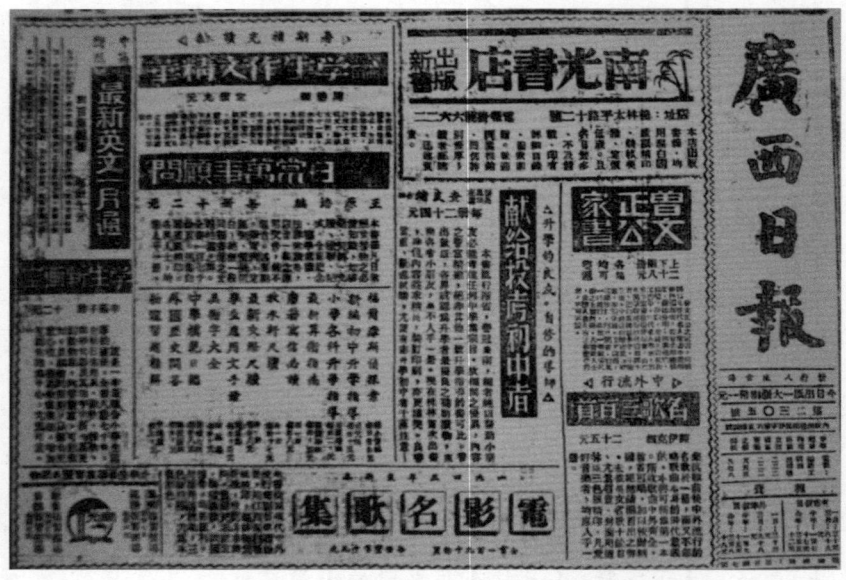

图 4—79 《广西日报》上琳琅满目的书籍广告

---

① 陈烈.音乐活动在八月的桂林[J].乐风,1943(3)-1:27.

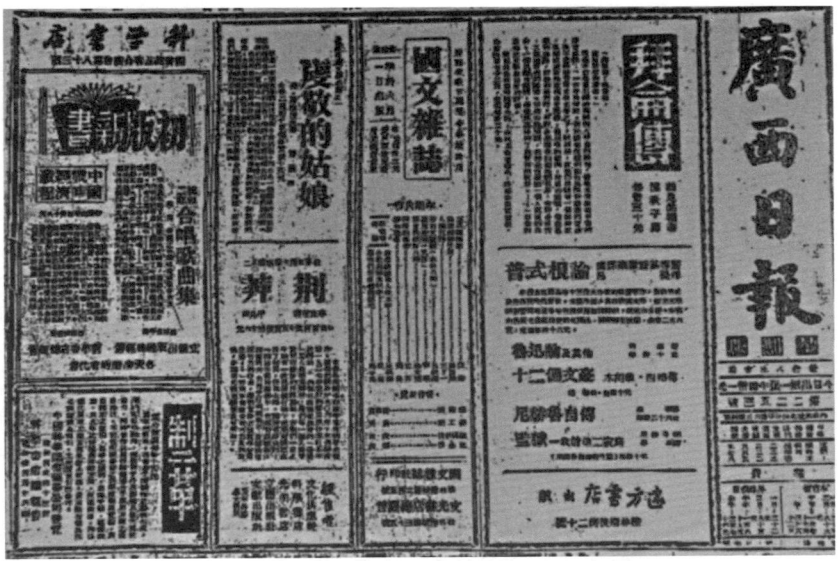

图 4—80 文学类书籍是《广西日报》最大书籍门类

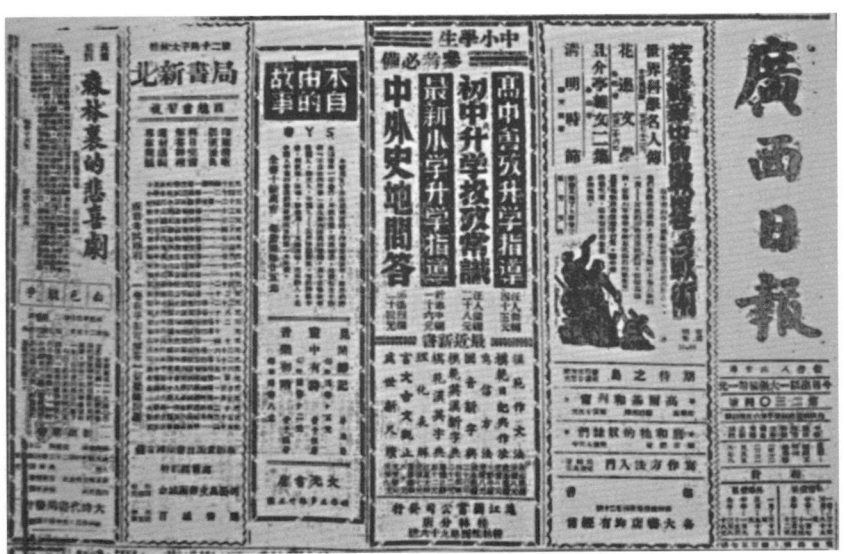

图 4—81 书籍广告经常以半版占据报纸版面

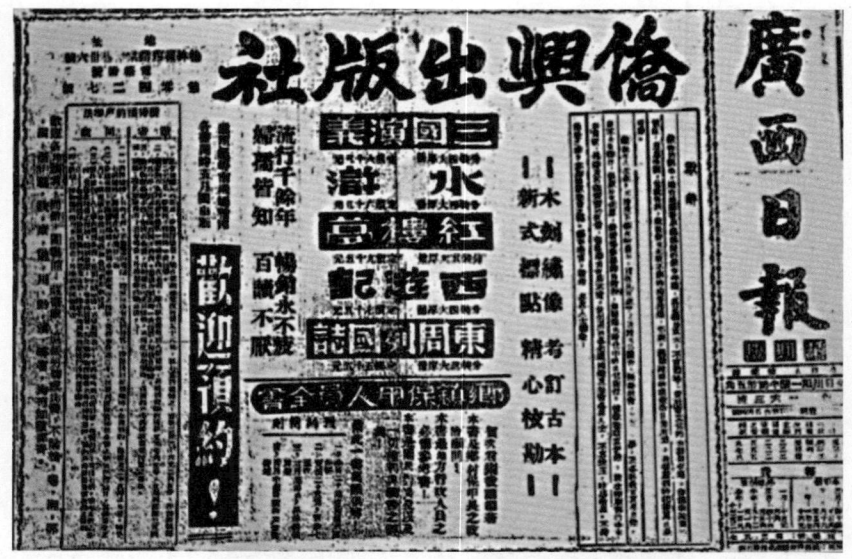

图 4—82　侨兴出版社古典文学书籍广告

五四运动后,新白话文成为重要的改革成果,掀起中国文化改革发展的一个繁荣高潮,也刺激了出版物的繁荣。在很多进步人士的眼里,封建传统的"四书五经""礼义廉耻"成为了社会进步的枷锁,只有西方的自然科学、哲学和社会科学知识以及自由、民主的进步观念才是推动国家现代化的重要工具。于是,社会上出现渴求知识的读书热,中西方出版的自然科学、哲学社会科学、文学、艺术书籍被热捧,看书学知识,看书培育现代精神成为一代青年人重要的学习和休闲方式。

从《广西日报》的广告可知,桂林各类出版物种类繁多,包罗万象,科普读物、文学名著、哲学社会科学专著、消遣读物、英文杂志、工具书、少儿读物、教辅教材等一应俱全,可谓知识的海洋。

桂林的出版物市场最显著的特点是进步思想和文化出版物丰富。新桂系所持较为中立的政治立场,因此广西的政治气候相对开明,很多在国统区被视为异端的进步书籍,在桂林却得到广泛地发行。比如,桂林当时依靠新华日报桂林分馆和生活、新知、读书三家出版机构出版了大量的进步思想读物,比如《共产党宣言》《反杜林论》《资本论》《列宁选集》《共产主义运动中的"左派"幼稚病》等介绍马列主义的进步书籍。还有马列主义基础知识读物如艾思奇的《大众哲学》、胡绳的《辩证法唯物论入门》、薛暮桥的《经济学》、李达的《社会学大纲》等,都在青年中有着广泛的影响。① 据当时知情者回忆,生活

---

① 龙谦,胡庆嘉.抗战时期桂林出版史料[M].桂林:漓江出版社,1999:4.

书店每逢周末都迎来大量来自广西大学、桂林高中等学校的青年学生,他们都对科普图书表现出极大的兴趣。① 此外,由于国难当头,宣传抗日的书籍也是当时桂林图书市场的重要内容。其中包括毛泽东的《论持久战》、周恩来的《论抗战形势》、朱德的《抗日游击战争》、叶剑英的《现阶段的游击战和正规战》、李宗仁的《焦土抗战论》、冯玉祥的《抗日与伟大民众》、黄旭初的《怎样去长期抗战》等。

文化教育类书籍、自然科学和科普读物也广受好评,抗战时期,桂林发行了大量的文化教育书籍和科普读物。文学类书籍是图书市场的中流砥柱,当时桂林有近半图书是文学类图书,作者有鲁迅、郭沫若、巴金、矛盾、老舍、夏衍、曹禺、冰心、司马文森、萧红、邵荃麟、周钢鸣、胡风、臧克家、王鲁彦、骆宾基、端木蕻良等一大批全国知名作家,外国文学作品也数量庞大。

桂林图书市场的繁荣,培养了当地人爱读书、爱文化的良好习惯,间接提高了民众的文化素质和修养,陶冶情操。图书出版事业高度发达,图书广告比比皆是,和众多的影院、戏院广告相比,一个时期内,《广西日报》的图书广告要远远多过前者。这从一个侧面说明,有巨大读者需求在支撑书籍广告的存在,这也印证了读书是在桂林民众中普遍的大众化休闲活动。

第四节 餐饮广告

"民以食为天",饮食一事也可以反映出物质文明的进步和变迁。中国的饮食文化源远流长,绵延不绝,各地也有极具地域特点的饮食,如鲁菜、川菜、粤菜、湘菜、淮扬菜。饮食习惯和饮食结构的形成自然和气候、地理等自然条件有关,但是也离不开社会文化的影响。在封建时代,中国富甲一方,军事强大而长期闭关锁国,对外来文化的引进和吸收并不积极。随着鸦片战争的战败,中国被迫开放一系列通商口岸,外来文化便与中国文化发生了巧妙的交流和融合,在前者的作用下,中国人的思想观念、饮食起居等方面都发生了巨大的变化。最早开放的大城市,如广州、上海、天津,在19世纪末期都成为商业繁荣、物品丰富、时尚前卫的大都市,作为传播西方文化的重要载体,它们对内地的社会文化变迁起到至关重要的作用。

抗战之前,桂林还是相对闭塞的小城,与外界的接触并不多,餐饮业也多

---

① 卞祖纪,邵公文.回忆生活书店桂林分店[M]//龙谦、胡庆嘉.抗战时期桂林出版史料.桂林:漓江出版社,1999:4.

是本地饮食小店、小摊。自上海、武汉、广州沦陷后,大量人口撤退到桂林,各地特色餐馆随之蜂拥而起,桂林餐饮业的格局变发生了巨大的变化。

一、餐饮业

(一)餐饮文化多样性

大量人口内迁,桂林由地方性城市迅速成为外来人口数量巨大的区域性重要城市。外来人口的比例逐渐扩大,餐饮业迎来了巨大商机。云集至桂林的外来客,在饮食上难免会有些水土不服,吃家乡菜自然是梦寐以求。庞大的外来人口的需求,直接催生了各地风味餐馆以及地方性食品。

1937 年桂林的餐馆数量为 17 家,到了 1940 年,陡增至 77 家。各地商人带来各地的饮食文化,原来多是本地菜、粤菜的桂林,逐步出现主打北京菜、天津菜、江沪菜、四川菜、湖南菜的大小餐馆。桂林的餐饮业真正出现了多样化的格局。

图 4—83 上海扬子餐厅广告

图 4—84 上海爵禄餐厅广告

为了便于读者大致了解抗战时期,桂林各类餐馆的菜系风格,现将随机抽样调查的情况记录如下:

表4-9 《广西日报》(1939—1945)餐馆菜系风格抽样调查表

时间	饭店名字	主要卖点	分属菜系
1939.11.27	大华饭店	西菜、西餐	西餐
1940.10.14	大三元酒家	茶、面、点心	粤菜
1940.11.6	平原食堂	粉利、牛腩	广西本地菜
1940.12.16	平原食堂	粉利、粉角	广西本地菜
1940.12.23	广东西园大酒家	茶、点	粤菜
1941.5.3	柳州蓉园川菜馆	川菜	川菜
1942.8.17	南园大酒家	茶、点	粤菜
1942.10.6	六兴斋	北方面品	天津菜
1942.10.6	维他命	三湘风味	湘菜
1942.11.7	大上海	江沪菜	江沪菜
1942.11.7	嘉陵川菜馆	川菜	川菜
1942.11.7	丽都西茶厅	牛肉饼、三文治	西餐
1942.11.25	百乐门川菜馆	川菜	川菜
1942.11.25	大众餐厅	西饼、咖啡、西餐	西餐
1942.12.12	红豆餐厅	咖啡、红茶、西餐	西餐
1942.12.18	乐群社中菜部	川菜、点心	川菜、粤菜
1942.12.25	中央餐厅	西餐	西餐
1943.1.2	上海新记大观楼	小笼包、锅贴、烧麦	江沪菜
1943.1.11	绿宫	西茶点、西餐	西餐
1943.2.13	颐香小餐	沙爹小笼米粉、小吃	东南亚菜
1943.3.13	九一八餐室	蛋糕、西点、咖啡	西餐
1943.4.18	西蜀皇后饭店	川菜	川菜
1943.5.18	上海扬子餐厅	京、苏、粤点心,港沪菜	江沪菜、粤菜
1943.6.16	紫罗兰餐厅	西餐、西点	西餐
1943.7.25	长沙健乐园酒家	湘菜	湘菜
1943.7.25	广东发记酒家	点心、粤菜	粤菜
1943.7.25	蜀腴川菜馆	川菜	川菜
1943.7.25	桂南酒家	本地菜	广西本地菜
1943.7.25	美丽川菜馆	川菜	川菜

续表

时间	饭店名字	主要卖点	分属菜系
1943.7.25	爵禄餐厅	西餐、点心	西餐
1943.7.25	国际中西餐厅	中餐、西餐	西餐、中餐
1943.8.7	北平燕京食堂	面食、炒菜	北京菜
1943.8.14	三教餐厅	点心、西餐	西餐
1943.9.9	上海全家福酒楼	江沪菜	江沪菜
1943.10.9	长沙三吉斋	湘菜、汤圆	湘菜
1943.12.2	四时花开	小笼包、猪油菜饭	江沪菜
1943.12.2	上海中国餐厅	面食、江沪菜	江沪菜
1943.12.5	美珍	点心、粤菜	粤菜
1943.12.31	姑苏采芝斋	苏州茶点、糖果、熏鱼	江沪菜
1944.1.23	上海言茂源酒栈	卤味、炒糕、烧麦	江沪菜
1944.2.5	宝山饮食部	粥品、面食	粤菜
1944.10.21	京津食堂	北京风味	北京菜
1944.10.21	粤南饭店	粤菜	粤菜
1944.10.22	国花餐厅	粤菜	粤菜
1944.10.22	京苏小吃店	北京菜、江沪菜	北京菜、江沪菜

注:本抽样调查中,为了考察餐馆的广泛性和代表性,在不同年份中不重复选择同一餐馆,一家餐馆在调查中只出现一次;餐馆的菜系归属以明确宣传的广告内容为依据,对于没有明确菜系的餐馆则不列入本调查。1944 年末至 1945 年 10 月,因日军侵略,《广西日报》停刊,故无 1945 年的数据。

据随机抽样调查发现,桂林抗战时期的餐饮业有以下几个特点:

1. 沿海城市人口内迁直接引发桂林餐饮业的变局

1942 年以前,桂林餐饮业波澜不惊,1939—1942 年,《广西日报》上仅见 6 条广告,平均每年 2 条广告。这说明了桂林餐饮业的规模较小,市场竞争小,餐饮市场不活跃。1942 年,《广西日报》上有 11 家餐饮企业刊登了广告,市场形势发生巨大的变化。1943 年,有 22 家餐饮企业在《广西日报》刊登广告,比过去四年的总和还多。

2. 餐饮种类和风格不断完善形成多样化格局

抗战前,桂林以本地菜、粤菜为主,餐饮文化带有明显的地域性。上海、广州、武汉沦陷后,沿海城市居民撤退至桂林,店铺重新开张,百姓重新生活,桂林成为地域文化融合的城市。餐饮文化体现多地域人群的融合。《广西日报》上，从1942年起陆续出现江沪菜、天津菜、川菜、湘菜、北京菜为主打的外地餐饮企业，整个桂林成为全国名菜的食堂，餐饮业十分繁荣。

3. 洋派菜系成为餐饮业的领头羊

西餐是西洋文化的重要代表，在20世纪30年代具有无与伦比的崇高地位，由于崇洋媚外加上对西洋文化的好奇、交际应酬、营养观念转变等因素，西餐馆非常热门，西餐馆总数占到抽样调查总数的24%，是比例最大的菜系。广西、广东地缘接近，饮食习惯也类似，因此，在中菜中，粤菜在广西具有最大的影响力。从调查数据可知，22%的饮食广告属于粤菜。菜系影响力中，江沪菜仅居其后，占比20%。川菜也是很受欢迎的菜系，占比达到10%。广西本地菜、北京菜、湖南菜占到7%。这从一个侧面说明，抗战时期的桂林，西洋文化、海派文化的影响之大。

图4—85　思豪餐厅广告

(二) 桂林的新式餐饮

1. 冷饮

桂林地处南疆，每到夏季，炎热难耐，消暑纳凉成为了民众重要的休闲方式。早期的消暑方式主要是吃西瓜、喝大碗茶，随着社会和科技的进步，桂林夏季消暑饮品出现巨大的变化。

冷饮最早在20世纪40年代初在桂林出现，吃冰棒、喝冰镇饮料消暑是当时新颖而时尚的消暑纳凉和休闲方式。1940年,桂林有建国贸易公司出品冰棒①,有大华、国泰两家冷饮店,产品较为单一,主要是冰镇饮料。1943年,乐群社引进新机器,开发新品种,冰镇饮料的品种花样顿时丰富起来,各种口味、各种造型的消暑冷饮纷纷亮相,吃冷饮成为当时时髦的休闲活动。

1943年8月7日,乐群社在《广西日报》上的显著位置以半版的大篇幅刊登了一则名为"夏季唯一消暑品——冰"的广告②,把西餐和冷饮结合在一起,隆重推向市场,掀起了一股冷饮风潮。乐群社的冷饮部开发多个种类的品种,包括圣代冰淇淋、冰可可、冰咖啡、冰鲜橙汁、冰赤豆、冰汽水、各种冰鲜榨果汁、冰葡萄酒、冰巧克力冻、冰咖啡冻、冰果露、冰苏打水,品种花样繁出,让人称奇。

其他冷饮店纷纷开发新品种,不甘人后,各种冰室也渐渐利用《广西日报》上的广告打响品牌,推动了冷饮业的发展。月宫冰室、九一八冷饮部、桂林大酒店冷饮部都在报上登广告,冰镇饮品日益丰富,为桂林市民的消暑纳凉提供了丰富的选择。桂林大酒店冷饮部利用出色的广告创意,让"冰"的特点格外突出,为冷饮广告的一大亮点。该广告正中为一个巨大的"冰字",周围的三个广告语"雪藏冷饮、鲜奶果露、日夜供应"周围围绕着密密麻麻的小字号的"冰字",形式特别,让人过目不忘。

图4—86 桂林大酒店冷饮部广告

---

① 广西日报(桂林),1940-8-2.
② 广西日报(桂林),1943-8-7.

图 4—87　乐群社冷饮部广告

冰室不断涌现,汽水这种新式饮品也应时出现,汽水和冰激凌、冰镇果汁不同风格,属于碳酸饮料,喝后容易产生气体在肚中膨胀的独特快感,这种饮料和传统的凉茶、开水截然不同,赢得了市民的欢迎。1944年,中国汽水厂就在《广西日报》上连登了五期汽水广告[①],版面巨大,创意独特。以消暑为诉求的广告文案,更成为了普通市民茶余饭后的谈资,继而带动喝汽水消暑的潮流。

　　机制汽水,消暑卫生,夏季饮料,却暑佳品。味美价廉,工巧质精,零售批发,无任欢迎。

汽水的出现,加之冰室的繁荣,为市民消暑纳凉提供了更丰富的形式和产品。新式食品成为招揽客人的新"招牌",男男女女习惯了喝冰水、汽水消暑纳凉。

　　虽然天气是那样多变,可是有灼热的太阳的日子毕竟多些,于是一班迎接夏季来临的女士们,先生们,已经急急在找有冰的食品,有水的场所了。商人们的眼睛是最敏锐的,左一个"露天花园",右一个"本店特有电风扇",写一个大斗大的"冰"字,周围绘上一些白色的雪花。到处可见

---

① 广告见广西日报(桂林),1944-6-16、18、19、20、21。

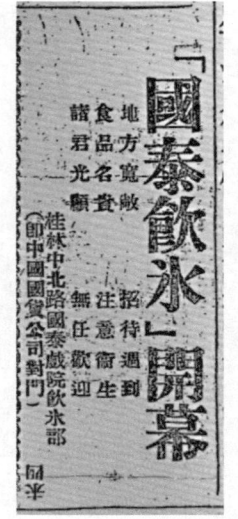
图4—88 国泰冷饮店广告

图4—89 大华冷饮店广告

图4—90 中国实业公司汽水广告

图4—91 中国实业公司汽水广告

"应时甜品"的大招牌,已经挂在"居然酒家""安乐"饼店的大门口了。①

2. 葡萄酒

20世纪40年代起,《广西日报》中的葡萄酒广告日益增多,说明这种西式酒逐步得到国人认可和喜欢,走入千家万户了。

---

① 唐海.战时桂林的繁荣面[N].华商报,1941-2-2.

最早在《广西日报》上登广告的是"铁汁葡萄酒",它于 1941 年 1 月 15 日投放广告销售此酒。广告词为"铁汁葡萄酒,市府化验,确无杂质,气香色美,味醇补血",可知,葡萄酒最初以"补血"为主要诉求,当时定价法币 3 元一瓶。

1943 年 8 月 14 日,大华酿酒厂出品"无敌"牌葡萄酒,广告仅以"葡萄美酒"四个美术字和葡萄图案为主要内容,没有文字介绍,简单醒目,美观大方,给人留下深刻印象。这从一个侧面说明,葡萄酒的功效和作用已经广为人知,勿须再作详细介绍。

1944 年 4 月 16 日,瑞兴酿酒厂推出"铁精"牌葡萄酒,着重介绍"铁精牌葡萄酒唯一能补气补血",国人普遍认为葡萄酒有保健功能。

图 4—92 无敌葡萄酒广告　　图 4—93 铁精葡萄酒　　图 4—94 铁汁葡萄酒广告

二、知名餐饮企业的生意经

虽然前线战火纷飞,国民经济面临崩溃,各行各业都大萧条。但大后方桂林出现了畸形的繁荣。名人荟萃,商贾云集,说着各路口音的达官贵人、三教九流都出现在桂林。外地很多商号涌入桂林,给这座城市的商业文化增添了积极的元素。在激烈的商业竞争中,商家想出各种营销手段,留下精彩的故事。

"乐群社"在桂林知名度颇高,是新桂系出资设立的以接待军政要人为主要业务的多功能宾馆,总社原设在南宁,抗战前夕广西首府迁址桂林后,桂林的乐群社成为总社。桂林乐群社有旅社部和餐饮部。旅社部有七八十个房间,浴室五六个;中餐厅除包办筵席外,也对外营业提供中式餐饭。西餐厅也对外。中西餐厅装修高档气派，菜品多样，成为接待应酬的首选之地。除了旅宿业务以外，乐群社还开有咖啡厅、弹子房、球场、游艇等项目，集食、宿、娱于一身。由于知名度高，很多名人到桂林办事、出差多选择此处下榻，名流巨贾也喜欢以此为接待应酬的场所。因此，桂林乐群社终日人来人往，川流不息，生意相当繁荣。抗战期间，乐群社还是桂林进步文化人士住宿、交谊、座谈的主要场所。

乐群社由官方主办的，出于官方接待应酬需要而设，因此注重管理，卫生条件好，注重服务，社会知名度高，善于策划各类活动，频频利用新闻、广告宣传自己，不断提高企业知名度和影响力。

（一）每周举行游园晚会，节目丰富

为了满足住客的休闲娱乐需求，乐群社每周精心组织游园晚会，内容包罗万象，有弹唱、画展、相声、魔术杂技表演等等。不时邀请曲艺名人到乐群社表演节目，增加人气。由于免费，乐群社每周的游园晚会成为桂林市民娱乐生活的重要方式，每次举办都迎来人流如潮，人山人海。

（二）举办草地会，提倡新式交际方式

抗战时期，桂林名流荟萃，应酬交际变成为重要的商机。除了吃饭喝酒之外，这些军政要人、上层人士、名流巨贾都需要交际场所以沟通信息、交流感情。乐群社利用宾馆优越的自然条件，举办类似西方草地派对的草地会，为上层社会提供了高雅、别致而又不失自然情趣的交际场所，自然好评如潮。其在《广西日报》上刊登的草地会广告，广告语为"消去闲愁万种，享它半夜清福"给人留下深刻的印象。

（三）举办各类公益活动，树立良好的企业品牌形象

企业品牌形象是重要的竞争资源，乐群社成立不久就深谙此道，积极组织和参与各类大型公益活动，提高企业的知名度，树立爱国、仁善的良好形象。比如，1939年年底，正值前线战士面临衣物匮乏，寒冬难继，乐群社发动了为期四天的"募集寒衣游艺大会"，请来戏剧、舞蹈、音乐名家举行义演。乐群社在《广西日报》上刊登了四期近半版的巨幅广告，广告语"有钱的出钱募集寒衣，把寒衣披到战士身上"，语句真挚，朴素无华，为筹资制作寒衣起到巨大的作用。《广西日报》以大篇幅的新闻报道，对此进行跟踪报道，详细描述每场活动的精彩场面，高度赞赏乐群社这一做法。乐群社因此而在民间赢得良好口碑，成功树立了良好形象。

（四）利用广告宣传，提高乐群社的影响力

乐群社是桂林知名度最高的宾馆，新桂系经常在此接待军政要人，知名人士来桂也经常下榻，因此在《广西日报》频频露面，具有较高的知名度。但乐群社并不放弃其他的传播方式，乐群社具有较强的商业意识和广告竞争意识，经常在《广西日报》上刊登广告，推荐音乐会、草地会活动。

第五节 百货商店广告

百货商店是消费者购买商品最集中的地方，也是反映地方商情最典型的地方。抗战时期，桂林百货商店的广告见证了商品由简陋到进步，由实用到具有现代生活气息的转变。

现代百货公司随着近现代城市的发展而逐步出现和壮大，未有现代城市之前，老百姓衣食住行所需之物品都在杂货店、五金店置办。19世纪末期20世纪初，上海最早一批洋广杂货铺向现代百货商店转型，百货公司相继出现。1917年和1918年，上海相继出现百货公司的巨头"先施""永安"，随后，又出现新新、大新等百货公司。这些百货公司商品多达上千种，琳琅满目，中西荟萃，和传统的杂货铺有天壤之别。广州的现代百货公司比上海的百货公司出现的时间略早，1907年广州就出现百货公司，到1918年止，广州有光商、真光、先施、大新等四大百货公司。① 天津到了19世纪20年代末期，出现北海楼、北洋第一商场等现代百货公司。②

近现代广西通商口岸的开放引起了商业的繁荣，也催生了大型百货商店的诞生。咸丰四年（1854）梧州就有大型百货商店天宝华号，经营小百货和妆奁品，品种达到700多种。③ 民国时期，随着百货业的不断发展，广西各地也都陆续出现了百货商店，成为了批发、零售商品的重要集散地，也为民众购物消费提供了一种全新的购物场所和文化。清朝末年，桂林的百货商业就已有雏形，均利、德隆、绍元兴、韩芳斋4家是较有名气的商号。由于当时国货贫乏，这些商号售卖的商品有一半以上都是洋货，主要包括香皂、香水、卫生衣

---

① 张仲礼.东南沿海城市与中国近代化[M].上海：上海人民出版社，1996：256 – 257.
② 孙德常周祖常等.天津近代经济史[M].天津：天津社会科学院出版社，1990：208 – 209.
③ 孙德明.广西通志·商业志[M].南宁：广西人民出版社，2000：12.

裤、儿童玩具、线衫以及五金制品。

抗战时期,桂林人口激增,外来商家云集,刺激了当地百货行业的发展。大规模、现代化的百货商场随之出现。这种商场开设多个不同种类的货品柜台,引进商家进驻售卖,基本方式已和现代百货公司无异,物品丰富程度和产品质量好坏成为商场的立身之本。这一时期,商场产品不再单调,从五金到服装都一应具有。比如,1941年开业的大陆商场就物品丰富,部门分类专业,种类清晰,易于顾客购物:

绸缎时装部、呢绒时装部、百货部、乐具部、图章部、针织部、糖果部、鞋履部、瓷器部、皮件部、乐器玩具部、缝纫杂货部、五金部、内衣部、酒菜部。

同年9月,建国商场开业,有21家商铺入驻商场,产品涵盖服装、饮食、五金、出版、医药、鞋履等,商品种类丰富。入驻商家包括:

复兴绸缎百货商行、福禄寿糖果商店、立信百货商店、老威大药房、中华皮鞋厂、荣生家庭工业社、金城文具店、又兴印刷制本所、胜利眼镜行、更生瓷庄、漱石斋图章馆、广东内衣专家、太平女子西服手工业社、明星皮件商店、风华证章领章工厂、第一皮件合作社、健民牙科诊所、涤净洗染公司、钜康百货号、南国书店、中国理发厂。

当时商场已经有差异化竞争的意识,和大陆商场相比,建国商场的商品种类不仅更多,更有书籍、理发、药店这三个普通民众常用的商品种类,和大陆商场是互补性竞争。1943年1月28日,建国商场扩大规模,引进商家达到

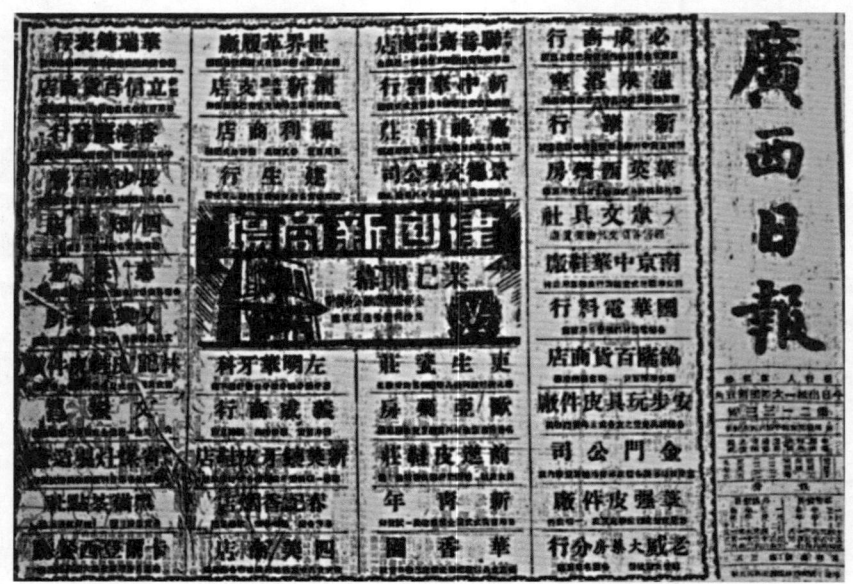

图4—95　建国商场半版广告

43家,足足翻了一倍。产品种类除了服装、五金、文具、杂货等常用商品以外,还引进黑猫茶点社、卡尔登西餐厅、温泉浴室三家休闲娱乐、餐饮商家,这大大丰富了传统百货商店的种类和功能,使商场从简单的购物场所,变成融合饮食业和娱乐业的复合型休闲场所,商场由传统百货类向百货＋娱乐业融合,在40年代这是一个不小的革新。

图4—96 民志商场广告

1943年3月28日,大型商场民志百货商场开幕,该商场共入驻商家24户,除了常见的百货、衣帽、文具、鞋履、内衣等商品外,还有温泉浴室,娱乐行业与百货行业融合已经是业界常态。①

百货商场的种类随着市场的不断繁荣而发生巨大变化,1943年,桂林的商业繁荣达到登峰造极的地步,奢侈品、高档品进入百货商店。这一时期,出现了专卖奢侈品的高档商场和代买、代售奢侈品的中介商店,高档品的销售渠道也多样化。1942年9月5日,现代行的开业广告上:

名贵钻石玉器首饰,欧美精良化妆品,本行代客买卖,手续从简,佣金从廉。②

虽然物资紧缺,但也有奢靡之风。1943年1月17日,有当局背景的乐群

---

① 广西日报(桂林),1942-3-28.
② 广西日报(桂林),1942-9-5.

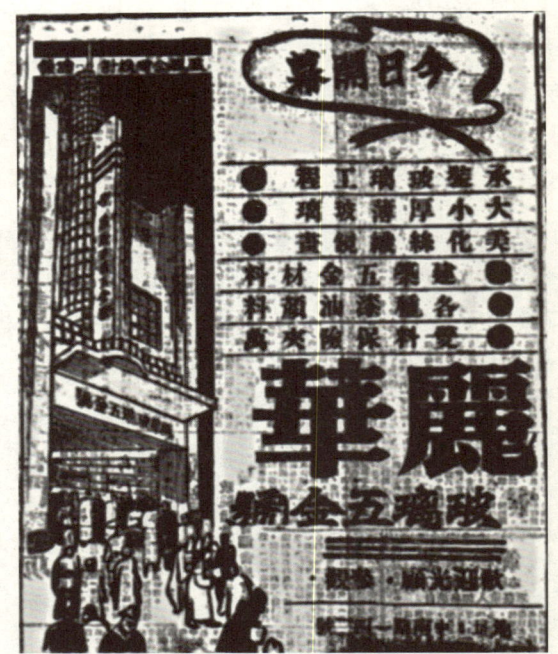

图4—97 丽华玻璃五金行广告

行①正式开业,钻石、珠宝一类的稀缺物资、高档奢侈品进入消费领域,成为战时经济畸形消费的特例反映。在乐群行的广告中,宝银、钻石、翡翠、皮件赫赫在目,折射出抗战时期桂林的畸形商业生态,一边是穷人食不果腹,一边是富人奢侈不堪。

图4—98 乐群行销售各种奢侈物品

---

① 广西日报(桂林),1943-1-17.

1944年，桂林陆续出现好莱坞百货公司①、美美行②、丽丽百货公司③等百货商场，琳琅满目的现代商场为城市的商业增添繁荣，为市民的休闲娱乐提供了新颖的方式。逛街、购物、吃饭、理发、泡澡……这新式的生活体验丰富了人们的业余生活。百货商场的日益增多带来市场的竞争，有些商场采用各种各样促销方式吸引消费者注意。比如，1943年9月11日，美琪行就采用了"摸奖大赠品"活动，

> 一、凡购货满洋三百元者得摸奖一次；二、凡购货在一千五百元以上，一律摸奖五次以期奖品普及；三、奖品按日在本行布置并将得住姓名公布以昭真实。④

美琪行还开发出"特价牺牲品"项目，出售若干打折商品，这种促销方式已经和今日商场无异。

图 4—99　美琪行百货公司广告

---

① 广西日报(桂林)，1944 - 1 - 21.
② 广西日报(桂林)，1944 - 5 - 9.
③ 广西日报(桂林)，1944 - 6 - 13.
④ 广西日报(桂林)，1943 - 9 - 11.

第六节 营养保健品

随着社会物质文明的发展和卫生观念的进步,对身体的呵护和保养日益受人重视。城市兴起,都市生活取代农村生活,节奏快、压力大的都市生活容易致人身体虚弱,"都市中患虚症者之多也,盖都市中人非同乡村中劳力辈也,乡村空气既佳,风俗俭朴,而乡人多以劳自活,故其体质多坚强,都市中人生活,则与之相反。故都市人多患虚症也"[1]。吃补品流行,不论什么社会地位的人都视食补品为"时尚",就连工厂普通员工都如此,可见"进补"的观念深入人心之深,影响之广泛。

  吃补品在纱厂里像是变成一种风气了,上自经理,工程师,下至职员,差不多总要搭上点份儿。当然,吃的人多,吃的人地位又有多少参差,如是乎的补品的花样,也就格外多了。上级点的如牛肉汁啦,鸡汁啦,牛奶啦;中级点的像鱼肝油啦,鸡蛋啦。下级点的便要轮到豆腐浆了。[2]

中国自古就有"养生"传统,人参、燕窝、鹿茸、海参等都是上好的补品;近现代以来,洋货不断输入,外国琳琅满目的保健品逐渐成为国人热捧的对象。营养液、鱼肝油、维生素等保健品不时见诸报端,保健品市场出现"西风东渐"。

(一)鱼肝油

鱼肝油是近代由西方传入我国的保健品,在20世纪20年代风行一时。鱼肝油实际上是从鳕鱼的肝脏提炼出来的,含有丰富维他命A、D、E能有效地促进人体的新陈代谢。鱼肝油中含有丰富的磷和钙,对脑部发育、骨头生长都有显著作用。鱼肝油传入我国后,经过医生的临床检验,确实有一定的营养功能,因此国人中很快掀起了一股"鱼肝油"热。

1940年,进补的传统时节冬季,《广西日报》上出现鱼肝油的广告:

  冬令滋补,老少咸宜——挪威纯净清鱼肝油,每磅国币十三元……[3]

---

[1] 公玄.补品之种类[J].家庭医药(上海1933),1935,2(16):6.
[2] 雍若.生活素描:闲话补品[J].染织纺周刊,1936,1(42):673.
[3] 广西日报(桂林),1940-12-25.

冬令补品，大批上市——英国纯净鱼肝油，每磅十二元，批发特廉……①

图4—100　补尔康麦精鱼肝油　　图4—101　挪威清鱼肝油　　图4—102　英国纯净鱼肝油

(二)营养丸剂

很多药厂针对国人的"进补"的风气开发出各种营养药片，在广告上大加吹嘘，针对不同的使用人群，不断制造各种"补营养"的噱头，形成不同客户群体专属营养品的概念。以更有效地推广其产品。新亚药厂于1941年推出了"宝青春"营养片，其广告用图画生动地描述说6片营养片的功效等于半磅牛肉加两颗鸡蛋，让人一目了然，深受打动。该广告针对国民经济困难的境况，比喻用药丸取代牛肉和鸡蛋，浅显易懂而又具有诱惑力，在普通民众中容易产生影响。

宝青春以高级药用酵母为主剂，以及乙种维他命已消化蛋白质等所配置。营养滋补之力，调整胃肠之功，确能超出一切同类制品。在此物价高涨之时，日常食品中摄取光分营养素实一极大难题，所以宝青春适应环境需要，乃誉为大众化之营养滋补品……②

"海力命"的广告③深谙中国家长的心理，针对父母受众开展了"关注儿童营养"观念教育，用望子成龙的诉求"启发"家长，要关注儿童的营养，广告先

---

① 广西日报(桂林),1941-1-6.
② 广西日报(桂林),1941-7-30.
③ 广西日报(桂林),1941-7-31.

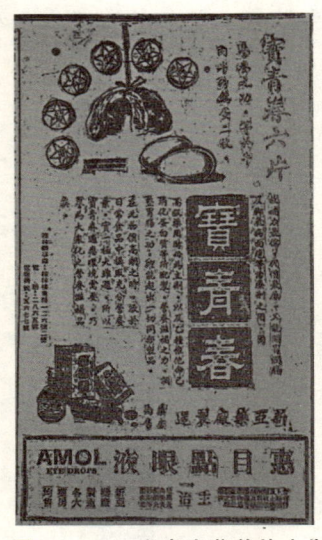

图4—103 宝青春营养片广告

图4—104 海力命营养片广告

以情动人,后以理论证,成功地利用父母关心子女的心理作了一次推销。

  各家长辈,无不关心子女之学业……故英明之家长,宜为其营养之补充,体力之补充。方能旺盛学业,年年升级,迅速毕业。海力命为发育童年,增进营养,补充体力之合理良药,用高级维他命甲与维他命丁合制。对于营养上之价值,实为伟大。其原料新鲜,成分准确,每粒丸剂含维他命甲五千国际单位,维他命丁两千国际单位,较丸剂含量增多五倍。较普通鱼肝油强八十余倍。且味美无腥,即在老者病后进服,亦甚相宜。①

第二年新亚制药厂又推出三款补药——补使命丸、好美满丸、胚生蒙丸,主打补脑、补肾、病后虚弱、女性健康。

这一时期的补品广告还注重利用营养成分来作为主要诉求,比如中国制药厂出品的"当归精"就主打"补血,补铁"。其广告持续发布多年,主要广告文案保持不变,主要以"补血,补铁"为中心。如"当归精"的广告为:

  强身补血,男女通用——含铁之当归精——各界采购者请注意含铁:功效:一、调整新陈代谢;二、促进血液新生;三、充实性命机能;四、增强生活力量。②

补血营养产品的盛行说明当时人们的体质衰弱,营养不良,贫血成为普遍现象。因此,这类产品经年不绝,年复一年地在报纸上刊登广告。

---

① 广西日报(桂林),1942-10-10.
② 广西日报(桂林),1943-7-13.

图 4—105　新亚药厂的营养补品广告

这一时期，各类补品陆续问世，1941 年 1 月 22 日，樟树国药局发布一则广告：

冬末春初最适宜的补品——胶，虎骨胶，阉鹿胶，血驴胶，龟版胶，雪梨膏，琵琶膏……①

图 4—106　当归精广告　　图 4—107　桂林樟树国药局补品广告

---

①　广西日报（桂林），1941-1-22.

(三)奶　粉

这一时期,国民经济羸弱,市民生活艰难。但是,奶粉、早餐豆乳一类的营养品不时在报纸广告中出现,说明市场上存在一定需求。同时也反映出,现代早餐习惯已经开始慢慢影响广西,"营养"概念逐步深入人心。

1939年,上海生生卫生豆乳公司在桂林推广其"原汁豆乳",即以"强国先强身,唯一滋补品"为广告语,大力推广这个和早餐奶类似的营养产品。

> 各种原汁豆乳完全以科学方法制成,清洁可口,裨益卫生,增进健康,实对身体上有莫大补益,且定价低廉,力求平民化。本公司开幕伊始,特优惠订户1 000户,为便利顾客起见,分设代订处,每日清晨并派员准时按址送达,绝无间断之处……清白豆乳每瓶每月两元、咖啡豆乳每瓶每月五元六角、杏仁豆乳每瓶每月四元四角、可可豆乳每瓶每月肆元柒角、果汁豆乳每瓶每月肆元柒角、牛乳豆乳每瓶每月五元五角。①

1942年,"养生代乳粉"公司同时在《广西日报》《扫荡报》《力报》上刊登大篇幅广告,大张旗鼓地推销"全世界公认为人类第一营养品之代乳粉":

> 故老幼咸宜,日夜常服,实为延年益寿之仙丹补品。……养生代乳粉乃贫家儿女之福音,穷户婴孩之救星。而今以后,小孩可以不哭,病人可以起床矣。有此饮料,病可减除大半去……对于社会之贡献,有如大旱后之甘霖……养生代乳粉,是人人的生命素,真是不可一日无此君。②

抗战时期,物价飞涨,人们的购买力普遍低下,"养生代乳粉"以低价为诉求,精确地洞察和把握了消费者的心理。

> 本代乳粉乃为普通社会设想,故价格低廉,倘每磅售价伍佰元,那只有富家婴孩能购之,断非贫户穷人所敢过问,故本代乳粉售价低廉,其用心良苦矣。③

"养生代乳粉"公司颇有广告意识,不仅仅作普通的推销型广告,还在广告创意上力图与众不同,给人深刻印象。1942年10月4日,其刊出了一幅"理性诉求"的广告,全文以"养生代乳粉"是什么做的?有何种成分作为主体作重点介绍,没有花哨的广告图片陪衬和惊人的广告语,但是正是这种与众不同的风格,让该广告在整个版面中脱颖而出,达到一定的说服效果。

> 代乳粉与牛奶粉不同,牛奶粉的蛋白质丰富,对于小孩及病人,表现

---

① 广西日报(桂林),1939-8-16. 均以当时货币结算。
② 广西日报(桂林),1942-7-26.
③ 广西日报(桂林),1942-8-12.

与众不同。若夫代乳粉,则恰恰正好。乃用鲨鱼或者鲨鱼胆,牛奶粉、鱼尾骨、牛骨粉、黄豆粉、玉蜀黍精粉等,混合物质,配化结果,乃无上的滋补品。故用次气氛,代乳粉一分,其成分效力,与新鲜牛奶相等。此系经美政府华盛顿卫生院,及北平协和医院化验室与上海公共租界卫生局、香港政府卫生处,皆共同承认为人生最天然的滋养补品。不论小孩病人,身体孱弱者,能日日食之,以代牛奶,只要连吃一个月后,便能验出效能。尤其小孩,只要吃了一二磅以后,其精神必见活泼;年老的四五十岁食此,其精神必觉舒畅,治事交际,必然兴高气扬,实是蓬蓬勃勃的气象。①

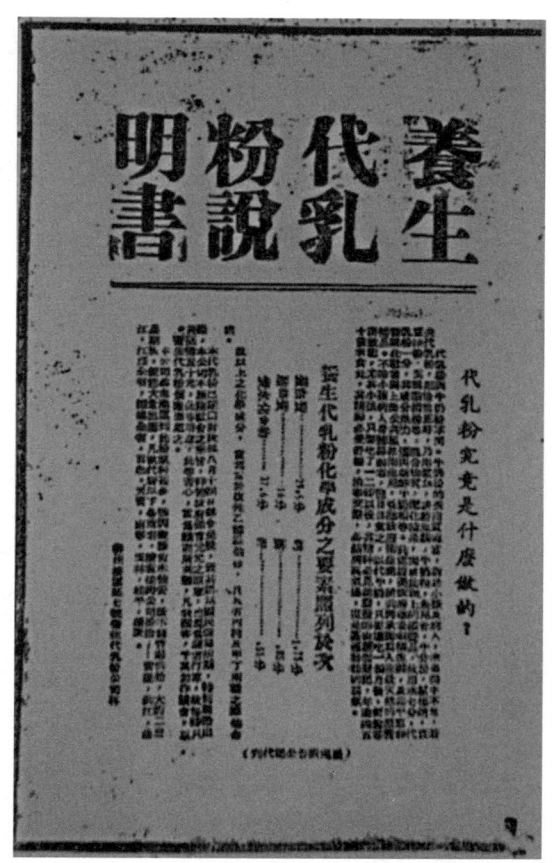

图4—108 养生代乳粉广告之一

代乳粉的主要功效是补充营养,在困难时期,普遍民众维持生活困难,经

---

① 广西日报(桂林),1942-10-4.

济拮据,但是以补充营养,强身健体为诉求的各类代乳品①还是不时出现,可怜天下父母心,谁不希望自己的孩子身体健康呢?抗战时期,卫生、医疗保障条件很差,小孩普遍缺乏营养,体质差。这类产品就抓住普通父母的心理,大做广告,恰恰反映出当时困苦的生活条件和小朋友体质衰弱的真实状况。

这一时期,类似的产品逐渐增多,可见市场上对营养品的需求较大。1943年1月2日,维华奶问世,奶粉市场又多了一员新丁。该产品广告口号响亮,给人留下深刻印象:

    偶饮提神! 常服补身! 每日一杯! 体力充沛!②

用说理的形式,详细介绍该产品优于牛奶的理由、每天喝牛奶习惯的好处、产品所具有的丰富营养,有较强的说服力。

图4—109　养生代乳粉广告之二

经过广告宣传的影响,"早餐喝牛奶有益健康"的理念在这一时期日益深入人心,不断有牛奶品牌围绕"早餐奶"打广告,让广西早餐饮食习惯从喝粥、吃红薯、芋头、吃粽子等传统方式逐步过渡到喝牛奶这

图4—110　维他命早餐奶广告

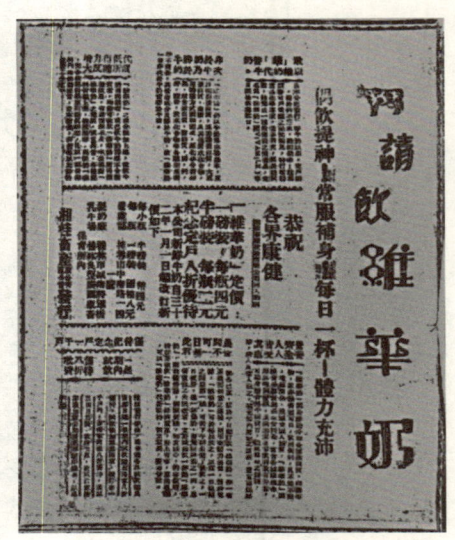

图4—111　维华奶广告

---

①　广西日报(桂林),1943-12-18.
②　广西日报(桂林),1943-1-2.

一方式,体现注重营养的饮食观念。1943年8月6日,健身营养厂推出"维他命奶"①,往后持续刊登广告,掀起早餐奶食品的宣传高潮。该品为玻璃瓶包装,每瓶半磅,每月收费100元。广告特别用加大加粗标题注明"每晨七时前送到",说明这是一专为早餐而准备的牛奶产品。

第七节 香烟广告

一、烟草进入中国简况

烟草在17世纪初叶由菲律宾传入我国,后慢慢流行开来。吸食烟草的最早方式是旱烟斗或者水烟斗。我国传统上崇尚节俭,烟草进入我国时被认为是浪费钱财,伤身体,因此民间有抵触。② 经过明清诸多人士对烟草药用价值的宣传,烟草逐步得到民众的接受,逐步衍生了社交的功能,成为待客的食物。从此,烟成为和酒、茶一样在中国民间交往中具有重要地位的应酬礼品。

卷烟也由国外传入我国,现代化的卷烟技术改进了烟的包装形式,大大提高了吸食香烟的方便性,随着包装工艺的进步和海外烟草公司的贸易,我国在19世纪末期到20世纪初期,逐步出现庞大吸烟群体,吸食香烟成为社会交往手段,日益盛行并流传至今。1890年,美商老晋隆洋行最早在上海引入卷烟到国内市场,获得良好的市场反响。19世纪后半期,欧、美建立巨大的烟草托拉斯,并开始对华贸易。最早的烟草贸易集散地是上海、天津、广州等通商口岸。1902年,英国、美国两家烟草公司为了避免在华商业竞争,化敌为友,共同组建英美烟公司,总部设在英国伦敦和美国纽约。英美烟公司在中国收购最早销售卷烟的老晋隆洋行,取得中国以及香港机器周围地区的纸烟业务。③ 此后,英美烟公司通过老晋隆洋行在我国销售纸烟,成为烟草业垄断巨头。

---

① 广西日报(桂林),1943-8-6.
② 汪银生.中国烟草的历史现状与未来[M].合肥:安徽大学出版社,2000:23-24.
③ 汪敏虞.中国近代经济史参考资料汇刊第二辑 1895—1914[M].北京:科学出版社,1957:21-215.

二、《广西日报》香烟广告特点

20世纪40年代,广西出现吸食香烟的风气,香烟广告同饮食、娱乐广告一样频频出现在《广西日报》上,成为市民消费生活中的重要部分。1939年,香烟广告首次出现在《广西日报》上,此后并不多见。1942年以后,香烟广告快速扩张,逐年增多,成为数量庞大的广告类型。为了大致掌握那个时期《广西日报》香烟广告的状况,笔者将1942年至1945年的香烟广告统计如下:

表4-10 《广西日报》烟草广告统计1942—1945

(单位:版面)

日期	香烟品牌	出品厂家	广告大小	广告表现类型
1942.10.16	三鹊	中国家庭工业社	1/5	图文
1942.11.10	猎人/天使	宇宙烟厂	1/6	图文
1942.12.8	白鸽	中一烟厂	1/6	图文
1942.12.8	ABC	四喜烟厂	1/6	图文
1942.12.8	甜心	国华烟厂	1/6	图文
1942.12.8	56	中国家庭工业社	1/6	图文
1942.12.8	琉璃塔	桂林最是机烟厂	1/6	图文
1942.12.8	同盟	同盟烟厂	1/6	图文
1943.1.21	铁马/66/金戈	大冈烟厂	1/6	图文
1943.1.22	海鸟	不详	1/8	图文
1943.3.16	814	振业烟厂	1/6	图文
1943.4.12	爱斯	桂林市城区第一卷烟生产合作社	1/8	图文
1943.4.16	箭牌	侨兴工业社	1/8	图文
1943.4.16	好男儿	广西纸烟厂	1/8	图文
1943.6.7	风行	上海亚光烟厂	1/10	图文
1943.6.10	东方红/箭牌/美国牌	侨兴工业合作社	整版	图文
1943.6.11	伟大	不详	1/8	图文
1943.6.14	金鸡	永和昌烟厂	1/8	图文
1943.6.14	咖啡	两全烟厂	1/8	图文
1943.6.11	宝龙/巧女	精神烟厂	1/8	图文
1943.6.11	神鸟	利群烟厂	1/10	图文
1943.6.11	风行	上海亚光烟厂	1/8	图文

续表

日期	香烟品牌	出品厂家	广告大小	广告表现类型
1943.7.7	水印	宇宙烟厂	1/8	图文
1943.7.9	爱斯基摩	一中制烟厂	1/8	图文
1943.8.6	烈马	中国广平烟厂	1/8	图文
1943.8.14	814/思达/威得利	振业烟厂	半版	图文
1943.8.16	本义	中国德成烟酒厂	半版	文字
1943.8.22	菲律宾	中国家庭工业社	1/10	图文
1943.8.22	大吉	博爱烟厂	1/10	图文
1943.10.9	沪光	一中制烟厂	1/4	图文
1943.11.8	雪山/南洋桥/308/空中堡垒	南洋侨胞烟厂	半版	图文
1943.11.11	快乐/海陆空/绿宝	中国制烟厂	半版	图文
1943.11.14	马尼拉/金笔	振业烟厂	1/10	图文
1943.11.21	北辰/汉宫	精一制烟厂	1/5	图文
1943.12.5	YES	九X第一卷烟社	1/5	文字
1943.12.23	宇宙	宇宙烟厂	1/8	图文
1944.1.5	怡和/蓝带	怡和烟厂	1/8	图文
1944.1.7	维多利亚/玉兰地	桂林市城区第一卷烟生产合作社	1/8	图文
1944.1.12	爱丽斯	龙冈烟厂	1/8	图文
1944.3.7	飞剪	金门烟厂	1/10	图文
1944.3.15	开罗	中国毓秋烟厂	1/8	图文
1944.3.28	红方虎	侨兴工业合作社	1/10	图文
1944.4.12	金兔	协盛烟厂	1/8	图文
1944.4.12	小红伶	国华烟厂	1/8	图文
1944.4.12	埃及	中国科学制烟厂	1/8	图文
1944.4.16	爱白乐	两全烟厂	1/8	图文
1944.4.16	德黑兰	荣威烟厂	1/10	图文
1944.4.17	西伯利亚	开泰烟厂	1/8	图文
1944.4.18	凯旋门	宝华烟厂	1/8	图文
1944.4.20	印影	新新烟厂	1/8	图文

续表

日期	香烟品牌	出品厂家	广告大小	广告表现类型
1944.4.19	鸡鸣	继成烟厂	1/8	图文
1944.4.21	佛郎	最是机烟厂	1/8	图文
1944.4.22	莫斯科	中国家庭工业社	1/6	图文
1944.6.5	雁山	桂林市城区第一卷烟生产合作社	1/8	图文
1944.6.6	四强	利群烟厂	1/8	图文
1944.6.13	惠罗	大冈烟厂	1/8	图文
1944.6.15	英格兰	中国鹤亭烟厂	1/5	图文
1944.6.19	精神	精神烟厂	1/8	图文

注：本抽样调查以不重复为原则，凡是重复出现的香烟品牌只统计一次。

1943—1945年，《广西日报》上出现的香烟品牌达到65个。品牌的繁多反映出香烟市场竞争激烈，香烟很流行，市场需求大，烟厂频频推出新品牌，意在抢占市场。

1940年左右，雪茄被引进桂林，成为奢侈消费品。《广西日报》上最早的雪茄广告出现于1940年5月24日。

  桂林联义行经理——名贵雪茄烟，五十支妙女牌，二十五支凯旋牌，地址：环湖北路十二号，各大烟店均有销售。①

  二十五支凯旋牌，五十支妙女牌雪茄烟——装潢美观，馈赠妙品，烟叶纯净，清香隽永。总经理：桂林联义行，地址：环湖北路12号。分销处：中国国货公司及各大烟店均有出售。②

桂林联义行的雪茄烟广告在《广西日报》连续刊登了多期。1941年1月23日，建国贸易公司的广告中，把罐头食品、精致湘绣、名贵雪茄烟作为主打商品，可见抽雪茄是时尚而奢侈的行为。桂林受港沪消费时尚的影响，社会上出现抽食雪茄的风气，1941年1月26日，华南行刊登了一则雪茄烟加价启事，可见当时雪茄烟之走俏和一烟难求的物资紧俏情形。

  华南雪茄烟厂各种雪茄烟增价启事——本厂出产之凯旋、妙女、五支梅、十株兰等四种雪茄烟问世以来，销遍全国。承蒙各界惠顾，无任感谢，惟近因烟叶及制烟原料价格高涨，税运各费迭增，以致成本加重，不

---

① 广西日报(桂林)，1940-5-24.
② 广西日报(桂林)，1940-6-6.

得不将原定价格略予增加,裨益血本。兹由二月一日起,改订价格录列如后,尚祈各界诸君见谅是幸!五十支妙女雪茄烟,每盒国币九元正;二十五支凯旋雪茄烟,每盒国币十元正;五支梅雪茄烟每包国币一元一角;十株兰雪茄烟每包国币一元一角。①

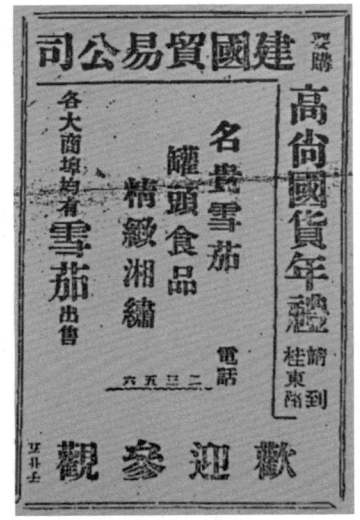

图 4—112　建国贸易公司雪茄烟广告

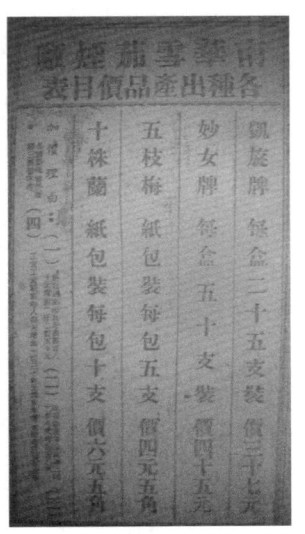

图 4—113　南华雪茄烟厂广告

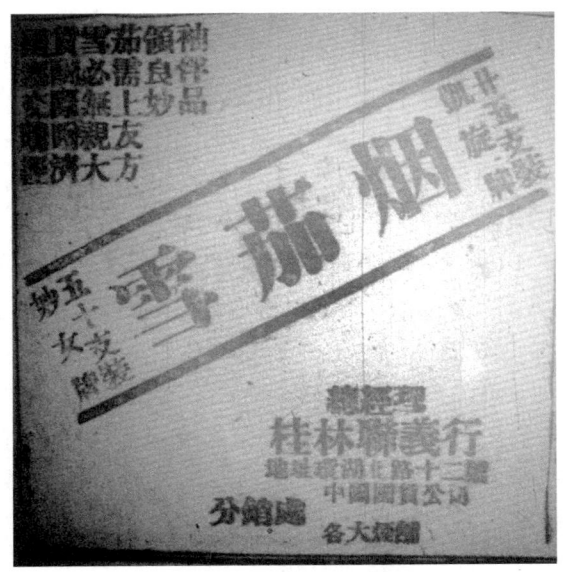

图 4—114　联义行雪茄烟广告

① 广西日报(桂林),1941-1-26.

从1942年10月起,《广西日报》上陆续出现香烟广告,不久就形成强大的香烟广告市场。各大烟厂推出的香烟品牌令人目不暇接,数量庞大,报纸上香烟广告成为了新兴的广告增长点。

这一个时期,《广西日报》上的烟草广告极富特点:

第一,发布频率较高,数量较大。从1943年起,烟草广告已经逐步成熟,几乎每个月都有大量的烟草广告发布。个别月份,约有20条烟草广告。这个时期,多个烟厂实施品牌战略,推出数个香烟品牌,挤占市场,香烟市场特外繁荣。比如,家庭工业社出品三鹊牌、菲律宾牌、莫斯科牌;桂林市城区第一卷烟生产合作社出品爱斯牌、维多利亚牌、玉兰地牌、雁山牌;侨兴工业合作社推出红方虎牌、箭牌、美国牌;大冈烟厂推出铁马牌、66牌、金刚牌、惠罗牌;振业烟厂推出814牌、金笔牌、威得利牌、马尼拉牌、思达牌;一中制烟厂推出沪光牌、爱斯基摩牌、白鸽牌等。多个烟厂先后推出三四个香烟品牌,香烟广告轮番轰炸,让桂林的香烟市场琳琅满目,活跃异常。香烟已经成为时尚品,被社会广泛接受。

第二,广告设计直白,缺乏创意。40年代的香烟广告普遍采用文字加香烟外观图片的简单组合。广告文案多用四字句,从包装、用料、口感、品质等角度创作,比如"科学配制,物廉价美,上等烟丝、烟味芬芳、品质优良"之类;配图则多用香烟外观图片,偶有用时尚男士、女士作为配图。广告标题一般多为香烟名字,或者哗众取宠的短语,如"伟大出品某某香烟即将上市""惊人消息某某香烟"类;或用推荐式口吻"请吸某某牌香烟"。广告标题多直接用货物名称的风格可能是当时的普遍选择,据第一回《中国年鉴》及大阪每日新闻社1926年之《每日年鉴》的结果①,在年鉴上中国货物广告采取直接以货物为名的占到64%,劝诱标题占4%,也许这正是当时广告观念的真实写照。总的说来,这一阶段的香烟广告的创意和表现比较粗糙,缺乏明确的创意目标,文案老套,千人一面,品牌个性模糊。有少数香烟能采取优秀的创意手法,大大提高广告传播效果。比如,中国家庭工业社出品的"莫斯科"牌香烟上市广告就采取悬念式广告法,让人眼前一亮。值得注意的是,这一时期的香烟多喜欢用洋名,各种英文名香烟比比皆是,反映了社会上崇洋媚外风气的盛行。

第三,采取各类促销方式配合广告,促进销售。有些具有营销意识的企业不仅仅发布广告,还精心设计很多促销活动,利用广告的传播效力和促销优惠的吸引力,提高产品的销售效果。比如,"甜心"牌香烟采取空盒调换赠品、"琉璃塔"牌香烟采取赠送精美日历的方式促销;"三鹊"牌香烟则采取退

---

① 苏上达.广告学概论[M].上海:商务印书馆,1929:40.

烟盒返回现金法币三角钱的方式。①

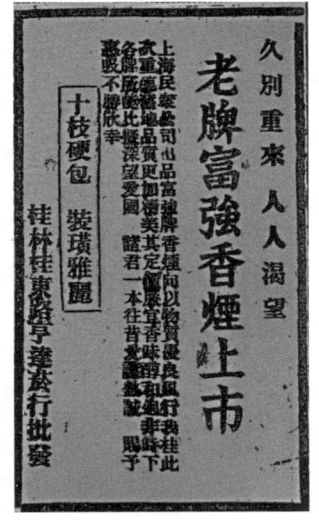 

图4-115　1939年香烟广告首次见报　　图4-116　1942年的爱斯基摩香烟广告

图4-117　和平烟厂出品和平香烟广告

---

① 这三种香烟促销方式可见广西日报(桂林),1942-12-8.

图 4—118　一中制烟厂出品香烟广告

图 4—119　沪光牌香烟广告

图 4—120　马尼拉牌香烟广告

第四章 抗战时期《广西日报》广告内容研究

图 4—121 中国制烟厂出品的香烟广告

图 4—122、4-123、4-124 莫斯科香烟系列悬念广告

三、现代生活的暗示与诱惑

香烟是随着商业的发展和大众媒体的发达以及社会风气的转变而逐步流行的,是商家借助大众传媒有意营造出来的所谓"现代生活"的附属品和装饰品。在流行文化的渲染下,吸烟不仅仅是生理享受更是实现"现代生活"的心理体验。

广告是"现代生活"的有效塑造者,它总是利用摄人心魄的文字、给人留下深刻印象的图片让读者从观念上接受"现代生活"的内容和形式。近现代香烟广告,正是这样一位"现代生活"的"使者",在由近现代向现代生活转型的过程中,用自己的方式,营造关于美好生活的图景,引起了关于现代生活方式和观念的变革。① 广告也是生活变迁的重要参与者和见证者,既客观反映了生活的变迁又主动引导了这场关于生活方式和价值观念的变迁。广告之所以有如此强大的社会力量,和国民教育的不断进步以及大众传媒逐渐发达的时代背景密切相关。近现代以来,一方面,我国现代教育事业逐步兴旺发达,受教育人群不断扩大,为社会变革储备了巨大的人力资源;另一方面,报纸的蓬勃发展,培养了一大批读者,通过这些"意见领袖"把更多的科学知识、进步观念、商业文化带给普通民众。报纸的廉价使得这种现代大众传播工具得以普及,也正因为如此,过去精英分子独有的获取信息的方式、享用商品的信息以及潮流等,逐步"走入寻常人家",普通民众也能借助报纸掌握更多的商品和关于上层生活的信息,跟随社会潮流,摆脱"精英"和"草根"对立中文化资源不平等的局面。在上述两个重要因素的作用下,普通民众掌握社会时尚的主动权,通过消费,主动参与对社会时尚的建构。在这个过程中,广告通过大众传媒的传播,成为影响消费意识和社会文化的工具,在塑造消费者适应和依附以产品和服务为主要生活方式的价值观念上起着推波助澜的作用。② 道格拉斯·凯尔纳指出,"媒体文化的重要性既体现在其形式化的图像构成和表达模式上,也体现在这些图像所传播的意义和价值上"③。广告正是巧妙地把消费主义的目的隐藏在文字和图片下,利用广告中的人物、场景、话语来营造一种所谓"现代生活",从而诱导消费者购买香烟。

广告影响消费者的认知主要通过广告信息的专业化制作,通过特定的文

---

① 王琪.现代性、传统性和民族性三位一体解读近代报刊香烟广告——从近代报刊香烟广告看社会变迁[J].黑龙江史志,2013(14):46.
② 钟建珊.《良友》香烟广告与消费文化渗透[J].传播与版权,2013(1):37.
③ [美]道格拉斯·凯尔纳丁宁译.媒体文化—介于现代与后现代之间的文化研究、认同性与政治[M].北京:商务印书馆,2004:421.

字和图片,传递一定的价值观和人生态度。它有时候采取"开门见山"的方式,有时候采取"曲折隐晦"的方式来传递信息。《广西日报》广告中,时尚的美女、绅士皆手持香烟,风度翩翩,气质高雅,让人产生"吸烟是一种时尚行为"的非理性认知,从而给消费者强烈的心理暗示:这种时尚生活,你也可以拥有。在《广西日报》的香烟广告中,出现的女子形象无一例外都是烫发、身着旗袍、佩戴珠宝,有着当时最流行的发型、打扮,代表着最时尚、最新潮的女子形象;而男性形象则是扎领带、身穿西装,一如大上海的时尚绅士形象。在这里,人物形象和服饰成为隐喻"现代生活"和"优雅生活"的一种符号,通过不断重复的广告轰炸,在人们心目中传递了一个清晰的信号:抽烟是一种时尚,抽烟的人是高雅的。日复一日的广告反复强化这种认知,大众传媒的"教育"功能不断施加影响,从而在社会上形成一种吸食香烟的流行文化。

第五章　抗战时期《广西日报》广告与社会变迁

戈公振指出:"广告为商业发展之史乘,意即文化进步之记录。"广告是社会发展的一面镜子,折射出社会生活的发展和变迁,"广告依附于商业行为,会因循社会规范而运作,因此通常是社会变迁的镜子,而不会是促进社会变迁的触媒,有什么样的社会就会有什么样的媒体"[①]。在传播学者的眼里,广告是信息传播的特定形式,在社会变迁中能发挥积极的作用,"传播活动在一个社会里通常可以担当两种看似矛盾,实则相辅相成的功能,一种是协助社会控制,一种是协助社会改变。前者是社会安定的一种方法,后者是社会进步的一种力量"[②]。

抗战时期,在国民政府工业内迁、沿海城市外来移民大迁徙的背景下,桂林作为西南大后方的重要城市,吸纳了大量了外来移民和工矿企业、机关政府、学校等。广西因此出现战时畸形繁荣,成为国统区屈指可数的几个比较繁荣的城市之一。五湖四海的商家和庞大的外来移民,让这座城市的商业发生前所未有的变化。老百姓的消费观念、饮食习惯、休闲娱乐方式等都潜移默化地发生转变。

第一节　广告与社会变迁的关系

广告的作用十分广泛,日本学者真锅一史认为广告的作用可以分成:对企业的职能、经济职能、政治职能、对个人的职能、对生活的职能、对社会的职能、对文化的职能七大类……广告的生活职能包括改变生活结构、改变生活方式、改变生活印象、促进消费生活、扩大生活范围等。广告的社会职能包括

---

① 郑自隆.广告与台湾社会变迁[M].台北:华泰文化事业股份有限公司,2008:2.
② 潘家庆.传播、媒介与社会[M].台北:台湾商务印书馆,1981:39.

维持和发展社会结构、维持社会制度、改变社会习惯、领导社会潮流等;广告的文化职能包括促进文化的形成和维持、流行指导、大众文化教育和提供娱乐等等。① 美国社会学家丹尼贝尔也表达了类似的观点,指出广告的重要作用不仅仅在于刺激需要,它会微妙地改变习俗,教会人们适应新的生活方式。② 在现代社会,人们的生活与广告已经是密不可分了,人们可以从每天的工作和生活中亲身感受到。不论是乘坐公交车在去上班的路上,还是去到办公室摊开一份当天的报纸,抑或晚上回家打开电视机,几乎每个场合人们都不可避免地看到或者听到广告。广告像空气一样存在于社会的每一个角落,对社会生活产生深远的影响。

一、社会变迁的概念和内涵

有学者认为,从社会学的角度而言,社会变迁在某种意义上总是表现为生活方式的变迁。③ 广义的生活方式包括劳动生活、政治生活、宗教生活等,涵盖了人们生活的方方面面。狭义的生活方式指人们日常生活的具体领域,比如物质消费、饮食习惯、休闲娱乐、家庭生活。

马克思和恩格斯曾经深刻地论述过关于生产方式和生活方式之间的密切关系,他们指出:"人们用以生产自己必需的生产资料的方式,首先取决于他们得到的现成的和需要再生产的生活资料本身的特性。这种生产方式不仅应当从它是个人肉体存在的再生产这方面来加以考察。它在更大程度上是这些个人的一定的生活方式。"④在马克思和恩格斯看来,资本主义社会由于"机械发明"的演变不仅引起社会关系的改变,更归根结底地引起工人生活方式上的转变。⑤ 他们深刻地洞察到"工业生产"这一划时代的产物对社会和生活在其中的人所产生的巨大的作用。在他们看来,从历史发展的规律出发,社会发展首先来源于生产力的变革,最早体现在生产工具的变革,导致生产关系以及随之引起的各种社会关系的改变。生活方式的转变,是和生产关系的转变处于同一发展阶段的。

有研究者认为,从狭义的社会变迁的角度而言,人类社会生活方式的变迁主要表现在以下几个方面:

---

① [日]真锅一史著,王利平,吴春波译.广告社会学[M].北京:中国建材工业出版社,1996:13-14.
② [美]丹尼.贝尔.资本主义文化矛盾[M].上海:三联书店社,1989:116.
③ 刘泓.广告社会学[M].武汉:武汉大学出版社,2006:128.
④ 马克思,恩格斯.马克思恩格斯选集第一卷[M].北京:人民出版社,1972:25.
⑤ 马克思,恩格斯.马克思恩格斯选集第一卷[M].北京:人民出版社,1972:28.

一是生产关系的变迁,二是家庭结构的变迁,三是消费娱乐的多元化,四是交往方式的多样化。①

二、广告对社会变迁的作用

(一)大众传播与社会变迁理论分析

因学科分析角度的不同,"社会变迁"这一事物具有不同的理论内涵。政治学、经济学、人类学、社会学……都从各自的视角提出不同的观点和认识。有研究者把庞大的各家学说分成主要的四个类型——历史文化学派、经济技术学派、社会行为学派和功能结构学派。

在历史文化学派看来,社会文化是有机体,有其自然的演化过程和规律,非外在力量所能改变。"旧"文化和"新"文化不断取代和消亡,周而复始。

在经济技术学派看来,社会变迁源于经济,或者说取决于生产力和生产关系,其他的所有现象都是以经济技术(这个自变量)的应变量。

社会行为学派认为,一个社会的转变多半先来自"观念"与"行动",由观念行动之变导致制度变迁。

结构功能学派则认为,社会变迁就是一种结构上或者功能上的分化作用,从一个均衡稳定引发另一个均衡状态的过程。②

在潘家庆看来,近代交通和传播技术发展,不同媒介带来的信息有"处处逼人"的形势,现代的变迁多来自传播活动的影响力。③ 他认为,20世纪出现传播革命后,传播活动及传播媒介形成巨大的社会力量,这种力量所造成的影响不论结果如何,都深深地改变着全人类的思想、行为以及生活方式。他继而指出,社会变迁一般分成三个步骤——"发明""扩散"和"结果"。当一种新观念出现后,通过传播工具扩散到社会每一个分子,将得到一个具体的结果,不论是接受还是拒绝。在这个过程中,大众传播将增强人的"认知"能力。④

(二)广告在社会变迁中的作用

广告是信息传播工具,在现代社会中,广告对商品流通、引导消费、树立良好风气等都有显著的作用。广告对社会有着强烈的影响,广告是我们生活

---

① 刘泓.广告社会学[M].武汉:武汉大学出版社,2006:130.
② 潘家庆.传播、媒介与社会[M].台北:台湾商务印书馆,1981:41-42.
③ 潘家庆.传播、媒介与社会[M].台北:台湾商务印书馆,1981:42.
④ 潘家庆.传播、媒介与社会[M].台北:台湾商务印书馆,1981:42-45.

中不可缺少的一部分。广告既有经济上的功能,也有文化上的功能。

从宏观经济层面而言,广告能沟通产供销,加速商品流通,促进经济发展;从微观的经济层面而言,广告能刺激和引导消费者消费,改变消费者心理和习惯,帮助消费者合理决策;此外,广告还能帮助企业展开有效的营销,推动企业发展。

从文化层面而言,广告能够美化社会环境,丰富人们的文化生活。其次,广告还能传播高尚的观念,培养人们正确的生活方式和高尚情操;广告能传播政策信息,帮助政府工作;广告还能推动大众传播事业的发展。[1]

作为大众传播的重要形式,广告具有强大的传播效力。有学者认为,社会的变迁与广告的发展具有深层的内在联系。社会变迁为广告发展提供环境,广告发展又反映和推动社会变迁。[2]

第二节 广告中展现的社会变迁

一、消费观念的变迁

消费观念指人们在消费的过程中所形成的看法和观点,任何消费活动都包含一定的消费观念。一般来说,消费观念是一定经济发展水平和消费水平的反映,在一定的消费水平和消费结构的基础上会产生与之相适应的消费观念。[3]

中国自古崇尚节俭知足的消费文化。比如诸子百家中,大多数思想家都将"节俭"归于善,而将奢侈归于恶。孔子云:奢则不孙,俭则固。与其不孙也,宁固。《左传》云:俭朴,德之共也;奢,恶之大也。《易经》云:君子以俭德避难。在治国美德中,历代帝王都将勤俭爱民作为基本修养。综上种种,都说明在古代中国,消费伦理一直是以"崇俭黜奢"作为重要原则。

消费观念的转变是中国近现代商业发展的重要因素。中国由"重本抑末",视商业为不耻的国家,逐渐转型成商业比较发达的国家,这自然离不开鸦片战争后,中国被迫开放通商口岸,西方消费文化逐渐影响国人观念和习

---

[1] 陈培爱.广告学概论[M].北京:高等教育出版社,2009:62-68.
[2] 杨先顺,梁晓丽.广告传播的社会认知探析[J].当代传播,2011(2):97.
[3] 陈国庆.中国近代社会转型研究[M].北京:社会科学文献出版社,2005:399.

惯的历史背景。消费观念的转变促进了新型消费文化的形成,在物资和媒体不断发达的19世纪末期,中国出现消费文化的巨大转型,由此拉开了中国现代消费文化形成的大幕。

(一)《广西日报》广告中的消费观

广告是传播商业信息的工具,也是改变消费者价值观念的利器。广告不仅仅传递广告信息,更输出"价值"和"观念",引导消费者完成消费行为。广告一方面引导和塑造消费行为,形成新的消费文化;反过来,消费行为又培育形成新的消费文化,催生新产品和新广告。广告中潜藏着各种消费观念,它们生动反映了人们的价值观念,真实地记录了社会变迁的过程。

1. 求新求变的消费观

民国是由封建社会转变为现代社会,大时代的人们,无论是在思想观念、价值观念,还是在涉及生活的方方面面,都感受到翻天覆地的巨大变化。工业文明催生的城市文化以及科技进步不断催生的工业新产品,无不让民众感到新鲜和好奇。抗战前,广西地处南疆,工业化程度低,经济和社会发展较为缓慢,城市化也较为落后,老百姓的衣食住行,都没有奢侈的风气。[①] 抗战后,桂林人口大增,外来工厂、商人、文化人如云,沿海地区的"时髦"风气被带入桂林,新颖、时尚的事物不断冲击着广西人的旧观念,逐渐地改变了他们的生活习惯和消费观念。[②]

在《广西日报》广告中,新颖的事物不断登台亮相,成为靓丽的风景线,也吸引消费者购买,人们的消费观念被广告不断更新。"拥有更时尚的产品、成为时尚的人"成为潜藏在很多民众大脑中的、被广告植入的"潜意识",传统的克制消费、适度消费的观念逐渐被压抑。比如,30年代末期起逐步盛行的美容美发现象即是一例。传统观念中,身体发肤皆授之于父母,不能随意毁坏、处置。烫发、电发技术出现后,人们的发型装饰就有了更广阔的改进空间。因此,利用现代技术改进发型美观就成为民众日益流行的观念。这流行观念的最大推动者,当属发达城市和现代大众传媒。大上海十里洋场的各色烫发、电发的时髦女子神采飞扬地出现在各种交际场合后,传统的女子也深受感染,竞相模仿,这种时尚行为逐步扩散成为大众消费行为。包括电影、报纸在内的大众媒体不断地呈现这些靓丽女子的英姿,这种时尚潮流就更加大众化了。《广西日报》在1939年2月就出现了一则"一乐也理发社"广告,宣告了这一时尚行为在广西的全面流行。之后,《广西日报》上美容美发店的广告逐

---

① 赖彦于.广西一览[M].南宁:广西印刷厂,1936:509.
② 黄兴涛.中国文化通史[M].北京:中共党史出版社,2000:667.

步增多。传统社会中,受审美观念的约束,人们不敢把头发当成消费品、不愿意花钱装扮发型;在时髦人士的带领下和广告的熏陶下,民众开始转变观念,求新、求变、求美成为生活的乐趣和追求,在展示身体美、精神美的观念上,广告不断引导人们向前迈步。

2. 崇洋媚外的消费观

《广西日报》广告上的很多商品喜欢标榜"洋货"身份,将之作为提高身价的重要卖点。汽车、旅馆、餐馆、食品、咖啡厅、西餐厅、文具等莫不如此。某些产品还以英文标注产品名字,提高广告的"洋味"。

抗战爆发后,桂林人口大增,物品也日趋丰富,各种带有西洋色彩的新式商品和休闲娱乐方式不断问世,改变了商品结构和消费市场。中上层人士可以购买到体现西方科技水平的各种新式商品,进出充满异国情调的西餐厅、咖啡厅,感受西方商品和文化的魅力;老百姓则可以偶尔看看电影、马戏、泡泡西式澡堂,感受一把"现代生活",满足一下对西方文化的好奇心。总之,西方商品文化在抗战时期已经渗透到广西的各个阶层,以用西式产品为荣、为乐成为那一时期普遍的社会心理。在1940年后,《广西日报》上逐步出现西洋鱼肝油、雪茄烟、西餐、咖啡厅广告,百货公司中也销售西洋物品,一方面说明当时我国的社会生产还比较落后,大量的生活物资需要通过进口来弥补,因此市场上外国物品多;国货由于产量低、质量差,在很多商品领域处于不利地位。另一个方面也说明,当时民众心目中仍有较强的崇洋媚外观念。

(二)消费观念转变的主要原因

1. 对外交往增多孕育新式消费观念

鸦片战争后,外来文化借助军事手段在中国腹地长驱直入,出于榨取剩余价值的目的,西方列强在中国投资办企业,不断输入外国商品,多个城市被迫开放"租界",洋人在中国日益增多。在这种背景下,在各种官方、民间交往中,外来殖民者带来的西方文化不断冲击中国传统文化,中国传统的价值观念和行为方式在"西风东渐"中不断发生改变,中国社会也在这种"学习"中逐步进入现代化,不再闭关锁国、孤芳自赏。各种以西方为参照对象的"改革"逐渐兴起:军事上,购买外国军舰建立国家武装;工业上,引进洋机器、聘用洋工匠开办新式工业;政治上,模仿西方民主政治组织政党、建立资产阶级共和国;教育上,参照西方学制建立洋学堂;生活上,模仿外国人西装革履,吃西餐、住洋楼……一言以蔽之,中国近现代发生的许多变化,几乎都离不开西方文化的影响,商业文化和消费观念也不例外。

鸦片战争后,中国门户洞开。在广西,根据不平等条约被开辟为通商口岸的有北海、龙州、梧州等口岸(北海口岸当时属广东省辖)。① 广西进口的外国物资主要有洋纱、英国粗斜纹布、色花缎布、提色点布、日本棉纱、印度棉纱、绸缎及丝兼杂质绸、哗叽布、英国羽毛、素棉剪绒、美国煤油、日本自来水、罐头牛奶、玻璃片、海参、燕窝、火腿咸肉、肥皂、橡皮靴鞋、缎布靴鞋、钟表、布伞、马口铁面盆、纸烟、面巾、着衣镜、面镜、家用杂物、铁条、铁枝、钢柱……从进口的货物看,近代广西的工业生产相当落后,民族工业薄弱,很多民用物品都依赖大量的进口。商品的种类也反映出,广西近现代的经济水平还比较低下,因此很多现代工业商品无法生产以至于依赖于进口。有学者认为,从20世纪30年代中期广西当局的商业调查数据来看,广西的商店都是与民生相关的杂货店、饮食店居多,而与工业生产相关的建筑、机械、化工、纺织、金融以及服务业都相当少,无论是商店种类还是平均资本、资本结构分配上,都属于"自给自足式的小农经济",远非现代化和工业化。② 这种情况随着广西通商口岸的逐步开放而有较大改观,小农经济在外来资本的冲击下,逐步发生转变。货品的日益丰富带来了商品市场的繁荣以及消费者消费观念的转变。

广西开关以后,外国公司资本相继进入广西,经营进出口业务。在梧州开设的有加利福尼亚美孚石油公司(美孚)、德士古石油公司、亚细亚石油公司。此外,1886—1892年,在北海开设有英国"怡和行""永福公司",经营煤油进出口业务,专营肥皂、铁钉进口。法国设有"孖地行",由华商代理煤油进口及航运业务。德国设有"森宝行""捷成行"专营煤油进口和人口贩卖,由华商代理轮船公司航运业务。美国设有"美孚石油公司"。

广西地处边陲,是中国对外交往特别是通向东南亚各国的必经之地。北海、龙州是西方列强继通商五口设领之后,在中国沿海沿边较早派驻领事的口岸,到清宣统年间,先后有8个国家相继在广西5个口岸设立20个领事机构。抗日时期,桂林除驻有英、美领事机构外,还有英、美驻华使馆新闻处分处。③ 作为外国文化传播机构,领事馆的存在为传播现代西方文化和观念提供了机会,是广西民风转变和民众消费观念转变不可忽视的因素。

以上这些外国机构、企业在广西的设立,增加了广西对开交往的机会,西方观念和文化在各种交往中不断渗透,对广西政治、经济、文化均产生较大影响。西方现代消费观念在洋人与国人的商业、文化、社交等活动中,潜移默化地渗透进入广西,间接改变了当地人的消费观念。

---

① 孙德明.广西通志·商业志[M].南宁:广西人民出版社,2000:1.
② 朱浤源.从变乱到军省:广西的初期现代化,1860—1937[M].台北:台湾中央研究员近代史研究所,1995:345.
③ 李家发.广西通志·外事志[M].南宁:广西人民出版社,1998:32.

2. 城市化的发展推动现代消费观念的形成

消费观念和城市化有着密切的关系①。新桂系在1925年取代陆荣廷为首的旧桂系集团后，励精图治，加强建设广西，作为当时的首府，桂林的发展得到很大进步。经过十多年的建设，桂林初步实现了向现代城市的转变。②

城市化是伴随着工业化而形成的近代史上的一次革命，具有重要的意义。在工业化之前的农业社会出现的"城市"和现代意义上的"城市"有很大的区别。早在原始社会，由于社会分工的分化和私有品的出现，商品交易的专门场所——市也出现了。当剩余产品的大量出现和"以货易货"行为的频率不断增多后，为了交换货物而产生新的经济活动方式，工商业随之出现，人类社会出现第三次社会分工。商人和手工业者摆脱了对土地的依赖，自发地聚集在人口流动频繁、交通便利的地方从事商品生产和交易活动，自然引发了人类居住形式的分化。人们居住的有一定防卫功能的地方，叫"城"；工商业生产和交易的地方，叫"市"。"城"和"市"就这样结合了。我国的殷墟、古埃及的孟菲斯城即属于早期农业社会的"城市"。

农业社会的城市和工业化社会的城市有着显著的差异，"早期的城市，要么处在农业发达地区，要么处于交通便利的地点，或者兼而有之。城市是手工业者的集中地和农产品的集散地。城市中虽然有手工业、工商业，城市的职能主要是行政、宗教或军事重镇，城市居民的经济活动、生产方式和乡村并无明显的区别"③。18世纪的工业革命改变了整个人类社会的历史，由于工业的诞生，大规模、高生产率的工业生产成为现实，机器生产逐步取代手工业，成为社会化生产的支柱。由于工业生产的急速扩张，大量人口从农村被吸引到城市中来。随着城市的各种物质、生活条件不断完善以及各式各样的工业品的大量应用（比如电灯、自来水、自行车等），城市逐渐发展成为物质文明、精神文明高度发达的地区；农村则维持农业生产的原始地位，作为农产品、工业资源的主要提供者，长期处于落后地位。④ 城市和农村的生活，逐渐产生了泾渭分明的界线。随着城市功能不断完善和工业技术的不断应用，城市和农村在多个领域产生巨大的差异。侯蕊玲认为，城市化伴随着近代工业发展的过程，在政治、经济、文化、社会心理、生活习俗等多层面、多侧面、立体交叉中进行，它既是工业化的结果，也是工业化的延伸。⑤

---

① 陈丽平.中国近现代报刊广告的兴起及社会功能[J].新闻界，2009(5):129.
② 唐凌，付广华.新桂系十年建设与新桂林的草创[J].广西右江民族师专学报，2006(4):45.
③ 刘文纪.中古农民就地城市化研究[M].北京:中国经济出版社，2010:317.
④ 赵伟.城市经济理论与中国城市化[M].武汉:武汉大学出版社，2005:165.
⑤ 侯蕊玲.城市化与区域发展[M].昆明:云南大学出版社，2004:101.

城市化是工业革命的结晶,它是人类社会发展中重要的里程碑。18世纪工业革命在英国爆发,全世界开始陆续实现工业化,继而出现"城市化"浪潮。工业技术革命让人类拥有了改天换地的巨大能量,从工业生产到交通建设、城市设施建设、邮政通讯建设……几乎在每一个领域,人类都通过工业化实现生产和生活的极大改善。城市化催生的新的生活方式、消费模式、社会文化等,都迥异于传统社会。在工业化和城市化的综合作用下,人类社会的发展进入全新的阶段。

新桂系主政期间,桂林的工业化得以推进,通过大量投资交通设施建设和城市设施建设,桂林逐渐呈现现代城市的雏形。随着城市化的不断推进,尤其是抗战爆发后,沿海工业和城市人口的大量转移,桂林出现畸形繁荣,城市化水平大大提高,桂林也因商业和文化繁荣而成为国统区大后方耀眼的城市。

根据《广西建设纲领》,新桂系大力兴办工业,采取官营和民营的方式,积极引入资金建设现代工业。到1936年,广西一共有省营工厂12家,民营企业62家。抗战爆发后,为了保存工业,沿海很多工厂根据国民政府的安排,统一撤退到重庆、昆明、成都、桂林等西南大后方城市。1938—1943年,桂林作为重要的大后方城市,承接了29家来自华东、华中地区的工厂。[①] 工厂的大量迁徙,为桂林带来了可观的人才、技术、资金和先进的管理经验,对广西的工业发展带来了直接的促进作用。工业内迁对于桂林的意义是多方面的。从经济层面而言显然更为人所直观了解,几十家有一定规模的现代工厂搬迁到桂林,其自身所具备的技术、人才、管理上的先进性自然为广西的工业带来直接的促进作用,意义和价值不可估量;但是,也要看到,工业内迁给广西经济和社会发展所带来的作用也是巨大的。[②] 来自不同地区的人在饮食、娱乐、休闲、生活等方面所带来的各种观念、习俗等,都极大丰富了广西本土的社会文化,为广西的文化多样性带来福音,也为广西的整体社会发展提供了多元化的元素,有益于形成开放、文明、包容的新社会。[③]

从1926年起,新桂系根据军事和社会发展的需要,制定了宏大的公路建设计划。历经三年的时间,全省建立公路24段,共计2,165公里。公路贯穿南宁、柳州、桂林三大城市,东北可到富川、贺州、钟山,西北可到河池,北面可

---

① 杨乃良.民国时期新桂系的广西经济建设研究[D].武汉:华中师范大学,2001:61.
② 方素梅.抗日战争时期沿海沿江经济向西部民族地区的迁移及其影响[J].广西民族研究,2000(4):105.
③ 忻平.试论抗战时期内迁及其对后方社会的影响[J].华中师范大学学报,1999(2):55.

到湖南,南通广东廉江,东至苍梧,初步形成广西公路网的框架。① 与同时期的全国其他省份相比,广西的公路交通建设处于领先的地位。到抗战前夕,广西全省的省道、县道一共有5 700公里,实际可通汽车的约3 300公里。大多数县份可以自由通行汽车,老百姓出行已经比较方便。抗战爆发后,湘桂铁路、黔桂铁路相继开通,极大地方便了广西与邻省的客货运输,成为战时人员和物资运输的大动脉。抗战前夕,广西已经有西南航空公司,开通桂林至广州、柳州、南宁等地的航线。抗战爆发后,中国航空公司在桂林设立分公司,开辟了桂林至重庆、昆明的航线。同年,欧亚航空公司开通昆明、重庆、桂林、香港的航线。广西的航空交通网络初步形成,与西南地区的主要城市实现快速连接。

城市建设方面也是硕果累累,30年代初期,桂林已经建有现代马路、自动电话、自来水厂、电厂,生活初步城市化。30年代的广西建设取得令人瞩目的成绩,广西面貌发生显著的改变,在国内引起各方关注。1936—1937年,至少有著名人士、记者48人、7个团体来广西考察,认为广西是全国的模范省。美国演说家艾迪博士在参观广西后说:"在中国各省中,在新人物领导之下,有完备与健全之制度而可称为近乎模范省者,唯广西一省而已!广西在十年之内,不难称为中国之丹麦也。"②一时间,"新广西""模范省"的美誉在国内不胫而走。

抗战爆发后,随着大批外来工矿企业、人口的到来和城市设施的日益完善,桂林的消费结构发生较大的变化。各类宾馆、饭店、茶馆、西餐厅、咖啡厅、浴池陆续出现;穿西服、穿旗袍、烫卷发成为时尚行为;电影院、戏院、冷饮店、咖啡厅成为了人们休闲的新去处。老百姓的消费观念和生活方式发生重大转变。

3. 现代报业的繁荣培育新型消费文化

广西境内办报渊源要追溯到光绪皇帝维新改良运动,光绪皇帝推行维新变法后,清朝的民间报纸有了生存的空间。广西最早的现代报纸是资产阶级改良派领袖康有为创办的,名为《广仁报》。1897年,为了推广他的政治主张,康有为在桂林游学。在广西巡抚、乡绅等上层官宦人士的支持下,以增益广西地方官吏见闻为名义,创办了这张报纸。报纸为36开,木刻板,直印,从右到左,土纸印刷,线装本,每本有几十页,内容包括中外新闻、地方新闻、自然科学知识、西方译丛、杂谈等。③ 该报纸是宣传维新改革的,内容很多都是介

---

① 钟文典.广西通史(第三卷)[M].南宁:广西人民出版社,1999:115.
② 民国日报(南宁版),1935-2-17.
③ 彭继良.广西新闻事业史[M].南宁:广西人民出版社,1998:7.

绍西方资产阶级政治、哲学和社会科学、自然科学知识、倡导男女平等，提倡民权。毫无疑问，这张报纸对启发民智、倡导新风具有革命性影响。1898年维新变法失败后，该报纸随即停刊了。

1897—1919年，广西境内有报纸30家，主办者分别是清朝朝廷、立宪派和同盟会、国民党，包括《广西官报》《两广官报》《桂林官话报》《广西新报》《漓江潮》《独秀峰》《民铎日报》《广西报》《桂报》《广西日报》《军国指南》《南报》《南风报》。清朝办的报纸主要是宣传政令，以《广西官报》为例，每周出版一期，每期两万字左右，主要内容有电传谕旨、宪政、吏政、外交、各省要政等。官报不对外发行，只在官员内部流通。立宪派的报纸以《广西新报》为例，每日出版一大张，第一版为广告；第二、三版为上谕、新闻、论说、专电；第四版为广告。该报在广西有34个发行点，香港、广州、上海也有零售，具有一定的影响力。据研究，该报广告量很大，大部分是商品信息、市场行情、交通信息。这说明，当时的报纸已经成为广告的有效载体。商品信息的披露渠道由口口相传转而通过大众媒体广而告之，这对近现代广西的商业文化形成和消费观念传播都有很直接的促进作用。革命派的报纸以《广西日报》为例，主要内容有国内新闻、评论、戏剧、诗歌、社会病态，揭露帝国主义对中国带来的种种灾难，呼吁革命建国。该报广告也很多。国民党的报纸有《梧江日报》，就内容看来，报纸盛行登广告已经是见惯不怪了。该报共有8页，其中竟有4页是广告。① 其余内容有新闻、副刊等。

近现代广西的报业处于起步期，报纸多为党报主要为政治服务，商业居于次要地位。多数报纸有相当数量的广告，有的甚至达到一半之多，这说明，广西的商业文化已经呈蓬勃发展之势。数量众多的广告将为传播商品信息、刺激消费需求产生巨大的影响。当时最具传播效力的大众媒体——报纸，充当大众消费观念的启蒙者，在消费和生活中发挥不可估量的重要作用。

第一次国内革命战争时期，1919—1927年，广西又出现了43份报纸，办报人主要是国民党、共产党、群众团体及私营企业家。党派报纸由政党出资发行，至少有部分党报具有一定的商业意识。如梧州国民党党部主办的《梧州民国日报》，总共8个版面，一般有3.5个版面是广告。② 民办报纸由于没有经费支持，只能依靠广告赚钱，广告更多，如1924年底梧州的《工商报》，竟有近九成版面刊登广告，新闻内容只占一成二，确实令人惊讶！1927年，下降到五成左右。③

---

① 彭继良.广西新闻事业史[M].南宁：广西人民出版社，1998：99.
② 彭继良.广西新闻事业史[M].南宁：广西人民出版社，1998：160.
③ 彭继良.广西新闻事业史[M].南宁：广西人民出版社，1998：162.

由此可见,20世纪20年代,梧州的商业文化已经很繁荣了,作为广西与广东水陆相通的、距离最近的城市,梧州有天时地利之便,最早接受了从广东传播而来的商业文化,成为广西最繁荣的商埠,因此广告事业繁荣。当时梧州出版的报纸广告,已经有一定的广告意识,经常配以图画,图文并茂地推销商品。如《梧州民国日报》1925年6月19日第8版,下半页全是广告,商品种类包括白酒、花露水、爽身粉、香水、皮鞋、香烟等。①

第二次国内革命战争时期,1927—1937年,广西一共出版报纸69种,其中新桂系旗下的报纸57种,共产党出版的报纸11种,外省来的报纸1种。这一时期,随着办报事业的成熟,广告事业成为报社倚重的重要力量,很多大报都有相当分量的广告。比如国民党广西省党部的机关报《南宁民国日报》是当时发行量最大、影响力最大的报纸,发行量曾经高达万份,远销广东、香港、南洋等地。据研究者分析,该报广告种类多,涉及面广,占据了较大篇幅的版面。内容包括医药、保险、金融、日用品、文娱演出、书籍出版等,内容丰富,种类繁多。② 朱浤源认为,广西20世纪30年代的报纸采用统制政策,各地报纸均以《民国日报》为名,华北、华南各地副刊中常载之浪漫文学,各地小报喜载之奸盗神怪等社会新闻,在广西的报纸中均未见。广西报纸的副刊多载名人事迹、政治教育、世界大势、各地政治、经济、风俗的调查报告。这种统制下的广西报纸带有引导民众走向现代化的意思,训政味道浓厚。③

随着社会的发展进步,报纸事业得到快速发展,尤其是20世纪20年代,广西的报业发展速度惊人,报纸数量庞大,发行量较大,有些报纸甚至销往广东、上海、香港、南洋等地。近现代尤其是20年代,广西报纸商品广告随着广西商品经济的发展而呈现出日益繁荣的局面,琳琅满目的商品、图文并茂的广告让近现代广西民众的消费观念产生翻天覆地的变化。

二、饮食文化的变迁

国门被西方列强洞开,西方文化也就随着帝国主义的坚船利炮一并进入中国,深深影响了近现代中国的传统文化,在政治、经济、社会生活等领域,对国人产生了巨大而深远的影响。饮食文化即是一例。

广西本土饮食较为传统和朴素,广西农民大多数日食三餐,东北,东南,

---

① 彭继良.广西新闻事业史[M].南宁:广西人民出版社,1998:202.
② 刘莉.南宁民国日报研究[D].南宁:广西大学,2011:40.
③ 朱浤源.从动乱到军省:广西的初期现代化1860—1937[M].台北:台湾中央研究院近现代史研究所,1995:503.

及中部农民,普通日食米饭一餐,杂粮与粥两餐,平日甚少肉食,仅在年节宴会或款待亲友时食用。北部农民食较粗粮,稍好者每日只能食饭一餐,次则三次均系食粥及杂粮者。至西部及西南西北等部则更苦,多以杂粮为主要食物,都安、隆安等县,竟有终年食玉蜀黍者,逢年节或圩期方得食饭。总之,收割之时食料较佳,至青黄不接,只求不至饿死足矣。① 大体而言,广西人的饮食为一日三餐,早粥,午饭,晚饭,时间为上午七时,十一时,下午五时左右。粮食以米为主,肉类蔬菜副之,油盐酱醋亦为必需品。民国时期,桂林普通市民的饮食习惯一般是早餐九点,晚餐五点。此外,有吃"过早""过午"和"宵夜"的习惯,以补充每餐之间过长的等待。早餐以米粉、粽子、包子、馒头、红薯、芋头等为主,晚餐为正餐,以大米为主,辅之以面粉、玉米等。由于经济落后,一般平民日常副食以蔬菜、瓜、豆为主,节日或宴客才购买猪、牛、羊肉和鸡、鸭、鱼、蛋之类食品,消费量很有限。经济宽裕的家庭则以肉、鱼、蛋为主,辅之以蔬菜。

广西由于每个地方的经济、社会发展状况不同,饮食行业的发展情况也各有特点。现仅以桂林为例,介绍抗战时期饮食业的主要特点。桂林市饮食行业分为筵席馆、饮食店、面馆、粉馆、小吃店、冷饮店等多种。1935 年,桂林有西湖酒家、同乐酒楼、大中南和天然茶楼等 11 家开业。② 抗战爆发后,随着大量沿海城市、华北、华中一带的商家、工厂涌入桂林,桂林成为地域文化大交融的城市。一时间,带有强烈地域色彩的餐馆如杭帮菜、川菜、粤菜、平津菜等陆续出现在桂林街头。1940 年,桂林共有筵席馆 77 家,数量增长飞快。这些外来菜系给广西本地餐饮文化带来活力,增添了多样性。当时比较著名的餐馆有美丽川菜馆(桂西路)、锦江川菜馆(中山路)、馥榕酒家(中南路)、东坡酒家(中南路)等。与此同时,各种风味小吃、米粉店、饮食摊也日益增多,饮食业呈现一派繁荣的景象。

1944 年,桂林沦陷,饮食业遭受重创。1945 年 10 月光复后,逃亡各地的商家又回到桂林复业,曾经火热的饮食业逐渐恢复元气。到 1947 年止,桂林有大小餐馆 60 余家。③

《广西日报》的饮食广告生动地反映了桂林中式餐饮业的变迁。1940 年,最早在《广西日报》上刊登广告的餐馆是广西本土菜系的餐馆——平原食堂,主打特色菜是南宁粉利、广州鱼生、大肉馄饨、牛腩等。随后,外地餐馆陆续在桂林开业,各地美食店家广告不时登场,《广西日报》餐饮广告也开始缤纷多彩起来。最早在《广西日报》上刊登广告的外来餐饮企业是广东西园大酒

---

① 广西统计局.广西年鉴(第一回)[M].南宁:广西统计局,1933:184.
②③ 颜邦英.桂林市志[M].北京:中华书局,1997:2078.

家,它于 1940 年 12 月 23 日在报上刊登广告,掀开了桂林餐饮多元化的序幕。1941 年,《广西日报》上出现的餐馆开始陆续增多,当年有居然酒家、蓉园川菜馆、八桂酒家三家餐馆在报上刊登广告。1942 年,桂林外来移民增多,商业日渐繁荣,《广西日报》餐饮广告大大增多,当年有南园大酒家、六兴斋、维他命、大上海、嘉陵川菜馆、丽都西茶厅、百乐门川菜馆、大众餐厅等 11 家餐馆在报上刊登广告,比去年有了较大增幅;1943 年,餐饮广告的增加趋势依然强劲,当年有上海新记大观楼、上海扬子餐厅、北平燕京食堂、长沙三吉斋、国际中西餐厅等 22 家餐厅在《广西日报》刊登广告,这是桂林抗战时期餐饮广告发布最频繁的一年,菜系的丰富程度也是达到了顶峰,全国各大菜系、中西餐,一应俱全,而且西餐厅的数量为数不少,呈现现代都市饮食文化繁荣的一面。1944 年,随着抗战形势的发展,餐饮业受到较大影响,当年在《广西日报》发布广告的餐饮企业迅速下滑到 6 家。

《广西日报》餐饮广告呈现的餐馆数量、菜系特点的变迁从侧面生动反映了抗战时期,桂林餐饮业的发展状况和市民饮食习惯的变化。

(一)西式食品

1. 西餐

大约在 19 世纪中叶,广州、上海被帝国主义用坚船利炮洞开,被迫向西方开放,允许西洋人在此通商、贸易和居住生活。洋人在这些城市逐渐多起来,带动了西式餐饮的流行。西餐最初是服务洋人并不对中国人开放。到了 20 世纪初,外国餐厅才开始对国人开放营业。20 世纪初期,广州、上海、北平、天津等地出现多家西餐厅。西餐文化由此正式走入中国社会,并由沿海大城市逐步向内陆城市蔓延,在国内掀起一股餐饮新风。

众所周知,中国人的传统饮食和西式饮食相去甚远,无论是烹饪方法还是餐饮工具。中国传统的烹饪方法主要是蒸、煮、炖、炸、焖、炒等,而西方饮食则喜用烤、煎、焖、铁扒等。中餐取材广泛,肉类几乎无所不包,尤其注重食材的稀有,口味以咸、辣、香为主;西餐取材由于受宗教因素的影响,加之注重营养,所以多取牛、羊、猪、鱼等肉类,一般不吃内脏,口味则没有明显的咸味,较少辣味;中餐有零食、水果伴食,但是花样较少;西餐则有甜点、冰激凌、巧克力、水果等伴食,种类繁多。中餐重热食物,轻冷食;西餐热食冷食并重。总之,中西餐大相径庭,口味也大不相同。但是,这并不妨碍西餐作为"新式"餐饮进入国人视野并得到热捧。20 世纪 20 年代,吃西餐成为时尚,西餐厅在各地日益增多。

1912 年 8 月 9 日,北平的《晨报副刊》曾报道过一次北平有关中西餐的民意调查。结果显示,有近四分之一的人爱吃西餐和兼食中餐,完全吃中餐者占四分之三。调查对象包括普通市民、买办和知识分子等。这个调查结果说明,西餐已经逐渐被国人所熟悉和喜爱,在城市各阶层都得到欢迎。①

据笔者对抗战期间《广西日报》餐饮广告的抽样调查结果显示,西餐馆广告是报纸上频率最高的餐饮类型,几乎占到五分之一。可见西餐馆当时在桂林是多么盛行。西餐馆的风行自然和上层人士扩展交际空间、外来移民带来饮食文化、本地人尝鲜等因素有关,更重要的原因是民众营养观念和卫生观念的进步。随着营养知识的不断更新,国人开始从养生的角度审视中西餐的优劣,于是不少观念前卫者踊跃尝试西餐。当时,广西大学化学系教授在桂林出版的《科学知识》上著文专门介绍中西餐的差异,从营养学的角度肯定西餐的价值,帮助国人增进营养观念,吃西餐更加走俏。

> 一个全餐的配合,(西餐)可有下数件食物:汤一碗,炙肉一盘,生菜一小碟,牛乳一盅,面包数片,奶油一小块,甜品若干。照营养学来看,这种配合各种营养都齐备了。肉类主要便是蛋白质,牛乳中有蛋白质、脂肪及糖类三种主要成分。面包中的主要成分是糖类,奶油的主要成分是脂肪,生菜含有各种维他命,无机盐则存在肉和汤中。中餐往往以鸡、鸭、鱼、肉为主要成分,并炒得油腻腻的,依照营养学来看,这类佳肴几乎都是蛋白质和脂肪。按蛋白质承认每天需要二两足矣,多吃则有劳肾胃,而易患肾病。脂肪是最难消化的,而且每天需要不多,故常见友人赴宴之后,一饱数日,或则是夕大泄不止。糖类我们每天需要最多,但在酒席上却很少存在。维他命多存在于青菜水果中,但酒席上却很少用它。这就是中餐的最大缺点。而且数人共喝一碗汤,调羹筷箸上下出入人之口中,各种传染病便易流行了。②

西式餐饮业带来的卫生用餐观念也冲击了国人不重视饮食卫生的传统思维。西餐一人一套餐具,采用分配制取菜,干净卫生,丰俭由人;中餐则喜欢"大团圆",众人分食同一份菜。和西餐相比,中餐显然不如其卫生。因此,随着民众卫生观念的日益加强,西餐也以其干净卫生、营养丰富赢得市民的青睐,吃西餐渐成时尚。

《广西日报》上最早出现的西餐厅广告是在1943年,随后逐年呈上升趋势。西餐广告不仅仅由西餐厅刊登,一般的国内餐馆也设西餐项目,打出经济西餐的广告,西餐广告寻常可见。当时比较著名的西餐厅有卡尔登西餐厅、扬子餐厅、中央餐厅、思豪餐厅、红梅酒家、桂林大酒店西餐部等。

2. 西式饮料

西式餐饮的重要组成部分——西式饮料,也随着西式餐饮的流行而逐渐

---

① 陈国庆.中国近代社会转型研究[M].北京:社会科学文献出版社,2005:406.
② 秦道坚.中餐与西餐之营养观[J].科学知识(桂林),1943,2(3):273-276.

进入中国。西式饮料在 19 世纪 50 年代就已经出现,到清朝末年,沿海港口城市如广州、上海、天津等地市面上出现大量西式饮料。1892 年,英商开办的泌乐水厂专门生产经营汽水、餐用矿泉水、蒸馏水、姜汁水、苏打水、柠檬水,销路很好。民国初年,广州、北平、天津、上海等城市,洋酒洋饮料已经很风行,不仅西餐厅、酒吧、咖啡馆有,连中式饭店、餐馆都有。洋酒洋饮料的流行推动了中国饮料工业的发展,随着生产的进步,中国企业逐步掌握了洋酒洋饮料的技术,市面上出现国产汽水、苏打水。

桂林在抗战爆发后成为重要的大后方城市,沿海城市和香港的很多新式餐饮文化很快就输入进来。1940 年,桂林出现大华、国泰两家新式冷饮店,当时主打的产品是冰棍和西式饮料、汽水。1941 年左右,陆续有多家咖啡馆问世,比较著名的有青岛咖啡馆、三教咖啡厅、红梅酒家兼咖啡厅。①《广西日报》于 1940 年就出现大华、国泰两家冷饮店的广告,往后逐步增多,广告表现形式更加生动、大气,广告变化趋势说明新式饮品在社会中的影响力与日俱增,新式消暑方式正在成为社会时尚。

3. 西式糖果、糕点、冰激凌

鸦片战争后,中国战败,西式的食品、食品科学技术逐步传入中国。各种如今寻常可见的食品,比如糖果、饼干、冰激凌,在那个时期传入我国。

中国传统糖果有芝麻糖、牛皮糖、葱糖等;西式糖果有扭结糖、太妃糖、方登糖、巧克力糖、水果糖等。由于西式糖果味道更美,包装更美,所以传统的中国糖不敌西式糖果。在民国中后期,逐渐以西式糖果为主流,中式糖果则几乎销声匿迹了。②

中国糕点有较为悠久的历史,它以面、糖、油为主要原料,配以蛋品、果仁等辅料、调味料,经过加工而成。中点所用原材料以面为主,油、糖、蛋、果仁所占比重较小;西点奶、糖、蛋的比重较大,还辅之以果酱、可可、水果等。在制作上,中点生坯成型后,多数经过烘烤或油炸,即成品,图案比较朴素。西点生坯烘烤后,多加以美化、装饰方为成品,图案美观复杂。在口味上,中点以香、甜、咸为主,西点则突出奶、糖、蛋、果酱的味道。在糕点名称上,中点多根据产品的性质、形状命名,如桃酥、杏仁酥、年糕;西点则多以产品用料形态命名,如奶油蛋糕,巧克力饼干、火山冰棋淋。西点的种类很丰富,可分为蛋白类、蛋糕类、酥类、软面类等。西式糕点种类丰富,制作工艺精湛,而又善于运用奶酪、果酱、水果为辅料,无论是味道还是观赏性都很强,很快赢得中国消费者的青睐。

---

① 颜邦英.桂林市志[M].北京:中华书局,1997:1355.
② 朱汉国.中国文化通史民国卷[M].大同:山西教育出版社,2012:674.

民国成立后,鼓励发展西式产业。西式糖果、糕点业迅速壮大起来,公司、厂家的老板都认识到了争取广大中国消费者的重要性。他们在提高产品质量,增加花色品种的同时,开始重视产品的广告与宣传。当时桂林还没有专门的西式糖果厂,主要是外来的商家和西餐厅、咖啡厅和中式饭店、酒楼提供西式糕点和糖果。桂林西式糖果店——顺兴糖果店于1948年建成投产,主要生产西式光身糖,年产20~30吨。[1] 冰激凌在桂林是20世纪40年代开始流行的,随着西餐厅和西式饮料的不断出现,冰激凌随之出现。《广西日报》上多刊载有冰室的广告,主要供应的饮品就包括冰激凌。

西式糖果、糕点、汽水、冰激凌不仅仅味道好,受到消费者的喜爱,更重要的是,它代表时尚和潮流,吃西式食品意味时尚和进步。因此,广大市民多乐于尝鲜,逐渐形成潮流。对西方食品的接受,也反映出桂林市民的开放心态。报纸一则小文章记录了当时汽水等新式饮品取代传统食物的情形,颇为真实。

> 当我看见有人在花了很高的代价而喝着汽水,吃着冰激凌的时候,我总是奇怪着他的眼睛为甚看不到西瓜。难怪"西瓜价渐下降"了。西瓜殆有"不才明主弃"之感?[2]

抗战爆发后,随着沿海城市大量工厂内迁和数量庞大的各路人士涌入桂林,桂林出现了很多新式的餐饮种类,西式饮食文化逐渐影响普通市民,西式风格的饮料、食品种类逐渐丰富。《广西日报》上的广告中,早期绝少糖果店广告。1944年,《广西日报》上出现上海老大房糖果店广告,专售核桃、瓜子、糖果、酥糖一类的糖果。这一种类商品主要在杂货店、百货商店出售,在报上刊登广告的专业零食店铺不多。

三、服饰文化的变迁

民国建立以后,中国在政治、经济、文化等方面,莫不以西方为楷模,争相引进西方制度以改良传统中国,革新成为社会的强烈呼吁。五四运动以后,国人对西方社会的民主和科学尤为推崇,反思传统中国文化的弊端,要求革故鼎新的声音越来越大。在政治、经济、文化、社会各个层面,这股巨大的思潮都对传统中国社会造成极大的冲击,"五四"运动爆发几年后,中国大地上出现轰轰烈烈的剪辫易服运动,新发型、新服装、新思想、新观念……当"以西为贵"成为社会主流时,各种"崇洋媚外"现象见诸于国内也就不足以为奇了。服饰文化的不断改良就是这个时代变迁的有力见证。

---

[1] 颜邦英.桂林市志[M].北京:中华书局,1997:1839.
[2] 广西日报(桂林版),1942-6-24.

清朝末年,中国传统男子的服装是长袍马褂,到了民国初年,西式服装出现。但是由于社会观念的不一致和社会群体、阶层的分化还相当大,以至于社会上服饰风格混乱,老式、新式、中式、西式,甚至是中西混搭,什么着装形式都有,奇装异服反映出那个巨大变革的时代服饰观念的多样性和复杂性。《大公报》曾经有文章描述过当时的服饰文化情形:

> 一段时间内,中国人穿什么的都有,有穿长衫、马褂的,有穿中山装、西装的,也有人中西服混穿,上身穿西装,下身则着中裤扎绑腿的,颇为滑稽,总之"西装东装,汉装满装,应有尽有,庞杂不可言状"①。

传统社会中,衣帽穿着非小事,它是身份、地位的象征,皇帝、大臣、军人、士兵、百姓等都有一套鲜明的制度来规范穿着,以示地位和尊严。到了民国时期,这一套封建制度逐步被打破,人们追求西方社会的自由、民主、平等,体现在服装的选择上,就是西式服装逐步取代中式服装,成为中国民众的常服。比如,辛亥革命后,领袖孙中山的"中山装"就对中国人服饰产生重大的影响,穿中山装,成为改革派、具有西方新式思想的一种象征。据传,中山装是孙中山根据英国式猎装改造而成,四个口袋表示国之四维,前襟五个扣子表示五权宪法,袖口三个扣子表示三民主义,以提醒人们穿衣不忘爱党爱国。广西民国时期新桂系执政后推出"三自三寓"纲领,要求党政军民恪守简朴的精神,发愤图强,建设新广西。因此,广西当时的民风是很淳朴的,男子多身着中山装、青年装,女子也上衣下群,一身灰色,很少艳装奇服,比较朴素,"国货灰布衣服,几成广西服装特色"②。而因躲避战难而迁徙到桂林的外来移民,则多西装革履,比较时尚。这两种代表不同价值取向的服饰文化不断融合,桂林淳朴的服饰文化也逐渐变得洋气了。有人形容这种服饰文化的冲突为"拔河":

> 这里正展开一个"拔河"的游戏:这一边是桂林所固有的质朴的风气,那一边是由一部分"外来的阔客"所带来的奢靡的习惯③。

杂志上也多有文章记载了桂林当时普通人穿着的情况:

> 旧历新年,许多电影院门口人山人海,马路上都是一些沿海的商人,由上海、广州、宁波来的商店职员,公司老板,穿着笔挺的西装,锃亮的皮鞋,慢慢的在马路上散着步……本省的公务员依然是一袭粗布的制服,一项广西特有的学生帽,在马路上匆匆来去④。

---

① 大公报,1912-9-8.
② 赖彦于.广西一览[M].南宁:广西印刷厂,1936:509.
③ 广西日报(桂林),1942-5-23.
④ 蒋莱.雨中桂林[J].国讯旬刊,1941(272):11.

广西民国初期,商人、店员等人一般穿长衫,布料为棉布或土布,家庭条件好的用绸缎。五四运动后,新风入桂,中小学生改穿学生装,男生学生装上衣有三个无盖口袋,无翻领,多用蓝布或浅灰布缝制;女性学生穿大襟衣和短裙,衣为白色或浅蓝色,裙为黑色,不带装饰。北伐战争后,广西公教人员和学生多穿中山装,女学生仍穿大襟衣裙。民国二十五年(1936)起,广西开始实行"三自三寓"方针,其中一个是"寓兵与团",于是上至省政府主席,下至公教人员、公务人员,各行各业,男女老少,都兴穿浅灰色制服,戴军帽。① 以至于广西民国时期的服饰文化给人留下深刻的"制服"印象,让人称奇不已。

在这个杂乱的人堆中,真正道地的广西人是都穿着灰色土布的衣服的。公务员穿着中山装,帽子上有一个"政"字。中小学生都穿着土布制服,领子上有和士兵一样的领章,表示出他们的"学级"。女学生戴着和男学生一样的帽子,上衣的式样有些像西装,不过材料都是灰色的土布,裙子是黑色的土布。这样的服装,既简单朴素,而又颇为文静美观。所以有人说:这应该是全中国最标准的制服,在这一切从事节俭以支持抗战的时代中,这样的服装,我想是值得向全国推荐的。②

抗战爆发后,外来人员剧增,沿海发达城市的衣着潮流影响了广西当地人的穿衣习惯,市区男性公教人员有的穿蓝色或淡黄色中山装,经济条件好且观念时新的则穿西装、呢大衣、皮袍。

民国时期,女子服饰的变化也十分巨大。在 20 世纪 20 年代以前,一般女子服装为上衣下裙。"五四"以后,受追求西方现代文化的观念影响以及在华洋人的着装风尚影响,女子告别繁缛的旧式传统而拥抱简约、更体现女性美的现代服装,旗袍就是典型的例子。

现代旗袍的前身是清朝满族旗袍,民国时按照西方现代服装的样式和风格,对满族旗袍进行了大尺度的改良,在衣服长短、领的高低和有无、开衩的高低、有袖无袖、袖子的长短等诸方面紧随西式时装而变,形成标准样式时,已和传统旗袍没有多少共同点了。③ 改良后的旗袍一改传统旗袍胸腰臀平直的状态,长度缩短,腰身收紧,袖口缩小缩短,由于贴身合体,把女性的美好曲线体现得淋漓尽致,因此很快赢得妇女们的喜欢。女性一改矜持和含蓄,用穿新式旗袍这种方式对抗旧制度对女性的束缚,体现了女性争取自由,寻求解放的心理。

旗袍最初在上海、北平、天津等地流行,尤其是上海,商贸繁荣,人口众

---

① 颜邦英.桂林市志[M].北京:中华书局,1997:3234.
② 张文子.广西所见[J].作者通讯,1939(5):21-24.
③ 李少兵.民国时期的西式风俗文化[M].北京:北京师范大学出版社,1994:54.

多,物资丰富,中西结合,当时号称"远东第一大都市",来自欧洲各国的洋人很多,因此是西洋文化的集中地和时尚中心。最早穿旗袍的是当时属于上层人士的小众群体,比如交际花、影星、模特和官宦太太,她们的带动加上大众媒体的宣传,于是这种带着明显西式服装特点的中式服装逐步成为时尚,社会上各阶层女子莫不竞相模仿,旗袍风于是就由上层社会逐步吹到普通市民阶层,成为一种大众文化。当时流行的西式女服还有连衣裙、百褶裙、女式西装。

各类新式女装潮流由大城市逐步蔓延至中小城市,带动我国近现代女性服装的革新。在报纸、电影等大众媒体的渲染下,各地女性渐渐接受这股服装新风,传统的袄裙逐渐被各种多样化的新式女服所取代,服装风气蔚然一新。广西20世纪20年代,在新桂系"三自三寓"方针的影响下,整个广西极端重视军事训练,政治上注重纪律严明,生活上则提倡俭朴,工作作风上要求勤奋刻苦,整个广西,无论是政治军事还是社会治理都井井有条,被誉为"模范省"。广西省政府于1933年出台《取缔市民服装办法》,对市民着装做出了明确的规定:

一、男女服装除学校学生、军队及各机关公务员另有规定外,一律依本办法之规定。

二、男子蓄发不过头,女子留发过颈者,宜结束不宜披散,违者取缔其梳髻及辫发者不禁。

三、男子服装以中山装、学生装及普通长衫、短衫为标准,不许赤身露体及着不及膝之短裤,违者取缔。

四、女子常服以普通衣裙及长袍为标准,衣必掩腰,袖必过肘,裙裤均须过膝,不得坦胸露腿,违者取缔。

五、男女服装均以购用国货为原则。①

在随后出台的《实施细则》中,广西省政府要求党务军事司法行政各机关团体在职人员带头执行新规定,并对违反者做出严厉处理。如违反着装规定者处以十五元以下之罚金或十五日之拘留。② 由此可见,广西省政府对待市民着装问题,作风不可谓不凌厉,处罚不可谓不重。在这种形势下,广西女子的着装自然比较朴素。外地人来了广西,也惊讶广西女同胞的着装是如此的整齐划一,无论长幼、职业,几乎都是清一色的"灰色主义"③。

---

① 广西教育厅.取缔市民服装办法[J].广西教育行政月刊,1933(2)-9:54.
② 广西教育厅.广西省改良风俗规则及取缔市民服装办法施行细则[J].广西教育行政月刊,1933(2)-10.
③ 龙江.广西的妇女[J].妇女生活,1939(7)-8:21.

在大街小巷走，你能常看到穿着军服威风凛凛的女学生及女公务员，不觉得精神也为之一振，这种情形在别的省份见得不多，可是在广西——在这抗战空气浓郁的广西，确实普遍的见到。

在本处，民众反正都得接受民团训练，大家穿上灰布制服，既显得整齐，也显得时髦似的，何况灰布无须用染料，价钱公道，因此，灰布服装的民众，你到处可以看到。

所有的中等学校的男学生都要接受军训。有的还实行着严格的军事管理，他们的制服也就是民团的制服。因此，灰布服装的中等学生，你也可以随处遇见。

小学生当然没有军训，然而制服是有的。他们的制服，也就是中学生的制服。因此，灰布制服的小学生你也更可以到处碰上。

此外，便是公务员了。自省主席、县长、乡长、村长、校长，以至事务员，是无人不灰布服的。(除了你是年过四十按规定可以免受军训)女公务员之热心参加军训者有之。

此地真可以这么说：地无论乡街，人无论幼壮，官无论大小，都无不"军其装"而"灰其服。①

当时的衣服布料以土布为主，不论男女。女学生的服装是上身灰色土布仿西装，下身是黑色裙子。女公务员则是土布制服，下着青布裙。有少数女子着旗袍、袄裙，但数量不多。因此，如上海、天津、广州等地的时尚服装风气在抗战前的广西是绝少见的。

有朋友自上海来，他指着身上套着的一件旧绸袍子这样说："要是在上海，像穿着这样的旧绸袍子在街心里摇摆，会给街心的人说你是'瘪三'之流；到香港，穿起来却已是过得眼去；变得很漂亮的，这是在桂林！这是很实在的，在桂林街头散步，你能见到穿绸的吗？真是稀少！尤其是穿着长衫在街上摇摆的，除了从外面新来桂林的人以外，简直可以说没有。不论是天气热或凉，公务人员反正都是这么一套灰布制服，老百姓也是这么短短的一套，绝没有宽袍大袖摆着的。就是外来人住久以后，也往往'弃袍'易服，改穿'短衣'从众了……如果说这是广西普通的特色的话，这'风气'希望它能保持下去，因为作为广西首善之区的桂林，目前也正有着畸形的繁荣，酒肉的微逐……在这年代，别让坏风气滋长起来，这种地方倒并不就是'深闭固拒'这种字眼能批评的吧？②

在有些人看来，"灰色"制服文化让女性学会艰苦朴素，摆脱贪图享受、好

---

① 罗靖华.广西的女人[J].宇宙风,1937(45):420-422.
② 寒筠.在桂林散步[J].国讯旬刊,1940(227):9-10.

逸恶劳的陋习,是进步风气的象征。

有人说"灰色的广西",一点也不错。广西公务人员男女一样都是穿的灰色土布制服,不过男子全身上下都是灰色,女子下身是灰色的青布裙。整起队来真是一片灰色,他们在这个灰色世界里,没有施脂抹粉的机会,并且没有可能,所以"花瓶"这侮辱的名词在朴素的风气里消灭了。教员也同女公务员一样朴素,一样是公务人员的地位。①

广西的女子,从女学生到女公务员、职业妇女到家庭妇女,莫不受到艰苦朴素的"广西精神"影响,着装都俭朴素雅,鲜有身着光鲜亮丽、绫罗绸缎者。这在当时的全国各省都是具有独特个性的,并非因为广西人民经济收入低,而是这里的人们养成艰苦朴素、勤俭持家、勤俭为公的习惯。无论是在家带小孩还是当公务人员,都绝少当"花瓶"的想法,这种精神特质和广西当局的治理要求有关,也和当地民风有关,这决定了广西女同胞的服装风格是实用、俭朴,与繁华都市的奢侈、炫耀、时尚大相径庭。一位上海的作者写了对广西女性衣着的观感,可以从中一窥广西妇女着装情形。

"一、女学生,每天在清晨六时左右和上午十时左右,下午五时左右的时候,我们在广西街上可以看到许多女学生,一律戴着灰色土布的学生帽,上身穿着灰色土布上装,下面一条不长不短的墨布裙,一年四季除掉在冬季时再加上一件灰色土布棉大衣之外,其余三季都是这个打扮。袜子一到年中倒有大半年不穿,但非并为了时髦,鞋子大都是黑布扣攀的,穿草鞋的也很多,手里都提着旧的小藤箱。身体结实,短小精悍,她们给人一个朴实、真实、青年气使人愉快充满着希望的印象。

二、职业妇女。说起广西的职业妇女来,她们的工作部门是相当广泛的,银行、邮局、医院、党政机关以及各文化教育机关都用着数目相当多的女职员。她们不像别的地方一些机关团体里用个把女职员作花瓶的,譬如在医院里吧,从挂号处直到医师,每一部门中都用着不少女工作人员,她们自己本身呢,也大都具备着质朴(党政机关和文化教育机关的女职员大部分都穿着灰色土布的制服)、耐劳的精神,能证明她们都是切切实实做事的人。

三、家庭妇女。广西的家庭妇女,同样的不易找到脂粉满脸的少奶奶,她们也没有空像上海的许多少奶奶太太们那样整天打牌、看戏,她们一天到晚除掉操劳全部的家务以外,大都还得做别的家庭副业,如廉价给铺子里缝衣,织绒绳,做鞋子,织袜头等。一面还是抚带着婴孩,她们会把小孩子用带缚在背上,照常提着篮子上街买菜,下河淘米,洗菜、洗

---

① 锄今.漫谈广西妇女》(续)[J].人间十月,1937(2)13-14.

衣服、煮饭、做活……

一般说来,广西的妇女是比较俭朴的。本来,抗战以后由于物质条件的困难,内地妇女,尤其是女学生,一般都非常俭朴了。但广西却不是抗战以后才如此的,而是以前就是这样的。女学生穿草鞋上课,在广西人看来并不以为奇的,这也许是因为当局提倡,已经成了风气的缘故,据我看来,战后因受"下江人"的影响,反而没有以前那样俭朴了。①

正如这位作者所言,由于抗战爆发后,随着沿海大城市外来移民的迁徙到桂,社会逐渐繁荣,在各种商业文化、媒介文化的影响下,桂林才出现追求时尚的风气,广西妇女的着装观念受到较大的冲击,青年女性中开始流行穿旗袍,或上身为西式的翻领夹克,下身穿裙子②。制作新式服装的绸缎店不断问世③,大版面的绸缎店广告占据《广西日报》的显著版面,"蝴祥绸缎庄新张开幕:春光明媚,风色宜人,本庄为各界仕女衣着需要,特派专人到港沪等埠采办大批绸缎,玻璃衣料,各色卡机,上海灰布,货色新颖,价格优廉。"④从广告内容可知,以港沪为潮流榜样已是桂林时装界的共识,发达地区的潮流风气已经对广西的服装文化和消费者审美观念产生深刻影响。

时装需求不断增多,商家也因势扩大生产,改进产品,密切跟踪港沪地区时髦的风气和商品、技术,以带动本地服装潮流。桂林的张永发染布庄拥有60多年的历史,在抗战期间成为引领时装行业的一面旗帜。抗战时期,桂林人口骤增,商业繁荣,张永发染布庄扩展业务至绸缎、棉布,并四处派员去沪、杭、穗、汉采购大批绸缎布匹扩充经营,由于资本雄厚、牌子响,工人多,实力雄厚,在布匹、染坊行业占据垄断地位⑤。最高峰的时候,张永发在桂林拥有三家门店,总资产近300 000万元,雇工近百人。1949年,张永发出黄金300两在桂林最繁华的大十字广场购置地皮,修建张永发总店永久性的四层大楼,更加巩固了其桂林首富的地位。⑥

张永发善于在报纸上打广告⑦,在广告的推波助澜下,桂林爱美之风逐渐旺盛,对服装的要求也逐步由实用性为主,向美观、时尚、个性转变。"仕女

---

① 寄园.我所见到的广西妇女[J].妇女界,1941,3(12):25-26.
② 颜邦英.桂林市志[M].北京:中华书局,1997:3234.
③ 广西日报(桂林),1944-4-23.
④ 广西日报(桂林),1947-3-7.
⑤ 刘开泰.张永发的发家史[M]//桂林市政协文史资料委员会.桂林文史资料第七辑.桂林:漓江印刷厂,1985:194.
⑥ 刘开泰.张永发的发家史[M]//桂林市政协文史资料委员会.桂林文史资料第七辑.桂林:漓江印刷厂,1985:197.
⑦ 广西日报(桂林),1947-5-26.

们:人家常说'三分人才,七分打扮',确实您如果长得魁梧漂亮和潇洒,没有合时的衣裳,纵有潘安之貌、西施之美,也表现不出来。本店在桂已60余年,城市僻乡,早已妇孺皆知,毋庸自夸,除自染家用青蓝布疋,照常加工以供农村商卖,为经济衣着外,并专办港沪新颖疋头,苏杭应时绸缎,以符时代之进步……"这个时期,在《广西日报》多个香烟广告、百货公司广告、药品广告中,都能看到烫着卷发,身着新式服装的女子,商品经济和大众文化对人们服装观念产生影响,广西妇女逐渐摆脱旧时的朴素观念,求美、求新成为普遍的心理,服装上也是紧跟大城市的新式潮流,变得洋气起来。

四、休闲娱乐的变迁

广西地处南疆,是多民族聚集的地区,其休闲娱乐也带有浓重的民族色彩。近代之前,广西地区传统的娱乐活动主要是民间节日和宗教庆典活动,具有群众性活动的特征。进入民国时期,随着科学技术的发展以及休闲观念的进步,新式的娱乐方式不断推陈出新,出现真正具有现代意义的休闲活动。

(一)传统的休闲娱乐方式

20世纪20年代,为了繁荣民众的业余生活,广西省政府就在每个县开辟公共体育场,以供人民进行业余体育活动,如国术、划船、游泳。① 乡村在平时,基本无其他公共娱乐项目。过年的时候,无论城市还是农村,都流行舞狮子,稍大些的市镇,则有流动的江湖人士表演杂耍。民众的娱乐生活比较单调。到了重要节庆日,全区各地才有一些各个民族自己的特色文化活动,这些活动都带有一定的竞技色彩,具有较强的观赏性和娱乐性,深受群众喜爱。每逢举行这样的活动,人们都踊跃结队前往观看。民国初期,广西少数民族传统的休闲娱乐活动如下②:

1. 上金山

这是壮、汉族的传统竞技活动。在春节期间的舞狮活动中,人们用十几张甚至多达几十张的八仙桌或长凳叠架起来,让舞狮者一边舞一边向上攀登,名叫上金山。田阳县舞狮队可攀上由36张长凳搭架起来的17层、高达8.5米的"金山",远近闻名。

2. 爬竿

这是苗族传统的竞技活动,流行于隆林各族自治县。每年春节期间过

---

① 赖彦于.广西一览[M].南宁:广西印刷厂,1936:510.
② 陈听正,肖建刚.广西通志·旅游志[M].南宁:广西人民出版社,2003:284-287.

"跳坡"节时,在坡场上竖一根高约 2 丈的竹、木竿,竿顶挂一壶酒和一串腊肉,后生们便踊跃去爬。上爬时,只能用手脚,胸不贴竿。爬至竿顶,喝一口酒,取下一块腊肉,然后下竿。这时,头朝下,脚朝上,如雄鹰展翅,"嗖"的一声落地"。上下爬完全竿,且动作利索敏捷者称"竿王",可得到竿顶的酒肉和其他奖品,也会得到姑娘的爱慕。

3. 龙舟赛

广西各地大都有龙舟赛,这种活动历史悠久,或叫"赛龙船",在民间具有巨大的影响力。龙舟(也即龙船)形如柳叶,船头装有龙头,船尾高翘龙尾,船中间竖一桅杆,全船涂以彩色。赛时,船上打起锣鼓以助兴,拿指挥旗者则站在船头打拍子指挥,鸣鼓向前。划桨水手人数不一,还有一名舵手在船尾。比赛时,水手按照指挥者鼓点统一划船动作,高呼冲浪,紧张异常。比赛时,参观者成千上万,拥立岸边,欢呼、呐喊、鼓掌,场面十分热烈。

4. 斗牛

这是汉、壮、苗、侗等民族的竞技娱乐习俗。参赛的牛都是经过挑选的健壮公牛,并经精心照料饲养。斗牛时,两牛怒目交角、势不两立,经过激战,有败逃的,有两败俱伤的,还有斗死的。获胜方以红绸披挂牛身,将红包挂上牛角或用红绫系牛头、绑牛尾,鸣炮吹笙,拥牛阔步回村,欢歌会饮。

5. 斗马、赛马

这是融水苗族自治县苗族于农历六月六传统的"新禾节"举行的文体活动。斗马时在两匹公马间置一母马,公马为赢得母马芳心,一脱下缰绳后,便在场内互相嘶咬,腾空搏击,或迎头撕咬,或背向相踢,奋力拼杀,直至胜负分明。围观观众则呐喊助威,人欢马叫,紧张异常。赛马常安排在新禾节后的第三天进行,马背无鞍,骑者在五六米外快跑,飞身上马,众马在崎岖的盘山道上飞驰,最先抵达终点者得胜获奖。

6. 斗鸡

这种活动流行于广西各地民间,一般在农历四五月进行。参赛的公鸡也都经过精选和培训。壮、汉民族赛斗鸡多采用抽签对阵和淘汰赛方式,最后获胜者为冠军,称"头彩",亚军称"二彩",除冠亚军外的最后一名获胜者为殿军称"三彩",均有奖。龙州、宁明、扶绥、武宣、象州、宜州、融水、柳城等县都有斗鸡会的组织活动。有的地方在圩期间同时举行斗鸡赛。

除了以上的竞技性群众活动以外,节庆日活动也是群众重要的休闲娱乐方式。除了汉族的节日以外,还有众多的少数民族节日,这些节日往往都举办有丰富多彩的活动,为群众创造了休闲娱乐的机会。广西比较著名的少数民族节日有壮族的"三月三"歌节、瑶族的"盘王节"和"祝著节"、苗族的"苗年"和"斗马节"、侗族的"侗年"和"花炮节"、仫佬族的"依饭节"、毛南族的"分龙节"、回族的"古尔邦节"、京族的"哈节"、彝族的"跳弓节"、水族的"端节"等。

(二)现代的休闲娱乐方式

民国以后,随着各种现代思想、观念、技术的传播,广西逐步摆脱封建社会的各种落后,工业、商业、教育、卫生等领域逐步进入新的历史阶段,城市发展日新月异,人口素质逐步提高。到20世纪20年代,广西已经形成以梧州、南宁、桂林、柳州为代表的经济比较繁荣的现代城市。柏油马路、路灯、电灯、自来水、自动电话、公共汽车、人力车等各种现代化设施在这些城市逐步出现和普及,商业上的日益繁荣和科技技术的不断进步,促进了休闲娱乐的现代化。抗战爆发后,大量沿海城市移民到桂林,给这座首府城市带来了更多的现代气息。20世纪30年代,桂林的戏院、电影院、浴室、茶馆、冰室、咖啡厅日益增多,市民的休闲娱乐逐步出现多样化、现代化的转变。民国时期,广西休闲娱乐业呈现出以下几个特征:

1. 类型不断丰富,形式日益多样

1913年,广西即出现商业性现代电影。至抗战前,在梧州、南宁、桂林、柳州、北海等城市已有多家电影院开设。城市以外,还出现跑码头式的流动放映队,他们深入水陆交通沿线的平乐、恭城、昭平、玉林、贵县等地进行流动性的电影放映活动。① 电影院的出现极大地丰富了群众的休闲娱乐生活。由于声光电技术的新奇和电影明星的影响,看电影成为了解时尚动态的特殊方式,各种新观念也由此对民众产生潜移默化的影响。最初的电影是默片,没有声音,最受欢迎的有《火烧红莲寺》《广东大侠》等国产武侠片还有卓别林、罗可等主演的外国滑稽片。后来,影院不断完善设备,引进有声电影,大大地提高了电影的观赏性,一时门庭若市,生意出奇的好。据当时的报刊文章记叙,电影院经常是人山人海,有警察在电影院门前维持秩序。

20世纪30年代初,在南宁成立的中国国民革命军第四集团军总政训处成立电影队,制作纪录片、故事片在全省免费巡回反映。总政训处设置的新闻纪录片有《李宗仁、白崇禧在武鸣检阅民团实况》《南宁各界举行国庆纪念游行》《南宁军校野外演习》《修筑湘桂铁路实况》《万里劳绥记》五部,故事片《七千俘虏》一部。

广西的电影院多半是私人经营,从30年代起,先后有10家外地的私营影片发行公司在梧州、柳州、桂林设立分支机构或经营影片发行业务,这大大丰富了广西影院的片源。各影院根据自身实力和经营方针,自行购买不同风格的影片,以此实现差异化竞争。比如,桂林有影院引进美国华纳、米高梅、环

---

① 周民震,韦壮凡.广西通志·文化志[M].南宁:广西人民出版社,1999:181.

球公司等知名电影公司的影片,主打外国影片;有影院主要引进上海、香港的国产影片。1939年后,电影院实现播放彩色影片,将电影业推向新的高潮。

随着电影产业的不断发展,广西的电影业得到快速发展。40年代,桂林已经有专营的电影机构10多家,规模大小、装修豪华程度不一,至此,电影院成为各阶层人士都乐于去的、最具人气的休闲娱乐场所。《广西日报》的娱乐广告中,电影广告数量最庞大。从1941年,《广西日报》上陆续出现电影广告,随后电影广告逐渐增多并保持稳定,平均每天有六七家影院刊登影院广告。1942年,《广西日报》的影院广告在创意上、设计制作上更下工夫,多个影院的广告逐步摆脱最初的文字加粗标题的简单排版方法,影片的标题采用美术字、大字体,颠倒影片名字、增加图片等手段,提高了影院广告的视觉冲击力,一定程度上改善了广告的观赏性。1943年以后,影院广告的篇幅和设计更上层楼,这一时期的影院广告的排版设计理念出现了较大进步,影院广告图片比例更大、排版更为现代化,在普通广告中产生强烈的对比效应,大大增强了影院广告的艺术性和感染力。这一时期,影院广告由少变多,影片广告设计从简单到复杂多样,从侧面反映出抗战时期电影产业的发展态势和市场情况。从影院广告积极的改观可以推断,看电影是抗战时期民众重要的消遣方式,影院之间竞争激烈,为了赢得更多的观众,各影院八仙过海各显神通,纷纷在影院广告上下工夫,不断改进广告形式,提高广告水平,以吸引更多观众观看电影。

除了影院之外,到戏院看戏是桂林很热门的休闲娱乐方式,这个和当时国内抗战文化的蓬勃发展以及广西省政府的大力推动有关系。抗战爆发后,在中国共产党的领导下,各地兴起浩大的抗战救国运动,包括新闻、文艺、戏剧等在内的文化人士众志成城,用文化的力量唤起广大民众的抗战团结。新桂系出于"联共抗蒋"的政治目的,意欲在国内树立民主、抗战的正面形象,对全国的抗日救亡进步文化人士伸出橄榄枝,欢迎他们进入广西开展抗日救亡文化运动,这是广西戏剧业得到快速发展并形成,成为对广大群众具有广泛影响的大众文化活动的重要政治原因。从此,广西各地的抗战戏剧运动就蓬勃发展起来了。政府机关、团体、学校等纷纷组织戏剧队,自编自演各种抗战主题的戏剧节目。由于当时商业化的娱乐项目不多,参加戏剧演出、观看戏剧演出自然就成为普通市民的休闲娱乐形式。

以被誉为"中国话剧的三个奠基人"的田汉、欧阳予倩、洪深以及知名剧作家夏衍、熊佛西、翟白音、焦菊隐、杜宣等都在桂林导演了很多知名戏剧作品,如《新雁门关》《新儿女英雄传》《青纱帐里》《飞将军》《放下你的鞭子》《秋声赋》《风雨归舟》《大地回春》等剧目,在广大群众中引起强烈反响。剧团很重视宣传工作,每逢剧作上演,大多在《广西日报》上刊登广告,以吸引观众。

欧阳予倩把平剧《梁红玉》改编为桂剧,邀请名角扮演,在舞台、化妆、唱腔等环节上加以改革,演出在桂林引起巨大轰动,连续演出达到 28 场。① 据统计,抗战期间,桂林活跃的剧团有国防艺术社、广西省立艺术馆话剧试验剧团、新中国剧社、七七剧团和海燕剧艺社等,加上业余话剧团队和流动来桂林演出的剧团一共有 102 个。先后演出话剧剧目 364 个,特别是 1939—1940 年、1942—1944 年,几乎每月都可以看到新的话剧,每个月至少有一个甚至几个剧目上演。一些受欢迎的影片如《秋声赋》《忠王李秀成》《风雨归舟》《大雷雨》等话剧演出都在 10 场以上。② 由此可以想象,当时戏剧活动在桂林的繁荣程度。

戏剧作为最受普通民众喜欢的传统娱乐形式,在民间具有强大的号召力。1939 年起,《广西日报》上的戏院广告就已经琳琅满目,既有平剧、桂剧、粤剧等地方剧种的经典剧目广告,也有军政部门戏剧团、外地抗日救亡戏剧团体组织的以抗战为主题的话剧。随着抗日形势的发展,入桂进步文化人士的增多,广西的戏剧业发生巨大的变化,抗日救亡成为戏剧界的中心主题,多个救亡戏剧团体在桂林利用戏剧作为武器,控诉帝国主义侵略者的残暴,呼吁民众团结一致,抗日到底。因此,1940 年以后,《广西日报》上的抗日救亡主题的戏剧广告就逐渐成为戏剧广告的主角,传统的剧院也减少了传统剧目的上演,由进步文化人士创作或改编的,以抗日救亡为主题的现代话剧成为戏院的宠儿,各个戏院几乎都在上演这一类主旋律的戏剧,《广西日报》上的戏剧广告气势蓬勃,数量庞大。

此外,到茶馆聊天、看马戏表演、听歌剧、听音乐会、看书画展、读书等休闲娱乐活动在桂林也日益盛行,整个桂林的休闲娱乐生活已经呈现出生机勃勃的一面,体现了大后方繁荣的景象。这一类的广告从 1942 年开始,在《广西日报上逐渐增多,这与入桂工厂、学校、团体、文化人士等日渐增多的趋势基本吻合。在外来移民入桂之前,《广西日报》上这一类的广告几乎难觅踪迹,但是自从 1942 年,全国各地外来移民日渐增多后,尤其是全国闻名的文化人士大举入桂后,文化广告明显增多,休闲广告也逐步增多。这既是外来文化影响广西当地文化的动态过程,也是广西民众日常生活习惯和外来文化不断交融发展的动态过程。在这个过程中,广西民众的休闲生活面貌发生巨大的变化,简单、朴素的休闲方式出现现代化的转变,更具艺术性、观赏性、趣味性

---

① 魏华龄.论抗战时期桂林文化城的历史地位[M]//魏华龄.桂林抗战文化研究文集.桂林:漓江出版社,1992:67.

② 魏华龄.论抗战时期桂林文化城的历史地位[M]//魏华龄.桂林抗战文化研究文集.桂林:漓江出版社,1992:68.

的休闲活动成为民众提高审美趣味、调节工作和生活压力、开展社会交际的新形式。休闲广告中，音乐会、书画展览会是属于高雅艺术的范畴，得益于抗战时期桂林文人荟萃的优势，40年代，《广西日报》上这一类广告为数不少，为传播现代艺术，提高民众的文化修养做出重要贡献。拥有"文化城"美誉、出版社林立的城市特色，则让书籍广告大放异彩。1942—1943年是书业广告高度繁荣的时期，出版社的广告几乎隔三差五地在《广西日报》上出现，大篇幅的广告、半个版面以上的广告比比皆是，广告社组织的出版社专版广告连续刊登几十期，为期几个月，可谓蔚为大观。这些带有知识性、艺术性的休闲活动极大提高了广西民众的文化水平和审美趣味，对启发民智、改良思想起到不可估量的作用。西式娱乐活动，如马戏团、技艺团、溜冰场，也在《广西日报》上刊登了不少广告，这也反映出抗战时期的广西，开始与现代城市的娱乐潮流基本同步。现代西方休闲活动的出现和普及，开拓了民众的视野，增进了文化交流，进一步丰富了城市文化内涵。

  抗战前，广西是比较淳朴、保守的省份，民众的休闲娱乐活动不多，以群众性集体活动、节庆日活动为主，个人化的休闲活动凤毛麟角。抗战爆发后，沿海城市大移民，带来港沪一带大都市的新式生活方式和娱乐休闲潮流，桂林的咖啡馆、西餐厅、冷饮店、浴室逐渐多起来。曾经比较单调、枯燥的生活得到了全新的熏陶，西式色彩浓烈的各种休闲方式成为民众心目中"时尚"和"进步"的代名词，许多人带着好奇接受这些事物，封闭、落后的广西在这些西方文化的影响下，日益现代化。

五、婚恋观念的变迁

  中国的传统婚姻纯粹是为了延续后代而存在的，"上以事宗庙，而下以继后世"，带有强烈的宗族主义色彩。因此，直至民国前，我国普通民众的婚姻多系父母包办、媒妁推荐，自主结婚微乎其微。也因为这个原因，男女双方婚前未曾谋面实在是正常不过，结婚以后男女双方的感情并不是夫妻关系中的核心，生儿育女，繁衍后代的重要性要远大于夫妻感情。因此，在封建社会里，中国传统婚姻是"牺牲个人，成全家族"的婚姻，个人幸福居于次要地位。封建社会中，我国婚姻观念一直未发生重大变化，直到近现代被西方殖民者的坚船利炮洞开国门，才发生剧烈的变化。

  婚恋广告是反映民众思想观念变迁的重要载体，《广西日报》自创刊起，每期小广告都有为数不少的离婚广告和结婚广告、同居广告。足可见当时婚恋观念的开明和社会风气的进步。《广西日报》结婚广告设计风格的变迁，也从某个角度反映了民众婚恋观念的变迁。在30年代，《广西日报》上的婚恋广告主要是简单的文字型广告;40年代后,婚恋广告设计得更加喜庆、更加大气,充满罗曼蒂克的西方文化色彩,这从侧面说明当时民众对婚恋幸福的大胆追求,体现了恋爱自由的社会风气。大量离婚广告的出现,则有力地说明妇女婚恋观念的重大转变,男女平等观念、婚姻自由观念得到社会认可和尊重,妇女敢于大胆追求个人幸福,展现广西民众思想逐步走向开化的一面。

(一)经济和社会环境的转变为思想转变提供土壤

工业化和城市化是改变人们价值观念的重要力量,西方新式机器、设备、工业品、民用品被源源不断地输送到国内后,最早开放的商埠如广州、上海一类城市,已经在不知不觉中接受西方新式文化的熏陶。工业化带来的高生产效率让人的工作方式发生巨大转变;城市化带来的居住环境、生活设施、交往文化的进步让人学会用"城市人"的观念去生活和开展社会交际。工业技术日新月异,工业产品日渐繁多,工作内容和方式发生巨大转变,城市人口每日剧增,城市设施功能日益丰富,城市人际交往方式花样繁多……人们惊奇地发现,随着工业化和城市化地不断推进,人们的工作和生活已经发生翻天覆地的变化!生产方式和生活方式的转变,自然推动新的价值观念形成,这是中国婚姻观念发生根本性转变前的重要社会成因。真正推动这一社会思想完成彻底转变的,则是具有革命性的的辛亥革命运动。辛亥革命推翻清王朝的统治,结束中国两千多年的封建历史。随着越来越多的人脑门后的小辫子被剪下来,老百姓思想中恪守千百年的婚姻金科玉律——父母之命媒妁之言,被彻底扔进历史长河。

(二)新文化运动下婚姻观念的革命

辛亥革命对中国婚姻制度的贡献无疑是巨大的,因为它从制度的层面对男女平等、婚姻自由给予法律保障。1926年,国民党第二次全国代表大会颁布《妇女运动的动议案》,规定根据结婚、离婚绝对自由的原则制定婚姻法。[①]这为社会民众婚姻平等和自由观念的形成奠定至关重要的基础。

五四运动后,随着西方自由、平等、民主观念影响的不断扩大,社会上对封建社会的婚姻制度开展猛烈的批判。在全国各地社会团体的抗争和新闻媒体的大声疾呼下,男女平等、婚姻自由成为社会普遍的共识。在这种形势下,广西很多青年人的婚恋观念发生巨大的转变。追求个人幸福、崇尚男女平等、鼓励自由恋爱成为青年人中的一股新风。

在移风易俗方面,新桂系执政之后,就对广西的落后风俗进行大力度的

---

① 张国福.中华民国法制史[M].北京:北京大学出版社,1986:218.

改造,力图扫除人们的封建思想和落后观念,打造现代、进步的新广西。20 世纪 20 年代新桂系就开始一系列的移风易俗活动,包括命令各县捣毁寺庙偶像,以祛除迷信;废娼及解放奴婢;禁止赌博等。1931 年,广西省政府颁布《广西各县市取缔婚丧生寿陋俗规则》①,通令各县成立改良风俗委员会,开展移风易俗活动。1933 年,出台《广西省改良风俗》规则,其中对婚嫁礼俗做出细致的规定:

> 订婚礼物通常不得超过银十元,殷实之家不得超过二十元;结婚礼物(聘金在内)通常不得过银六十元,殷实之家不得超过一百元;迎娶时得酌用车及中西乐助兴不得过事铺张;婚嫁之家款待来宾以茶为主,必要时得酌设酒席,但每席不得过银五元。繁盛城市至多不得过十元;凡遇婚嫁,来宾致送礼物不得过银两元,主人亦不得要求;女家妆奁以国货为主,不得奢华耗费。男家亦不得要求;女子出嫁所有之箱可由女家酌量置备以足贮藏衣服为度,其余大柜椅棹卧床及一切用具均有男家酌量置备。②

由此可见,广西当局改革陈规陋习的决心之大。婚丧嫁娶不仅耗费钱财,更不利于新观念、新风气的形成,不利于国家和民族的进步,改革婚嫁习俗意义重大。广西在法律层面对婚嫁进行规定之后,社会慢慢地就出现各种婚恋新风,社会风气日新月异。20 世纪 20 年代,自由恋爱、文明结婚、节俭办婚等新婚俗在广西逐渐普遍,甚至连偏僻的乡村都倡导集团结婚。③

婚姻观念转变的另一个重要体现就是妇女的贞洁观发生重大变化。抗战以前的广西,多数地区是农村,思想比较闭塞,封建思想较为严重,由于民风顽固,被丈夫休的妇女容易遭受社会的种种不公待遇,因此世俗观念中,妇女是没有婚姻支配权的。农村妇女受封建贞洁观的束缚,思想守旧,认为"饿死事小失节事大""家丑不可外扬",不敢针对不幸福的婚姻展开抗争,逆来顺受,安于天命。现在,很多接受新思想的妇女已经有了"男女平等""恋爱自由""婚姻自由"的观念,对感情不合、名存实亡的婚姻关系敢于"说不",报纸上越来越普遍的"离婚广告"就是证明。

这一时期,女性争取婚姻自由的风气深入人心,据笔者大量查阅《广西日报》婚姻广告发现,离婚广告普遍多于结婚广告。这一方面是因为国民政府颁布民法以后,倡导男女平等、恋爱自由、婚姻自由的结果;另一方面,是新闻

---

① 广西省政府.广西各县市取缔婚丧生寿陋俗规则[J]//民国时期广西社会思想观念的变迁.广西地方志,2008(5):41.
② 广西省政府.广西省改良风俗[J].容县旬刊,1933(3):15-16.
③ 梁上燕.广西民风的改造途径及成果之考察[J].公余生活,1940(3)-8:15.

媒体不断弘扬和传播新式观念的结果。据调查,广西女性在争取离婚自由上,比较主动。1933年,全省离婚案件中,女性作为原告的有608人,占总数的80%①;1941年,全省4 274件离婚案中,由女性提出的占80%以上②。这些数据表明,广西妇女争取婚姻自由的态度是很强的,婚姻观念的转变之大和旧社会的传统观念形成强烈的对比。

广西妇女离婚原因是多方面的,除了性格不合,感情不恰的主要原因外。还有因为无法忍受丈夫的诸般陋习,比如家庭暴力、遗弃、纳妾等。据资料显示,20世纪30年代,广西妇女离婚的原因以受对方虐最多、遗弃次之、重婚再次之。③这些陈规陋俗都是束缚妇女婚姻幸福的枷锁。30年代,广西女性的婚姻自由已经得到很大的改善,妇女通过登报声明,勇敢地与世俗成见作斗争,掌握了婚姻的主动权,体现新时代女性的精神风貌。

值得一提的是,虽然有很多广西女性走在时代的前列,在婚恋观念上破旧立新,但是,就整个广西社会而言,这种进步观念仍只在知识女性群体为主。广大农村妇女由于受教育水平低,反抗精神不够,依然生活在传统婚姻中。④

(三)文明结婚观念逐步普及

婚恋观的转变还体现在对待结婚仪式的态度上。众所周知,国人视结婚为人生大事,必不肯马虎应对,广西人也不例外。在1935年以前,广西婚姻当事人的婚姻关系主要由两种办法确定,一种是按照传统的风俗习惯,由父母之命、媒妁之言缔结婚姻;另一种是按照宗教的仪式缔结婚姻。1935年5月,广西省政府发布《婚姻登记证书发给规则》,开始规定结婚要登记。但是除了城市少数人以外,一般平民百姓并无登记习惯,仍按照传统的习俗行事。⑤ 因此,很长一段时间,婚姻登记机关有名无实,老百姓结婚多未登记,旧式婚礼依然是广西普通民众婚姻关系确定的主要方式和仪式。旧礼俗对结婚的程序和仪式过于繁冗,耗费钱财,多为人诟病。

旧式婚俗的程序比较复杂,主要程序如下:

问名(作生辰八字匹配用)——会亲(即订婚)——请期(男家备礼和请柬,到女方家说明迎娶日期及其他事宜)——纳彩(男家备厚礼到女方家)——过妆(女方到男方家送嫁妆)——娶亲(男家到女家迎接新娘子

---

① 广西统计局.广西年鉴(第二回)[M].南宁:广西统计局,1935:1003.
②③ 广西统计局:广西年鉴(第三回)[M].桂林:广西统计局,1943:1444.
④ 刘菊香.新桂系时期广西妇女发展问题研究[D].桂林:广西师范大学,2004:30.
⑤ 蓝志流.广西通志·民政志[M].南宁:广西人民出版社,1996:198.

回家)——回门(新娘子择日回娘家,以示舍不得)

1934年,国民党推出所谓"新生活运动",为了改革婚礼习俗,推出新式婚姻方式——集团结婚(也叫集体结婚,或集团婚礼),这种结婚方式在30年代的上海、北平等地首开先河后,迅速在全国多个省市传播开,开辟了婚礼改革的序幕,也把广西的婚俗新风推向新的高度。

1937年,广西省政府颁布《广西省人民结婚须知》,对百姓结婚的仪式和程序进行明确规定,从法律的层面上革除传统婚俗中的落后成分,树立更为进步、文明的新式婚姻制度:

一、结婚年龄:依民法980条规定,男满十八岁,女满十六岁始得结婚。

二、结婚登记:应遵照本省户籍人事登记暂行办法所附结婚登记簿之规定,前赴各该管之村街公所申请登记,然后举行婚礼,否则无效。

三、婚礼地址:在乡镇公所或村街公所礼堂及其他公共性场所为原则。

四、结婚日期:由男女当事人或双方主婚人自行择定,事先通知乡镇长或村街长。

五、证婚人:凡结婚人双方,须请村街长或乡镇长二人为证婚人。

六、结婚证书:向乡镇公所购用,以备男女双方各执一份为凭证。

七、参加婚礼人员、证婚人、主婚人当然到场,及男女双方之亲属自由参加外,得邀请戚友观礼。

八、结婚宴会:招待宾客得以茶会行之,并须依照改良风俗规则之规定,不得奢侈。

九、集团结婚:依集团结婚办法行之。①

广西在婚礼改革上采取了极大的力度,不但积极出台新法律法规移风易俗,还积极推行新风俗,引导社会风气。全国首场集团婚礼是1935年3月在上海举办的,距离全国首场集团婚礼举办仅仅三个月后,1935年7月,广西省政府就推出《广西省政府集团结婚办法》,可见广西在婚俗改革上的魄力。最早举行集团婚礼的是邕宁县,随后便在全省境内渐成风气。《广西日报》上,集团婚礼广告不时见报,见证了那个婚礼习俗重大变革的历史。1940—1945年,桂林市一共举办了9届集团婚礼。②

笔者在《广西日报》1947年12月4日《节约结婚 集团结婚仅需费52

---

① 广西省政府.广西省人民结婚须知[J]//新桂系时期广西妇女生活方式的变迁.广西地方志,2012(3):49.

② 颜邦英.桂林市志[M].北京:中华书局,1997:3243.

万》新闻中收录到桂林市举行第八届集团结婚的要求和程序，记录如下：

一、凡本市市民（不限本籍）举行结婚得申请本父核准参加本届集团结婚；

二、本届集团结婚定于三十七年元旦举行；

三、结婚礼堂定在本府大礼堂；

四、参加本届集团结婚须具备左列各款条件：1. 男女两房均属中华民国国籍者 2. 男女双方均达法定年龄并有相当职业者。3. 男女双方均品行端正，身体健全。4. 男女双方年龄相差不超过十岁以上者。5. 女方如系再婚，距离前夫死亡日期已满八个月以上或于前夫死亡后已分娩者。6. 男女双方均未重婚或其他不合法之结合者。7. 有正当职业之介绍人者；

五、申请参加本届集团结婚者，须履行左列手续：1. 到本府一科报名，收申请书依式样填就，并签名盖章呈府核准。2. 呈缴男女双方合影最近全身四寸相片三张，以一张贴申请书，二份分贴结婚证书。3. 缴交礼堂布置费十五万元，广告费二万元，照相费三万元，招待费三十万元，结婚证书费一万元，以上各费于申请时缴交不准者发还其经核准而不能参加者，所交各费概不退还。如所缴各费不敷开支或剩余，多还少补 4. 呈缴所在区公所或在本市现任□任职以上公务员二人证明男女双方均非重婚之保证书。5. 呈缴本府合格医师所出健康证明书。前项申请书内应由男女双方之家长或监护人双方之主婚人及介绍人共同签名盖章，但无介绍人者不在此限。6. 结婚证书由本府颁发。7. 自本年十二月五日起至二十日止为申请报名期间。8. 报名截止后由本府将每对结婚当事人之姓名年岁籍贯职业住址于举行婚礼前七日公告之。9. 与男女两方有利害关系之第三人，对于申请登记人之婚姻如有异议时，应于举行婚礼前五日向本府提呈异议申请书。10. 本府受到异议申请书，应即面知被申请异议之婚姻当事人自行处理，在该异议未经合法解决前不准参加本届婚礼。11. 举行婚礼时，结婚人礼服如下：一、新郎着国货蓝色布质中山装，戴蓝色礼帽，着黑色线袜及布鞋或黑色皮鞋。二、新娘着国货蓝色布质长袖旗袍，灰色长袜，黑色布鞋或黑色皮鞋。12. 行礼时间下午一时至四时。13. 行结婚礼一律不用傧相及散布纸花。14. 市长为证婚人。15. 结婚人除自身衣饰外，鲜花及其他物品均由本府备办。16. 婚礼完毕各新婚夫妇回寓后，仅可自行酌备茶点招待戚友，不得另行张筵以符节约规定。①

---

① 广西日报（桂林），1947-12-4.

集团婚礼出现后,广西的婚俗变得多样化起来,在南宁、桂林等地都举办过集团婚礼。这一时期,广西民间新老婚俗并存,但总体而言,新式婚俗成为时代的主流,吸引不少年轻人。新式婚礼也潜移默化地改变人们的传统观念,起到除旧布新、移风易俗的社会作用①。

集团婚礼与传统婚礼相比,具有程序简练,端庄文明的特点。集团婚礼的程序大致如下:

新郎新娘挽步入礼堂——司仪宣读新人名单,新郎新娘按照名单顺序,两对一次轮番登台——新人向孙中山像三鞠躬,双方相互两鞠躬,向证婚人一鞠躬——由证婚人赠送结婚证书和纪念品,致证婚辞——新郎新娘在音乐声中步出礼堂,摄影留念。

普通婚礼的程序大致如下:

证婚人、介绍人、主婚人依次入席——证婚人宣读婚书——证婚人、介绍人与新人各盖印章,新郎、新娘交换信物——新郎新娘行三鞠躬——来宾致贺词——礼成。

与旧式婚俗相比,新式婚俗摒弃旧式婚俗中繁琐的程序,更简练、文明,所有的仪式都集中在一个场合举行,时间集中,耗时不长。显而易见,新式婚俗更符合时代精神。这种新式婚礼以西方文化为参照,隐含科学、文明的精神。②

广西各地在抗战时期已经多有采取集团结婚者,行文明新婚成为越来越多年轻人的选择,在多个县份已有先例。③ 在20世纪三四十年代,根据广西省政府《婚姻登记证书发给规则》,普通老百姓只要满足以下条件,便可登记结婚:

1. 男满18岁,女满16岁。凡男未满18岁,女未满16岁的结婚,都是早婚,不予登记。

2. 有夫或者有妻的,不得再嫁再娶,否则为重婚。此外,凡具有下列情形之一者不予登记结婚:

(1)直属血亲、直系姻亲;旁系血亲和旁系姻亲辈分不同的;旁系血亲辈分相同、而在八亲以内的;

(2)未得受监护人父母许可,监护人和受监护人的婚姻;

(3)有配偶者的结婚;

(4)相奸者的结婚;

(5)婚姻关系消除未满6个月,或在6个月内未分娩的结婚;

(6)当事人有乙方在结婚时不能"性交"又不能治愈者的结婚;

---

① 陈蕴茜,叶青.论民国时期城市婚姻的变迁[J].近代史研究,1998(5):207.
② 刘新平.婚姻中国[M].北京:中国工人出版社,2002:83.
③ 李成生.新桂系时期广西妇女生活方式的变迁[J].广西地方志,2012(3):50.

(7)被诈骗或胁迫而举行的结婚。

经村、街公所审查确无上列情形,又符合《婚姻登记证书发给规则》各条款规定者,应予以登记,并发给证书。

但是,这一规定并未得到广西普通民众的普遍接受和执行。《广西日报》的《大众法律常识谈话》栏目,认为:"凡结婚应该具备两种法定要求:(1)公开的仪式;(2)两人以上的证人",只要具备这两个要素,即为合法婚姻。①

因此,这个时期,广西出现登广告结婚、离婚的普遍现象。男女双方名义刊登的自由同居、订婚、结婚广告屡屡见诸报端。

我俩承蒙顾以栋、姚素舫二先生之介绍,并征得双方家长同意,谨定于五月十日由梧州返桂林旅行结婚,特此敬告在桂亲友。阳筱兰 戈家鹏同启。②

我俩共同努力文化事业,感情融洽,兹经双方家长同意,谨定于本年十一月三十日子在八步订婚,谨此敬告诸亲友。黄镜如 陆富景同敬启③

第三节 《广西日报》广告图景背后的多棱透视

抗战时期的《广西日报》广告呈现五光十色、光怪陆离的消费图景,在祖国大部分地区正在遭受战火蹂躏的时刻,偏居祖国西南的桂林却是一片繁荣进步景象。这里有声势浩大的爱国戏剧运动,知名剧作家的戏剧作品频频上演,大小学校、军政机关组织各种戏剧宣传团队在大街小巷、城市农村开展各种抗日救亡宣传活动,社会上抗日气氛催人奋进;这里有享誉国内的知名出版社,大街上书店鳞次栉比,杂志蔚为大观;这里有从全国各地迁来的各路人士,文人商贾,贩夫走卒,大城市的时尚风气和各地的饮食习俗都在这里得到较好的融合,展示出经济繁荣大后方城市的勃勃生机;这里有十几家大小报纸,每天大篇幅的广告上刊登着各种消费品和服务信息,展示着大后方特有的活跃气息,戏院广告、电影广告、酒楼广告、服装广告、化妆品广告装扮着民众的日常生活,琳琅满目的广告勾勒出一幅生动多姿的大后方城市生活图景。

在这些丰富多彩的广告中,我们似乎可以间接看到广西民众在抗日时期的生活面貌,感受那个特殊时期我国大后方城市的生活情况。《广西日报》广

---

① 蓝志流主编.广西通志·民政志[M].南宁:广西人民出版社,1996:201.
② 广西日报(桂林),1939-5-10.
③ 广西日报(桂林),1945-12-18.

告所呈现的图景背后藏有复杂的政治因素、社会因素和文化因素,形成广告中特有的消费现象和社会发展状态。为了进一步分析《广西日报》广告类型形成背后的诸多因素,我们必须对当时广西的政治经济文化等外部因素做一番分析,以期掌握影响《广西日报》广告发展和变迁的隐性因素。

一、广西当局戒奢从俭理念的影响

在当时的各类媒体中,经常可以看到国内名人、旅桂者对广西"一身灰布"服饰风格的描述。在《广西日报》广告中,广西省这种"俭朴"的消费观似乎可以得到某种印证,因为在抗战时期的《广西日报》中很少看到关于服装的广告。就服饰广告阙如的因素分析,自然离不开经济因素。在当时广西的经济发展水平和居民收入水平看,广西大多数地区还是很贫穷的,具备初步城市化水平的城市也仅仅是梧州、南宁、桂林、柳州等少数城市而已。从收入决定消费的角度来说,在当时广西的经济条件下,普通广西民众并不具备消费超出其基本生活物资能力的条件。服饰、化妆品一类的"精神层面"的产品,自然不是普通民众能随意消费的。因此抗战时期的《广西日报》上鲜见西装、旗袍、化妆品一类的"精神消费品"是顺理成章之事。

除了经济因素之外,广西特有的社会特点和风气也是造成广西民众生活中节约俭朴的重要因素。这种自上而下、不论阶层、不论老少、不论男女都一以贯之坚持朴素的的社会风气才是广西"不论男女,一色布衣"的深层次社会因素,推动这一社会风气形成的则是广西当局。

1. 大力推进移风易俗

新桂系自20年代执掌广西权力以后,为巩固政治和社会稳定,在广西开展了一系列政治、军事、社会、文化层面的重大改革。其中,针对百姓愚昧、民智不开的落后状况,大刀阔斧地进行了社会风俗的改良。在20年代中后期,广西省政府就通令各县捣毁寺庙偶像、废娼废奴,大兴科学民主之风。30年代初期,广西省政府又颁布《广西各县市取缔婚丧生寿及陋俗规则》,正式开始了系统化、制度化的移风易俗活动。1933年,广西省政府又进一步完善规则,推出了《广西省改良风俗规则》,具体规定在婚嫁、丧葬、生寿、庆典等社会事务中的行为规范以及处罚规定。1936年,广西省政府颁布《广西乡村禁约》,对农村中存在的各种陋俗做了详细的改良办法和处罚规定。广西省政府颁布的一系列规则,对广西社会产生深刻的影响,种种民间的陈规陋俗得到遏制,崇尚科学,讲究文明的风气逐步兴起。

在广西省政府颁发的各种条例中,除了破除封建迷信,体现科学精神的色彩以外,还有一个显著的特点就是不事浪费,戒奢从俭。比如,在《广西省

改良风俗规则》(1933年2月1日公布)中规定:

　　第一章　总则。第一条,本规则以崇尚节俭改良习俗为主旨。第二条,凡婚嫁、丧祭、生寿有过当举动及其他一切陋俗悉依本规则取缔之……

　　第二章　婚嫁。第五条,订婚礼物通常不得过银十元,殷实之家不得过二十元。第六条,结婚礼物(聘金在内)通常不得超过银六十元,殷实之家不得过一百元。第七条,迎娶时得酌用车舆及中西乐助兴,不得过事铺张。第八条,婚嫁之家款待来宾以茶为主,于必要时得酌设酒席,但每席不得过银五元,繁盛城市至多不得过十元。第九条,凡遇婚嫁来宾致送礼物,不得过银二元,主人亦不得回答礼物。第十条,女家嫁妆以国货为主,不得奢华耗费男家,亦不得要求。第十一条,女子出嫁所有之箱,可由女家酌量置备,以足贮藏衣服为度,其余大柜椅棹卧床及一切用具均由男家酌量备置。

　　第三章　丧祭。第十二条,凡丧事所需衣衾棺木等物应由当事者量力购置,不得奢侈。第十三条,死者入殓除衣衾各物外不得另用其他珍玩物品……第十七条,吊唁得用挽联挽帐,奠仪挽联挽帐应用国产棉布或纸张,奠仪不得过银二元,但援助丧葬致送奠仪者不在此限。第十八条,丧家接受挽联挽帐奠仪等礼物只须回帖致谢,不得回答金钱或物品……第二十条,丧家对于吊客不得设宴款待,如有路远留餐者,不得过银三元。

　　第四章　生寿及其他庆贺。第二十二条,产生子女除外家及亲戚外,其余不准赠送礼物。外家致送礼物不得过银十元,亲戚不得过银一元,并以一次为限。第二十三条,凡产生子不准设席宴客,但对于前条外家及亲戚得设席答谢,每席不得过银三元。繁盛城市至多不得过银六元。第二十四条,人生年满六十始得开宴庆寿,每席不得过银五元。繁盛城市至多不得过银十元。第二十五条,凡来宾贺寿礼物每人不得过银二元,主家不得回答礼物。第二十六条,凡过普通喜庆事件必须致贺或设宴时,贺礼每人不得过银一元,宴资每席不得过银五元,繁盛城市至多不得过十元。①

2. 推行朴素生活理念

通过细致的法规条文可知,广西省政府对于这方面的立法原则和主旨非常鲜明——戒奢从俭、移风易俗。在近现代的旧中国,这当有积极进步的意义。新桂系把移风易俗和戒奢从俭结合起来并且置于原则之地位,这凸显了其传统的儒家生活理念。在1933年,广西省政府颁布的《广西服装办法》中,对市民着装进行了细致的规定,从中也可以看到这一理念的延伸。

---

① 广西省政府.广西省改良风俗规则[J].广西教育行政月刊,1933,2(9):49-51.

一、男女服装除学校学生、军队及各机关公务员另有规定外，一律依本办法之规定。

二、男子蓄发不过头，女子留发过颈者，宜结束不宜披散，违者取缔其梳髻及辫发者不禁。

三、男子服装以中山装、学生装及普通长衫、短衫为标准，不许赤身露体及着不及膝之短裤，违者取缔。

四、女子常服以普通衣裙及长袍为标准，衣必掩腰，袖必过肘，裙裤均须过膝，不得坦胸露腿，违者取缔。

五、男女服装均以购用国货为原则。①

抗战时期的广西，无论是行政官员还是普通学生、民众都身着灰色布衣，鲜有奇装异服者，不仅仅是因为当地民众经济条件不允许，更是因为广西当局对此有严格的规定。即使是广西省主席黄旭初，也长期一袭灰色制服，并不西装洋服，更何况普通的公务员和其他职业的民众？广西当时给人留下深刻印象的服饰文化——"一色布衣"正是广西服装规定实施后社会风气的真实写照。

新桂系通过颁布法规，对广西的种种陈规陋习、不文明现象进行大力整治，一方面通过法律对不良做法予以规劝和惩罚，以正风气；另一方面，政府高官，人人以身作则，带头执行政府法规，因此上行下效，整个广西呈现出崇尚节俭，朴素是美的社会新风。新桂系的改良社会风俗行动的意义是深远的，它不仅仅在婚丧嫁娶、服装等具体事务上规范行为，取缔陋俗，更重要的是传递清晰的价值导向——戒奢从俭。这种价值观念在政府权威的强制执行和军政领袖的亲身示范下，日益渗透到民众的日常生活中，深刻影响民众的价值观念和行为规范。因此，广西社会在抗战时期的消费总体特征是节制的，很少如上海、广州等大城市，充满"消费主义色彩"，这是因为新桂系对民众生活观念所持的比较严苛的政策要求所致，也是新桂系传统价值观念的某种体现，这是除广西经济和社会发展水平和民众消费水平之外的，一个最深刻的社会因素。新桂系治下的广西，处处都带有军事化的色彩，甚至包括民生领域。因此，有研究者认为，正是新桂系政权用军事化的方式来发展经济和管理人民，使得广西社会呈现出艰苦朴素、勤劳苦干的民风民气。政府充当主要计划者和执行者，是推动广西社会生活变迁最直接的动因。②

---

① 广西省政府.取缔市民服装办法[J].广西教育行政月刊，1933，2(9)：54.
② 李成生.民国时期广西社会生活的变迁[D].桂林：广西师范大学，2004：28.

二、国民政府战时经济政策的影响

"九一八"事件以后,我国华北大部分地区被日寇占领,老百姓四处逃难,民不聊生,国家经济秩序陷入混乱。为了维持应有的经济秩序,保证国民经济的良性运行,1935年,国民党发起"国民经济建设运动",出台《确立国民经济建设实施计划大纲》,对国计民生重大问题作了原则性的规定,其中很多内容都对大后方经济产生重大的影响。

> 二、国民经济之建设,应以整个民族为目标,在目前国际情况之下,尤应审度各地交通地理之形势,凡基本工业之创办,重大工程之建筑,均需择国防后方之安全地带设置之……
> ……
> 二十三、各地消费品之种类、数量与来源,以及本地生产品之种类、数量及行销区域,应详为调查统计,使商品之交换,渐臻合理化,凡非必需之消费品,而又非本国之制造者,应尽量限制之。[①]

抗战爆发后,国民党制定了《抗战建国纲领》,明确在某些与战时经济关系重大的部门采取统制措施,推行战时计划经济。随后,一直到1939年国民党五届五中全会的召开,国民党中央推出一系列经济统制法规,推出以"增加生产、稳定物价、节约消费、调节金融"[②]为目标的战时经济政策。在这种政策的指导下,广西当局出台了一系列的法规,对奢侈之风进行严厉管制,大力提倡节约之风,这种政策导向给广西当地的消费风气带来严重影响,也使得广西当时的消费行为被烙上鲜明的"战时经济"烙印。

1. 取缔宴饮,节约饮食

为了严加管束吃喝上的奢侈之风,1941年,广西省政府出台《取缔宴饮暂行办法》,对社会上的吃喝应酬之风进行管制,这种强硬的行政手段,推动了广西社会"戒奢从俭"社会风气的转变。该规定是这样要求的:

> 第一条,本省境内酒楼饭店餐馆在省颁禁止售酒期内不得以酒类供给顾客沽饮……第四条,凡在酒楼饭店餐馆宴会无论主客均不得向业户沽饮酒类或自行携酒供饮。连犯前项规定,除将酒类没收外,并处宴会主人百元以下之罚款。如有二人以上,主人或系聚餐而无主客关系者,

---

[①] 章伯峰,张建平.抗日战争第五卷国民政府与大后方经济[M].成都:四川大学出版社,1997:5-7.

[②] 宣传部.国民政府的战时体制[M].重庆:(出版者不详),1943:78.

应各别处以五元以下之罚款。①

1942年6月,广西省当局为了进一步树立节约的社会风气,制定了《节约饮食办法》。根据《非常时期桂林市进行饮食节约运动办法纲要》的要求,酒家提供饮食有了更严格的标准:

第四条:宴会之筵席或便餐一律禁用舶来品,并不得超过下列标准:一、中餐:(一)便餐——一人至三人两菜一汤,七人至八人六菜一汤(二)筵席——七菜一汤。二、西餐:(一)便餐每位两菜一汤,(二)筵席每位三菜一汤。②

为了执行取缔宴饮的办法,广西成立战时生活励进会检查组,专门对违反规定的饭店、酒楼、食客进行处罚,其雷厉风行的作风和秉公执法的态度,让广西上下无不对该条例严正以待。据《广西日报》的新闻报道,1942年10月9日,乐群社中餐部、新苏州菜社被人检举有违反《取缔宴饮暂行条例》的行为,于是被予以处罚:

乐群中餐部、新苏州菜社于本月十日(即双十节)停业一天,食客罗某、曾某各罚款五十元。乐群社中菜部茶役庄利祥以三百元向检查员行贿,触犯法律,将另行依法处断。检查员王兆民严拒贿赂,廉洁可风,除传谕嘉勉外,并提出奖金五十元奖赏,其余该行贿之三百元及罚金,系充双十节慰荣荣誉军人之用。各该被罚商店除由该会通知执行外,并于门上张贴示条俾众周知云。③

众所周知,乐群社乃广西省政府接待饭店,是桂林最负盛名的宴饮场所,属于"半官方"的商业场所。广西战时生活励进会如此秉公执法、一视同仁,真可谓是执法如山,必定对社会上无视法令的酒家和食客产生强烈震撼。1943年9月13日,《广西日报》又公布一则处罚违反禁令的处罚新闻,可见当时广西省政府严禁奢侈风气的决心:

(一)东环路二二四号韵玉成店内,秘密经营饮食菜,故违法令,业以谋利,查获后又公然行贿,特处罚款五千元;店主颜炳刚及店伙□□两人,拘押一月;(二)蜀腴川菜馆七人进食,店方收费四百元,罚款五千元;(三)乐群社西餐部一人进餐,店方收费七十元,罚款五千元;(四)正阳路红叶甜品店,违反规定被查获后,已主动请求停业十五天。

又,该会近又查获正阳路白龙酒家及桂西路西城兴酒家,均有违反限价规定之事,现已据情呈报。④

---

① 广西省政府.广西省取缔宴饮暂行办法[J].广西省政府公报,1941:1009.
② 广西日报(桂林),1942-6-27.
③ 广西日报(桂林),1942-10-9.
④ 广西日报(桂林),1943-9-13.

图 5—1　南园大酒家节约食谱广告

从本次生活励进会查办的酒家来看,乐群社下属餐馆又"榜上有名",足见广西省当局查禁奢侈饮宴之风是动真格的,并无亲疏、官民之分。从此,广西的餐饮业的奢侈消费风气受到严厉的打压,整个饮食业都回归适度经营的范畴。推出节约食谱更是酒家主动适应形势变化的营销战术。

图 5—2　桂林市饮食业以奉行节约法令为主题的联合广告

在广西当局的严厉管制下,桂林饮食业出现震动。同业公会组织多家有影响的酒家、餐厅刊登拥护节约政令的联合广告,以此作出回应。酒家、餐馆也在广告中,突出遵守限令的承诺,饮食业的风气逐渐回归战时经济政策的要求上来。北平燕京食堂顺应形势发展,在其开业广告中再三声明拥护政令,从中可见当时广西当局整饬饮食风气的大环境是比较严峻的。

> 在施行节约不久的现实情况下,广大餐厅、小饭馆都在执行着限价的规章。就是每个人一切在内,不得超过国币五十元。故都风味的燕京食堂,是新开市的后起者,愿追随各位同业先进拥护限政,服从政令。本着做人的良心,守着自己的岗位,忠实的为人人而服务,因过着的是战时的生活,我们不贪过分的利益,更因为物质条件的艰难,节约紧缩是应当,我们的营业项目是:各种面食和炒菜,标准筵席,经济客饭,绝对担保不欺不骗,出品味美,定价低廉,座位舒适,招待周全,小吃部宽而敞亮,房间厅堂,整洁异常,地址在中南路的中间,正对着百乐门大旅馆,更靠近公共汽车站,请前来一尝味道,定然是"适口充□",□□得这一篇不粉饰,不夸张的确不是欺人的传单。①

1943年,安利厅餐馆开业,广告上即是宣称"节约茶点,欢迎赐顾"②,饮食业整饬的确引起饮食业的重视。大小酒家,莫不在广告中有所表示,以示遵规守矩。

2. 禁止奢靡娱乐风气

广西当局不仅仅在宴饮上对酒家、饭店严加约束,在奢侈品消费、娱乐等生活领域,也采取严格的措施加以管制,以符合战时经济政策的要求。因此,抗战时期广西民众的消费并不完全受单一经济因素支配,政府的行政干预对广西社会的整体消费产生巨大的影响。

1943年8月3日,广西省主席黄旭初在接受记者采访时候,针对记者有关舞厅开设事宜的询问进行如下答复,由此可见广西当局管制奢靡风气的决心:

> 截止本日止,本府既未与闻或接收商人呈请在本市设立跳舞厅事,亦未予以特许或批准,值此抗战时期,后方亟应切实践行生活节约,一切奢侈行为在取缔之列,跳舞一项,自属奢侈行为范围,如果有此项组织,本府必予以禁止,即以后亦绝不容许有同样之组设云。③

奢侈品查禁是国民政府的大力举措,国民政府颁发《禁制奢侈品暂行办

---

① 广西日报(桂林),1943-8-7.
② 广西日报(桂林),1943-8-8.
③ 广西日报(桂林),1943-8-3.

法》,广西省政府将奢侈品分为甲乙两类,甲类奢侈品定期禁止买卖,如发现其上市销售者,不论其货物是否成交即予没收。乙类奢侈品,限期饬令商家售盘,逾期则禁止买卖,违者予以没收。

甲类奢侈品:(一)禁止进口酒类:香槟酒,他种汽酒,红白葡萄汁酒,布□得□树酒,马得马马拉舍利甜酒,白酒,金鸡纳酒,桶装威米浓啤酒,黑苦酒,啤酒,苹果汁酒,梨汁酒,白兰地酒,高月白兰地酒,威士忌酒,杜朽烧酒,糖酒,及其他名酒。(二)禁止进口烟类:纸烟:雪茄烟,鼻烟,烟丝,烟用工具。(三)禁止进口化妆品用具类:修指甲用金属器具及零件,扑粉盒,化妆盒,香水,胭脂,口红,口脂化妆用纸器具。(四)禁止进口之装饰品:真假贵重宝石,玩具游戏品,琥珀,玻璃,玳瑁,及其他未列明物品。(五)禁止进口食物品类:鲍鱼,海参,鱼肚,鱼头,鱼皮,鱼尾,鱼翅,燕窝。

乙类奢侈品:(一)装饰品类:棉质假金银线,花边,衣饰,绣货,其他装饰用品。(二)服用品类:人造丝,绢□人造丝,手纯丝或丝剪绒回绒,未列明纯丝,各种外国呢绒,毛袜,针织品。(三)摆放品类:角及未列名角制品,镶牙,及未列牙制品,用贵重金属,象牙,玳瑁,玛瑙等物装饰有宝石之物。①

注:由于报纸字迹模糊,有多个物品未能列出。

由以上细致的物品种类可知,当时正值抗战时期,国民政府对民用消费品进行极为严格的管制,凡有奢侈意味之物品皆在严控范围之内。就连葡萄酒、雪茄烟一类的消费品也不能进口,只能依赖国产。由此可以想象,当时国民经济是高度依赖自给的,政府也提倡国货并且鼓励节约。广西作为当时的"模范省",在社会风气上大力推崇戒奢用俭,因此可以想见,在战时经济政策的总体要求下,广西整治奢侈之风自然是不遗余力,因此,《广西日报》上各类带有"享受"型的奢侈品自然是难得一见。这是《广西日报》和上海、广州等地报纸广告的显著差别之一。

抗战时期的桂林,各地商人、名流汇聚,商业繁荣,风气也有自沪港一带传来的追求享受的奢靡风气。据新闻报道,当时桂林有商人私设酒馆舞场,在桂林这种地下舞场不下七八家,舞风之盛,比昆明、成都、衡阳更盛。《广西日报》甚至为此刊发社论《取缔不正当娱乐——消弭跳舞之风》②,对这种现象进行大肆批判。从社论来看,广西省政府认为个人生活领域的奢侈、放纵,有违国民精神总动员精神,在当时抗战的大背景下,是消极的行为,对全社会团

---

① 广西日报(桂林),1944-1-9.
② 广西日报(桂林),1944-3-18.

结抗战产生不良影响。

三、新生活运动的影响

新生活运动是蒋介石在1934年发动的一场以旨在以恢复中国传统道德、改造民众日常生活习惯、从而改造国民素质,振兴国家的社会运动。新生活运动提倡恢复中国的礼、义、廉、耻传统道德观,要求民众衣食住行方面符合"礼义廉耻、整齐清洁、简单朴素、迅速确实"的要求,以期达到"国民生活军事化、生产化、艺术化"的目标。

新生活运动对民众的衣食住行方面作了很细致的规定,比如:

第六,新生活中之食。饮食养生,人之大欲,食贵定时,莫恣口腹,食具须净,食物须洁,要用土产,

图5—3 《广西日报》社论:取缔不正当娱乐

切勿外溢,遇酒勿酗,食量有节,饮嚼无声,坐必正席,饭屑骨刺,勿使狼藉,宴客聚餐,相让举筷,注意微菌,生冷宜戒,鸦片屏绝,纸烟勿吸,耻养于人,自食其力。

第七,新生活中之衣。衣服章身,体貌所寄,莫趋时髦,朴素勿耻,式要简便,料选国货,注意运用,主妇制作,洗涤宜勤,线补残破,拔上鞋跟,扎齐纽扣,穿戴莫歪,体勿赤裸,集会入室,冠帽即脱,被褥常晒,行李轻单,解衣赠友,应恤贫寒。

第八,新生活中之住。住居有室,创业成家,天伦乐聚,敦睦勿哗,黎明即起,漱口刷牙,剪甲理发,沐浴勤加,建筑取材,必择国产,墙壁勿污,家具从简,窗户多开,气通光满,爱惜光阴,习劳勿懒,当心火烛,谨慎门户,莫积垃圾,莫留尘土,厨房厕所,尤须净扫,捕鼠灭蝇,通沟清道,和洽邻里,同谋公益,互救灾难,种痘防疫,国有纪念,家扬国旗,敬旗敬国,升

降循规。

第九，新生中之行。行是走动，行亦作为，举止稳重，步武整齐，乘车搭船，上落莫挤，先让妇孺，老弱扶持，走路靠左，胸部挺起，两目平看，端其听视，拾物还主，相识见礼，遇丧知哀，观火勿喜，喷嚏对人，吐痰在地，任意便溺，皆所禁忌，公共场所，遵守纪律，就位退席，鱼贯出入，莫作吵闹，莫先抢说，闻党国歌，肃然起立，约会守时，做事踏实，应酬戒繁，嫖赌绝迹。①

广西于1939年7月1日成立新生活运动促进会妇女工作委员会，李宗仁的夫人——郭德洁担任主任。该组织在广西组织开展募集寒衣、伤兵之友、募集献金等社会活动，为广西的抗日工作做了重要的贡献，而很多《广西日报》出现的义演、募捐广告中都多次出现广西新生活运动促进会工作委员会的身影。新生活运动在广西的开展，不仅仅在按照国民政府新生活运动的指导下，为政府抗战工作做出应有的贡献，对商业风气和市民的消费行为而言，也产生了较大的影响。

1. 积极开展救国运动

1939年秋季，宋美龄根据抗战士兵缺少冬衣御寒的严峻形势，在全国发起为士兵征募寒衣的运动。广西新生活促进会妇女工作委员会积极响应该运动，当时该委员会订立的募捐金额目标是10 000元国币，由于当时已经有不少社团发起征募寒衣的筹款活动，广西多数人已经慷慨解囊了，因此工作存在一定困难，初期仅得6 000余元。② 但是，该委员会不为所动，坚持努力，终于成功动员当时正在桂林开展抗战救亡戏剧活动的香港粤剧救亡团，为该委员会进行一次征募寒衣的义演活动，义演所得款项悉数捐给委员会。1939年11月8日，以知名粤剧演员关德兴领衔的粤剧救亡团在桂林以广西新生活促进会妇女工作委员会的名义，专门进行一场义演，演出由欧阳予倩先生指导，广西新生活促进会妇女工作委员会的主任委员郭德洁负责推销门票。就这样，本次义演所得款项扣除演出成本后共得2 300多元。加上宋美龄途径桂林，感念广西新生活促进会妇女工作委员会工作得力，私人捐款2 000元，本次募集寒衣活动，该委员会共募集资金约11 000元，圆满完成了预定的目标。③

广西新生活促进会妇女工作委员会充分利用广告作为宣传义演募捐的重要手段，在1939年11月6日，该委员会即刊登一则提前预告演出广告，广

---

① 中国国民党中央执行委员会训练委员会.新生活要义[M].重庆:中国国民党中央执行委员会训练委员会,1940:20-21.
② 广西日报(桂林),1939-10-18.
③ 刘舜英.五个月来本会工作的进行[J].广西妇女,1940(1):32.

告标题充满教育性和鼓动性"寓娱乐于救国"。11月7、8两日连登两期大篇幅广告,把义演活动推向高潮。从演出当晚的收入看,本次募捐活动取得圆满的成功。

2. 大力改良生活习惯

广西新生活促进会妇女工作委员积极推动新生活运动的开展,与1940年2月8日,在《广西日报》刊登了一个整版的《春节新生活暨体育运动特刊》,专版上刊登了多位政界要人对新生活运动的讲话稿,同时也刊出了《新生活公约》。《公约》提倡:

十四、衣服力求朴素整洁,质料须用国货。十五、饮食起居,力求简洁。待客聚餐,力求俭朴……①

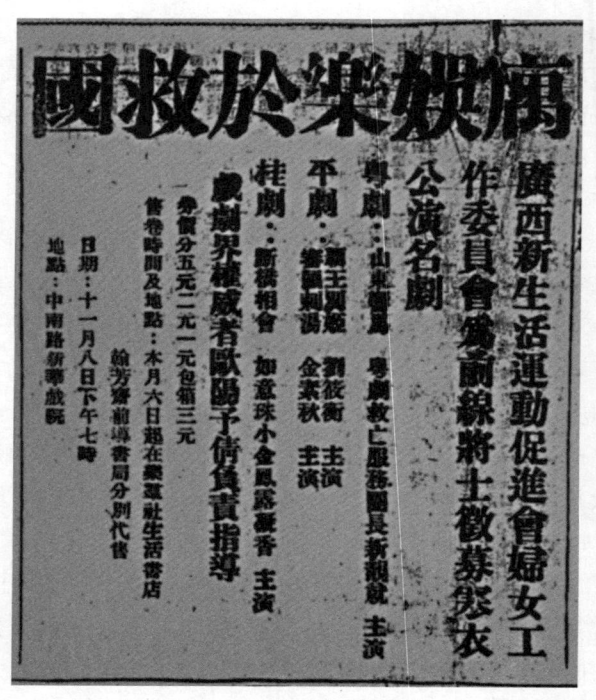

图5-4　1939年11月6日,广西新生活促进会妇女工作委员会为前线将士募集寒衣广告"寓娱乐于救国"

———————
①　广西日报(桂林),1940-2-8.

图5-5　1939年11月7、8日,广西新生活促进会妇女工作委员会为前线将士募集寒衣广告

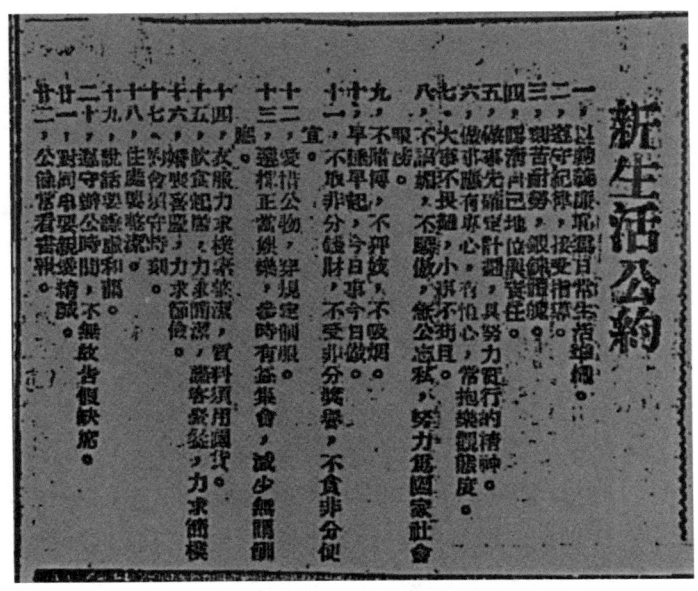

图5-6　广西新生活公约

从公约的内容来看,当时新生活运动对民众的衣食住行都作了明确的倡议,作为国民政府发动的一场声势浩大的社会运动,新生活运动"俭朴生活、

"节制消费"的精神十分明显。有理由相信,这种带有"节欲"特点的社会运动在经济本身就不发达的广西,具有相当广泛的社会影响。《新生活公约》的提出,不仅仅在于规范个人日常行为,培养道德观念,在活动的组织者看来,这是一种培养抗战国家力量的手段。广西新生活促进会妇女工作委员主任委员郭德洁在1940年的一次讲话中表明了这一观点和立场。

> 第三讲"廉",已由"清清楚楚的辨别"进为"实实在在的节约",在平时固然应该公私分别,取予廉洁,但是现代的战争是一个国家人力物力的总决赛,国力能坚韧持久的,才能获得最后的胜利,所以现在我们不但要公私分明,培养国力,大家都能节制私人的欲望,约束自己的身心,不做耗费国力的举动,则对抗建前途贡献至大……①

从郭德洁的讲话中可以体会到,战时新生活运动具有战争总动员的内涵,是一种以节约个人资源,培养国家战争持久战斗力的手段。具体表现在个人节衣缩食,不事铺张,禁止奢侈。从战争的角度而言,这无疑是具有积极的意义的。

的确,在战争时期,任何个人以个人享受、感官刺激作为追求的价值观念很容易受到主流舆论的批判。《广西妇女》曾经发表了这样一篇文章,批评社会中某些知识妇女的所谓不良生活观念:

> 我们的一些知识妇女们,对于自己的私生活实在太不注意了,严格的说,是太随便了,太过装饰了。由于生活过于随便,过于装饰,我们已经看见有些知识妇女开始麻木,丧失了现实感,甚至把起码的学习工作也丢掉了。这样一来,有些人就弄得很糊涂,有些人虽然没有完全昏过去,但已经在腐蚀着了。

> 要弄明白,私生活并不是无关紧要的;忙事业、理想和私生活的标准分离开来是不对的。我们谈加强工作,加强学习,千万不要忽略了装饰生活。所谓装饰,就是让自己过得朴素些,不要专门谈享受;把生活圈子放宽些,然高生活过得严肃些,有规律些,我们想,这是必须好好地锻炼的。②

从这篇文章的字里行间可以推测,抗战时期的女性在消费领域出现了传统人士看来有些"出格"的消费行为,比如烫头发、穿西式服装、穿旗袍、进出茶馆、咖啡厅等休闲场所。从当时的历史情形来看,这篇文章所指出的社会现象也许正是当时桂林多种文化交融背景下社会风气的真实写照。《广西妇女》由广西新生活促进会妇女工作委员会所举办,其言论自然代表官方态度。

---

① 郭德洁.新生活运动与妇女运动[J].广西妇女,1941(9):6.
② 云.整饰生活[J].广西妇女,1943,3(4):10.

因此，可以想见，当新生活运动对民众日常生活中的渗透日益加深时，将对民众的价值观念和生活观念产生巨大的影响。这也许正是《广西日报》广告如此"朴素"而鲜见各类奢侈品、享受品的重要因素。广西省政府对奢侈消费、吃喝玩乐的生活作风是很厌恶的，不仅仅在抗战以前，即使抗战胜利，广西省政府也一直对奢靡、讲享受的生活风气持否定立场。因此《广西日报》的社论中，常见到措辞尖锐、对种种生活不良作风的批判文章。

> 我们先言明一点。我国对日抗战虽已结束，最后胜利亦已获得。但因为我国是一个被侵略的国家，经过八年长战争的摧残，整个国家已弄得支离破碎、疮痍满目。又因为随抗战结束之后，灾荒内争接踵而至，农村城市所受的破坏，有加无已，人民因饥饿疾病的死者，尤无法计算。在这个环境下，吾人应如何节衣缩食，减少一切无谓的消耗，以解救灾黎，协助国家过渡难关。但是我国人竟不明此图，一部分人的生活，依然穷奢极侈，纸醉金迷。如京、沪等大都市，其荒淫无耻的程度，恐世界大都市如纽约、伦敦亦不足与之比"美"。一个外国人曾统计过世界大都市物质生活之消费，以上海为最高，实非虚语。而且生活之浮华，似随灾荒现象之严重而加深，灾荒愈严重，生活愈浪费、对饥民之境遇缺乏同情心。这种心理与生活，我们问，哪一点是与新生活的意旨相符的？新生活要国人"简单朴素"，但是他们过得只是荒淫无耻、腐化堕落的生活呀！①

广西省政府在开展新生活建设的过程中，并不一棍子打死，彻底否定正常的娱乐和消费，而是采取去除糟粕，取其精华的方式，提倡正常的娱乐消遣。比如，《广西日报》就在1937年11月10日、11日连发两有关整肃社会风气的评论员文章。

11月10的《广西日报》刊登了朱光潜的评论员文章《从禁止舞说到全国性底消费》，文中就指出，工作与消遣必须互相替代，互相调剂。只谈工作，不谈消遣是不可行的。因此，朱光潜认为，政府光禁止舞蹈并非解决社会风气的根本办法，必须要用高尚健康的消遣方式来替代。他认为，好的消遣方式必须包括：一，可供娱乐；二，有益身心健康；三，可与□同乐；（注：字迹不清无法辨认）四，可激发民族朝气。②

11月11日，发表了一篇社论《提倡正当的娱乐》，这篇文章中，再次表明了批判落后腐朽的生活方式，提倡建立健康文明消遣方式的立场。

> 然而仅是凭借着警察和法律，就想杜绝这些不正当的娱乐，怕是很难的。必须于积极的方面，代以正当的娱乐，使人民工作之余，都能得到

---

① 广西日报（桂林），1947-2-19.
② 广西日报（桂林），1947-11-10.

精神的享受与安慰,这就该有赖于各机关、团体、学校和全社会关心社会事业的人士,共同提倡,共同发起,共同组织之。而且这些娱乐在农村中尤有必要,至少可以遏制赌风,防范农民因为赌博而倾家荡产,因赌博而影响治安……①

从中可以看得出来,广西省政府在社会风气的整治上比较认同国民政府的新生活运动。而且,广西整治的态度坚决却并不僵化,在禁止奢靡、浪费的同时,也提倡社会各方共同探索高尚健康的新型娱乐方式,力图从根本上清除落后娱乐的土壤。广西省政府的此种一贯立场,结合新生活运动的开展,对广西的社会风气、商业文化、个人消费都带来较大的影响。从广西颁布的法规以及《广西日报》刊发的多篇社论出发,有理由相信,在当时的新桂系治下,广西的整体社会风气应该是去奢从俭的;商业文化上,广西也和上海等大都市高度自由、不受约束、纸迷金醉的情形不同,在商业和社会繁荣的同时,较少崇尚奢侈、过分商业化、低俗化的氛围。虽然,桂林也开辟有专门容留吸食鸦片和妓女的区域——特察里,这成为广西省政府社会治理的一个污点。但是,普通的商业场所和民众的个人消费领域,广西省政府还是比较遵守"清规戒律"的,整体而言,从报纸广告观之,鲜见奢靡、低俗之风。

新生活运动固然有其积极意义的一面,但是爱美是人的天性,尽管新闻媒体再三刊登国家领袖关于新生活运动的讲话、训示,各地妇女工作委员会再三动员,但桂林当时已是港沪、京津、江浙各色人物的聚集之地,他们中既有进步文化人士,也有商界大老板,社会上的小生产者。人口激增后带来社会事业发达,商业繁荣,加上大后方特有的安逸,催生了独特的社会风气。这其中,既有进步的,也有浮华的。因此,身着西装、旗袍的男男女女,衣着光鲜亮丽地出现在桂林大街上也不足为奇。理发店提供的各种美发、电发、烫发服务更是间接证明爱美事业的长盛不衰,化妆品也偶尔在报上一现。这从某个层面反映民众日常生活价值观念和消费行为取向的复杂性和矛盾性。

四、抗战时期人口内迁的影响

抗战爆发后,国民政府为了保全国家工业,保存抗战实力,发起声势浩大的工业内迁运动。这场工业内迁极大地改变当时我国的工业布局,保全和发展了中国新生的工业力量,为我国的抗战胜利奠定重要的工业基础。与此同时,这场工业内迁,也带动数量庞大的人口由沿海地区向西南、西北地区大后方流动,改变这些地区的人口结构,也对当地的经济、文化、社会造成很大的

---

① 广西日报(桂林),1937-11-11.

影响。从某个意义来说,工业内迁是抗战时期大后方经济社会变化的"催化剂",因为数量众多的工厂势必需要相关的管理人员、技术人员、经营人员和产业工人。所以,工业内迁所带来的直接社会效应当属人口变化。人口作为影响社会资源消耗和分配的首要要素,直接对大后方的经济和社会产生一系列难以估量的影响。

1. 抗战时期桂林人口变化情况

抗战时期,西南大后方是重要的工业内迁目的地,沿海一带的工厂、机关、学校大多搬迁到重庆、昆明、成都、桂林等地。这些城市因为工业内迁,都发生巨大的变化。比如重庆,仅 1940—1942 年,工厂数目增加约 3 倍左右。1942 年年底,曾达到 436 家,资本 1.7 亿多元,工人 1.1 万人。抗战时期,广西迁入外地工厂 29 家,它们主要来自江、浙、沪、赣、湘等省市。这些外来工厂给广西的工业注入了活力,使广西成为抗战时期大后方工业发达地区,是大后方工业产品供给的"大本营"之一。① 与此同时,这些工厂带来了大量的技术人员和经营管理人才,改变了广西工业格局和生产经营管理落后的面貌。

工业内迁带来的不仅仅是工厂相关人员,还有大量政府机关、学校、科研院所,因为政治条件和地理条件优越,广西成为全国各地撤退转移的重要目的地,除了国民政府有组织地安排人口迁入以外,还有大量自发转移撤退的商人、小生产者及逃难的民众。广西人口发生巨大的变化,多个城市人口剧增。比如,1939 年,桂林市人口总数为 98 167 人,到了 1940 年,变成 197 744 人。一年之内,人口翻了两倍! 1943 年,桂林市人口数量增至 306 036 人,三年之内,人口递增 60% 以上。1933 年,桂林只是一个小城,人口密度每平方公里 349 人;到了 1944 年,剧增为 1 167 人! 1945 年抗战结束,桂林的人口密度才大幅下降为每平方公里 537 人。② 从以上数字可知,抗战时期,桂林的人口膨胀是何等剧烈。

2. 人口变迁对桂林的影响

外来人口急剧增加,对桂林、南宁、柳州等大城市的影响较大,既有正面的,也有负面的。作为广西省政府所在地的桂林,一方面承受了因人口剧增而在生活设施、公共事业、生活物资供应等方面所引发的巨大压力。另一方面,也因为外来人口的移入而在文化、教育、经济等方面出现短暂的繁荣。

外来工厂、学校、机关的迁入,对桂林城市的现代化发展是难得的契机。一方面,沿海地区工厂和科研机构带来的先进技术、管理经验、科研成果,让

---

① 钟文典.广西通史(第三卷)[M].南宁:广西人民出版社,1999:403.
② 常云平,黎程.抗战时期广西人口变迁及其对社会的影响[J].重庆师范大学学报(哲学社会科学版),2007(1):41.

桂林的城市经济规模和结构有了巨大的改变。其次,工厂、科研机构、金融机构带来可观的资金,也改变了桂林简单、落后的工业格局,城市出现工业、科研、金融、交通等产业,桂林的工业基础变结实,为建立现代工业、实现初步工业化打下好基础。

另外一方面,外来人口的增多,产生新的市场需求,商业活动日趋活跃,在商业利润的刺激下,新式商业活动、新式服务业逐步出现,推动经济和社会的发展。武汉、广州沦陷后,内迁至桂林的工商业及人口急剧增加,桂林成为西南地区重要的经济中心城市。人口大幅度增加,与人们衣食住行休戚相关的饮食业、住宿业、百货业、娱乐业等都得到快速发展,市场呈现繁荣景象。桂林的餐饮业是因人口内迁而发生显著变化的行业。据统计,1937年,在桂林能承办大小宴席的酒家仅17家,到了1940年,这一数字上升为77家,这其中离不开外地移民入桂产生的庞大消费需求的原因。

人口的大量增加,产生巨大的文化和教育需求,报纸、书店、印刷厂、大小学校等机构逐步增多,文教事业、新闻出版业的繁荣兴盛提高当地民众的文化水平和审美情趣,提高人口的综合素质。桂林当时有书店近百家,印刷厂百余家,出版各类进步书籍不可计数,出版量占国统区的八成,尤其是文化书籍,当时全国有近1/3的文化书籍在桂林印刷出版,桂林是当时国内出版界无可非议的"半边天"。图书出版市场的繁荣,为提高民众知识文化水平,传播进步思想,提高社会文明程度创造有利条件。

外来学校的增多提高了广西本地人口的受教育水平,也为抗日救亡运动注入了新鲜血液。比如,广西抗战时期迁入的浙江大学、上海同济大学、江苏省立教育学院、无锡国学专科学校等九所高校直接推动广西文化教育事业的发展,高校师生在学习之余,积极投身爱国救亡运动。多所高校的师生经常组织开展抗日救亡戏剧、歌咏活动。可以说,省外高校不仅为广西带来文化和知识,也为广西的抗日救亡运动补充了新鲜血液。1938—1944年桂林"文化城"期间,众多进步文化人在桂林以笔为戈,开展了声势浩大的抗日救亡文化运动,桂林成为当时国统区抗日救亡文化运动的重镇,为提高民众的抗日觉悟、激发爱国热情保家卫国做出巨大贡献。

广西长期以来由于交通不便、地方观念较为顽固,抗战时期的大规模人口迁徙,是一次"逆向"人口迁移。这些沿海地区的党政官员、科技人员、技术人员、文化人士、军人、企业家,都是具有较高素质的现代化人口。这些高素质的人口迁移至广西,不仅带来先进的科学技术和文化,带来有形无形资产,而且"起到催化剂的作用,使本地蕴藏着的能量释放出来"①。这些省外人口

---

① 葛剑雄.上海还需要移民吗[J].探索与争鸣,1997(4):31.

为改良广西本地的风俗习惯、传统观念起到积极的作用。一方面,沿海地区进步的文化观念、生活观念稀释了本地的狭隘、粗陋的旧习俗,推动广西进一步移风易俗,产生文明和进步的新习俗;另一方面,大规模的外来人口引发饮食文化、娱乐文化、服装文化的交流交融,广西本地人的消费观念、审美观念、娱乐品位、饮食习惯因此发生改变,这些都离不开外地人口迁入的影响。

参考文献

一、报纸杂志

[1]广西日报(桂林)

[2]大公报(桂林)

[3]大公报(重庆)

[4]大公报(天津)

二、民国时期著作

[1][美]休曼著,史青译.实用新闻学[M].上海:上海广学会,1913.

[2]徐宝璜.新闻学[M].北京:北京大学新闻学研究会,1919.

[3]戈公振.中国报学史[M].北京:中国新闻出版社,1985.

[4]蒋国珍.中国新闻发达史[M].上海:世界书局,1927.

[5]张静庐.中国的新闻记者与新闻纸[M].上海:现代书局,1932.

[6]黄天鹏.中国新闻事业[M].上海:上海联合书店,1930.

[7]吴芝晓.新闻学之理论与实用[M].北平:立达书局,1933.

[8]吴定九.新闻事业经营法[M].上海:现代书局,1932.

[9]曹用先.新闻学[M].上海:商务印书馆,1934.

[10]刘觉民.报业管理概论[M].上海:商务印书馆,1936.

[11]黄天鹏.新闻学纲要[M].上海:上海联合书店,1930.

[12]赵君豪.中国近代之报业[M].上海:申报馆,1938.

[13]钱伯涵.报馆管理与组织[M].上海:申报馆,1936.

[14]徐渊若.新闻发行学[M].上海:申报馆,1936.

[15]王澹如.商业 ABC[M].上海:世界书局,1932.

[16]张家泰.售货术 ABC[M].上海:世界书局,1934.

[17]孔士谔、程本同.货物推销法[M].上海:商务印书馆,1934.

[18]吴东初.一千种进货术[M].上海:商务印书馆,1930.

[19]甘永龙.广告须知[M].上海:商务印书馆,1918.

[20]蒋裕泉.实用广告学[M].上海:商务印书馆,1926.

[21]蒯世勋.广告学 ABC[M].上海:世界书局,1928.

[22]苏上达.广告学概论[M].上海:商务印书馆,1931.

[23]刘葆儒.广告学[M].上海:中华书局,1932.
[24]罗宗善.最新广告学[M].上海:上海世界书局,1933.
[25]孙孝钧.广告经济学[M].南京:南京书店,1931.
[26]王贡三.广告学[M].上海:世界书局,1933.
[27]徐国帧.最新广告学[M].上海:世界书局,1932.
[28]叶心佛.广告实施学[M].上海:中国广告学社,1935.
[29]陆梅僧.广告[M].上海:商务印书馆,1940.
[30]丁馨伯.广告学[M].上海:立信会计图书用品社,1944.
[31]吴铁声,朱胜愉.广告学[M].上海:中华书局,1946.
[32]如来生.中国广告事业史[M].上海:上海新文化社,1948.
[33]郑健庐.桂游一月记[M].上海:中华书局,1934.
[34]赖彦于.广西一览[M].南宁:广西印刷厂,1936
[35]冯鸿鑫.广告学[M].上海:中华书局,1949.
[36]宣传部.国民政府的战时体制[M].重庆:(出版者不详),1943.
[37]桂林市博物馆.西南第一届戏剧展览会文物史料选辑[M].桂林:桂林市博物馆,1944.

三、民国时期期刊论文

[1]范长江.怎样推进广西地方新闻工作[J].建设研究,1939(1)-2.
[2]黄堃繁.柳州桂林衡阳新闻事业的剪影[J].抗战周刊,1941(58).
[3]仕学.桂林的新闻事业[J].战时记者,1941(3)-6.
[4]梁超史.桂林新闻事业[J].新闻战线,1943,(3)-5.
[5]未名.桂林金融调查[J].湖南省银行经济季刊,1944(6).
[6]文子.到桂林去[J].湖南妇女,1940年(4).
[7]潮声.我来谈广西(三)[J].国讯,1938(183).
[8]蒋莱.雨中桂林[J].国讯旬刊,1941(272).
[9]问津.广西新闻事业[J].战时记者,1939(2).
[10]公玄.补品之种类[J].家庭医药(上海1933),1935(2)-16.
[11]雍若.生活素描:闲话补品[J].染织纺周刊,1936(1)-42.
[12]秦道坚.中餐与西餐之营养观[J].科学知识(桂林),1943(2)-3.
[13]张文子.广西所见[J].作者通讯,1939(5).
[14]广西教育厅.取缔市民服装办法[J].广西教育行政月刊,1933(2)-9.
[15]广西教育厅.广西省改良风俗规则及取缔市民服装办法施行细则[J].广西教育行政月刊,1933(2).
[16]龙江.广西的妇女[J].妇女生活,1939(7)-8.

[17]罗靖华.广西的女人[J].宇宙风,1937(45).

[18]寒筠.在桂林散步[J].国讯旬刊,1940(227).

[19]锄今.漫谈广西妇女(续)[J].人间十月,1937(2).

[20]寄园.我所见到的广西妇女[J].妇女界,1941(3).

[21]广西省政府.广西省改良风俗[J].容县旬刊,1933(3).

[22]梁上燕.广西民风的改造途径及成果之考察[J].公余生活,1940(3).

[23]抗白.吾国商人之弱点[J].中国实业杂志,1912(4).

[24]不详.桂林航空热[J].中国的空军(4)-4:98.

[25]熊艮里.不胜今昔话桂林[J].中央日报周刊,1947(2)-3:6.

[26]陈烈.音乐活动在八月的桂林[J].乐风,1943(3)-1.

[27]涵紫.再谈桂林文化界[J].杂志,1943(11)-4.

[28]凤子.重游桂林[J].时与文,1948(3)-2.

[29]葛划.秋忆桂林[J].社会评论,1946(30).

[30]方言.全民抗战[J].全民抗战,1939(60).

[31]宾业绳.抗战中的桂林[J].全面战周刊,1938(22).

[32]刘舜英.五个月来本会工作的进行[J].广西妇女,1940(1).

[33]云.整饰生活[J].广西妇女,1943(3)-4.

四、民国时期报刊文章

[1]司马文森.扩大宣传周之后建议成立西南文抗[N].大公报(桂林),1944-6-21.

[2]王坪.文化城的文化状况[N].广西日报(桂林),1943-9-8.

[3]唐海.战时桂林的繁荣面[N].华商报,1941(46):2.

五、建国后著作

[1]陈培爱.中外广告史——站在当代视角的全面回顾[M].北京:中国物价出版社,1997.

[2]陈培爱.中外广告史新编[M].北京:高等教育出版社,2009.

[3]陈培爱.广告学概论[M].北京:高等教育出版社,2004.

[4]李秀云.中国新闻学术史[M].北京:新华出版社,2004.

[5]徐铸成.报海旧闻[M].上海:上海人民出版社,1981.

[6]唐忠朴,贾斌.实用广告学[M].北京:工商出版社,1981.

[7]徐百益.中国广告简史(上下)[M].上海:中国广告函授学校,1980.

[8]樊志育.中外广告史[M].台北:三民出版社,1989.

[9]田彧.中国古代广告该概述[M].福州:海潮摄影艺术出版社,1991.

[10]樊志育.世界广告史话[M].北京:中国友谊出版社,1998.

[11]余虹等.中国当代广告史[M].长沙:湖南科学技术出版社,1999.

[12]陈超男.老广告[M].上海:上海人民出版社,1998.

[13]梁京武.老广告[M].北京:龙门书局,1999.

[14]刘家林.新编中外广告通史[M].广州:暨南大学出版社,2000.

[15]赵琛.中国广告史[M].北京:高等教育出版社,2005.

[16]黄升民等.中外广告图史[M].广州:南方日报出版社,2006.

[17]文春英.外国广告发展史[M].北京:中国传媒大学出版社,2006.

[18]杨海军.中外广告史[M].武汉:武汉大学出版社,2006.

[19]姚曦等.简明世界广告史[M].北京:高等教育出版社,2006.

[20]许俊基.中国广告史[M].北京:中国传媒大学出版社,2006.

[21]孙顺华等.中国广告史[M].山东:山东大学出版社,2007.

[22]杨海军.中外广告史新编[M].上海:复旦大学出版社,2009.

[23]陈培爱.中外广告史教程[M].北京:中央广播电视大学出版社,2010.

[24]杨海军.中外广告通史[M].北京:高等教育出版社,2012.

[25]国家杂志广告社.中国广告猛进史[M].北京:华夏出版社,2004.

[26]范鲁斌.中国广告25年[M].北京:中国大百科全书出版社,2004.

[27]丁俊杰等.见证:广告三十年[M].北京:中国传媒大学出版社,2009.

[28]中广协.中国广告三十年大事典[M].北京:中国工商出版社,2009.

[29]杨海军等.世界商业广告史[M].武汉:武汉大学出版社,2006.

[30]苏士梅.中国近现代商业广告史.[M].郑州:河南大学出版社,2006.

[31]黄艳秋等.中国当代商业广告史[M].郑州:河南大学出版社,2006.

[32]由国庆.老广告[M].天津:天津人民美术出版社,2001.

[33]赵琛.中国近代广告文化[M].长春:吉林科学出版社,2001.

[34]周伟.工商侧影:一个世纪的广告经典[M].北京:光明日报出版社,2003.

[35]由国庆.再见老广告[M].天津:百花文艺出版社,2004.

[36]黄志伟等.为世纪代言:中国近代广告[M].上海:学林出版社,2004.

[37]林升栋.中国近现代广告经典创意评析:申报77年[M].南京:东南大学出版社,2005.

[38]王儒年.欲望的想象:1920—1930年代申报广告的文化史研究[M].上海:上海人民出版社,2007.

[39]孙会.《大公报》广告与近代社会(1902—1936)[M].北京:中国传媒大学出版社,2011.

[40]杨振宇.新闻报广告与近代上海的休闲生活(1927—1937)[M].上海:复旦大学出版社,2011.
[41]陈树林.中国广告历史文化:古代卷[M].天津:天津社会科学院出版社,2007.
[42]李婷.广告摩登[M].上海:上海锦绣文章出版社,2012.
[43]张家荣.新中国老广告:1949—1966[M].上海:上海远东出版社,2013.
[44]严襟亚等.上海广告史话[M].上海:上海社科院出版社,1984.
[45]益斌.老上海广告[M].上海:上海画报出版社,1995.
[46]张文霞.老重庆影像志之老广告[M].重庆:重庆出版集团,2007.
[47]北京广告协会.当代北京广告史[M].北京:中国市场出版社,2007.
[48]周果.当代北京广告史话[M].北京:当代中国出版社,2011.
[49]蒋建国.消费意向与都市空间:广州报刊广告研究(1827—1919)[M].广州:暨南大学出版社,2011.
[50]冯懿.老香烟牌子[M].上海:上海画报出版社,1998.
[51]左旭初.老商标[M].上海:上海画报出版社,1998.
[52]曲彦斌.中国招幌和招徕市声:传统广告艺术史略[M].沈阳:辽宁人民出版社,2000.
[53]于学斌.上海老招幌[M].上海:上海书店出版社,2002.
[54]白云.中国老广告:招贴广告的源与流[M].北京:台海出版社,2003.
[55]张竞琼.浮世衣潮之广告卷[M].北京:中国纺织出版社,2007.
[56]陈刚.当代中国广告史:1979—1991[M].北京:北京大学出版社,2010.
[57]汪洋.中国广告通史[M].上海:上海交通大学出版社,2010.
[58]王淑兰.中外广告发展史新编[M].南京:南京师范大学出版社,2010.
[59]林升栋.20世纪上半叶品牌在中国:申报广告史料(1908—1949)[M].厦门:厦门大学出版社,2011.
[60]韩红星.一报一天堂:北洋画报广告研究[M].厦门:厦门大学出版社,2012.
[61]杜艳艳.中国近代广告史研究[M].厦门:厦门大学出版社,2012.
[62]祝帅.中国广告学术史[M].北京:北京大学出版社,2011.
[63]苏士梅.中国近现代商业广告史.[M].郑州:河南大学出版社,2006.
[64]许俊基.中国广告史[M].北京:中国传媒大学出版社,2006.
[65]黄玉涛.民国时期商业广告研究[M].厦门:厦门大学出版社,2009.

[66]曹立新.在统制与自由之间:战时重庆新闻史研究(1937—1945)[M].桂林:广西师范大学出版社,2012.

[67]张鸿慰.八桂报史文存[M].南宁:广西民族出版社,1994.

[68]张鸿慰.桂系报业史[M].南宁:广西新闻史志办公室,1997.

[69]彭继良.广西新闻事业史(1897—1949)[M].南宁:广西人民出版社,1998.

[70]靖鸣,徐建,曹正文等.桂林抗战新闻史[M].台南:花木兰出版社,2013.

[71]苏士梅.中国近现代商业广告史.[M].郑州:河南大学出版社,2006.

[72]陈向明.质的研究方法与社会科学研究[M].北京:教育科学出版社,2000.

[73]欧阳康、张明仓.社会科学研究方法[M].北京:高等教育出版社,2001.

[74]重庆日报社.抗战时期的重庆新闻界[M].重庆:重庆出版社,1995.

[75]方汉奇.中国新闻事业通史[M].北京:中国人民大学出版社,2002.

[76]朱浤源.从动乱到军省:广西的初期现代化 1860—1937[M].台北:中央研究院近现代史研究所,1995.

[77]陈真,姚洛.中国近代工业史资料[M].上海:三联书店,1961(4).

[78]方庆秋.民国社会经济史[M].北京:中国经济出版社,北京:1991.

[79]肖效钦,钟兴锦.抗日战争文化史 1937—1945[M].北京:中共党史出版社,1992.

[80]杨益群.桂林文化城概况[M].南宁:广西人民出版社,1986.

[81]周雨.大公报史[M].南京:江苏古籍出版社,1993.

[82]周雨.大公报人忆旧[M].北京:中国文史出版社,1991.

[83]陈宇.我与大公报[M].上海:复旦大学出版社,2002.

[84]李彦福等.广西教育史料[M].南宁:广西人民出版社,1990.

[85]张仲礼.东南沿海城市与中国近代化[M].上海:上海人民出版社,1996.

[86]孙德常,周祖常等.天津近代经济史[M].天津:天津社会科学院出版社,1990.

[87]汪敏虞.中国近代经济史参考资料汇刊第二辑 1895—1914[M].北京:科学出版社,1957.

[88][美]道格拉斯．凯尔纳,丁宁译.媒体文化——介于现代与后现代之间的文化研究、认同性与政治[M].北京:商务印书馆,2004.

[89]郑自隆.广告与台湾社会变迁[M].台北:华泰文化事业股份有限公

司,2008.

[90]潘家庆.传播、媒介与社会[M].台北:台湾商务印书馆,1981.

[91][日]真锅一史著,王利平、吴春波译.广告社会学[M].北京:中国建材工业出版社,1996.

[92][美]丹尼·贝尔.资本主义文化矛盾[M].上海:三联书店社,1989.

[93]刘泓.广告社会学[M].武汉:武汉大学出版社,2006.

[94]马克思·恩格斯.马克思恩格斯选集第一卷[M].北京:人民出版社,1972.

[95]陈国庆.中国近代社会转型研究[M].北京:社会科学文献出版社,2005.

[96]黄兴涛.中国文化通史[M].北京:中共党史出版社,2000.

[97]刘文纪.中古农民就地城市化研究[M].北京:中国经济出版社,2010.

[98]赵伟.城市经济理论与中国城市化[M].武汉:武汉大学出版社,2005.

[99]侯蕊玲.城市化与区域发展[M].昆明:云南大学出版社,2004.

[100]朱汉国.中国文化通史民国卷[M].大同:山西教育出版社,2012.

[101]李少兵.民国时期的西式风俗文化[M].北京:北京师范大学出版社,1994.

[102]张国福.中华民国法制史[M].北京:北京大学出版社,1986.

[103]刘新平.婚姻中国[M].北京:中国工人出版社,2002.

[104]黄世祝.广告论[M].上海:上海古籍出版社,2003.

[105]丁俊杰、张树庭.广告概论[M].北京:中央广播电视大学出版社,1999.

[106]施拉姆.传播学概论[M].北京:新华出版社,1984.

[107]杨孝溁.传播社会学[M].台北:商务印书馆,1979.

[108]龙谦、胡庆嘉.抗战时期桂林出版史料[M].桂林:漓江出版社,1999.

[109]广西戏剧研究室,广西桂林图书馆.西南剧展[M].桂林:漓江出版社,1984.

[110]广西社科院.桂林文化城纪事[M].桂林:漓江出版社,1984.

[111]高宁.烽火年代的呼唤——《救亡日报》史话[M].重庆:重庆出版社,1988

[112]韩辛茹.新华日报史(上卷)[M].北京:中国展望出版社,1987.

[113]广西日报新闻研究咨询室.救亡日报史料(续集)[M].南宁:广西日

报印刷厂,1986.

[114]刘敬坤.重庆抗战纪事 1937—1945[M].重庆:重庆出版社,1982.

[115]魏华龄.桂林抗战文化研究文集[M].桂林:漓江出版社,1992.

[116]魏华龄、刘寿保.桂林抗战文化研究文集》(五)[M].桂林:漓江出版社,1997.

[117]魏华龄、左超英.桂林抗战文化研究文集》(六)[M].桂林:漓江出版社,1997.

[118]章伯峰、张建平.抗日战争第五卷国民政府与大后方经济[M].成都:四川大学出版社,1997.

[119]桂林市博物馆.西南第一届戏剧展览会文物史料选辑[M].桂林:桂林市博物馆,1944.

六、建国后期刊论文

[1]张玉芳.抗战期间重庆的大公报[J].文史精华,1998(1).

[2]傅学敏.从戏剧广告看大后方戏剧的市场策略[J].文艺争鸣,2010(10).

[3]王玉蓉.延安《解放日报》广告作用初探[J].新闻与传播研究,2003(12).

[4]吴果中.重庆新华日报的广告经营初探[J].国际新闻界,2006(8).

[5]刘洪.试析抗战时期《新华日报》的经营管理[J].广西大学学报,2009(2).

[6]黄月琴.试论抗战时期《新华日报》广告的政治社会功能[J].淮海工学院学报,2010(7).

[7]熊英.大公报(汉口)广告经营特色[J].湖北社会科学,2011(3).

[8]张雷.《大公报》(桂林)的广告经营特色[J].新闻与写作,2011(1).

[9]梁宏霞.抗战时期桂林新闻事业初探[J].新闻与写作,2012(3).

[10]彭继良.抗日战争时期桂林的新闻事业[J].广西大学学报,1986(2).

[11]靖鸣.抗战时期桂林新闻史扫描与前瞻[J].新闻知识,2008(3).

[12]覃静.抗战时期桂林的报刊与广西的社会动员[J].河池学院学报,2010(8).

[13]梁新堂.抗战时期广告业的特征与作用:以具有抗日性质的广告为视角[J].边疆经济与文化,2010(10).

[14]陈洪波.抗战时期《广西日报》(桂林)爱国戏剧广告的特点和作用[J].新闻与写作,2015(8).

[15]赵健.三四十年代《广西日报》广告宣传特点[J].黔东南民族高等师

范专科学院学报,2003(4).

[16]千家驹.在桂林的八年[J].学术论坛,1981(1).

[17]蔡定国.程思远谈桂林文化城[J].文史春秋,1997(3).

[18]林建曾.一次异常的工业化空间传动—抗日战争时期厂矿内迁的客观作用[J].抗日战争研究,1996(3).

[19]蒋霞、贺金林.试析抗战时期广西商业经济的战时繁荣及其作用[J].学术论坛,2011(4).

[20]林建曾.一次异常的工业化空间传动—抗日战争时期厂矿内迁的客观作用[J].抗日战争研究,1996(3).

[21]唐仁郭、艾萍.抗战时期人口内嵌与广西的教育和文化[J].广西师范大学学报:哲学社会科学版,2006(4).

[22]楼栖.《广西日报》杂议[J].学术论坛,1981(2).

[23]陈聂玲.广西日报》南宁版点滴[J].新闻研究资料,1981(4).

[24]陆君田.我所了解的桂林《广西日报》[J].新闻研究资料,1981(4).

[25]冯英子.抗战时期的桂林报业[J].广西新闻史料,1993(30).

[26]林建曾.一次异常的工业化空间传动—抗日战争时期厂矿内迁的客观作用[J].抗日战争研究,1996(3).

[27]王琪.现代性、传统性和民族性三位一体解读近代报刊香烟广告——从近代报刊香烟广告看社会变迁[J].黑龙江史志,2013(14).

[28]钟建珊.《良友》香烟广告与消费文化渗透[J].传播与版权,2013(1).

[29]杨先顺、梁晓丽.广告传播的社会认知探析[J].当代传播,2011(2).

[30]陈丽平.中国近现代报刊广告的兴起及社会功能[J].新闻界,2009(5).

[31]唐凌、付广华.新桂系十年建设与新桂林的草创[J].广西右江民族师专学报,2006(4).

[32]方素梅.抗日战争时期沿海沿江经济向西部民族地区的迁移及其影响[J].广西民族研究,2000(4).

[33]忻平.试论抗战时期内迁及其对后方社会的影响[J].华中师范大学学报,1999(2).

[34]李成生.民国时期广西社会思想观念的变迁[J].广西地方志,2008(5).

[35]李成生.新桂系时期广西妇女生活方式的变迁[J].广西地方志,2012(3).

[36]陈蕴茜、叶青.论民国时期城市婚姻的变迁[J].近代史研究,1998(6).

[37]Ronald Berman.广告和社会变迁.转引自章俊.后工业社会下的广告

伦理问题.[J].广告大观(综合版),2002(4).

[38]王儒年.二三十年代的申报广告与爱国主义的世俗化[J].史林,2007(3).

[39]崔丽.时代的反映与失真的镜子:四十年代大后方重庆报纸电影广告的抗战诉求分析[J].涪陵师范学院学报,2005(5).

[40]曾宪明.可喜的"第一本"——评陈培爱《中外广告史》[J].新闻大学,1998(1).

[41]徐健.20世纪30年代新桂系报业发展述评[J].广西社会科学,2013(7).

[42]屈雅丽.略论延安《解放日报》的广告经营—以"广告刊例"的年度变化为例[J].新闻知识,2008(9).

[43]武泽新.延安《解放日报》的广告类别和特色[J].新闻世界,2015(3).

[44]常云平,黎程.抗战时期广西人口变迁及其对社会的影响[J].重庆师范大学学报(哲学社会科学版),2007(1).

[45]葛剑雄.上海还需要移民吗[J].探索与争鸣,1997(4).

[46]陆诒.采访广西　怀念广西[J].广西新闻史料,1992(26).

七、学位论文

[1]熊向莉.陪都时期的电影宣传研究[D].重庆:西南大学,2006.

[2]王晓倩.好莱坞电影的陪都市场研究[D].重庆:西南大学,2007.

[3]刘畅.陪都重庆抗战中放映业研究[D].重庆:西南大学,2008.

[4]赵娜.胡政之经营管理思想研究[D].保定:河北大学,2008.

[5]周立华."孤岛"时期的《文汇报》研究[D].厦门:厦门大学,2007.

[6]李东标.爱国与商业的二重奏:孤岛时期《申报》广告研究[D].合肥:安徽大学,2013.

[7]范雅君.滋补与健康:《申报》补药广告的社会文化史研究(1873—1945)[D].南京:南京大学,2012.

[8]李晓娟.从报刊广告宣传看抗战的全民性[D].北京:首都师范大学,2008.

[9]刘志杰.抗战时期外地外籍文化人士在桂林的新闻活动[D].长沙:湖南师范大学,2009.

[10]杨乃良.民国时期广西新桂系的经济建设研究[D].武汉:武汉大学,2001.

[11]刘莉.南宁民国日报研究[D].南宁:广西大学,2012.

[12]刘菊香.新桂系时期广西妇女发展问题研究[D].桂林:广西师范大

[13]艾萍.抗战时期人口内迁与广西社会变迁[D].桂林:广西师范大学,2004.

[14]李成生.民国时期广西社会生活的变迁[D].桂林:广西师范大学,2004.

八、史志

[1]广西统计局.广西年鉴(第一回)[M].南宁:广西统计局,1932.

[2]广西统计局.广西年鉴(第二回)[M].南宁:广西统计局,1935.

[3]广西统计局.广西年鉴(第三回)[M].桂林:广西统计局,1943.

[4]钟文典.广西通史(第三卷)[M].南宁:广西人民出版社,1999.

[5]钟文典.桂林通史[M].桂林:广西师范大学出版社,2008.

[6]孙德明.广西通志·商业志[M].南宁:广西人民出版社,2000.

[7]周民震、韦壮凡.广西通志·文化志[M].南宁:广西人民出版社,1999.

[8]李家发.广西通志·外事志[M].南宁:广西人民出版社,1998.

[9]陈听正、肖建刚.广西通志·旅游志[M].南宁:广西人民出版社,2003.

[10]蓝志流.广西通志·民政志[M].南宁:广西人民出版社,1996.

[11]罗解三.广西通志·大事记[M].南宁:广西人民出版社,1998.

[12]桂林市政协文史资料委员会.桂林文史资料第七辑[M].桂林:漓江印刷厂,1985

[13]颜邦英.桂林市志[M].北京:中华书局出版社,1997.

图表索引

图 2-1　《新华日报》在《广西日报》上的广告

图 2-2　《救亡日报》广告

图 2-3　桂林《大公报》广告

图 2-4　《武汉日报》广告

图 2-5　南京《大刚报》广告

图 2-6　上海《辛报》广告

图 2-7　衡阳《大刚报》广告 62

图 3-1　韦永成时期《广西日报》广告版面

图 3-2　韦贽唐时期《广西日报》广告版面

图 3-3　西南广告公司广告

图 3-4　力行广告公司广告

图 3-5　五金行业联合广告

图 3-6　医药行业联合广告

图 3-7　《广西日报》元旦新年广告

图 3-8　1942 年 4 月《广西日报》改版广告

图 3-9、3-10　《广西日报》开辟《新闻备忘录》栏目

图 3-11　《广西日报》增开《星期周刊》后销量大增

图 3-12、3-13　《广西日报》发行《太平洋战事周年纪念周刊》广告

图 3-14　《广西日报》开辟《经济小广告》栏目

图 3-15　1942 年第一期图书联合广告

图 3-16　1942 年第 17 期图书联合广告

图 3-17　喜字作花边的婚庆广告

图 3-18　1943 年桂林集团婚礼广告有丘比特形象

图 3-19　《广西日报》报头首登广告价目

图 3-20　李恒楠牙医广告

图 3-21　荣孙氏眼药广告

图 3-22　广西公路管理局长途客运广告

图 3—23　福特汽车理性诉求广告
图 3—24　灯泡系列广告一
图 3—25　灯泡系列广告二
图 3—26　1939 年福特货车广告
图 3—27　1939 年福特汽车广告
图 3—28　虎标牌万金油广告
图 3—29　拜耳药厂西药广告
图 3—30　梅花牌复写纸广告
图 3—31　国花牌福儿散广告
图 3—32　中央储蓄会寓意型广告之一
图 3—33　中央储蓄会寓意型广告之二
图 3—34　新中国剧社《再会吧，香港》特型广告
图 3—35　1942 年乐群影院广告之一
图 3—36　1942 年乐群影院广告之二
图 3—37　中央餐厅英文广告
图 3—38　大众影院英文广告
图 3—39　餐厅中的英文广告
图 3—40　《秋声赋》广告上下贯穿整个版面
图 3—41　乐群影院的颠倒影片广告效果突出
图 3—42　乐群影院颠倒剧名广告
图 3—43　大众影院颠倒剧名广告
图 3—44　乐群影院"重复式"广告之"光明之路"影片上演
图 3—45、3-46　乐群影院两则"重复"式影片广告
图 3—47、48、49、50、51、52　《日本间谍》系列广告
图 3—53　箭牌香烟系列广告之一
图 3—54　箭牌香烟系列广告之二
图 3—55、3-56、3-57　新华影院《三笑》影片系列广告
图 3—58　《大公报》排板灵活，左边为上下排，右边为竖排
图 3—59　《广西日报》一般为竖排，较少变化
图 3—60　1942 年《大公报》(桂林)头版
图 3—61　1942 年《广西日报》头版
图 3—62　《大公报》常用字体
图 3—63　《广西日报》常用字体
图 4—1、4-2、4-3　《广西日报》上的定婚、同居、结婚广告
图 4—4　梁漱溟结婚广告

图表索引

图 4－5　1944 年桂林市第八届集团结婚广告

图 4－6、4－7、4－8　《广西日报》解除同居关系、离婚广告

图 4－9　中华书局教科书广告

图 4－10　商务印书馆教科书广告

图 4－11　侨兴出版社以庆祝联合国纪念庆祝同盟国胜利为契机刊发广告

图 4－12　图书联合广告连载多起，影响广泛

图 4－13　中华职业补习学校招生广告

图 4－14　上海立信会计学校会计班招生广告

图 4－15　柳州高级农业职业学校招生广告

图 4－16　桂林高级工业职业学校招生广告

图 4－17、4－18、4－19、4－20　《广西日报》空军招生广告

图 4－21　陆军招生广告

图 4－22　海军招生广告

图 4－23　海军招生广告 2

图 4－24　军委战地服务团招生广告

图 4－25　粤剧名旦关德兴戏剧广告

图 4－26　《广西日报》上的戏剧单广告

图 4－27　粤剧名旦马师曾戏剧广告

图 4－28　戏剧广告长期占据娱乐类广告主要版面

图 4－29　西南剧展第一号广告

图 4－30　西南剧展第九十四号广告

图 4－31　金马广告社组织商家刊登庆祝西南剧展联合广告

图 4－32　广西新生活运动促进会妇女工作委员会募征寒衣公演名剧广告

图 4－33　桂林戏剧界元旦募款劳军联合公演广告

图 4－34　国防艺术社上演曹禺名剧

图 4－35　曹禺名剧《雷雨》广告

图 4－36　新中国剧社上演田汉的《秋声赋》广告

图 4－37　新中国剧社长条型广告让人印象深刻

图 4－38　新中国剧社的《海国英雄》广告充满了爱国主义

图 4－39、40　桂林新闻界的献机声明及广告

图 4－41　桂林市新闻界"记者号"献机筹备工作委员会义卖广告

图 4－42　桂林戏剧界献机义演广告

图 4－43　广西省会"妇女号"献机筹款义演广告 195

图4—44　献机祝寿广告
图4—45　1939年10月4日起,桂林文化艺术界为《救亡日报》募集事业基金和救济桂林市被轰炸难胞举行联合公演
图4—46　《从军梦》系列广告之一
图4—47　《从军梦》系列广告之二
图4—48　《从军梦》系列广告之三
图4—49　《从军梦》系列广告之四
图4—50　乐群影院的巨幅电影广告
图4—51、4-52　大型插图已经成为影院广告的一大特色和进步
图4—53、4-54、4-55　大众影院在《广西日报》上的悬念式广告策划
图4—56　绿洲茶座广告
图4—57　环湖茶社广告
图4—58　胜利厅广告之一
图4—59　胜利厅广告之二
图4—60　青鸟咖啡厅广告之一
图4—61　青鸟咖啡厅广告二
图4—62　马戏团广告
图4—63　华侨大马戏团广告
图4—64　珊珊溜冰场广告
图4—65　中华飞武技艺团义演广告
图4—66　美国归侨士工音乐歌舞剧团演出广告
图4—67　浴室广告
图4—68　建国商场浴室广告
图4—69　奶脂豆蔻霜广告
图4—70　青春美广告
图4—71　新华理发厅广告
图4—72　马思聪演奏会广告
图4—73　马万里书画篆刻展览会广告
图4—74　马国霖独唱会广告
图4—75　叶浅予漫画展广告
图4—76　球王李惠堂与英美名手网球联赛广告
图4—77　军区义演音乐大会广告
图4—78　新中国剧社音乐演奏会广告
图4—79　《广西日报》上琳琅满目的书籍广告
图4—80　文学类书籍是《广西日报》最大书籍门类

图 4-81　书籍广告经常以半版占据报纸版面
图 4-82　侨兴出版社古典文学书籍广告
图 4-83　上海扬子餐厅广告
图 4-84　上海爵禄餐厅广告
图 4-85　思豪餐厅广告
图 4-86　桂林大酒店冷饮部广告
图 4-87　乐群社冷饮部广告
图 4-88　国泰冷饮店广告
图 4-89　大华冷饮店广告
图 4-90　中国实业公司汽水广告
图 4-91　中国实业公司汽水广告
图 4-92　无敌葡萄酒广告
图 4-93　铁精葡萄酒
图 4-94　铁汁葡萄酒广告
图 4-95　建国商场半版广告
图 4-96　民志商场广告
图 4-97　丽华玻璃五金行广告
图 4-98　乐群行销售各种奢侈物品
图 4-99　美琪行百货公司广告
图 4-100　补尔康麦精鱼肝油
图 4-101　挪威清鱼肝油
图 4-102　英国纯净鱼肝油
图 4-103　宝青春营养片广告
图 4-104　海力命营养片广告
图 4-105　新亚药厂的营养补品广告
图 4-106　当归精广告
图 4-107　桂林樟树国药局补品广告
图 4-108　养生代乳粉广告之一
图 4-109　养生代乳粉广告之二
图 4-110　维他命早餐奶
图 4-111　维华奶广告
图 4-112　建国贸易公司雪茄烟广告
图 4-113　南华雪茄烟厂广告
图 4-114　联义行雪茄烟广告
图 4-115　1939年香烟广告首次见报

图 4—116　1942 年的爱斯基摩香烟广告
图 4—117　和平烟厂出品和平香烟广告
图 4—118　一中制烟厂出品香烟广告
图 4—119　沪光牌香烟广告
图 4—120　马尼拉牌香烟广告
图 4—121　中国制烟厂出品的香烟广告
图 4—122、4-123、4-124　莫斯科香烟系列悬念广告
图 5—1　南园大酒家节约食谱广告
图 5—2　桂林饮食业以奉行节约法令为主题的联合广告
图 5—3　《广西日报》社论　取缔不正当娱乐 313
图 5—4　1939 年 11 月 6 日,广西新生活促进会妇女工作委员会为前线将士募集寒衣广告"寓娱乐于救国"
图 5—5　1939 年 11 月 7、8 日,广西新生活促进会妇女工作委员会为前线将士募集寒衣广告
图 5—6　广西新生活公约
表 3-1　《大公报》桂林版(1941—1944)广告情况抽样调查表
表 3-2　《广西日报》桂林版(1941—1944)广告情况抽样调查表
表 4-1　1937—1949 年《广西日报》婚姻广告情况表
表 4-2　《广西日报》1943 年半版以上书籍广告抽样统计表
表 4-3　《广西日报》1942 年图书联合广告发布情况一览表
表 4-4　《广西日报》(1937—1949)招生广告情况一览表
表 4-5　《广西日报》(1939—1949)职业教育广告发布概况
表 4-6　广西日报(1937—1949)军事教育广告抽样统计表
表 4-7　西南剧展广告统计一览表
表 4-8　《广西日报》(1941—1944)电影广告统计抽样调查表
表 4-9　《广西日报》(1939—1945)餐馆菜系风格抽样调查表
表 4-10　《广西日报》烟草广告统计 1942—1945

后 记

关于抗战时期《广西日报》广告研究的兴趣始于2008年。当时,一个同事获得了一项国家社科基金项目,题材是桂林抗战时期新闻事业史。我在和他交流的时候,结合平时读到的国内广告史教科书中关于抗战时期广告史的认识,敏感地察觉到桂林大后方广告研究有其独特的意义和价值,于是有了研究的念头。随后,当我在广西图书馆翻阅抗战八年的《广西日报》后,从琳琅满目的广告中,仿佛感受到了几十年前兵荒马乱,大后方重镇——桂林商业发达、社会繁荣的一幕幕。于是,我便暗下决心,要挖掘抗战时期广西第一大报——《广西日报》的广告历史,以此补充我国抗战时期大后方广告发展的研究,并为反映抗战时期广西社会生活发展和变迁提供一些史料。从2008年开始,我便陆续利用暑、寒假的时间,在广西图书馆查阅和记录《广西日报》的新闻和广告。由于八年的报纸阅读量太大,又因为阅读器老旧,使用不便,因此阅读效率并不高,几年下来,勉勉强强翻阅了八年的报纸,记录了不少新闻和广告照片。2012年,我考入厦门大学新闻传播学院,师从陈培爱教授攻读广告学博士,才开始了系统性地研究。

抗战时期,桂林是国内大后方重镇,人文鼎盛,商业繁荣,被誉为"桂林文化城"。同时,这一历史时期也是广西步入现代化的初始阶段,因此这个历史阶段的广告研究具有独特的价值。通过翻阅老报纸,我发现抗战时期的广西和上海、广州、天津等大城市相比,在发达程度上还有不小差距,但是从广告所反映的信息上,可以比较清晰地观察到一条战乱时期沿海地区文化迁徙的轨迹,从中可以观照广西在抗战时期经济和社会发展的生动历程。在各式各样的广告中,生动展现了战乱时期大后方饮食、娱乐、消费的种种面貌以及"文化城"所特有的文化生态。总体而言,抗战时期的桂林大后方文化是极其繁荣的,经济是蓬勃的,社会面貌是积极向上的,这些都可以在广告中找到影子。

这部著作的立足点是广告史研究,但是我认为她的意义和价值不仅仅在于广告本身,而应是多元的。从广告史的意义而言,作为抗战时期具有重要影响的桂系军阀的机关报,《广西日报》的广告研究在学术史上自然有其价值,本研究让这份曾经的"广西第一报"的广告风采首次全方位的展现于世人面前,意义殊然;同时,这个研究也将作为全国广告史研究体系中的一部分,为抗战时期广告史研究提供补白,展现曾经的"模范省"的广告事业原貌,丰富和完善国内广告史研究版图。此外,这部著作还兼具社会生活史、文化史的独特价值,在鉴赏广告之余,可以了解当时的社会思想和文化、生活状况,为掌握广西抗战时期民间生活、桂系军阀治理社会提供有益参考。更重要的是,作为抗战生活的一个侧面,人们可以从这些广告史料中一窥抗战时期桂林大后方的经济和社会生活面貌,尽管本文对这些状况的描述和论证还不够全面和深刻。

《广西日报》广告史料的挖掘工作是比较辛苦的。我走访了广西日报社、广西日报博物馆,广西区档案馆、桂林图书馆,很遗憾都未能挖掘到更多的第一手史料,例如当时报纸的广告账本、广告模具、广告人回忆录等。由于年代久远,很多当事人也已作古,无法访谈。手上仅有的几本参考文献是上世纪九十年代广西新闻界几位老前辈的著作,这些著作并未就《广西日报》广告进行过多论述。因此,我的研究只能在一张一张的老报纸中跋涉,阅读和记录的艰辛不必言表,但更多的是史料缺乏的遗憾。和《申报》《大公报》丰富的史料相比,我手上掌握的《广西日报》广告史料和地方社会生活史料实在乏善可陈,因此论述也略微单调,这是本文的一大不足。未来的研究中,我仍寄希望于不断挖掘和补充史料,竭力弥补这一缺憾。

这部著作是我的博士论文,著作的顺利成篇要感谢我的导师陈培爱教授。陈老师在选题、构思、写作当中对我百般耐心地指点和鼓励,没有老师的鼓励和指点迷津,我想这篇论文无论如何是不会顺利问世的。论文完成后,陈老师积极联系出版社,可谓是对学生的百般关爱,让我感动不已。陈老师是德高望重、深孚众望的广告教育家,身为开辟当代中国广告学教育历史的先驱,他在中国广告学研究界中享有崇高声望。在他身上有一种对学术的执着追求以及对学术探索和事业传承的强大责任感,这种强大的人格魅力给我思想以很大震撼。

在厦门大学读书期间,和陈老师的共处时间多了起来,愈发感受到名家大师的教育理念和生活哲学自成一格,独具魅力。陈老师为人不拘,平易近人,全无架子,在他面前,你大可以真诚地表露观点而不必担心说错话、说话不当。因为,他如慈父一般与你交往,并不以自己的地位、学识和年龄来"压迫"你。在交流中,他总是娓娓道来,理性而舒缓,不疾不徐,而往往观点深刻,一针见血,这点体现在教学中让我印象深刻。在课上,陈老师采取的是西方式的研讨式教学,细心而慈爱的陈老师会在课上为大家准备一些饼干、巧克力,在温馨自然的氛围中,师生就某些热点和理论问题展开研讨,切磋问道。虽然大部分的时间,都是老师讲得多,我们在听。但是,每当我们发言,陈老师总是耐心、平静地倾听，并不打断和急于下定论。在讨论中，他总是和你探讨式的交流信息，摆出各种丰富的政治、经济、社会和行业发展的动态信息，启发你深层次地思考问题。因此，在陈老师的课上，我们不但可以在专业理论上有所收获，也往往扩展了认识世界的各种知识和观念，这点受益匪浅。

陈老师是一位有着高超生活哲学造诣的学者，他总是在愉快的氛围中制造学习和交流的机会，这点我们都是深深感激的。记得在学校中，我们无数次受邀到学校对面的牛排馆，一边享受美食，一边交流学习心得，每当回忆及此，内心都洋溢暖暖的幸福感。陈老师特别关心学生，我由于工作的原因，博二、博三阶段只能在暑寒假的时候见缝插针地去厦门学习，陈老师每次都很仔细地询问我的行程安排，然后百忙之中安排时间见我，在办公室、餐桌前"一对一"地进行指导，这种情形已经成为常态。每次我在南宁打电话给老师，老师总是很耐心细致地和我交流，给我积极的鼓励和引导。三年的博士学习中，正是陈老师创造的良好的学习和生活条件，以及为人师表的学者风范让我身心愉快地完成了学习，在此对老师的关爱表示深深地感谢！

我要特别感谢我的家人，因为他们为了让我安心读博，作出了很大的牺牲和贡献，没有他们在"大后方"的操劳，我无法想象博士学习会遭遇怎样的困难和挫折。在我读博士的阶段，我的生活和工作发生了较大的变化。首先是我的儿子诞生了，不久后，我的工作也发生了变动，从此，我的学习时间更少，工作压力更大了。为了照顾家庭的新成员和我们忙碌的生活，我的妈妈来南宁日夜操劳，把家里料理得井井有条，十分辛苦；我岳母、岳父也经常来家里帮忙，有求必应；我的妻子工作很忙，但为了照顾小孩付出了大量心血。是家人让我能享受家庭的温暖，帮我分担家庭的责任，让我有更多的时间和精力开展博士学习，在这里，我真诚地对父母们鞠躬！特别要感谢我妻子的理解和支持，身为人父，我尽责的时候并不是太多，她总是鼓励我和开导我，让我安心读书，在照顾家庭的事情上，她投入的精力和牺牲更多，在这里要向她说一声感谢！

在厦门大学读书期间，感谢黄合水、许青茂、林升栋、岳淼等教授以及美国俄亥俄大学程红教授、南京师范大学靖鸣教授、广西师范大学刘小林教授、广西日报社张鸿蔚先生，为我的论文写作构思和研究方法等提供了指导和帮助！桂林市政协广西抗战问题资深专家魏华龄老先生曾在电话中与我有过一番交谈，交流虽然不多，但是对我的研究提供了重要的思路启发，在此一并感谢！苏俊斌、钟慧娟和钟书库老师关心我们博士生成长，在校期间给我很大的帮助，在此谢过。特别要感谢新闻传播学院叶虎副教授，是他的牵线搭桥，大力举荐，让我勇敢投考厦大，没有他的热心帮助，估计我很难下定决心报考厦大。

我们本届的同学们是团结友爱的一个集体,我要感谢刘伟、韩锡鹏、陈维超、李阿嬬、王艳、李朵朵、王洁、唐晓、叶秀端同学,是大家的亲如一家和互相鼓励让我面对各种挫折和压力的时候感到放松和充满自信。忘不了我们的每一次的相聚,大家切磋学问,交流生活,互敬互爱,宛如一家人。

感谢陈老师积极联系厦门大学出版社,直接促成了本书的出版,感激不尽。厦门大学出版社王鹭鹏编辑为本书的编辑、出版提出了很多宝贵的意见,并高效完成编辑工作,在此深表敬意。每次到厦门,王编辑总会拨冗面见,并设宴款待,席间对著作提出宝贵意见,帮助我修改著作,非常感谢!

还有很多朋友对我提供了帮助,篇幅有限,恕不能一一列举,在此一并感谢,感谢各位曾经帮助过我的朋友,祝你们一切如意!你们的帮助,我都会铭刻于心。

厦门大学是我学术起步的地方,从此我将烙上厦门大学的印记,到更宽广的学海中遨游,我将时刻铭记母校自强不息,止于至善的校训,谦虚做人,扎实做事,努力成为一个对国家、对社会有贡献的人,以此报答给了这座大学生命也同时给予了我全新学术生命的、尊敬的校主陈嘉庚先生。

由于学问不精,才疏学浅,这本著作恐仍有诸多谬误之处,敬请众方家和读者批评指正!